Ewald Scherm, Christian Julmi
Strategisches Management

Ewald Scherm, Christian Julmi

Strategisches Management

Theorie, Entscheidung, Reflexion

DE GRUYTER
OLDENBOURG

ISBN 978-3-11-054043-7
e-ISBN (PDF) 978-3-11-054048-2
e-ISBN (EPUB) 978-3-11-054049-9

Library of Congress Control Number: 2019937897

Bibliografische Information der Deutschen Nationalbibliothek
Die Deutsche Nationalbibliothek verzeichnet diese Publikation in der Deutschen
Nationalbibliografie; detaillierte bibliografische Daten sind im Internet über
http://dnb.dnb.de abrufbar.

© 2019 Walter de Gruyter GmbH, Berlin/Boston
Umschlaggestaltung: Zerbor/iStock/Getty Images Plus
Satz: le-tex publishing services GmbH, Leipzig
Druck und Bindung: CPI books GmbH, Leck

www.degruyter.com

Vorwort

Im Rahmen der Betriebswirtschaftslehre stellt das strategische Management noch eine recht junge Disziplin dar. Trotzdem hat die intensive Auseinandersetzung damit zu einer unübersehbaren Fülle von wissenschaftlicher und praxisorientierter Literatur geführt. Die Zahl der Lehrbücher ist nicht nur international, sondern auch in Deutschland beträchtlich. Daher haben wir uns die Frage, ob es überhaupt eines weiteren Buches zum strategischen Management bedarf, bewusst nicht gestellt – wir wollten dieses Buch schreiben.

Geprägt ist das Buch von verschiedenen Anforderungen; es sollte handlich bleiben, unsere Sicht des Managements zum Ausdruck bringen, aber auch anschlussfähig an die übrige (Lehrbuch-)Literatur sein. Es soll den Stand der Forschung, soweit er uns für ein Lehrbuch relevant erscheint, widerspiegeln und Studierenden sowie dem Leser aus der Praxis die Komplexität des Managements und die situative Bedingtheit strategischer Entscheidungen vor Augen führen.

Zwischen der Entscheidung, das Buch zu schreiben, und dem guten Gefühl, das am Ende entsteht, wenn man es endlich in der Hand hält, müssen nicht nur die Autoren zusammenarbeiten, es bedarf auch tatkräftiger Unterstützung. Diese haben wir von Jack Bramlage erhalten, in erster Linie ist es aber Sandra Di Giovanni, die großen Anteil an diesem Buch hat. Wir danken allen dafür. Die Zusammenarbeit mit dem Verlag war dank Stefan Giesen in jeder Hinsicht erfreulich.

Ewald Scherm und Christian Julmi   Hagen, im Dezember 2018

https://doi.org/10.1515/9783110540482-201

Inhalt

Abbildungsverzeichnis

https://doi.org/10.1515/9783110540482-202

Tabellenverzeichnis

https://doi.org/10.1515/9783110540482-203

1 Grundlagen des Managements

Mehr denn je gilt heute, dass die hohe Veränderungsgeschwindigkeit unserer Umwelt Unternehmen dazu zwingt, sich beständig an Gegebenheiten anzupassen, die nicht nur schwer voraussagbar sind, sondern nicht selten nach vollkommen neuen Handlungsweisen verlangen. Auf der anderen Seite sind es gerade Unternehmen, die vielfältige Veränderungsprozesse anstoßen und so die Umwelt mitgestalten, wodurch sich wiederum andere Unternehmen zu Reaktionen gezwungen sehen. In diesem Wechselspiel von Aktion und Reaktion erfolgreich am Markt zu bestehen, stellt für Unternehmen eine der größten Herausforderungen dar. Das strategische Management, eine noch recht junge wissenschaftliche Disziplin, beschäftigt sich ganz allgemein mit der Frage, wie diese Herausforderung erfolgreich bewältigt werden kann.

Ein wesentliches **Ziel des strategischen Managements** als wissenschaftliche Disziplin besteht darin zu erklären, auf welcher Basis Unternehmen Wettbewerbsvorteile erzielen (können) und weshalb manche Unternehmen erfolgreicher sind als andere. Im Fokus steht dabei nicht nur die Frage, welche Entscheidungen in einem Unternehmen zur Erreichung von Wettbewerbsvorteilen wie zu treffen sind, sondern auch, wie diese Entscheidungen umgesetzt werden sollen und was bei ihrer Reflexion zu beachten ist. Vor diesem Hintergrund soll das in diesem Lehrbuch vermittelte Wissen dem Leser einen Überblick über die wissenschaftlichen Erkenntnisse in Bezug auf das **Treffen, Umsetzen und Reflektieren strategischer Entscheidungen** bieten. Zunächst gilt es, das Verhältnis von Theorie und Praxis zu erläutern, um sich dann verschiedenen Perspektiven zu widmen, aus denen Management betrachtet werden kann. Abschließend werden von der funktionalen Perspektive ausgehend das Handlungsfeld Unternehmen näher betrachtet und Entscheidungen als zentrales Merkmal des (strategischen) Managements herausgestellt.

1.1 Das Verhältnis von Theorie und Praxis

Die Betriebswirtschaftslehre versteht sich überwiegend als **anwendungsorientierte Wissenschaft**. Nach diesem Verständnis ist Wissenschaft kein Selbstzweck, sondern hat das Ziel, zu einer besseren Daseinsbewältigung beizutragen. Dieses Ziel soll dadurch erreicht werden, dass gewonnene wissenschaftliche (d. h. theoretische) Erkenntnisse letztlich zu einer praktischen Umsetzung führen. Als praktisch angewandte Wissenschaft ist die Betriebswirtschaftslehre das, was Eugen Schmalenbach als „Kunstlehre" bezeichnet (vgl. 1911). Ausgehend vom Leitgedanken der praktischen Verwertbarkeit theoretischer Erkenntnisse stellen sich damit drei grundlegende Fragen (vgl. Julmi 2017a):

https://doi.org/10.1515/9783110540482-001

- Was ist Theorie?
- Was ist Praxis?
- Wie kommt man von der Theorie in die Praxis?

Diese drei zusammenhängenden Fragen sollen nachfolgend diskutiert werden.

1.1.1 Was ist Theorie?

Theorien bilden den Ausgangspunkt wissenschaftlicher Überlegungen. Allerdings gehen die Vorstellungen darüber, was unter einer Theorie zu verstehen ist, weit auseinander, sodass in der Betriebswirtschaftslehre (und darüber hinaus) keine Einigkeit dahingehend besteht, welche Anforderungen eine Theorie erfüllen muss, um überhaupt als solche zu gelten. Sehr allgemein gesprochen sind **Theorien** geordnete Systeme von Aussagen, mit denen Erkenntnisse über bestimmte Phänomene der Praxis gewonnen werden sollen. Weil sie nicht auf die Welt als Ganzes blicken, sondern nur auf ein ausgesuchtes Phänomen, das Teil dieser Welt ist, beziehen sie sich immer auf einen spezifischen Weltausschnitt. Für die Betriebswirtschaftslehre sind vor allem diejenigen Ausschnitte relevant, in denen das Unternehmen als Fixpunkt dient. Von diesem ausgehend werden dann die unterschiedlichsten Phänomene untersucht. Theorien sind Abstraktionen der Wirklichkeit, die bestimmte Eigenschaften und Zusammenhänge von Phänomenen hervorheben, andere zwangsläufig ausblenden. Es sind spezifische Perspektiven (oder Brillen), mit denen auf die Wirklichkeit geblickt wird. Dabei besteht zwischen Theorie und Wirklichkeit eine Art **Unschärferelation**: Je genauer man auf bestimmte Aspekte blickt, desto mehr verschwimmen andere Aspekte und der Blick auf das Ganze wird unscharf.

Welche Perspektive man als relevant erachtet, ist die subjektive, allerdings erheblich durch die wissenschaftliche Sozialisation und das soziale Umfeld beeinflusste Entscheidung jedes Wissenschaftlers. Ob ein Aussagensystem als Theorie allgemein **Anerkennung** und **Akzeptanz** findet, hängt von der jeweiligen Forschungsgemeinschaft ab. Wissenschaft ist also nicht zuletzt „das, was anerkannte Wissenschaftler als Wissenschaft anerkennen" (Marquard 1986, S. 107). Ein Aussagensystem gilt erst dann als Theorie, wenn sich eine hinreichende Zahl von Forschern darauf geeinigt hat. So stehen Wissenschaftler nicht nur für Forschungsrichtungen, sondern auch für **Denkstilgemeinschaften**, in denen sich Gleichgesinnte zusammenfinden und meist ein gemeinsames – mitunter nur implizites – Theorieverständnis praktizieren. Theorien stellen damit auch soziale Regelsysteme dar, die das Handeln von Forschern beeinflussen, Orientierung stiften und gegebenenfalls einer umfassenden Theoriedynamik unterliegen. Während in der Betriebswirtschaftslehre die Vorstellung davon, was Theorien sind und wie diese gebildet werden, sehr heterogen ist, wird die Theoriebildung innerhalb einer Forschungsgemeinschaft (oder eines Paradigmas) für selbstverständlich erachtet und nicht infrage gestellt. Mit dem Grad der Spezialisierung einer

Forschungsgemeinschaft findet eine zunehmende Angleichung des Denkstils in dieser statt. Dies erleichtert zwar die Zusammenarbeit innerhalb der Forschungsgemeinschaften, erschwert jedoch eine gemeinschaftsübergreifende Zusammenarbeit, da andere Forschungsgemeinschaften in der Regel andere Denkstile entwickeln. Auch hier lässt sich eine Variante der genannten Unschärferelation identifizieren: Je höher der Spezialisierungsgrad in einer Forschungsgemeinschaft ist, desto weniger lassen sich ihre Erkenntnisse auf andere Forschungsgemeinschaften übertragen.

Dieses Verständnis der Theorie als spezifischer Denkstil, das auf den Immunologen Ludwig Fleck zurückgeht (vgl. 1935), mag ernüchtern: Theorie erscheint nicht als unabdingbare Wahrheit, sondern eher als **Konvention,** auf die sich Wissenschaftler unabhängig von haltbaren methodologischen oder anderen Regeln einigen. Jedoch gerade die methodologischen Regeln der Theoriebildung und die Frage, ob vor dem Hintergrund dieser Regeln Aussagensysteme als Theorie gelten können oder nicht, sind in der Wissenschaft immer wieder Gegenstand – mitunter hitziger – wissenschaftstheoretischer Debatten. Neben der Diskussion konstitutiver Theoriemerkmale stehen bei der Suche nach intersubjektiven Maßstäben vor allem die Regeln der Begründung von Theorien im Vordergrund. Die **Letztbegründung** von Theorien, also deren Rückführung auf letzte, sichere Grundlagen, scheitert jedoch an der grundsätzlichen „Theoriebeladenheit der Erfahrung" (Rusch 2001, S. 106), d. h. daran, dass es kein theoriefreies Denken gibt, aus dem heraus Theorien ausgewählt oder entwickelt werden. Das menschliche Denken ist immer schon durchtränkt von bestimmten theoretischen Annahmen wie beispielsweise derjenigen, dass alle Menschen faul sind. Solche Annahmen, die als Axiome oder Grundprämissen bezeichnet werden, lassen sich nicht beweisen und müssen geglaubt werden, bilden aber gleichzeitig das Fundament des Denkens und formen dadurch einen spezifischen Denkstil. Wer glaubt, dass alle Menschen faul sind, findet dafür Beweise, weil er aus dieser Perspektive aktiv danach sucht und die beobachteten Sachverhalte entsprechend deutet. Derartige Grundprämissen bestimmen, wie auf die Welt geblickt und welcher Weltausschnitt im Rahmen einer Theorie für relevant erachtet wird. Die Theorie bestimmt die Perspektive auf die Wirklichkeit und diese bestimmt die Auswahl und Entwicklung von Theorien. Der **zirkuläre Erkenntnisprozess** ohne Möglichkeit der Letztbegründung wird als hermeneutischer Zirkel oder Gestaltkreis der Erkenntnis bezeichnet.

Trotz der Unschärfe des Theoriebegriffs können jedoch grundlegend zwei Methoden der **theoretischen Erkenntnisgewinnung** unterschieden werden:
- die naturwissenschaftliche Methode des Erklärens (und des Prognostizierens) und
- die geisteswissenschaftliche Methode des Verstehens.

Die naturwissenschaftliche **Methode des Erklärens** nimmt an, dass alle sozialen Phänomene auf linearen Ursache-Wirkungs-Beziehungen beruhen. Aus dieser Sicht sind Theorien kausal determinierte, strukturelle Ablaufgesetze, deren Kenntnis es erlaubt, das zu erklärende Phänomen auch zu prognostizieren, d. h. Aussagen darüber zu treffen, unter welchen Voraussetzungen sich bestimmte Ereignisse herbeiführen lassen. Die geisteswissenschaftliche **Methode des Verstehens** nimmt dagegen an, dass sich soziale Phänomene im Gegensatz zu naturwissenschaftlichen Phänomenen nicht (allein) auf Ursachen zurückführen lassen und es hier keinen streng deterministischen Kausalzusammenhang gibt. Anstatt von Ursachen wird eher von Gründen gesprochen, die hinter menschlichen Handlungen stehen. Grob gesagt besteht der methodische Unterschied darin, dass die Naturwissenschaften erklären wollen, wie die Welt funktioniert, während die Geisteswissenschaften ihren Sinn verstehen wollen. Beide Arten von Denkstilen haben ihre Berechtigung. In einem Mordfall kann man beispielsweise mit der Logik des Erklärens den Tathergang oder Ablauf relativ exakt rekonstruieren. Sobald die Tat jedoch als intentionale Handlung verstanden wird, müssen die Motive oder Gründe des Täters geklärt werden; erst dann kann man den Mord auch verstehen.

1.1.2 Was ist Praxis?

Geht man nun von der Theorie in die Praxis, ergibt sich ein ähnlich unscharfes Bild. Die Zuordnung der Betriebswirtschaftslehre zu den anwendungsorientierten Wissenschaften sagt zunächst nicht mehr aus, als dass die theoretischen Erkenntnisse (wie auch immer) zur sukzessiven Verbesserung der unternehmerischen Praxis beitragen müssen. Über diese recht allgemeine Postulierung hinaus herrscht jedoch wenig Einigkeit darüber, was unter der **Anwendungsorientierung** zu verstehen ist. Einige der in der Literatur genannten praktischen Ziele sind
– die Bewältigung des Knappheitsproblems auf unternehmerischer Ebene,
– die Verbesserung der wirtschaftlichen Leistungsfähigkeit von Unternehmen,
– die Bewältigung der Daseinsprobleme des Menschen sowie
– die Erhaltung und Verbesserung des gesellschaftlichen Friedens.

Wenn jedoch nicht klar gesagt werden kann, worin die **praktische Relevanz** der Betriebswirtschaftslehre besteht, kann auch nicht bewertet werden, inwiefern theoretische Erkenntnisse praktisch relevant sind. Um zu Aussagen praktischer Relevanz zu kommen, ist es daher hilfreich, den Erkenntnisgegenstand der Betriebswirtschaftslehre in den Blick zu nehmen, also das, worüber Erkenntnisse generiert werden sollen. Folgt man dem Ansatz von Heinen (vgl. 1976; 1999), ist der Erkenntnisgegenstand der Betriebswirtschaftslehre das Treffen von Entscheidungen, da diese für alle ausführenden Tätigkeiten in Unternehmen bestimmend sind. Heinen betont, dass letztlich alles Geschehen in Unternehmen als Ausfluss menschlicher Entscheidungen angesehen werden kann. Die Anwendungsorientierung besteht aus dieser Sicht darin, die in Unternehmen tätigen Personen bei ihren Entscheidungen zu unterstützen. Mit anderen Worten lässt sich der praktische Zweck von Theorien an ihrer Funktion als **Entschei-**

dungsunterstützung festmachen. Praktisch relevant sind theoretische Erkenntnisse also dann, wenn sie die tatsächlich getroffenen Entscheidungen in Unternehmen beeinflussen.

Mit der Entscheidung als Ausgangspunkt geraten die verschiedenen Phasen des Entscheidungsprozesses in den Blick, für die sich die praktische Relevanz ergeben muss. Ungeachtet zahlreicher Phasenschemata können ganz allgemein zwei Phasen unterschieden werden:
– Definition der Entscheidungssituation und
– Auswahl einer Alternative.

Bei der **Definition der Entscheidungssituation** geht es darum, wie das bestehende theoretische Wissen die Wahrnehmung oder Konstruktion einer Entscheidungssituation beeinflusst (Framing). Je nachdem, welchen theoretischen Denkstil jemand hat, sieht er andere Aspekte, Alternativen, Möglichkeiten, Grenzen, Chancen oder Risiken. In dem Ausmaß, in dem wissenschaftliches Wissen das Verständnis von Entscheidungssituationen in der Praxis modifiziert, besitzt es eine praktische Relevanz. Das Ziel der Theorie besteht hier darin, dem Entscheidungsträger zu einem tieferen Verständnis der praktischen Situationen zu verhelfen. Die Anwendungsorientierung beruht in diesem Fall auf der geisteswissenschaftlichen Methode des Verstehens. Bei der anschließenden Phase der **Alternativenauswahl** ist praktische Relevanz dann gegeben, wenn das theoretische Wissen die Auswahl einer Alternative innerhalb der definierten Entscheidungssituation beeinflusst. Die Theorie bildet hier die Grundlage für die Entwicklung instrumentellen Wissens, das Aufschluss darüber gibt, mit welchen Mitteln welche Zwecke erreicht werden können. Eine solche Anwendungsorientierung basiert auf der naturwissenschaftlichen Methode des Erklärens. Die theoretische Erklärung ermöglicht die theoretische Prognose, die Aufschluss darüber gibt, welche Entscheidungen zu treffen sind, um die intendierten Ereignisse praktisch herbeizuführen.

1.1.3 Wie kommt man von der Theorie zur Praxis?

Damit verbleibt die Frage, wie man von der Theorie zur Praxis kommt bzw. auf welche Weise theoretische Erkenntnisse praktisch relevant werden (können). Diese Frage gilt es, getrennt für das Verstehen und das Erklären bzw. für die damit verbundenen Phasen des Entscheidungsprozesses zu beantworten. Die **Besonderheit des Verstehens** liegt darin, dass es sich um einen subjektiven Prozess handelt, der weder formal zu erfassen noch zu erzwingen ist. Grundsätzlich kann etwas nur verstanden werden, wenn sich der Mensch denkend, fühlend und wollend in den Erkenntnisakt mit einbringt. Die Bandbreite des Verstehens geht von einem einfachen Notiznehmen bis hin zu Geistesblitzen, bei denen einem etwas sprichwörtlich wie Schuppen von den Augen fällt und man das Gefühl hat, plötzlich etwas zu verstehen, das man einen Augenblick vorher nicht mal im Ansatz durchblicken konnte. Gerade bei letzterem Fall zeigt sich, dass das Verstehen auch ein intuitiver und kreativer Prozess ist, der mit einem Aha-Effekt verbunden sein kann und den Blick auf die Entscheidungssituation unter Umständen radikal und schlagartig verändert.

Wer etwas verstanden hat, weiß nicht nur mehr als vorher, er sieht die Entscheidungssituation unter Umständen auch aus einer völlig neuen Perspektive. Ein solcher Perspektivenwechsel kann nur vollzogen werden, wenn etwas (z. B. durch die Einverleibung theoretischer Erkenntnisse) auf eine neue Art verstanden wird. Dabei muss bestehendes Wissen durch das Verstehen nicht zwangsläufig vermehrt, sondern kann auch infrage gestellt werden. Das Verstehen betont das Besondere der Entscheidungssituation, das sich nur aus der subjektiven Perspektive des Entscheiders erschließen lässt. Die praktische Aufgabe der Theorie liegt darin, durch entsprechende Aufbereitung theoretischer Erkenntnisse den Prozess des Verstehens bei dem Entscheider so anzuregen, dass seine Perspektive auf die Entscheidungssituation eine reichhaltigere und/oder umfassendere ist als vorher. Das praktische Ziel besteht also in einer **Aufklärung oder Emanzipation des Entscheiders** in Bezug auf seine Entscheidungssituation. Anstatt ihm vorzuschreiben, welche Alternative er zu wählen hat, soll er durch ein verbessertes Verständnis der Entscheidungssituation in die Lage versetzt werden, selbst und vor allem selbstbestimmt Alternativen aufzudecken und eine Entscheidung zu treffen, die aus seiner spezifischen Sicht angemessen ist. Eine Entscheidungssituation zu verstehen, heißt auch, ihr in gewisser Weise gewachsen zu sein. Dafür braucht man ein umfassendes, möglichst ganzheitliches Verständnis der Entscheidungssituation. Die Methode des Verstehens zielt also auf eine Art Hilfe zur Selbsthilfe ab, die das Besondere der Entscheidungssituation betont, sich jedoch nur aus der Perspektive des Betroffenen erschließt.

Von ganz anderer Art ist die **Praxisrelevanz des Erklärens,** das instrumentelles Wissen bereitstellen soll, um in einer durch den Entscheider definierten Entscheidungssituation eine Alternative auszuwählen. Hierbei geht es um die Entwicklung sogenannter Technologien. **Technologische Aussagesysteme** entstehen auf Basis theoretischer Aussagensysteme, indem die (theoretischen) Ursache-Wirkungs-Beziehungen in (technologische) Ziel-Mittel-Beziehungen transformiert werden. In diesem Sinne beruhen Theorien und Technologien grundsätzlich auf derselben logischen Struktur, weshalb von einer tautologischen Transformation theoretischer in technologische Aussagensysteme gesprochen wird. Wenn beispielsweise die Theorie Aufschluss darüber gibt, unter welchen Bedingungen (Ursachen) ein bestimmtes Produkt gekauft wird (Wirkung), lässt sich daraus ableiten, welche Handlungen (Mittel) durchzuführen sind, um die Umsatzerlöse zu maximieren (Ziel).

Auch wenn sich eine solche Transformation häufig als sehr schwierig herausstellt (vgl. hierzu z. B. Kirsch/Seidl/van Aaken 2007, S. 176–179), so dürfte zumindest klar sein, dass das Anwendungsinteresse bei der Entwicklung von Technologien nicht in der Aufklärung und Verständigung, sondern der **Steuerung und Gestaltung** liegt.

Die Theorie liefert ein klares Vorgehensmuster dafür, mit welchen Maßnahmen sich welche Ziele erreichen lassen. Für den Entscheider stellen theoretisch gewonnene Technologien Instrumente dar, mit denen er bei gegebener Zielsetzung die optimale Entscheidungsalternative ermitteln kann. Die Effektivität solcher Instrumente ist grundsätzlich subjekt- und situationsunabhängig, das Besondere einer Situation für die Entfaltung ihrer Wirkung ist ebenso wenig von Belang wie die jeweilige Person, die sie einsetzt. Für den richtigen Einsatz eines Instruments reicht es aus, zu wissen, unter welchen Bedingungen es einzusetzen ist und zu welchem Ergebnis es führt. Man muss nicht verstehen, wie und warum ein Instrument wirkt. Tabelle 1.1 zeigt die grundsätzlichen Unterschiede im Verhältnis von Theorie und Praxis für die jeweilige Phase des Entscheidungsprozesses im Überblick.

Tab. 1.1: Das Verhältnis von Theorie und Praxis im Entscheidungsprozess.

Phase des Entscheidungsprozesses	Theoretische Methode	Praktisches Ziel
Definition der Entscheidungssituation	Geisteswissenschaftliche Methode des Verstehens	Aufklärung, Verständigung, Sensibilisierung
Auswahl einer Entscheidungsalternative	Naturwissenschaftliche Methode der Erklärung und Prognose	Steuerung, Manipulation, Kontrolle

Gerade die hohe Wirkmächtigkeit der Instrumente zeigt, dass eine anwendungsorientierte Betriebswirtschaftslehre beides braucht: den aufgeklärten Entscheider und ein Set wirkungsvoller Instrumente. Die Vorstellung, ein bestimmtes Instrument ohne Rücksicht auf die jeweilige Situation schablonenhaft einsetzen zu können, führt unausweichlich zum Misserfolg. Jede Situation besitzt ihre besonderen Herausforderungen, die sich durch ein Instrument nicht vorwegnehmen lassen und daher vom Entscheider selbst erkannt werden müssen. Erst dann, wenn er das Besondere der Situation versteht, kann er beurteilen, inwieweit sich ein Instrument einsetzen lässt oder eben nicht. Dazu muss er etwa die momentanen wirtschaftlichen und sozialen Gegebenheiten berücksichtigen, die von den Entscheidungen betroffenen Personen mit einbeziehen oder die geltenden kulturellen Rahmenbedingungen beachten. Der Entscheider braucht ein Verständnis für das Machbare und dessen Folgen, um den Einsatz von Instrumenten daran ausrichten zu können.

Auch wenn die Wirkung eines Instruments (mehr oder weniger) unabhängig von der jeweiligen Situation und vom Verständnis des Anwenders sichergestellt ist, sind mit der Hauptwirkung fast immer unerwünschte **Neben- und Folgewirkungen** verbunden, die der unaufgeklärte Anwender leicht unterschätzt (vgl. Julmi/Zuraw 2019). So zeigt die Praxis beispielsweise, dass das Aufstellen von Regeln in Bezug auf ethisch korrektes Verhalten zwar dazu führt, dass diese mehrheitlich befolgt werden, gleichzeitig aber die Kompetenz der Mitarbeiter zur Reflexion dieser Regeln abnimmt. Je strikter bei Regelbrüchen Sanktionierungen erfolgen, desto stärker wird der selbstständige Umgang mit Ethik untergraben, da dieser die Möglichkeit eines Regelbruchs miteinschließt. Auf diese Weise entstehen dysfunktionale Effekte, die durch den Einsatz der Regeln eigentlich verhindert werden sollten. Dass sich Moral und Integrität nicht verordnen lassen, sondern einer aktiven, auf Verstehen ausgerichteten Auseinandersetzung bedürfen, ist ein Umstand, den der Entscheider verstanden haben muss, bevor er instrumentell-steuernd eingreift. Instrumentelles Wissen sollte daher nicht unabhängig vom jeweiligen situativen Kontext eingesetzt werden.

Jedes Lehrbuch, das praktisch relevant sein will, hat die Aufgabe einerseits Aufklärungsarbeit dahingehend zu leisten, den Entscheider für die bestehende Perspektivenvielfalt und die situativen Besonderheiten in und von Unternehmen so zu sensibilisieren, dass er die Entscheidungssituation, in der er sich befindet, adäquat zu beurteilen vermag. Andererseits muss es dem Entscheider Instrumente an die Hand geben, mit denen er in Unternehmen konkret, aber eben nicht blind steuernd eingreifen kann, um die gewünschten Effekte zu erzielen.

1.2 Perspektiven des Managements

Die beiden Begriffe Unternehmensführung und Management werden vielfach in gleichem Zusammenhang und in vergleichbarer Bedeutung verwendet (vgl. Steinmann/Schreyögg/Koch 2013). Je nach Zusammenhang findet der geläufigere Begriff Anwendung. Im Konsens mit der Mehrzahl zu diesem Thema vorhandenen Quellen werden Unternehmensführung und Management fortan synonym verwendet. Grundsätzlich lässt sich Unternehmensführung bzw. **Management** aus verschiedenen **Perspektiven** betrachten, von denen keine per se richtig oder falsch bzw. besser oder schlechter ist. Die jeweils einzunehmende Sichtweise hängt vielmehr von dem Ziel der näheren Betrachtung ab. Die funktionale, institutionelle und aktivitätsorientierte Perspektive lassen sich durch verschiedene Fragen charakterisieren:
- Welche Aufgaben müssen erfüllt werden, um ein Unternehmen zu führen? (funktionale Perspektive)
- Wer soll in welchem Umfang die (Management-)Aufgaben wahrnehmen? (institutionelle Perspektive)
- Was tun diejenigen, die diese (Management-)Aufgaben erfüllen sollen (Manager), tatsächlich? (aktivitätsorientierte Perspektive)

Teilweise findet man nur die Unterscheidung in eine funktionale und eine institutionelle Perspektive, wobei die aktivitätsorientierte Perspektive dann meist ausgeklammert wird.

1.2.1 Funktionale Perspektive

In der funktionalen Perspektive stehen nicht Personen(-gruppen) oder Positionen bzw. Managementebenen im Vordergrund, sondern die **Handlungen**, die erforderlich sind, den Leistungsprozess, d. h. alle zur Erfüllung der Unternehmensaufgabe notwendigen ausführenden Arbeiten, zu steuern. Es geht damit um die gedankliche Analyse der Aufgaben, die über den Ausführungsprozess hinaus erfüllt werden müssen, wenn ein Unternehmen seine Ziele erreichen soll. Einzelne Positionen sind zwar zu einem gewissen Teil, aber keineswegs ausschließlich mit der Erfüllung solcher Managementaufgaben bzw. Managementfunktionen betraut. In unterschiedlichem Umfang müssen auch Ausführungsaufgaben im Rahmen des Leistungserstellungsprozesses erfüllt werden. Der Anteil der Managementaufgaben an der Gesamtaufgabe einer Stelle nimmt in der Unternehmenshierarchie nach oben tendenziell zu. Flache, dezentrale Strukturen führen aber dazu, dass auf unteren Ebenen umfangreiche Managementaufgaben anfallen.

Management kann aus funktionaler Sicht als ein Komplex von Steuerungsaufgaben verstanden werden, die bei der Leistungserbringung in Unternehmen zu erfüllen sind. Auch wenn sie im Einzelfall erheblich divergieren, lassen sich grundsätzlich verschiedene Kategorien von Aufgaben bzw. Funktionen unterscheiden. Als klassisch kann der Katalog von fünf **Managementfunktionen** von Koontz/O'Donnell (1972) gelten, der eine getrennte, jedoch nicht immer trennscharfe Behandlung einzelner Aufgabenkomplexe ermöglicht:
- Planung (planning)
- Organisation (organizing)
- Personalbereitstellung (staffing)
- Führung (directing)
- Controlling (controlling)

Wenn im Weiteren diesem Fünferkatalog gefolgt wird, handelt es sich lediglich um eine begriffliche Übereinstimmung, da die genannten Managementfunktionen inhaltlich deutlich anders konkretisiert werden.

In jedem Fall überlagern sie jedoch die Sachfunktionen querschnittartig, da Steuerungsaufgaben nicht nur in den Sachfunktionen (z. B. Einkauf, Finanzierung, Produktion, Logistik, Verkauf), sondern auch zwischen diesen anfallen und auf allen Hierarchiestufen zu erfüllen sind (vgl. Abbildung 1.1).

Planung kann in einer ersten Annäherung als gedankliche Vorwegnahme zukünftigen Handelns beschrieben werden, das mehrstufig und methodengestützt unter Unsicherheit und Mehrdeutigkeit abläuft (vgl. Macharzina/Wolf 2018, S. 406); es geht darum, was erreicht werden soll und wie dies am besten bewerkstelligt werden kann. Der zugrundeliegende Planungshorizont reicht von kurz- bis langfristig, je nach Bedeutung für das Unternehmen handelt es sich um operative oder strategische Pla-

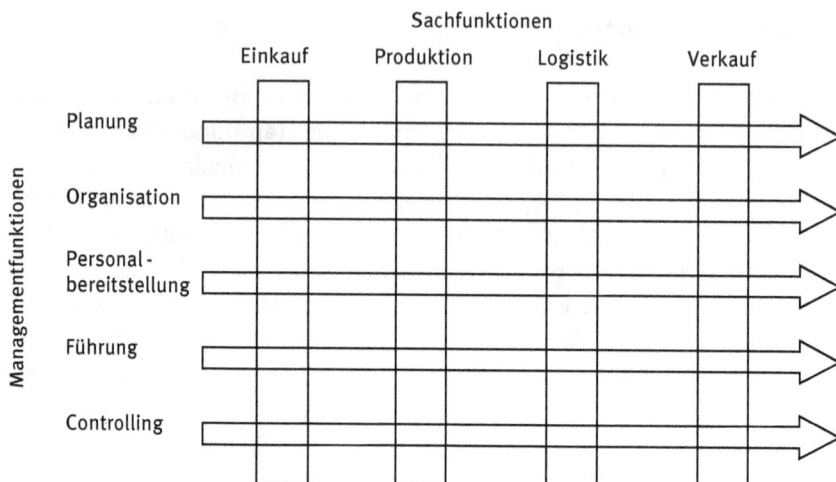

Abb. 1.1: Management als Querschnittsfunktion (eigene Darstellung in Anlehnung an Steinmann/ Schreyögg/Koch 2013, S. 7).

nung. Das aus der strategischen Planung hervorgegangene strategische Management umfasst heute jedoch alle Managementfunktionen.

Organisation schafft Strukturen und Regeln, die es ermöglichen, die Unternehmensaufgabe arbeitsteilig zu erfüllen. Dazu wird die Gesamtaufgabe so in Teilaufgaben zerlegt, dass diese auf Stellen und in Abteilungen oder anderen Bereichen erfüllt werden können. Außerdem müssen die Ablaufbeziehungen zwischen diesen Organisationseinheiten geregelt werden. Entsprechend den Aufgaben sind Kompetenzen und Verantwortung zuzuweisen. Von besonderer Bedeutung sind die Informations- und Kommunikationsbeziehungen der gebildeten Organisationseinheiten. Während Planung auf den Entwurf von (in die Zukunft gerichteten) Handlungsprogrammen abzielt, kommt der Organisation die Aufgabe des Vollzugs der geplanten Handlungsprogramme zu (vgl. Scherm/Pietsch 2007, S. 4; Schreyögg/Geiger 2016, S. 5–7).

Im Rahmen der **Personalbereitstellung** ist sicherzustellen, dass die Anforderungen der Stellen, die sich aus den jeweiligen Aufgaben ableiten, jederzeit von Mitarbeitern erfüllt werden. Dazu gehört nicht nur die Stellenbesetzung, sondern auch die Anpassung der Qualifikation und die Erhaltung der Leistung der Mitarbeiter durch angemessene Arbeitsbedingungen und Anreizgestaltung (z. B. Arbeitszeit, Entgelt) (vgl. Scherm/Süß 2016, S. 4–5).

Da mit den im Zuge der Planung und Organisation geschaffenen längerfristig gültigen, formalen Regelungen noch nicht sichergestellt ist, dass sich das Verhalten der Mitarbeiter vollständig und dauerhaft an den Unternehmenszielen ausrichtet, wird **Führung** erforderlich. Diese erfolgt innerhalb des abgesteckten Rahmens und soll die Motivation und Verhaltenssteuerung sicherstellen, selbst wenn die Ziele des Unternehmens und der Mitarbeiter nicht immer deckungsgleich sind (vgl. Scherm/Süß 2016, S. 181–182).

Dem **Controlling** kommt eine umfassende Reflexionsaufgabe zu. Es reflektiert die im Rahmen der anderen Managementfunktionen getroffenen Entscheidungen sowie deren Abstimmung und beinhaltet damit die traditionelle Kontrollfunktion als Teilbereich. Controlling stellt aber als wesentliche Erweiterung der Kontrolle nicht die Zwillingsfunktion der Planung dar, sondern steht auch mit den anderen Managementfunktionen in einem wechselseitigen Bedingungsverhältnis (vgl. Pietsch/Scherm 2000, S. 405–406; Pietsch 2003, S. 22).

Die Stärke der funktionalen Sichtweise liegt in der Bündelung der Aufgaben, die sich aus dem komplexen Phänomen Management ableiten und so der systematischen Analyse zugänglich gemacht werden.

1.2.2 Institutionelle Perspektive

Gegenstand der institutionellen Perspektive sind die relativ stabilen **Regeln und Strukturen**, die für die Erfüllung der Managementaufgabe in Unternehmen zu schaffen sind, d. h. die Organisation des Managements (vgl. Pietsch/Scherm 2004, S. 541–547; Scherm/Süß 2010, S. 529–553). Hier gilt es, zunächst die Frage zu beantworten, auf welche Stellen in welchem Umfang Managementaufgaben verteilt werden. Darauf gibt es jedoch keine allgemeingültige Antwort, sie hängt vielmehr von den jeweils verfolgten Zielen und den situativen Bedingungen ab. Aber auch normative Einflüsse kommen zum Tragen, da sich der Grad der (De-)Zentralisierung nicht allein rational begründen lässt.

Darüber hinaus geht es um die Frage, in welchem Maße Managementaufgaben auf spezialisierte Stellen übertragen bzw. gemeinsam mit Spezialisten erfüllt werden oder – mit anderen Worten – darum, welche Management- und Managementunterstützungsaufgaben die Planungs-, Organisations-, Personal- und Controllingbereiche übernehmen und wie groß sie in der Folge sein sollen. Auch die Antwort darauf ist situativ und normativ beeinflusst, hängt aber in jedem Fall von der Akzeptanz, den Fähigkeiten, der Methodenkenntnis und der Kapazität der Manager ab.

So betrachtet gehören zum Management eines Unternehmens alle Positionen mit Managementaufgaben. Diese reichen von der untersten Ebene (z. B. Gruppenleiter, Meister) bis hinauf zur Unternehmensleitung ohne Beschränkung auf bestimmte Funktions- oder Unternehmensbereiche. Gebräuchlich, aber nicht immer trennscharf ist die Unterscheidung in oberes, mittleres und unteres Management (vgl. Steinmann/Schreyögg/Koch 2013, S. 6; Hungenberg/Wulf 2015, S. 20).

Als Aufgabe des **oberen Managements** wird in der Regel die Formulierung der Unternehmenspolitik gesehen. Diese umfasst neben dem Grundzweck des Unternehmens und den langfristigen Zielsetzungen vor allem wertbezogen Festlegungen z. B. hinsichtlich des Verhältnisses zu den Interessengruppen (z. B. Mitarbeiter, Kunden, Lieferanten, Kapitalgeber, Staat) und der Umwelt (z. B. ethisches Verhalten, soziale Verantwortung) (vgl. Hinterhuber 2015, S. 45, 101–102). Die Entscheidungen des oberen Managements haben langfristigen Charakter, betreffen das Gesamtunternehmen und bilden den Rahmen für nachgelagerte Entscheidungen. Daneben werden auf dieser Ebene langfristig bindende Strategien formuliert, die Bedeutung für das Gesamtunternehmen haben (z. B. Eintritt in neue Märkte, Kauf eines Unternehmens).

Das **mittlere Management** kennzeichnet seine sogenannte Sandwichposition, wobei es keine verbindliche Definition dafür gibt, was in der Mitte liegt; die Zuordnung erfolgt deshalb subjektiv und einzelfallabhängig. Diese Stellen sind hierarchisch höheren Stellen berichtspflichtig und weisungsgebunden, gleichzeitig aber weisungsberechtigt gegenüber dem unteren Management. Mittlere Manager gelten als die eigentlichen Adressaten der Unternehmenspolitik, weil diese in erster Linie die Entscheidungen auf der mittleren Ebene reguliert. Auch wenn mittlere Manager nicht an den unternehmenspolitischen Entscheidungen beteiligt sind, ist die Durchsetzung einzelner politischer Interessen nicht selten ihre Aufgabe. Sie übersetzen unternehmenspolitische Entscheidungen in Handlungsprogramme und Maßnahmen und kontrollieren deren Einhaltung.

Als **unteres Management** bezeichnet man die Nahtstelle zu der ausführenden Ebene; hier erfolgt die direkte Steuerung des Wertschöpfungsprozesses. Während die Strategieentwicklung insbesondere dem oberen und in Grenzen dem mittleren Management zufällt, ist das untere Management mit der operativen Steuerung befasst (vgl. Becker 2011, S. 16–17). Der Fokus ist hier weniger nach oben als nach unten auf die Steuerung des Ausführungsprozesses und die operative Kontrolle gerichtet.

Aus den unterschiedlichen Aufgabenzuschnitten der drei Managementebenen ergeben sich auch jeweils verschieden gewichtete **Anforderungen**. Tendenziell werden schlecht definierte und nicht routinemäßige Aufgabenstellungen durch das obere Management in operationale Vorgaben für nachgelagerte Ebenen transformiert. Während das obere Management eher in von Unsicherheit und Mehrdeutigkeit geprägten Situationen agiert, nehmen Sicherheit und Eindeutigkeit auf den unteren Managementebenen zu. Mit abnehmender Hierarchieebene steigen die konkreten (Verhaltens-)Anforderungen und die Nebenbedingungen für Entscheidungen, während sich der Handlungsspielraum gleichermaßen verringert. Mit zunehmender hierarchischer Ebene bedarf es demgegenüber der Fähigkeit, dem größer werdenden Handlungsspielraum durch ganzheitliches und strategisches Denken zu begegnen (vgl. Fischer/Pfeffel 2014, S. 14).

1.2.3 Aktivitätsorientierte Perspektive

„Frage einen Manager, was er tut, so wird er dir mit großer Wahrscheinlichkeit sagen, dass er plant, organisiert, koordiniert und kontrolliert. Dann beobachte, was er wirklich tut. Sei nicht überrascht, wenn du das, was du siehst, in keinen Bezug zu diesen vier Wörtern bringen kannst" (Mintzberg 1975, S. 49).

So formuliert Mintzberg überspitzt das Ergebnis seiner Untersuchungen zu den **Aktivitäten** bzw. **Tätigkeiten** von Managern. In diesen Studien, die auch von anderen Autoren durchgeführt wurden, schreiben Manager in der Regel über einen gewissen

Zeitraum ihre einzelnen Aktivitäten auf (Tagebuch-Methode). Daraus lassen sich fünf **typische Merkmale** der Tätigkeit von Managern identifizieren (vgl. auch Steinmann/ Schreyögg/Koch 2013, S. 13–21). Nach diesen ist die Tätigkeit von Managern gekennzeichnet durch

- permanente Problemlösung,
- Komplexität und Ungewissheit,
- ungeordnete, kurze Arbeitssequenzen,
- einen großen Gesprächsanteil sowie
- vielfältige Kontakte.

Das Merkmal der **permanenten Problemlösung** bezieht sich darauf, dass die Arbeit keinen klaren Anfang und kein eindeutiges Ende hat, sondern durch das permanente Lösen verschiedener Probleme charakterisiert ist. Diese lassen sich nicht grundsätzlich lösen, da sie aufgrund der dynamischen Entwicklung unternehmensinterner und -externer Einflussfaktoren in unterschiedlicher Form laufend auftreten. **Komplexität und Ungewissheit** resultieren daraus, dass die Probleme sich häufig nur schwer strukturieren lassen und nicht bekannt sind, die Entscheidungen aber getroffen werden müssen, bevor hinreichend Informationen vorliegen. Des Weiteren gibt es **keinen geordneten Arbeitsablauf**, sondern eine Vielzahl von Einzelaktivitäten, ungeplanten Besuchen und ein nicht zuletzt dadurch verursachtes Wechseln zwischen Alltagsproblemen und strategischen Fragen. Einzelne Arbeitssequenzen dauern nur selten länger als zehn Minuten, wobei die längsten Sequenzen in der Regel bei Besprechungen auftreten. **Gespräche** nehmen den größten Teil der Zeit ein, da die Arbeit im Kontakt mit anderen Personen geleistet wird. Bei den **vielfältigen Kontakten** machen Fragen, Zuhören und Auskunft geben den größten Anteil aus, während Anweisen die geringste Rolle spielt. Die vielfältigen Kontakte verteilen sich auf Kollegen, Vorgesetzte, Kunden, Verbände usw., sie sind damit keineswegs auf Mitarbeiter beschränkt.

Die genannten Merkmale verdeutlichen, dass Manager – in unterschiedlichem Umfang – Einschränkungen des Handlungsspielraums unterliegen. Es gibt Handlungszwänge, die sich aus der Stellenaufgabe und den damit verbundenen Pflichten ergeben (z. B. Berichterstattung, Budgetplanung) sowie Restriktionen interner und externer Art (z. B. Führungsgrundsätze, Budgetgrenzen, Kompetenzen, Technologien). Nur innerhalb dieser kann der Manager seine Aktivitäten frei gestalten. Wie im Abschnitt zuvor dargelegt, hängt die Größe dieses Freiraums von der Hierarchieebene ab, ist aber darüber hinaus von Unternehmen zu Unternehmen verschieden.

Diese sichtbaren und registrierbaren Elemente der Managertätigkeit sagen zunächst einmal nichts aus über die Inhalte der Tätigkeit. Deshalb kann auch nicht ohne weiteres aus den beobachtbaren Aktivitäten auf die Managementaufgaben geschlossen werden. Ein wichtiger Schritt in diese Richtung wird mit der **Verdichtung der Aktivitäten** zu (Manager-)Rollen getan; das bekannteste Rollenkonzept stammt von Mintzberg (vgl. 1973, S. 54–99), der drei Schlüsselrollen mit jeweils drei (bzw. vier) differenzierbaren Rollen unterscheidet (vgl. Tabelle 1.2).

Tab. 1.2: Zehn Manager-Rollen nach Mintzberg (vgl. Mintzberg 1973, S. 54–99).

Interpersonelle (beziehungsorientierte) Rollen	
Repräsentant (Figurehead)	Der Manager fungiert als symbolischer Kopf der Organisation(-seinheit) nach innen und außen und erfüllt Repräsentationsroutinen sozialer und gesetzlicher Art.
Führer (Leader)	Im Mittelpunkt stehen hier die Motivation und Verhaltenssteuerung der Mitarbeiter, aber auch die Stellenbesetzung und die Weiterbildung.
Koordinator (Liaison)	Der Manager baut interne und externe Kontakte auf formellen und informellen Wegen auf und pflegt diese.
Informationelle Rollen	
Informationssammler (Monitor)	Der Manager sammelt kontinuierlich Informationen über interne und externe Entwicklungen, auch über das aufgebaute Netzwerk.
Informationsverteiler (Disseminator)	Diese Rolle ist gekennzeichnet durch die Weitergabe von Informationen an andere Organisationsmitglieder.
Sprecher (Spokesperson)	Der Manager gibt Informationen an unternehmensexterne Gruppen weiter und vertritt die Organisation(-seinheit) nach außen.
Entscheidungsbezogene Rollen	
Unternehmer (Entrepreneur)	In dieser Rolle sucht der Manager – innerhalb und außerhalb der Organisation – nach Chancen für Innovationen und Wandel und stößt gegebenenfalls entsprechende Projekte an.
Krisenmanager (Disturbance Handler)	Zu dieser Rolle gehört die Handhabung der – teilweise unerwarteten – Störungen des Leistungsprozesses.
Ressourcenzuteiler (Resource Allocator)	Der Manager trifft Entscheidungen über die Verteilung von Ressourcen aller Art an einzelne Organisationsmitglieder oder größere Organisationseinheiten und behält dadurch die Kontrolle über die Zusammenhänge zwischen verschiedenen Einzelentscheidungen.
Verhandlungsführer (Negotiator)	In dieser Rolle wird die Organisation(-seinheit) gegenüber Internen oder Externen vertreten und dadurch auch eine Verpflichtung für zukünftige Aktivitäten eingegangen.

Mintzberg geht davon aus, dass diese zehn Rollen ebenso wie die Managementfunktionen grundsätzlich jede Managementposition kennzeichnen, wobei die relative Bedeutung einzelner Rollen in Abhängigkeit von z. B. Branche, Hierarchieebene, Ressort und Persönlichkeit, aber auch im Zeitablauf variiert. Betrachtet man die Rollen näher, fallen Verbindungslinien zu den Funktionen auf. So lassen sich beispielsweise die Rollen des Unternehmers, Informationssammlers und Ressourcenzuteilers in Zusammenhang mit der Planungsfunktion bringen, während die Führer-, Informationsverteiler- und Krisenmanagerrolle viel mit der Managementfunktion Führung zu tun haben. Da auch die Managementfunktionen eng zusammenhängen und Wechselwirkungen aufweisen, darf es nicht überraschen, dass die Managerrollen teilweise mehreren Funktionen zugeordnet werden können. Sie können als eine konkretere Formulierung von Aufgaben verstanden werden, die ein Manager zu erfüllen hat. Damit gilt analog der funktionalen Sicht, dass ein Manager, der verschiedene dieser Rollen nicht ausfüllt, seine Aufgaben vernachlässigt.

Die aktivitätsorientierten Studien machen deutlich, dass das Arbeitsverhalten von Managern in Unternehmen weit von einem geordneten, zweckorientierten Handeln entfernt und stark von situativen Rahmenbedingungen beeinflusst ist. Aussagen über Tätigkeitsinhalte bzw. Aufgaben können daher erst dann gemacht werden, wenn eine Bündelung der Aktivitäten z. B. zu Managerrollen erfolgt. Diese kommen den Managementfunktionen umso näher, je abstrakter sie formuliert werden.

1.3 Entscheidungen als Kern des Managements

Generelle Aussagen über das Phänomen Management erlaubt vor allem der analytische Zugang der funktionalen Perspektive, wobei dieser nicht zu einer mechanistischen, d. h. naturwissenschaftlichen Sicht des Managerhandelns führen darf. Die differenzierte Betrachtung der Managementfunktionen ermöglicht eine strukturierte Auseinandersetzung mit den Aufgabenkomplexen im Rahmen der Steuerung des Unternehmens. Die **klassische Managementlehre** geht in ihrer Sichtweise des Managements davon aus, dass die Planung die Wahrnehmung aller anderen Managementfunktionen wesentlich bestimmt. Ihr wird in diesem Zusammenhang die Rolle der sogenannten Primärfunktion zugeschrieben, demzufolge das Primat der Planung gilt (vgl. Steinmann/Schreyögg/Koch 2013, S. 11). Dies unterstellt jedoch, dass die übrigen Managementfunktionen durch die Planung grundsätzlich vorausbedacht werden können und sollen. Das steht im Widerspruch zu den Ergebnissen empirischer Untersuchungen und Berichten aus der Praxis, die den anderen Managementfunktionen eigenständige Steuerungskapazitäten bescheinigen und auf Implementierungshindernisse eines plandeterminierten Managementverständnisses hinweisen (vgl. Steinmann/Schreyögg/Koch 2013, S. 133).

Ungeachtet des fehlenden Konsenses über die zeitliche und sachliche Abfolge der Managementfunktionen kann Planung in einer problembezogenen Betrachtung als **erste logische Phase** des Managementprozesses interpretiert werden. Dabei geht es um die Festlegung von Zielen, die Schaffung einer Informationsgrundlage, die Entwicklung und Vorstrukturierung von Handlungsalternativen sowie die Abschätzung der durch sie erzielbaren Ergebnisse, damit eine Auswahl aus gegebenen Handlungsalternativen möglich ist (vgl. Macharzina/Wolf 2018, S. 411).

In Bezug auf die Vorstrukturierung der Handlungsalternativen und den damit einhergehenden Handlungsspielraum lassen sich **zwei gegensätzlich wirkende Effekte der Planung** identifizieren, die mithin deren Dilemma deutlich machen. Einerseits hilft Planung, die Einflüsse der Umwelt und die Rahmenbedingungen innerhalb des Unternehmens analytisch zu durchdringen und so ein abgestimmtes, auf die Unternehmensziele ausgerichtetes Handeln der Mitarbeiter bzw. Unternehmensbereiche zu erreichen. Da die Prognose zukünftiger Entwicklungen in einem Stadium geschieht, in dem noch agiert werden kann, soll durch Planung der unternehmerische Handlungsspielraum erhöht bzw. erhalten werden (vgl. Macharzina/Wolf 2018, S. 407). Andererseits werden aufgrund der Unsicherheit über die Entwicklungen außerhalb und innerhalb des Unternehmens Annahmen getroffen und zukünftige Aktionen festgelegt. Die Möglichkeiten für situationsangepasstes Handeln in der Zukunft werden folglich eingeschränkt. Es gilt daher nicht, den Planungsumfang generell zu maximieren, sondern den problemspezifisch optimalen Umfang zu finden, der den Maximen größtmöglicher **Flexibilität** und **Verbindlichkeit** gleichermaßen Rechnung trägt.

Aufgrund ihrer Komplexität lassen sich viele unternehmensrelevante Phänomene der Realität nur begrenzt erfassen. Planung stellt folglich einen hoch-selektiven Prozess dar, der fortwährend kritisch zu begleiten ist, um Fehlsteuerungen frühzeitig zu identifizieren. Außerdem sind die gewählten Handlungsalternativen im Rahmen der **Controllingfunktion** zu reflektieren (vgl. Pietsch/Scherm 2000, S. 405–406; Pietsch 2003, S. 21–22). Damit stellt das Controlling zwar das Gegenstück der Planung dar, da beide sich gegenseitig bedingen und das eine ohne das andere nicht (sinnvoll) möglich ist, jedoch beschränkt sich Controlling nicht auf Entscheidungen der Planung. Vielmehr kommt ihm eine umfassende **Reflexionsaufgabe** zu, die sich gleichermaßen auf die übrigen Managementfunktionen bzw. die im Rahmen dieser getroffenen Entscheidungen und deren Abstimmung bezieht. Die Controllingfunktion beinhaltet zwar die traditionelle Kontrollfunktion, steht aber als wesentliche Erweiterung gegenüber der Kontrolle auch mit den anderen Managementfunktionen in einem engen wechselseitigen Bedingungsverhältnis. Zentral ist das Hinterfragen der Managemententscheidungen von Anfang an, da diesen Annahmen zugrunde liegen, deren Gültigkeit laufend überprüft werden muss.

Dieses Verständnis des Controllings basiert in funktionaler Sicht auf einem Handlungsfeld Unternehmen, das im Vergleich zu klassischen Analysen, die mit Management und Ausführung zwei Ebenen unterscheiden (vgl. z. B. Horváth/Gleich/Seiter 2015, S. 38), um die Handlungsebene der Managementunterstützung zu erweitern ist. Diese Ebene wird in der Controllingliteratur zwar häufig erwähnt, allerdings nicht systematisch in den Kontext der funktionalen Betrachtung eingeordnet. Erst ihre Berücksichtigung ermöglicht jedoch ein differenziertes Verständnis des Controllings.

Management umfasst die Gesamtheit der Steuerungshandlungen im Unternehmen. Dazu gehört, Entscheidungen zu treffen, sie durchzusetzen, zu hinterfragen und die Verantwortung für sie zu übernehmen. Die Entscheidungen müssen dabei nicht zwingend auf Basis eines analytischen Kalküls getroffen werden, sondern können auch intuitiv zustande kommen. Bei der Durchsetzung der Entscheidungen geht es vor allem darum, Widerstände zu beseitigen, die Ausführung anzustoßen und zu überwachen. Management lässt sich damit durch seine Fokussierung auf Entscheidungen charakterisieren.

Zur **Managementunterstützung** gehören das Beschaffen, Aufbereiten und Bereitstellen von Informationen, die für Managementhandlungen benötigt werden. Um Entscheidungen treffen und hinterfragen zu können, bedarf es der Vor- und Nachbereitung managementrelevanter Informationen. Da nicht ausgeschlossen ist, dass durch die Art der Informationsaufbereitung Managemententscheidungen gelenkt werden, fällt auch die Entscheidung über den Einsatz informationsbezogener Instrumente in den Aufgabenbereich des Managements. Managementunterstützung wird somit durch ihre Fokussierung auf Probleme der Informationsbereitstellung gekennzeichnet.

Ausführung beinhaltet gegenüber den anderen beiden Ebenen reine Umsetzungsaufgaben und ist damit von autonom steuernder Gedankenarbeit befreit. Es handelt sich um eine bloße Umsetzung der Entscheidungen. Diese Trennung der Ebenen Management, Managementunterstützung und Ausführung stellt jedoch eine rein analytische Betrachtungsweise dar. Keineswegs ist damit die Forderung einer institutionellen Trennung von Kopf- und Handarbeit verbunden, wie sie etwa Taylor in seinem klassischen Ansatz propagiert (vgl. 1913).

Das Handlungsfeld Unternehmen ist durch die Komplexität und Dynamik sowohl des Unternehmens als auch seines Umfelds gekennzeichnet. Ihre Bewältigung wird durch Ressourcen und die Informationsverarbeitungskapazität des Menschen begrenzt. Als grundlegende Operationen der Komplexitätsbewältigung sind daher die Selektion und Reflexion zu unterscheiden.

Selektion als Auswahl aus einer Gesamtheit von Möglichkeiten dient der Reduktion von Komplexität. Aufgrund der Nichtdeterminiertheit der Wirklichkeit sowie der beschränkten Informationsverarbeitungskapazität des Menschen können (Entscheidungs-)Situationen nie vollständig, sondern durch Selektion (bestenfalls) partiell bzw. im Hinblick auf präferierte Ziele angemessen erfasst werden. So stellt jede strategische Entscheidung den Kulminationspunkt einer Vielzahl von häufig unbewussten Selektionen dar, z. B. hinsichtlich in Betracht gezogener Umweltaspekte, Fähigkeiten bzw. Ressourcen des Unternehmens, prognostizierter Entwicklungen und nicht zuletzt hinsichtlich erwogener Handlungsalternativen. Die Entscheidung als spezielle Form der Selektion besteht letztlich in der Festlegung auf eine Handlungsalternative.

Mit der verbindet sich aber die Gefahr, dass Komplexität in unzulässiger Weise verkürzt wird und Fehlsteuerungen auftreten. Management muss daher für die tatsächliche Komplexität und Dynamik des Umfelds offen gehalten werden. Das kann nur durch **Reflexion** als Gegenpol zu der Selektion erfolgen. Im Zuge der Reflexion werden einige Selektionsleistungen vor dem Hintergrund anderer, teilweise konstant gesetzter, teilweise neu hinzugetretener Selektionsleistungen zur Disposition gestellt und kritisch beurteilt. Während die Selektion sowohl Resultat bewusster Überlegungen als auch Ergebnis intuitiver Prozesse sein kann, stellt die Reflexion immer distanzierend kritische Gedankenarbeit dar. Dies gilt allerdings nicht zwingend für den Anstoß zur Reflexion, der auch auf einem (intuitiven) Gefühl der Unstimmigkeit beruhen kann. Da jedoch nie alle Selektionsleistungen auf einmal aufgegeben werden können, tritt die Reflexion niemals vollständig aus den Orientierung stiftenden, selektiven Zusammenhängen heraus und kann daher auch der Komplexität des Handlungsfelds nie vollständig entsprechen.

Komplexitätsbewältigung findet nur auf den Ebenen des Managements und der Managementunterstützung statt. Die Ausführungsebene ist funktional betrachtet, da hier gedanklich-analytisch reine Umsetzungshandlungen zusammengefasst werden, von dem Problem der Komplexitätsbewältigung befreit (vgl. Abbildung 1.2).

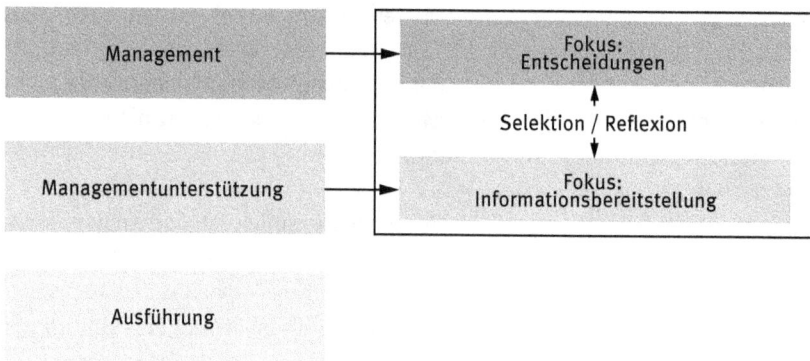

Abb. 1.2: Das Handlungsfeld Unternehmen und die Operationen der Komplexitätsbewältigung (eigene Darstellung in Anlehnung an Pietsch/Scherm 2001, S. 210).

Diese funktionale Strukturierung des Handlungsfelds Unternehmen verdeutlicht die Einordnung des Controllings in den Kontext der Managementhandlungen. Die Wahrnehmung der Reflexionsaufgabe erstreckt sich sowohl auf die Management- als auch die Managementunterstützungsebene. Als Gegenpart zu den selektiven Handlungen im Rahmen der Managementfunktionen Planung, Organisation, Personalbereitstellung und Führung ist das Controlling Voraussetzung für Flexibilität und Lernen und damit die Anpassungsfähigkeit des Unternehmens. Es leistet somit einen wichtigen Beitrag zur Abstimmung von Entscheidungen und zur Sicherstellung eines effizienten und effektiven Managements.

2 Strategisches Management in Theorie und Praxis: ein Überblick

Das **strategische Management** hat sich spätestens seit den 1980er Jahren als eigenständige Disziplin der Betriebswirtschaftslehre etabliert. Stand in der Strategieforschung lange die strategische Planung im Vordergrund, umfasst das strategische Management heute alle Managementfunktionen. Die Planung hat zwar als gedankliche Vorwegnahme zukünftigen Handelns nach wie vor eine zentrale Stellung im strategischen Management, dieses umfasst jedoch auch organisations- und personalbezogene Entscheidungen. Personalbereitstellung, Führung und Organisation dienen nicht alleine der Umsetzung von Strategien, sondern besitzen selbst eine hohe strategische Bedeutung. Sie bestimmen die Relevanz und Machbarkeit von Strategien und beeinflussen damit die Wahl einer Strategie. Ebenso lässt sich die Controllingfunktion nicht auf eine nachgelagerte Kontrolle beschränken. Da bereits die im Rahmen der strategischen Planung getroffenen Prämissen auf Selektionen beruhen und damit die Gefahr der Fehlsteuerungen besteht, sind die strategischen Überlegungen im Rahmen der Controllingfunktion von Anfang an zu reflektieren. Eine integrative Sichtweise auf das strategische Management darf sich daher nicht darauf beschränken, die Managementfunktionen sequenziell abzuhandeln und als logisch voneinander zu trennende Aufgaben zu verstehen. Vielmehr sind die Managementfunktionen integraler Bestandteil des gesamten Strategiebildungsprozesses.

Auch wenn die Auffassungen dessen, was strategisches Management ausmacht, inhaltlich und methodisch teilweise erheblich auseinandergehen, besteht grundsätzlich Einigkeit darüber, dass der Hauptzweck darin besteht, die langfristige Überlebensfähigkeit des Unternehmens sicherzustellen. **Strategische Entscheidungen** zeichnen sich entsprechend dadurch aus, dass sie die grundsätzliche Richtung des Unternehmens bestimmen. Sie müssen nicht zwangsläufig langfristig orientiert sein. Selbst eine kurzfristige Entscheidung hat strategischen Charakter, wenn sie dazu dient, die Handlungsfähigkeit des Unternehmens sicherzustellen. Zudem können auch langfristige Entscheidungen durch nicht antizipierte Veränderungen innerhalb oder außerhalb des Unternehmens bereits nach kurzer Zeit obsolet werden. Darüber hinaus lassen sich verschiedene Sichtweisen und Ansätze in der historischen Entwicklung des strategischen Managements ausmachen.

2.1 Entwicklung des strategischen Managements

Die historische Entwicklung des strategischen Managements kann ausgehend von der klassischen Finanzplanung als eine kontinuierliche Reaktion der Unternehmen auf sich wandelnde Anforderungen interpretiert werden. Seit dem Zweiten Weltkrieg sind

https://doi.org/10.1515/9783110540482-002

vier aufeinanderfolgende **Phasen** zu erkennen (vgl. Ungericht 2012, S. 26–28):

- Phase der (kurzfristigen) Finanzplanung
- Phase der Langfristplanung
- Phase der strategischen Planung
- Phase des strategischen Managements

Bis Anfang der 1950er Jahren fand die Unternehmensplanung im Rahmen der klassischen **Finanzplanung** statt. Ziel dieser war es, die Erlöse und Kosten sowie den daraus resultierenden Bedarf an finanziellen Mitteln für eine bestimmte Periode – meist ein Jahr – im Voraus zu planen. Aus der Finanzplanung wurden dann Budgets abgeleitet, die es erlaubten, die Einhaltung der geplanten Kosten zu überwachen. Seit den 1950er Jahren lässt sich eine intensivere Auseinandersetzung mit dem Thema Strategie in der Managementforschung und -lehre, aber auch der Unternehmenspraxis beobachten. Es waren zunächst amerikanische Unternehmen, die sich angesichts ihrer zunehmenden Größe und damit einhergehend der erhöhten Komplexität mit einer systematischen, längerfristigen Planung auseinandersetzen mussten, um die Koordination und Kontrolle zahlreicher Einzelentscheidungen sicherzustellen.

Weil das Umfeld der Unternehmen noch relativ stabil war und sich die Wirtschaft auf Wachstumskurs befand, wurde spätestens in den 1960er Jahren die **langfristige Planung** vorangetrieben, die als Long Range Planning bzw. Corporate Planning bezeichnet wird. Diese bestand im Wesentlichen aus Fünfjahresplänen, die aufbauend auf Prognosen der ökonomischen Entwicklung und der Marktentwicklung die Ziele des Unternehmens für die kommenden fünf Jahre vorgaben. Aus den Zielen wurden Investitionen, Budgets und die Produktpolitik abgeleitet. Zunächst ging es darum, den Planungshorizont gegenüber der klassischen Finanzplanung zu erweitern. Für die Erstellung solcher Fünfjahrespläne waren speziell ausgebildete Fachkräfte zuständig, die sich verschiedener quantitativ ausgerichteter Instrumente bedienten. Man ging davon aus, dass sich alle unternehmensrelevanten Variablen und Einflussfaktoren der Gegenwart und Zukunft rational-analytisch durchdringen und prognostizieren lassen und dann entsprechend nur noch der Entscheidung zugeführt werden müssen. Diese Herangehensweise entsprach der Fortschritts- und Technikgläubigkeit dieser Zeit.

In den 1970er Jahren vollzog sich der vielleicht größte Entwicklungsschritt von der Langfristplanung zur **strategischen Planung**. Ausgelöst wurde dieser durch Veränderungen der Umwelt, infolge derer Unternehmen neuen Herausforderungen gegenüberstanden. Es traten vermehrt konkurrierende Unternehmen auf, die erstmals auch aus Übersee kamen. Der verschärfte Wettbewerb führte zu einer Sättigung der Märkte, während gleichzeitig durch die Beschleunigung der technologischen Entwicklung neue Märkte geschaffen wurden. Nicht zuletzt sorgte die Ölkrise für erhebliche Instabilität auf den Märkten. Auf diese Weise rückte die Umwelt in den Fokus der Unternehmen. Diese gestaltete sich zunehmend komplex und dynamisch und ließ sich in ihrer Entwicklung nicht mehr rational-analytisch durchdringen und prognostizieren. Der Wettbewerb gewann an Bedeutung und der Wettbewerbsvorteil rückte in den Mittelpunkt längerfristiger Überlegungen. Die klassische Sichtweise, dass das Management vor dem Hintergrund der prognostizierten Umweltentwicklungen die Produktionsfaktoren nur noch optimal kombinieren müsste, war nicht mehr aufrecht zu erhalten. Bei dem Übergang von der Langfristplanung zur strategischen Planung lässt sich daher von einem „paradigmatischen Sprung" sprechen (Knyphausen-Aufseß 1995, S. 20).

In der Praxis machten Unternehmen jedoch bald die Erfahrung, dass die Ausrichtung der strategischen Planung zu einseitig war, da sie keine Hilfestellung für die Bewältigung der vielfältigen Herausforderungen bei der Umsetzung strategischer Pläne boten. So erwies sich beispielsweise die Integration der strategischen Planungssysteme und der operativen Budgetierungs- und Controllingsysteme als komplexe Aufgabe, die oftmals scheiterte. Insgesamt besaß die strategische Planung zwar einen ausgeprägten Bezug zu Markt und Wettbewerb, sie vernachlässigte jedoch die Sicht auf unternehmensinterne Strukturen und Ressourcen (vgl. Welge/Al-Laham/Eulerich 2017, S. 13–14). Neben der Beschäftigung mit der Branchenumwelt fand daher eine verstärkte Auseinandersetzung mit der Gestaltung von Organisationsstrukturen und der Personalführung statt (vgl. Hungenberg 2014, S. 51). Diese Berücksichtigung der Strategieimplementierung markiert den letzten Schritt hin zum **strategischen Management**. Da die strategischen Handlungen eines Unternehmens damit ihren technokratischen Gestaltungscharakter verloren, stellt dieser Schritt einen weiteren paradigmatischen Sprung dar. Anstatt die intendierte Strategie lediglich in Pläne zu gießen, galt es fortan, diese auch in den Köpfen derjenigen zu verankern, die an ihrer Umsetzung beteiligt sind (vgl. Knyphausen-Aufseß 1995, S. 20).

Darüber hinaus lässt sich im strategischen Management eine Entwicklung dahingehend nachzeichnen, worin die **Quellen von Wettbewerbsvorteilen** gesehen wurden. Bis in die 1980er Jahre wurden die Wettbewerbsvorteile zunächst aus den spezifischen Bedingungen der Branche abgeleitet. Nachdem in den 1980er und 1990er Jahren die Sättigung der Märkte weiter zunahm und sich mit der Mikroelektronik eine neue Leittechnologie entwickelte, wurde spätestens in den 1990er Jahren die Suche nach unternehmensinternen Quellen von Wettbewerbsvorteilen forciert. Der strategische Blick verlagerte sich von der nach außen gerichteten marktorientierten Sicht auf die nach innen gerichtete ressourcenorientierte Sicht. Fortan galten als primäre Quelle von Wettbewerbsvorteilen vor allem die spezifischen Ressourcen und Fähigkeiten eines Unternehmens. Dadurch wurde der Unterschied zwischen den Unternehmen (einer Branche) betont und der Einfluss der Branche relativiert. Während diese Sichtweise ursprünglich als Gegenkonzept zur marktorientierten Sicht entwickelt wurde, stehen sich beide Positionen heute nicht mehr so unversöhnlich gegenüber.

Die historische Entwicklung zeigt, dass sich die Dominanz eines Verständnisses wesentlich infolge der Herausforderungen ergibt, denen Unternehmen in der jeweiligen Zeit ausgesetzt sind. Insofern ist die theoretische Perspektive ein **Spiegel der Zeit**, in der sie gewählt wird. Zusammenfassend kann festgehalten werden, dass im Zuge der Entwicklung hin zum strategischen Management die Planung ihre dominierende Rolle verlor. Ging es zunächst vor allem darum, Strategien zu entwerfen, rückte im Laufe der Zeit auch die erfolgreiche Umsetzung von Strategien in den Fokus. Damit einhergehend gewannen neben der Planung die übrigen Managementfunktionen an

Bedeutung. Gerade durch die Konfrontation mit den vielfältigen Problemen der Strategieumsetzung wurde die Möglichkeit einer vollständig rational-analytischen Herangehensweise des strategischen Managements infrage gestellt, während alternative Einflussfaktoren wie individuelle Erfahrungen und Wahrnehmungsmuster, (mikro-) politisches Verhalten, kollektive Werte und Normen sowie historisch gewachsene Unternehmenskulturen in das Blickfeld gerieten. Mit dieser Sichtweise ist man dann im Prinzip in der Gegenwart angelangt, in der der Umgang des strategischen Managements mit Komplexität und Wandel sowohl außerhalb als auch innerhalb des Unternehmens eine herausragende Stellung einnimmt.

2.2 Mehrdeutigkeit als konstitutives Merkmal strategischer Entscheidungssituationen

Die Komplexität und Dynamik der Umwelt führen dazu, dass weder alle Einflussfaktoren ex ante bestimmt noch deren zukünftige Entwicklungen prognostiziert werden können. Außerdem lässt sich die Vielzahl (vermeintlich) relevanter Faktoren nicht vollständig erfassen und analysieren. Da zukünftige Entwicklungen häufig Diskontinuitäten aufweisen, erscheint die Zukunft desto ungewisser, je weiter man in die Zukunft zu blicken versucht. Nicht zuletzt zielen strategische Entscheidungen darauf ab, selbst Quelle derartiger Diskontinuitäten zu sein, da Wettbewerbsvorteile nicht selten durch das Brechen mit gängigen Mustern und den Erfahrungen aus der Vergangenheit entstehen. Daraus ergeben sich Interpretationsspielräume, die zu widersprüchlichen Zukunftsvorstellungen führen (können) und einem logisch konsequenten Handeln entgegenstehen. Selbst scheinbar eindeutige Sachverhalte stellen sich aus verschiedenen Perspektiven teilweise sehr unterschiedlich dar und werden verschieden wahrgenommen und interpretiert. Häufig lassen sich nicht einmal klare Wirkungszusammenhänge identifizieren, an denen sich das strategische Handeln ausrichten kann.

Strategische Entscheidungen gehen also mit einer erheblichen Selektionsleistung einher und sind in besonderem Maße durch eine **Mehrdeutigkeit** der Entscheidungssituation gekennzeichnet. Konstitutives Merkmal mehrdeutiger Entscheidungssituationen ist der Interpretationsspielraum. Bei Mehrdeutigkeit gelten gleichzeitig verschiedene Interpretationen, deren Richtigkeit sich nicht analytisch feststellen lässt, sondern nur aus der Perspektive des Interpreten beurteilt werden kann. Ob eine strategische Entscheidung tatsächlich den langfristigen Unternehmenserfolg sicherzustellen hilft, kann (wenn überhaupt) erst im Nachhinein beurteilt werden und ist zunächst Interpretationssache. Dennoch ist der Umgang mit Mehrdeutigkeit nicht nur Glückssache, sondern hängt von der Fähigkeit des Entscheiders ab, möglichst viele relevante Aspekte der Entscheidungssituation gleichzeitig erfassen zu können und aus seinem ganzheitlichen Eindruck zu einer kreativen Lösung zu kommen. Der Erfolg des strategischen Managements hängt wesentlich davon ab, inwieweit die Bewältigung der

Mehrdeutigkeit gelingt. Der Grad der Mehrdeutigkeit wird von verschiedenen Merkmalen bestimmt, die je nach Entscheidungssituation unterschiedlich ausgeprägt und ihrerseits in einem schwer zu durchdringenden Beziehungsgeflecht zueinander stehen können. Tabelle 2.1 nennt einige dieser Merkmale.

Tab. 2.1: Merkmale mehrdeutiger Entscheidungssituationen (vgl. McCaskey 1983, S. 5; Macharzina/ Wolf 2018, S. 107).

Merkmal	Beschreibung
Die Definition der Entscheidungssituation ist unpräzise.	Das Problem selbst ist unklar und wechselhaft. Entscheider definieren die Entscheidungssituation nur vage oder widersprüchlich.
Informationen sind vage und unzuverlässig.	Die notwendigen Informationen sind entweder unpräzise, nicht in ausreichendem Maße vorhanden oder aufgrund ihrer hohen Menge nicht zu verarbeiten.
Es existieren viele, einander widersprechende Interpretationen.	Der Entscheider wird mit verschiedenen und untereinander nicht vereinbaren Interpretationen der Entscheidungssituation konfrontiert.
Es treffen unterschiedliche Werthaltungen aufeinander.	Da keine objektiven Kriterien vorliegen, beziehen sich die Entscheider auf ihre eigenen Werthaltungen, deren Konfrontation die Situation oft politisch und emotional auflädt.
Ziele sind unklar und widersprüchlich.	Manager können sich bei ihren Entscheidungen nicht an klar definierten Zielen orientieren. Entweder sind die Ziele vage oder sie sind klar definiert, stehen aber zueinander im Widerspruch.
Zeit, Geld oder Aufmerksamkeit fehlen.	Die Entscheidungssituation kann durch Zeitknappheit, Geldmangel und/oder unzureichende Aufmerksamkeit nicht mehr eindeutig gelöst werden.
Es treten Unvereinbarkeiten und Paradoxien auf.	Die Entscheidungssituation weist inkonsistente Erscheinungsformen, Beziehungen und Anforderungen auf.
Rollen und Verantwortlichkeiten sind unklar.	Den Entscheidern fehlt es an einem klar definierten Rollenverständnis. Insbesondere bei wichtigen Entscheidungen sind die Verantwortlichkeiten vage oder umstritten.
Es fehlt an Erfolgsmaßstäben.	Es ist unklar, woran der Erfolg einer Entscheidung festgemacht werden kann bzw. zu welchem Grad eine Situation erfolgreich gemeistert wurde.
Die Ursache-Wirkungs-Zusammenhänge sind unklar.	Die Ursache-Wirkungs-Zusammenhänge können nicht klar benannt werden oder es kann nicht zwischen Ursachen und Wirkungen unterschieden werden.
Es dominieren Symbole und bildhafte Ausdrucksformen.	Statt präziser Definitionen und logischer Argumente greifen die Entscheider auf Symbole und bildhafte Ausdrucksformen zurück, um ihren Standpunkt klarzumachen.
Entscheidungsträger wechseln.	Entscheidungsträger betreten und verlassen die Entscheidungsarena, sodass sich der Kreis der Personen, der an Entscheidungen beteiligt ist, nicht klar abgrenzen lässt.

Die bestehende Mehrdeutigkeit darf weder ignoriert noch analytisch wegrationalisiert werden, da sie den Facettenreichtum des strategischen Managements bzw. der möglichen strategischen Entscheidungen darstellt (vgl. Macharzina/Wolf 2018, S. 106). Aufgrund der Mehrdeutigkeit ist es vielmehr notwendig, **verschiedene Perspektiven** einzunehmen, die jeweils bestimmte Aspekte zutage fördern, während andere verdeckt werden. Diesen Umstand verdeutlicht Mintzberg mit dem berühmten buddhistischen Elefanten-Gleichnis: Sechs Blinde wollen sich einen Eindruck von einem Elefanten verschaffen und betasten das Tier jeweils an einer anderen Stelle; der erste betastet die Seite und wähnt eine Wand vor sich, der zweite befühlt den Stoßzahn und will einen Speer erkannt haben usw. (vgl. Mintzberg/Ahlstrand/Lampel 2012, S. 15–17). So wie keiner der Blinden den Elefanten ganz erfasst, lässt sich das strategische Management nicht aus nur einer Perspektive erfassen, weil dadurch andere, womöglich entscheidende Aspekte außer Acht gelassen werden. Es ist daher notwendig, möglichst viele Perspektiven einzunehmen, um sich zumindest annäherungsweise ein Gesamtbild zu verschaffen.

Aufgrund der Mehrdeutigkeit strategischer Entscheidungssituationen kann es für strategische Entscheidungen letztlich **keine allgemeingültigen Regeln** geben. Würden sich strategische Entscheidungen vollständig über Regeln in einer gegebenen Situation ableiten lassen, kämen ähnliche Unternehmen in ähnlichen Branchen zu ähnlichen Entscheidungen. Wenn aber alle Unternehmen dieselben Entscheidungen treffen, führt dies für die meisten Unternehmen zum Misserfolg. Wettbewerbsvorteile ergeben sich erst aus einer Differenz der strategischen Entscheidungen zu denen der Wettbewerber. Es lassen sich zwar gewisse Regeln aufstellen, mit der sich die Qualität strategischer Entscheidungen steigern lässt, diese Regeln sind aber immer vor dem Hintergrund der unternehmensspezifischen Besonderheiten zu reflektieren und an diese anzupassen. Dazu gehört auch, deren Gültigkeit infrage zu stellen und sie gegebenenfalls durch neue Regeln zu ersetzen.

2.3 Strategie und strategisches Management

Die Interpretation der strategischen Entscheidungssituation wird grundlegend von den Begriffen beeinflusst, mit der die Situation beschrieben oder festgelegt wird. Für die strategische Entscheidungssituation sind die Begriffe der Strategie und des strategischen Managements zentral. Die wesentlichen Merkmale einer Strategie und des strategischen Managements lassen sich nicht unabhängig voneinander darstellen, da das Verständnis von Strategie die Ausrichtung des strategischen Managements bestimmt, während umgekehrt das Verständnis des strategischen Managements festlegt, welche Merkmale Strategien aufzuweisen haben und wie sie zu formulieren sind. Es ist üblich, zunächst auf den Strategiebegriff einzugehen.

2.3.1 Begriff der Strategie

Der Begriff Strategie findet nicht nur in der Alltagssprache, sondern auch in unterschiedlichen Kontexten in Theorie und Praxis der Betriebswirtschaftslehre Verwendung. Die anhaltende Popularität des Begriffs macht es schwierig, ihn einer allgemeingültigen Definition zuzuführen. Zur Präzisierung des Strategiebegriffs wird daher häufig auf dessen etymologische Wurzeln verwiesen (vgl. z. B. Müller-Stewens/Lechner 2016, S. 8; Kreikebaum/Gilbert/Behnam 2018, S. 23). Das Wort Strategie geht auf die altgriechischen Begriffe stratos (= Heer) und agos (= Führer) bzw. agein (= führen) zurück. Ab ca. 550 vor Christus wurden die Heerführer und Feldherren als strategos bezeichnet. Später erweiterte sich ihr Einfluss auf die Bereiche der Verwaltung und der Politik, sodass die Bedeutung des Strategiebegriffs von der Kunst der Kriegsführung allgemeiner auf die Kunst der Staatsführung übertragen wurde. Im 19. Jahrhundert prägte dann insbesondere Carl von Clausewitz den Strategiebegriff, der ihn als „Gebrauch des Gefechts zum Zweck des Krieges" definierte (1991, S. 345). Er zog Parallelen zwischen Militär und Wirtschaft und beförderte damit den Einzug des Begriffs in die Ökonomie, wo er zunächst von der Spieltheorie aufgegriffen wurde. Die zunehmende Abstraktion des Begriffs begünstigte schließlich die Ausdehnung des strategischen Gedankens auf andere Gebiete. Auf diese Weise fand der Strategiebegriff in den 1950er und 1960er Jahren auch Eingang in die Betriebswirtschaftslehre. Trotz seiner Abstraktion hat der Begriff bis heute seine Nähe zur Kriegslist nicht verloren. Dies zeigt sich nicht zuletzt in wirtschaftlichen Metaphern wie feindlichen Übernahmen oder Preiskämpfen. Auch der Begriff des Wettbewerbs weist eine Nähe zum Begriff des Wettkampfes auf.

Zum heutigen Begriffsverständnis von **Strategie** finden sich in der Literatur zahlreiche, teilweise stark voneinander abweichende Definitionen (vgl. z. B. Ungericht 2012, S. 32), auf die nicht weiter eingegangen wird. Stattdessen sollen, ohne einen Anspruch auf Vollständigkeit zu erheben, mit den von Mintzberg eingeführten fünf Grundpfeilern der Strategie (5 Ps) **verschiedene Perspektiven** auf den Strategiebegriff aufgezeigt werden (vgl. Mintzberg/Ahlstrand/Lampel 2012, S. 25–32):

- Strategie als Plan (plan)
- Strategie als Muster (pattern)
- Strategie als Position (position)
- Strategie als Perspektive (perspective)
- Strategie als List (ploy)

Wird Strategie als **Plan** verstanden, ist der Blick in die Zukunft gerichtet, also darauf, wie ein vorgegebenes Ziel erreicht werden soll. Fasst man Strategien als **Muster**, richtet sich der Blick dagegen in die Vergangenheit und bezieht sich auf ein über die Zeit hinweg konsistentes Verhalten. Dadurch sollen Regelmäßigkeiten erkannt werden, die bewusst oder unbewusst entstanden sind und nachträglich als Strategie bezeichnet werden können. Bei der Strategie als **Position** geht es um die Positionierung der Produkte oder Leistungen auf bestimmten Märkten. Der Blick ist nach außen gerichtet, die Strategie legt fest, wie man das Unternehmen in einer Branche positionieren möchte, um sich von der Konkurrenz abzuheben. Stellt die Strategie eine **Perspektive** dar, wird der Blick dagegen nach innen gerichtet; der Fokus liegt auf dem Unternehmen und seiner Entwicklungsfähigkeit. Es geht darum, aus welcher Perspektive die Welt wahrgenommen wird und wohin die Entwicklung gehen kann und soll. Schließlich verweist die Strategie als **List** auf Spielzüge wie Drohungen, Finten oder (Des-) Informationen, mit denen andere Akteure (z. B. Konkurrenten, Lieferanten, Mitarbeiter) überrascht oder getäuscht werden sollen.

Diese fünf Grundpfeiler der Strategie sind unmittelbar mit dem Verständnis des strategischen Managements verknüpft. Dieses ist grundlegend in präskriptiv-synoptische und deskriptiv-inkrementale Ansätze als übergeordnete Kategorie zu unterscheiden (vgl. Jahns 2001; Kreikebaum/Gilbert/Behnam 2018, S. 55). Präskriptiv-synoptische Ansätze schreiben mehr oder weniger vor, wie Strategien entwickelt werden sollten, während deskriptiv-inkrementale Ansätze beschreiben, wie sich Strategien tatsächlich in Unternehmen herausbilden. Beide Ansätze sollen nachfolgend präzisiert werden.

2.3.2 Präskriptiv-synoptische Ansätze des strategischen Managements

Das **präskriptive Strategieverständnis** betrachtet Strategien idealtypisch als vollkommen rational geplante Maßnahmenbündel und beschreibt die Strategiebildung als geordneten Prozess. Obwohl bereits sehr früh darauf hingewiesen wurde, dass die Strategieentwicklung zahlreichen, nicht zu antizipierenden Einflussfaktoren unterliegt, hat sich der normativ orientierte präskriptive Ansatz der Strategiebildung etabliert und stellt noch heute den zentralen Ausgangspunkt zur Beschreibung strategischer Phänomene dar (vgl. Hungenberg 2014, S. 9–10).

Charakteristisch für dieses wesentlich von Andrews geprägte Strategieverständnis (vgl. 1971) ist eine **Prozessperspektive**. Die Gesamtunternehmensstrategie bildet sich danach in einem Prozess des strategischen Managements heraus, der einzelne Schritte umfasst. Innerhalb dieses überwiegend rational-analytischen Prozesses werden die Umwelt und das Unternehmen einer systematischen Analyse unterzogen. Kennzeichnend ist dabei eine analytische Trennung der Strategieformulierung und der Strategieimplementierung, die zwar nach Andrews starke Interdependenzen aufweisen, jedoch idealtypisch als sequenziell ablaufende Phasen angelegt sind. Bei der Strategieformulierung steht das Treffen strategischer Entscheidungen im Vordergrund, deren Gesamtheit die Unternehmensstrategie bildet. Diese stellt ein Muster von Entscheidungen dar, das die Ziele des Unternehmens bestimmt und festlegt, wie diese erreicht werden können bzw. sollen. Die daraus resultierenden strategischen

Programme liefern die Vorgabe für die Strategieimplementierung, in deren Rahmen die Strategien durch adäquate organisatorische und personalwirtschaftliche Maßnahmen möglichst friktionsfrei umzusetzen sind (vgl. Müller-Stewens/Lechner 2016, S. 47–48). Nach diesem idealtypischen Verständnis kann mit der Implementierung der Strategie erst begonnen werden, wenn die Phase der Strategieformulierung abgeschlossen ist. Bei der Implementierung steht im Wesentlichen die Überführung der strategischen Ziele in konkrete Vorgaben im Vordergrund. Die organisationale und die menschliche Seite spielen eine nachgeordnete Rolle oder werden ganz ausgeblendet. Die grundsätzliche Aussagefähigkeit der aus der Analyse und Prognose gewonnenen Informationen wird ebenso wenig hinterfragt wie die Möglichkeit des Managements, das Unternehmen nach den eigenen Vorstellungen zu gestalten. Der Fokus präskriptiver Ansätze liegt vor allem auf der Entwicklung von Instrumenten zur Verbesserung der strategischen Analyse und Planung.

Diese analytische Vorstellung des Strategiebildungsprozesses beschreibt ein Vorgehen, wie Strategien in der Praxis idealtypisch entwickelt werden sollen. Sie folgt in der Regel einer **synoptischen Planungslogik**. Dieser liegt die Annahme zugrunde, einer großen Komplexität der Leistungserstellung des Unternehmens nur durch eine vorstrukturierende Planung gerecht werden zu können. Sie zeichnet sich durch eine holistische Planungsperspektive aus, die davon ausgeht, dass der gesamte Leistungserstellungsprozess des Unternehmens mithilfe der Planung ganzheitlich erfasst werden kann. Damit verbunden ist die Erwartung, Umweltentwicklungen vollständig erfassen und die Gesamtplanung des Unternehmens auf einen definierten, zukünftig gewünschten Zustand ausrichten zu können. Die Erreichung der formulierten Unternehmensziele ist aufgrund der hohen Komplexität der Gesamtaufgabe nur durch eine zentrale Koordination der Planung sicherzustellen. Die gesamte Unternehmensplanung vollzieht sich dabei in einem systematischen Prozess, in dem die notwendigen Entscheidungen zielorientiert getroffen werden können (vgl. Schreyögg 1984, S. 133–135; Welge/Al-Laham/Eulerich 2017, S. 38).

Präskriptiv-synoptische Ansätze sind nicht grundlegend infrage zu stellen und haben nicht umsonst in den letzten Jahrzehnten eine erhebliche Entwicklung erfahren. Sie haben normativen und dadurch **handlungsleitenden Charakter** und können bei ausreichender Akzeptanz des verfolgten Ansatzes das strategische Handeln als rational legitimieren. Die **Gefahren** präskriptiv-synoptischer Ansätze liegen darin, dass die Komplexität und Dynamik (sprich: Mehrdeutigkeit) innerhalb wie außerhalb des Unternehmens unterschätzt, gleichzeitig die Möglichkeiten ihrer Beherrschbarkeit und Gestaltbarkeit überschätzt werden. Zwar fördern Instrumente präskriptiv-synoptischer Strategieentwicklung die Beherrschbarkeit und Gestaltbarkeit, es besteht mit ihrer Anwendung jedoch die Gefahr, der Mehrdeutigkeit durch die perspektivische Verengung nicht mehr gerecht zu werden.

2.3.3 Deskriptiv-inkrementale Ansätze des strategischen Managements

In Abgrenzung zu präskriptiven Ansätzen betrachten **deskriptive Ansätze Strategiebildung** als interaktiven Prozess, bei dem Überzeugungen, Werte sowie Wahrnehmungs- und Verhaltensmuster der Unternehmensmitglieder eine große Rolle spielen. Ausgangspunkt dieser Überlegungen sind empirische Beobachtungen, die zeigen, dass sich in der Realität keine eindeutige, phasendeterminierte Abfolge des Strategiebildungsprozesses beobachten lässt, sondern die Strategieformulierung und die Strategieimplementierung zahlreichen Vor- und Rückkopplungen unterliegen. Zudem hat sich gezeigt, dass das tatsächliche Verhalten von Personen, Gruppen und Organisationen nur sehr eingeschränkt dem Rationalitätsverständnis des präskriptiven Ansatzes folgt (vgl. Jahns 2001, S. 595; Hungenberg 2014, S. 57). Das Unternehmen wird hier stattdessen beispielsweise als **politische Arena** gesehen, in der Akteure unterschiedliche Eigeninteressen verfolgen, sodass anstelle rationaler Argumente häufig interessengeleitetes, politisches Handeln im Vordergrund steht. Außerhalb des Unternehmens blicken deskriptive Ansätze auf Interessengruppen, mit denen sich Unternehmen in einem komplexen Beziehungsgeflecht befinden und die über ein gewisses Machtpotenzial verfügen. Nicht zuletzt wird die Anpassungsfähigkeit eines Unternehmens an Umweltbedingungen betont; hier steht dann die **Lernfähigkeit** von Unternehmen im Vordergrund.

Die Mehrheit der deskriptiven Ansätze folgt in kritischer Abgrenzung zu dem synoptischen Planungsmodell dem **inkrementalen Modell**, das zurückgehend auf Lindblom (vgl. 1959; 1965) auch als „Muddling Through" bezeichnet wird (1959, S. 88). Da sich in der Realität meist kein eindeutiger, in Teilschritte gegliederter Strategiebildungsprozess ermitteln lässt, wird das de facto inkrementale Vorgehen als empirische Kritik des synoptischen Ansatzes formuliert. Präskriptiven Charakter erhält die inkrementale Vorgehensweise dort, wo sie sich bei Lindblom als Technik des Durchwurstelns zu einer normativen Gestaltungsempfehlung wendet, durch die eine eigenständige Logik inkrementaler Strategiebildung begründet wird. Diese stellt auf ein Vorgehen der kleinen Schritte ab, das keine ganzheitliche Erfassung des Problems anstrebt, sondern die Veränderung des Status quo in überschaubaren Schritten propagiert, die durch zahlreiche Rückkopplungen einen Lernprozess initiieren sollen (vgl. Schreyögg 1984, S. 221–223; Jahns 2001, S. 596; Bresser 2010, S. 17). In Abgrenzung zu einem präskriptiv-synoptischen Ansatz wird hier verallgemeinernd von einem deskriptiv-inkrementalen Ansatz gesprochen.

Aufgrund ihres vorwiegend nicht präskriptiven Charakters bieten deskriptiv-inkrementale Ansätze **keine unmittelbaren Lösungen** oder Patentrezepte für (strategische) Probleme an. Sie zielen vielmehr darauf ab, das Verständnis darüber zu fördern, wie Unternehmen in der Realität funktionieren und weisen in diesem Zusammenhang auf mögliche Gefahren hin, die von einer präskriptiv-synoptischen Sicht ausgeblendet werden. Obwohl deskriptiv-inkrementale Ansätze keine Instrumente zur Verfügung stellen, eröffnen sich durch die Förderung des Verständnisses neue Gestaltungsmöglichkeiten, die sich aus der konkreten Situation heraus ergeben (können). Während die praktische Relevanz präskriptiv-synoptischer Ansätze der naturwissenschaftlichen Logik des **Erklärens** folgt, beruht die praktische Relevanz deskriptiv-inkrementaler Ansätze eher auf einem geisteswissenschaftlichen **Verstehen**, das auf Aufklärung, Verständigung und Sensibilisierung setzt (vgl. Kapitel 1.1). Erstere zielen auf eine Perspektivenverengung ab, mit der sich eindeutig sagen lässt, wie richtig zu gestalten ist, Letztere auf eine Perspektivenerweiterung, mit der die Verantwortung darüber, was richtig und was falsch ist, auf den Entscheidungsträger übergeht.

2.3.4 Existenz und Handhabung emergenter Strategien

Einen wesentlichen Beitrag zur deskriptiv-inkrementalen Strategie(bildungs)forschung in Unternehmen liefert Mintzberg, der anhand empirischer Untersuchungen verschiedene Muster des strategischen Wandels identifiziert und diese zu einer prozessorientierten **Strategietypologie** verdichtet (vgl. 1978, S. 945; Abbildung 2.1). Zu unterscheiden sind demnach

- Strategien, die bewusst formuliert und realisiert werden (deliberate strategies),
- Strategien, die bewusst formuliert, jedoch nicht realisiert werden (unrealized strategies) und
- Strategien, die realisiert werden, jedoch nicht beabsichtigt waren (emergent strategies).

Der erste Strategietyp entspricht weitgehend den Vorstellungen des präskriptiv-synoptischen Strategiebildungsprozesses, wonach eine Strategie **bewusst formuliert** und anschließend implementiert wird. Auch der zweite Strategietyp kann zunächst dieser Vorgehensweise zugeordnet werden: Über die bewusste, analytisch angelegte

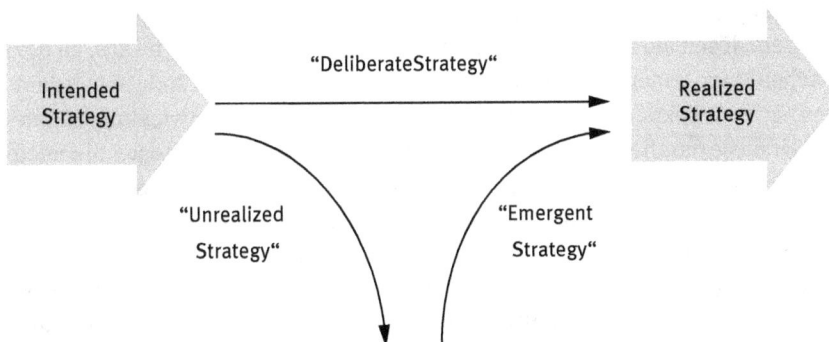

Abb. 2.1: Strategietypologie nach Mintzberg (eigene Darstellung in Anlehnung an Mintzberg 1978, S. 945).

Strategieformulierung wurde eine vielversprechende Strategie entwickelt, die letztlich aufgrund unzureichender Um- und Durchsetzungsmaßnahmen nicht realisiert werden konnte.

Bei **emergenten Strategien** handelt es sich um Handlungsmuster, die sich ohne eine klare Absicht entwickeln und damit einer inkrementalen Logik folgen. Sie können zwar zu absichtlich formulierten Strategien hinzutreten, aber nicht unmittelbar zu diesen in Beziehung gesetzt oder aus diesen abgeleitet werden. Langzeitstudien haben gezeigt, dass sich tatsächlich spezifische Handlungsmuster herausbilden, die sich im Nachhinein als konsistentes zielorientiertes Handeln und damit als Strategie beurteilen lassen (vgl. Miles/Snow 1978, S. 28–30). Emergente Strategien können auch an die Stelle absichtlich formulierter Strategien treten, sodass die ursprünglich erdachte Strategie unrealisiert bleibt.

Ob emergente Strategien besser oder schlechter als die Umsetzung analytisch geplanter Strategien sind, kann nicht grundsätzlich entschieden werden, sondern ist immer am Einzelfall festzumachen. Die Handlungsmuster emergenter Strategien entstehen häufig auf denselben oder ähnlichen Informationen, wie sie im Rahmen einer systematischen, strategischen Analyse gewonnen werden. Der **Unterschied** zwischen bewusst formulierten und emergenten Strategien besteht insbesondere in der Art der Informationsgewinnung. Im Zuge der Entwicklung emergenter Strategien liegen Informationen im Sinne einer gewachsenen oder intuitiven Kenntnis der Umwelt vor, sind nicht explizit gegeben und können entsprechend nicht legitimiert werden. Doch auch wenn die gewonnenen Informationen subjektiver Natur sind, sind sie nicht grundsätzlich schlechter als objektive Informationen. Der Vorteil subjektiver Informationen liegt vor allem darin, dass sie (als implizites Wissen) ganzheitlicher Natur sind und damit auch mehrdeutigen Charakter aufweisen können, beispielsweise wenn jemand mit verschiedenen, teilweise widersprüchlichen und ambivalenten Wertvorstellungen umgehen kann. Objektive Informationen sind dagegen immer eindeutig und können unter Umständen die Reichhaltigkeit der Wirklichkeit nicht mehr adäquat abbilden (vgl. Scherm/Julmi/Lindner 2016, S. 305).

Die gewählten Handlungsalternativen mögen bei emergenten Strategien weniger innovativ sein, lösen aber nicht die Friktionen radikaler Strategiewandel aus. Zu dem strategischen Management gehört damit auch, vorherrschende Handlungsmuster aufzuspüren, sie zu reflektieren und gegebenenfalls in die Strategieentwicklung zu integrieren oder diese daran zu orientieren. Auf diese Weise kann die Strategieimplementierung bereits von Anfang an ein wichtiger Impulsgeber für die Strategieentwicklung sein, sodass die zahlreichen Vor- und Rückkopplungen zwischen Strategieformulierung und die Strategieimplementierung nicht per se als negativ, sondern als Lernprozesse gesehen werden können, die eine kontinuierliche Verbesserung der Strategie erlauben. Neben der reinen analytischen Planung tritt damit die **Kultivierung entstandener Muster** in den Vordergrund. Damit ist gemeint, dass es emergente Strategien als Handlungsmuster nicht nur zu verstehen, sondern ebenso zu praktizieren gilt, um Potenziale identifizieren und kreativ entfalten zu können.

2.3.5 Mintzbergs zehn Denkschulen

Insgesamt existieren in dem strategischen Management verschiedene Denkschulen, die sich in der Regel entweder den präskriptiv-synoptischen oder den deskriptiv-inkrementalen Ansätzen zuordnen lassen. Mintzberg unterscheidet vor diesem
Hintergrund zehn verschiedene **Denkschulen** des strategischen Managements (vgl.
Tabelle 2.2), die jeweils verschiedene Aspekte des Strategieentwicklungsprozesses
hervorheben (vgl. Mintzberg/Ahlstrand/Lampel 2012; Ungericht 2012, S. 34–40) und
eng mit den verschiedenen Sichtweisen auf den Strategiebegriff zusammenhängen
(vgl. Kapitel 2.3.1). Um einen Eindruck über die Vielfältigkeit des strategischen Managements zu geben, werden diese zehn Denkschulen nachfolgend kurz umrissen.

Tab. 2.2: Mintzberges zehn Denkschulen (vgl. Mintzberg/Ahlstrand/Lampel 2012).

Ansatz	Denkschule	Strategieverständnis
präskriptiv-synoptisch	Designschule	Strategieentwicklung als konzeptioneller Prozess
	Planungsschule	Strategieentwicklung als formaler Prozess
	Positionierungsschule	Strategieentwicklung als analytischer Prozess
deskriptiv-inkremental	Unternehmensschule	Strategieentwicklung als visionärer Prozess
	kognitive Schule	Strategieentwicklung als mentaler Prozess
	Lernschule	Strategieentwicklung als sich herausbildender Prozess
	Machtschule	Strategieentwicklung als Verhandlungsprozess
	Kulturschule	Strategieentwicklung als kollektiver Prozess
	Umweltschule	Strategieentwicklung als reaktiver Prozess
präskriptiv-synoptisch und deskriptiv-inkremental	Konfigurationsschule	Strategieentwicklung als Transformationsprozess

Die ersten drei Denkschulen sind **präskriptiv-synoptischer Natur.** Sie geben Handlungsanweisungen, wie Strategien formuliert werden sollten, und betrachten die Entwicklung und Implementierung der Strategie als zwei aufeinanderfolgende Phasen
ohne Vor- und Rückkopplungen. Die **Designschule** versteht die Strategieentwicklung
als informellen oder kreativen Entwurf. Sie schlägt vor, die Stärken und Schwächen
eines Unternehmens mit den umweltbezogenen Chancen und Risiken in Einklang zu
bringen. Die **Planungsschule** stellt die Formalisierung dieser Sichtweise dar. Sie betrachtet die Strategieentwicklung weniger als Ergebnis eines kreativen Designs, sondern vielmehr als Resultat eines systematischen Prozesses. Ausgehend von präzise
formulierten Zielen werden möglichst exakte Budgets und Pläne der operativen Umsetzung erarbeitet. Der Strategieentwicklungsprozess wird in einzelne Schritte unterteilt, für die jeweils spezifische Instrumente zur Verfügung stehen. Diese Denkschule
geht insbesondere auf Ansoff zurück, der ein detailliertes Ablaufschema der strategi-

schen Planung als komplexen Entscheidungsprozess erarbeitete (vgl. 1965). Die **Positionierungsschule** geht dann von einer reinen Prozessperspektive weg und stellt den Inhalt der Strategien in den Vordergrund. Sie befasst sich mit der Frage, welche Strategie ein Unternehmen wählen soll, um sich am Markt gegenüber bestehenden oder potenziellen Konkurrenten einen Wettbewerbsvorteil zu verschaffen. Als mögliche Strategieoptionen werden meist wenige, generische Strategien verglichen, also beispielsweise die Strategien der Kostenführerschaft, Differenzierung und der Konzentration (vgl. Kapitel 7.7.2). Das strategische Management ist auf die Wahl einer vorteilhaften Position des Unternehmens innerhalb einer Branche gerichtet.

Die nächsten sechs Denkschulen lassen sich eher den **deskriptiv-inkrementalen Ansätzen** zuordnen. Da sie jedoch den unternehmerischen Erfolg mitunter sehr verschieden begründen, sind sie nicht gänzlich frei von präskriptivem Gedankengut. In erster Linie zielen sie jedoch nicht auf das Geben von Handlungsanweisungen, sondern auf die Beschreibung spezifischer Teilbereiche der Strategieentwicklung. Die **Unternehmerschule** orientiert sich am Leitbild eines innovativen Unternehmers, der den Prozess der Strategieentwicklung als Erzeugung einer Vision durch die Persönlichkeit des Unternehmensführers schildert. In dieser Schule wird der unternehmerische Erfolg maßgeblich auf das (meist an einer Person festgemachte) unternehmerische Handeln zurückgeführt. Diesem Argument folgt grundsätzlich auch die **Kognitive Schule**, die von den Erkenntnissen der kognitiven Psychologie ausgehend die kognitiven Grundlagen strategischer Entscheidungen erforscht. Die **Lernschule** geht von der Prämisse aus, dass sich die Komplexität der Wirklichkeit niemals vollumfänglich in klare Pläne oder Visionen überführen lässt. Dieser Komplexität wird dadurch begegnet, dass Strategien in kleinen Schritten entwickelt werden, um die sich bei der Strategieentwicklung ergebenden Lerneffekte berücksichtigen zu können. Der Schlüssel zum Erfolg stellt aus dieser Perspektive die Anpassungs- und Wahrnehmungsfähigkeit einer Organisation dar. Die **Machtschule** vertritt eine ähnliche Sichtweise, sieht die Strategieentwicklung aber in erster Linie als Prozess des Verhandelns an. Diese Schule blickt auf Organisationen als soziale und (damit) politische Arenen und stellt damit die Möglichkeit einer rational-analytischen Strategieentwicklung in besonderem Maße infrage. Es geht weniger um die Suche nach einer optimalen Strategie, sondern mehr um das Finden guter Kompromisse, das Schmieden vielversprechender Allianzen oder das geschickte Führen von Verhandlungen. Die **Kulturschule** sieht die Kultur eines Unternehmens als Basis der Strategieentwicklung. Diese wird als kollektiver und kooperativer Prozess konzipiert, der wesentlich von den in einem Unternehmen geteilten Werten, Annahmen und Überzeugungen beeinflusst wird. Die **Umweltschule** rückt den Einfluss der Umwelt in den Vordergrund. Die Strategieentwicklung stellt aus dieser Perspektive vor allem eine Reaktion auf unternehmensexterne Veränderungen dar. Das Überleben eines Unternehmens hängt für diese Schule in erster Linie davon ab, inwieweit sie sich den Anforderungen der Umwelt anpassen kann.

Die von Mintzberg selbst vertretene **Konfigurationsschule** vereint nach ihm prä-skriptiv-synoptische und deskriptiv-inkrementale Überlegungen. Sie versucht, die verschiedenen Denkschulen zu integrieren und nimmt an, dass Unternehmen in Be-zug auf die jeweils von den Denkschulen hervorgehobenen Aspekte einen bestimmten stabilen Zustand annehmen, der zu ihrer Umwelt passt. Die Strategieentwicklung be-schreibt dann den Übergang von einem stabilen Zustand zu einem anderen, der als Prozess der Transformation angesehen wird.

Mit seinen Denkschulen verdeutlicht Mintzberg, dass es für das strategische Ma-nagement nicht ausreicht, nur eine Perspektive einzunehmen. Vielmehr gilt es, das strategische Management in all seinen Aspekten zu berücksichtigen, da jede dieser Perspektiven geeignet ist, wesentliche Aspekte zu beleuchten. So etwas wie ein **Ge-samtbild** ergibt sich erst durch die Berücksichtigung möglichst vieler verschiedener Perspektiven. Keine der Denkschulen ist an sich richtig oder falsch, sie wirken gleich-sam als Brillen, die einige Aspekte als scharf erscheinen lassen, während andere durch sie unscharf werden oder verblassen. Weil jeweils verschiedene Möglichkeiten aufgezeigt werden, ist es wichtig zu verstehen, was jeweils mit welcher Brille gesehen bzw. nicht gesehen werden kann. Je mehr Perspektiven eingenommen werden kön-nen, desto mehr Aspekte können bei strategischen Entscheidungen berücksichtigt werden.

2.3.6 Notwendigkeit der Integration präskriptiver und deskriptiver Ansätze

Letztlich können weder präskriptiv-synoptische noch deskriptiv-inkrementale An-sätze einen umfassenden Anspruch auf die Gestaltung der Strategieentwicklung erheben. Die beiden Logiken markieren vielmehr die Extrempunkte eines **Spektrums von Ansätzen**, die je nach identifizierter Struktur des Planungsproblems Anwen-dung finden. Auch wenn sich empirisch die Überlegenheit formal und analytisch planender Unternehmen nicht belegen lässt, würde es zu weit gehen, völlig auf sol-che Planungsaktivitäten zu verzichten. Wer keine systematische strategische Pla-nung betreibt, kann unter Umständen Umweltentwicklungen nicht antizipieren und Maßnahmen in Unternehmen nicht rechtzeitig ergreifen. Ein Verzicht auf analytisch geprägte strategische Planung birgt außerdem die Gefahr, eine strategische Verände-rung, die systematisch durchgeführt effektiver wäre, von Anfang an auszublenden. Es ist auch nicht generell auszuschließen, dass ein analytisches Vorgehen durch systematische Ziel- und Mittelentscheidungen das Risiko von Fehlentscheidungen reduziert, bestimmte Handlungsalternativen erst aufzeigt und durch ein frühzeitiges Erkennen von Chancen und Risiken den Handlungsspielraum des Unternehmens vergrößert. Die systematische Auseinandersetzung mit dem Unternehmen und der Umwelt kann im Rahmen analytischer Planung zu einer Professionalisierung der Mit-arbeiter und zu einem proaktiven Denken führen. Schließlich darf die legitimierende

Wirkung eines systematischen strategischen Managements nicht unterschätzt werden. Analytisch entwickelte Strategien und das auf diese Weise suggerierte rationale Vorgehen verschaffen den Entscheidungsträgern Legitimation. Unabhängig davon, wie eine Strategie tatsächlich zustande gekommen ist, wird häufig erst durch eine rational-analytische Begründung jene Handlungsmacht geschaffen, die für die Umsetzung einer Strategie notwendig ist – selbst dann, wenn diese Begründung erst im Nachhinein konstruiert wurde.

Nimmt man die Überlegungen der deskriptiven Strategieforschung ernst und will gleichzeitig die Vorteile eines analytischen Vorgehens nutzen, darf der **Strategiebildungsprozess** nicht als eine Reihe strikt voneinander getrennter, zeitlich aufeinanderfolgender Teilschritte gesehen werden. So stellen beispielsweise die strategische Analyse und das Treffen der strategischen Entscheidung nur eine logische Gliederung der Aktivitäten dar, die teilweise parallel ablaufen und überdies zahlreiche Rückkopplungen aufweisen. Auch darf die Strategieimplementierung keineswegs als eine der Strategieformulierung nachgelagerte Phase missverstanden werden.

Mintzberg betont in diesem Zusammenhang, dass das Denken (Strategieformulierung) nicht vom Handeln (Strategieimplementierung) getrennt werden darf. Potenzielle Probleme, die bei der Implementierung auftreten können, sind von Anfang an mitzudenken und entsprechend zu berücksichtigen. Nicht jede Strategie kann in jedem Unternehmen implementiert werden. Ebenso muss es möglich sein, die Strategie auch noch während der Implementierung anzupassen, beispielsweise wenn sich die Umweltkonstellationen verändern oder nicht vorhergesehene Konflikte in der Belegschaft auftreten, die eine Umsetzung in der gegebenen Form unmöglich machen (vgl. Mintzberg 1990, S. 184–187). Darüber hinaus ist ein Bewusstsein dafür notwendig, dass alle Aktivitäten und Handlungen über die einzelnen Phasen des Strategiebildungsprozesses hinweg in einem Unternehmen vielfältigen Einflüssen unterliegen. Diese werden beispielsweise darin gesehen, dass einige grundsätzlich denkbare strategische Alternativen gar nicht in Betracht gezogen werden, weil sie möglicherweise gegen vorherrschende Interessen einflussreicher Akteure bzw. Akteursgruppen in Unternehmen verstoßen. Zudem wird auf die Möglichkeit verwiesen, dass ursprünglich geplante Strategien nicht weiter verfolgt werden und an deren Stelle modifizierte oder zunächst gar nicht identifizierte, also emergente Strategiealternativen treten.

Aufgrund der bestehenden und aufgezeigten Vielfalt der Ansätze lässt sich das **strategische Management** nicht eindeutig charakterisieren. Es gibt jedoch verschiedene, eng miteinander verknüpfte Merkmale, die immer wieder genannt werden und aus den bisherigen Ausführungen hervorgehen (vgl. Ungericht 2012, S. 40–41):
-   Strategisches Management ist eine spezifische Denkhaltung.
-   Strategisches Management bezieht sich mit seinen Entscheidungen auf mehrdeutige Problemfelder.
-   Strategisches Management erfordert eine integrative Perspektive.
-   Strategisches Management ist mit organisationalem Wandel verbunden.

Diese Merkmale sollen den im Folgenden verwendeten Begriff des strategischen Managements grob umschreiben. Dabei wird von der Prämisse ausgegangen, dass das strategische Management allgemein darauf ausgerichtet ist, spezifische Erfolgspotenziale zu schaffen und zu sichern.

2.4 Strategische Erfolgspotenziale eines Unternehmens

Betrachtet man als oberstes Ziel des strategischen Managements die Sicherung der langfristigen Überlebensfähigkeit eines Unternehmens, rückt der Begriff des (strategischen) Erfolgspotenzials in den Mittelpunkt. Dieser geht auf Gälweiler zurück (vgl. 1974; 2005), der ihn definiert als „das gesamte Gefüge aller jeweils produkt- und marktspezifischen erfolgsrelevanten Voraussetzungen, die spätestens dann bestehen müssen, wenn es um die Realisierung geht" (2005, S. 26). Gälweiler hat im deutschsprachigen Raum die Vorstellung geprägt, strategisches Denken und Handeln in Unternehmen nicht an den Steuerungsgrößen Erfolg oder Liquidität festzumachen, sondern vielmehr an den dafür maßgeblichen Vorsteuergrößen, in seinem Sprachgebrauch eben Erfolgspotenzialen. Diese sind für ihn die notwendige Voraussetzung für die Realisierung des Unternehmenserfolgs: „Strategische Entscheidungen sind stets auf die Schaffung und Erhaltung von Erfolgspotenzialen ausgerichtet" (1974, S. 135).

Als Vorsteuergrößen sind **Erfolgspotenziale** zwar notwendige, aber nicht hinreichende Voraussetzung des Unternehmenserfolgs. Dieser stellt sich erst ein, wenn sie realisiert oder ausgeschöpft werden. Sie ergeben sich meist aus einer Kombination mehrerer Faktoren; zu den wichtigsten gehören (vgl. Lombriser/Abplanalp 2018, S. 37–39):

- Produkte und Dienstleistungen, für die ein (potenzielles) Bedürfnis besteht,
- ein hinreichend großes Marktpotenzial,
- die Fähigkeit, die Produkte und Dienstleistungen konkurrenzfähig am Markt anzubieten sowie
- die Fähigkeit, sich am Markt entsprechend zu positionieren.

Obwohl bestehende Erfolgspotenziale nur schwer zu imitieren sind, können sie durch technologische Entwicklungen oder Veränderungen des Nachfrageverhaltens bedroht werden. Neben der Sicherung bestehender sind daher neue Erfolgspotenziale zu erschließen, um sich langfristig in einem dynamischen und komplexen Umfeld behaupten zu können. Diese kann man z. B. erschließen, indem neue Märkte geschaffen oder neue Fähigkeiten entwickelt werden.

Insgesamt ist festzuhalten, dass das strategische Management auf den Aufbau, die Ausschöpfung und die Sicherung von Erfolgspotenzialen abzielt. Um diese erkennen, strukturieren und beurteilen zu können, bedarf es eines umfangreichen Wissens über geltende Wirkzusammenhänge und einsetzbare Instrumente. Diese zu vermitteln und dem strategischen Management einen Orientierungsrahmen für deren Einsatz zur Verfügung zu stellen, ist Ziel des Lehrbuchs. Da jede strategische Entscheidung zur Erschließung von Erfolgspotenzialen aus einer spezifischen Perspektive heraus getroffen wird, soll im Folgenden zunächst auf die grundlegenden theoretischen Perspektiven des strategischen Managements eingegangen werden.

3 Theoretische Strömungen des strategischen Managements

Theorien stellen spezifische Denkstile dar, die sich nicht weiter begründen lassen, aber erheblich beeinflussen, wie jemand auf die Wirklichkeit blickt und welche Entscheidungen er trifft (vgl. Kapitel 1.1). Je nach vertretener Theorie sieht er verschiedene Aspekte und damit auch unterschiedliche Chancen und Risiken in der Unternehmensumwelt bzw. unterschiedliche Stärken und Schwächen des eigenen Unternehmens. Eine Auseinandersetzung mit den theoretischen Strömungen des strategischen Managements ist notwendig, um die Bandbreite herrschender Blickwinkel aufzuzeigen und für die Beschränktheit der jeweiligen Perspektive zu sensibilisieren.

In der Literatur haben sich zwei Strömungen des strategischen Managements herausgebildet, die jeweils sehr unterschiedliche Annahmen darüber treffen, wie Wettbewerbsvorteile entstehen. Die **marktorientierte Sichtweise** richtet den Blick nach außen auf die Gegebenheiten des Marktes und lässt die damit einhergehenden Chancen und Risiken in das Blickfeld treten. Demgegenüber lenkt die **ressourcenorientierte Sichtweise** den Blick nach innen und sensibilisiert den Betrachter für die spezifische Ressourcenausstattung eines Unternehmens. Da sich mit diesen beiden Sichtweisen das Spannungsfeld marktseitig bestehender Anforderungen einerseits und unternehmensseitig gegebener Ressourcen und Kompetenzen andererseits gut aufzeigen lässt, sollen diese nachfolgend dargestellt und gewürdigt werden. Darüber hinaus soll mit der **Strategy-as-practice**-Forschung zudem ein aktivitätsorientierter Ansatz vorgestellt werden, bei dem es nicht um das Erklären von Wettbewerbsvorteilen, sondern darum geht, zu verstehen, wie die Akteure in Unternehmen tatsächlich zu ihren Strategien kommen.

Die in diesem Kapitel vorgestellten theoretischen Strömungen sollen ein möglichst großes Sichtfeld auf die Theorie des strategischen Managements eröffnen. Ein Anspruch auf Vollständigkeit wird aber nicht erhoben, da es darüber hinaus **weitere theoretische Strömungen** gibt, die den Blick auf das strategische Management ebenso bereichern können (für weitere Perspektiven vgl. z. B. Welge/Al-Laham/Eulerich 2017, S. 27–116). Hierzu zählen insbesondere evolutionäre Ansätze, denen die Idee zugrunde liegt, dass Unternehmen nicht gezielt von Managern geschaffen und gestaltet werden, sondern sich als Resultat eines Evolutionsprozesses herausbilden, wobei ein Fit zwischen Unternehmen und Umwelt maßgebend ist. Die evolutionären Ansätze argumentieren auf der Basis einer analogen Anwendung von Erkenntnissen aus der Evolutionsbiologie. Organisationsökologische Ansätze wie der Population-Ecology-Ansatz stellen die Abfolge der drei evolutionsbiologischen Phasen der Variation, Selektion und Retention in den Vordergrund. Die Variation besteht aus Innovationen, die vor allem auf Neugründungen zurückgehen, aber auch innerhalb eines bestehenden Unternehmens stattfinden können (Mutation). Die anschließende Selektion durch die Umwelt entscheidet, welche der vielen Variationen sich als an-

https://doi.org/10.1515/9783110540482-003

schlussfähig erweist und welche versagen. Die Selektion entscheidet in diesem Sinne über „Leben" und „Tod" eines Unternehmens. Die Retention sorgt schließlich dafür, dass erfolgreiche Variationen bewahrt und an zukünftige „Generationen" von Unternehmen weitergegeben werden (vgl. Schreyögg/Geiger 2016, S. 208–210). Neben organisationsökologischen Ansätzen haben sich weitere evolutionäre Ansätze etabliert, die davon ausgehen, dass der Gestaltungsspielraum des Managements aufgrund der grundsätzlich nicht beherrschbaren Komplexität begrenzt ist und sich dieses daher auf die Schaffung günstiger Rahmenbedingungen für die Selbstorganisation und Evolution beschränken sollte. Im deutschsprachigen Raum haben sich hier insbesondere der auf das Konzept der spontanen Ordnung von Hayek (vgl. z. B. 1969) zurückgehende St. Galler Ansatz sowie der mit dem Namen Kirsch (vgl. z. B. 1997) verbundene Münchner Ansatz etabliert.

3.1 Der Market-based View

Im Fokus des strategischen Managements standen zunächst die Betrachtung des Marktes und des mit diesem verbundenen Wettbewerbs. Theoretisch spiegelt sich diese Betrachtung in der Entwicklung des Market-based View (MBV) wider, der die Quelle von Wettbewerbsvorteilen in der Struktur einer Branche und dem aus diesem resultierenden strategischen Verhalten eines Unternehmens sieht. Da die Unternehmen aus Sicht des Marktes gesehen werden, wird bei dem MBV auch von einer **Outside-in-Perspektive** gesprochen. Theoretisch geht der MBV auf die Industrieökonomik zurück.

3.1.1 Die Industrieökonomik als theoretische Grundlage

Die **Industrieökonomik** entstand in den 1930er Jahren aus der Unzufriedenheit darüber, dass sich anhand von Fallstudien über die Entwicklung von Unternehmen und Industriezweigen keine allgemeinen Erkenntnisse gewinnen ließen. Sie hat ihre Wurzeln insbesondere in den Arbeiten von Chamberlin (1933) und Mason (1939). Dabei war es Mason, der dazu aufrief, den Zusammenhang zwischen Marktbedingungen und unternehmerischen Verhaltensweisen systematisch zu analysieren. Er hoffte, durch Klassifikation unternehmensbezogener Marktbedingungen zu einer Klassifikation von unternehmerischen Verhaltensweisen zu gelangen. Zentral war diesbezüglich die Annahme, dass Unternehmen, die ihre Geschäftstätigkeit unter ähnlichen Marktbedingungen vollziehen, zu Gruppen zusammengefasst werden können.

Bain (1948) griff die Gedanken Masons auf und modifizierte dessen Denkansatz dahingehend, dass nicht die unternehmensspezifischen Marktbedingungen, sondern vielmehr die übergeordnete Marktstruktur der Branche, in der die einzelnen Unternehmen tätig sind, für die Erklärung der unternehmerischen Verhaltensweisen maß-

geblich sei. Im Anschluss daran wurden zahlreiche branchenübergreifende empirische Untersuchungen durchgeführt, die sich auf die **Marktstruktur als maßgebli-
ches Untersuchungsobjekt** konzentrierten. Dabei entwickelte sich die Vorstellung,
dass das Marktergebnis – sowohl der gesamten Volkswirtschaft als auch einzelner
Unternehmen – weitgehend durch die (Markt-)Struktur einer Branche erklärt werden
kann. Diese Vorstellung konkretisiert sich im sogenannten **Structure-Conduct-Performance-Paradigma** (SCP-Paradigma), das von einer eindeutigen Wirkungsrichtung
der Marktstruktur (structure) über das (strategische) Marktverhalten der Unternehmen (conduct) auf das wirtschaftliche Marktergebnis (performance) ausgeht (vgl. Bain
1968, S. 329; Porter 1981, S. 611). Damit ergibt sich das strategische Marktverhalten
weitgehend durch eine Anpassung an oder Reaktion auf Gegebenheiten der Marktstruktur, während die Marktstruktur selbst eine exogene Größe darstellt, die durch das
strategische Marktverhalten nicht beeinflusst werden kann. Nach den Vorstellungen
des industrieökonomischen Paradigmas wird die Marktstruktur durch grundlegende
Bedingungen (basic conditions) des Angebots und der Nachfrage determiniert, die als
weitgehend stabil betrachtet werden. Da sich das Marktverhalten ausschließlich aus
der für alle Unternehmen gleichermaßen geltenden Marktstruktur ergibt, bilden die
Unternehmen innerhalb einer Branche eine weitgehend homogene Gruppe.

Diese deterministische Betrachtungsweise erfuhr zunehmend **Kritik** (auch) durch
Vertreter der eigenen Disziplin. Sie richtete sich vor allem gegen die Betrachtung der
Marktstruktur als exogene Größe, da Marktverhalten und Marktergebnis zumindest
mittel- bis langfristig auf die Marktstruktur zurückwirken (vgl. z. B. Philips 1976). So ist
beispielsweise denkbar, dass Preisabsprachen (Marktverhalten) zu einer Erhöhung
der Markteintrittsbarrieren (Marktstruktur) führen. Ebenso können hohe Gewinne
(Marktergebnis) die Wettbewerbsneigung senken (Marktverhalten) oder die Zahl der
Anbieter auf einem Markt (Marktstruktur) erhöhen. Aus der Erkenntnis, dass derartige Rückwirkungen auftreten können, resultierte das **modifizierte SCP-Paradigma**,
das Interdependenzen zwischen Marktstruktur, Marktverhalten und Marktergebnis
berücksichtigt zeigt. Abbildung 3.1 zeigt das traditionelle und das modifizierte SCP-
Paradigma im Überblick.

Mit dieser Modifizierung erfolgte eine wesentliche Lockerung der Annahme, dass
in einer Branche weitgehend homogene Unternehmen operieren. Die Berücksichtigung von Interdependenzen liefert einen Anknüpfungspunkt für die Analyse des strategischen Verhaltens im Kontext der ökonomischen Umwelt, indem es die aus der Umwelt einwirkenden Restriktionen aufzeigt und auf strategische Handlungsspielräume
des einzelnen Unternehmens hindeutet.

Von dieser Modifizierung ausgehend hat sich in den 1970er Jahren die **neuere Industrieökonomik** herausgebildet. Im Mittelpunkt dieser zweiten Welle der Industrieökonomik steht zum einen das Bestreben, das Marktverhalten der Wettbewerber differenzierter zu untersuchen. Zum anderen sollte die häufig kritisierte Theorielosigkeit
der alten Industrieökonomik behoben werden. Hierzu bediente sich die neuere Industrieökonomik bei nahezu allen Teilgebieten der modernen Mikroökonomik, angefan-

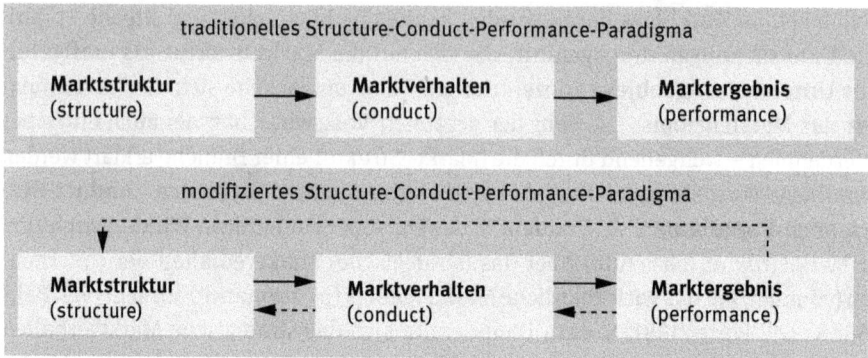

Abb. 3.1: Traditionelles und modifiziertes Structure-Conduct-Performance-Paradigma (eigene Darstellung in Anlehnung an Porter 1981, S. 616).

gen von der Spieltheorie über die Vertragstheorie bis hin zur Informationsökonomik. Insbesondere die **nicht kooperative Spieltheorie** hat entscheidend zur Bereicherung der neueren Industrieökonomik beigetragen und gilt heute mehr oder weniger als ihre methodische Grundlage. Sie bietet sich als Grundlage für die Simulation (meist oligopolistischer) Marktsituationen an, da sie das Verhalten wechselseitig voneinander abhängiger Akteure analysiert. Das strategische Verhalten eines Unternehmens wird hierbei in Abhängigkeit von den Erwartungen modelliert, die das Unternehmen in Bezug auf die zukünftigen strategischen Verhaltensweisen der Wettbewerber bildet. Die Erklärungskraft für strategische Entscheidungsprobleme zeigt sich beispielsweise bei der spieltheoretischen Analyse von Markteintrittsbarrieren und eintrittssperrenden Verhaltensweisen (vgl. Bester 2017, S. 4–5, 161–171).

Mithilfe der dominierenden spieltheoretischen Erklärungsansätze versucht man, durch Berücksichtigung des proaktiven Handelns, das für die Disziplin des strategischen Managements konstitutiv ist, eine industrieökonomisch fundierte **Analyse strategischen Verhaltens** zu entwickeln. Als charakteristisch erweist sich das Bestreben, strategisches Verhalten anhand mathematischer Modelle zu erklären. Dabei wird davon ausgegangen, die in Unternehmen ablaufenden Entscheidungsprozesse und die zugehörigen Einflussfaktoren formal-analytisch abbilden zu können. Mit dieser Vorgehensweise sind jedoch einige gravierende **Probleme** verbunden, die den Nutzen der spieltheoretischen Analyse für das strategische Management erheblich begrenzen. So lassen die von der Spieltheorie entwickelten strategischen Verhaltensweisen die Komplexität einer multipersonalen strategischen Entscheidung weitgehend unberücksichtigt und bauen auf einer überzogenen Vorstellung individueller Rationalität auf, die dem tatsächlichen Entscheidungsverhalten nicht hinreichend gerecht wird (vgl. Müller-Stewens/Lechner 2016, S. 131). Zudem werden die strategischen Empfehlungen im Rahmen der spieltheoretischen Analyse auf der Basis abgeleiteter Gleichgewichtszustände entwickelt, wodurch mögliche Umweltveränderungen nicht oder nur unzureichend in die Betrachtung einfließen (vgl. Porter 1991, S. 106). Die in der Spieltheorie erfolgende formal-logische Begründung strategischer Entscheidungen vermag, so die Kritiker, weder praktische Handlungsempfehlungen für ein Unternehmen zu geben noch empirische Erkenntnisse über deren tatsächliches strategisches Verhalten zu vermitteln (vgl. Camerer 1991, S. 148).

3.1.2 Der Einfluss der Industrieökonomik auf das strategische Management

Der Einfluss der Industrieökonomik auf das strategische Management ist zunächst vor dem Hintergrund der jeweiligen Zielvorstellungen zu beurteilen. Während das Ziel der Industrieökonomik primär darauf ausgerichtet war, eine effiziente Ressourcenallokation im Sinne einer gesamtwirtschaftlichen Wohlfahrt zu sichern, zielen die strategischen Überlegungen einzelner Unternehmen darauf ab, die eigene Marktposition unter Berücksichtigung unternehmensspezifischer Stärken und Schwächen auszubauen. Dabei gilt es zu beachten, dass Unternehmen strategische Maßnahmen ergreifen können, die sich hinsichtlich der eigenen Ziele zwar als funktional erweisen, den gesamtwirtschaftlichen Wohlfahrtszielen jedoch entgegenstehen. Deutlich werden die unterschiedlichen Zielvorstellungen beispielsweise bei der Beurteilung von **Markteintrittsbarrieren**. Die Industrieökonomik gibt ausgehend von dem Gedanken der Erhöhung der gesamtwirtschaftlichen Wohlfahrt Empfehlungen für die Reduzierung von Markteintrittsbarrieren. Der unternehmensstrategische Ansatz nimmt demgegenüber eine pragmatische Wendung der normativen Zielvorstellungen der Industrieökonomik vor: Anstatt die gesamtwirtschaftliche Wohlfahrt durch die Reduzierung von Markteintrittsbarrieren zu sichern, sind sie an deren Aufrechterhaltung interessiert, um ihren einzelunternehmerischen Nutzen zu erhöhen (vgl. Bresser 2010, S. 45).

Um den industrieökonomischen Denkansatz für das strategische Management im Sinne eines MBV nutzbar zu machen, wurden dessen Erkenntnisse zunehmend auf die **Betrachtungsebene des Einzelunternehmens** projiziert. Einen nachhaltigen Einfluss haben insbesondere die Untersuchungen Porters ausgelöst, der das industrieökonomische Gedankengut auf die Strategielehre übertragen und damit das unternehmensstrategische Denken maßgeblich geprägt hat (vgl. 1981; 2013; 2014); seine Werke gelten als „Meilensteine der Strategielehre" (Minderlein 1993, S. 159). Einen wesentlichen Anteil daran hat das Modell der Triebkräfte des Branchenwettbewerbs, das auf die Überprüfung der **Attraktivität einer Branche** ausgerichtet und zu einem Standardinstrument des strategischen Managements avanciert ist (vgl. Kapitel 6.4.1). Dies hatte gleichwohl zur Folge, dass über einen langen Zeitraum hinweg die Analyse der Unternehmensumwelt im Mittelpunkt des strategischen Managements stand. Auch heute noch basiert eine Vielzahl wissenschaftlicher Branchenstrukturanalysen mehr oder weniger auf diesem Schema.

Der MBV fokussiert auf die Entwicklung der **marktbezogenen Erfolgspotenzia-le**, indem attraktive Geschäftsfelder über den Zusammenhang von Branchenstrukturen und durchschnittlichen Branchenrentabilitäten ausfindig gemacht werden. Da die strategischen Empfehlungen darauf hinaus laufen, sich in einem Feld bestehender Wettbewerbskräfte zu positionieren, bleibt die Branchenstrukturanalyse in ihren strategischen Implikationen aber dem industrieökonomischen Denken stark verhaftet (vgl. Porter 2013, S. 37–39). Zudem wird der Unternehmenserfolg als letztlich durch die Branchenstruktur determiniert angesehen. Dieser Kausalzusammenhang konnte zwar in empirischen Studien untermauert werden (vgl. Schmalensee 1985; Rumelt 1991), andere Studien wiesen jedoch auf die Bedeutung unternehmensspezifischer Gegebenheiten hin (vgl. Hansen/Wernerfelt 1989; Keeley/Roure 1990; Powell 1992).

Die Erkenntnis, dass Wettbewerber einer Branche mitunter signifikant unterschiedliche Erfolge ausweisen und sich erfolgreiche Unternehmen einer Branche voneinander unterscheiden, ließ die Vermutung aufkommen, eine Branche konstituiere sich aus verschiedenen **strategischen Gruppen**. Vor diesem Hintergrund erweiterte Porter sein Konzept der Branchenstrukturanalyse um die brancheninterne Strukturanalyse, mit der Leistungsdifferenzen von Unternehmen derselben Branche erklärt werden sollten (vgl. Kapitel 6.4.2). Der Einfluss der Branchenstruktur wird dadurch zwar relativiert, die Stärken und Schwächen eines Wettbewerbers werden allerdings nach wie vor nicht primär auf seine einzigartigen Ressourcen bezogen, sondern vielmehr als Fähigkeit interpretiert, die als gegeben betrachteten Kräfte des Branchenwettbewerbs weitgehend neutralisieren zu können (vgl. Porter 2013, S. 206). Nichtsdestotrotz kommt dem Konzept der strategischen Gruppen eine bedeutende Funktion bei der Vermittlung zwischen den Perspektiven des Einzelunternehmens und der Gesamtbranche bzw. den Disziplinen des strategischen Managements und der Industrieökonomik zu.

3.2 Der Resource-based View

Nicht zuletzt durch die fortschreitende Ausdifferenzierung des industrieökonomisch geprägten strategischen Managements hat hinsichtlich wettbewerbsstrategischer Überlegungen in Theorie und Praxis seit Beginn der 1990er Jahre eine Rückbesinnung auf die Relevanz der jeweils spezifischen Unternehmensressourcen eingesetzt. Für diese Entwicklung steht der Resource-based View (RBV), der eine **Inside-out-Perspektive** einnimmt und die Erzielung von (anhaltenden) Wettbewerbsvorteilen auf die spezifischen Ressourceneigenschaften eines Unternehmens zurückführt. Aus Sicht des RBV ist die Entwicklung dieser Ressourcen als maßgebliche Aufgabe unternehmensstrategischen Handelns anzusehen. Nach der zuvor herrschenden Dominanz der Analyse umweltspezifischer Gegebenheiten rückten zunehmend ressourcenorientierte Betrachtungen in den Mittelpunkt der strategischen Planung. Die Kernüberlegungen dieser theoretischen Strömung sollen nachfolgend dargelegt werden.

3.2.1 Begriffliche Grundlagen und zentrale Annahmen

Der RBV geht auf die Überlegungen von Penrose (1959) zurück, die Unternehmen erstmalig nicht als administrative Einheiten, sondern als Ansammlung von Ressourcen betrachtete. Als eigenständiges Konzept wurde der RBV dann von Wernerfelt (1984) in das strategische Management eingeführt. Entgegen der industrieökonomischen Perspektive liegt im Mittelpunkt der Betrachtung des RBV nicht die Branchenstruktur, vielmehr bilden die **Ressourcen des einzelnen Unternehmens** die zentrale Analyseeinheit. Ausgehend von der Beobachtung, dass sich Unternehmen auf den Märkten mehr oder weniger deutlich unterscheiden, führt der RBV die Erlangung einer vorteilhaften Wettbewerbsposition und damit die Erzielung von Wettbewerbsvorteilen auf den Bestand und die Entwicklung der einzigartigen Ressourcen eines Unternehmens zurück. Die Unterschiede zwischen Unternehmen werden heterogenen Ressourcenausstattungen zugeschrieben. Während der MBV annimmt, dass heterogene Ressourcenausstattungen allenfalls kurzfristig auftreten (z. B. durch einen neuen Wettbewerber), da die strategisch relevanten Ressourcen auf dem Markt beschafft werden können, sind Wettbewerbsvorteile aus Sicht des RBV das Produkt einer historisch bedingten Ressourcenakkumulation des gesamten Unternehmens (vgl. Macharzina/Wolf 2018, S. 64–68).

Allerdings ist nicht jede Ressource geeignet, einen Wettbewerbsvorteil zu begründen. In diesem Zusammenhang ist es ein zentrales Anliegen des RBV, die **Ressourceneigenschaften** herauszustellen, die es einem Unternehmen ermöglichen, anhaltende Wettbewerbsvorteile zu erzielen. Ein besonderes Augenmerk legt der RBV auf die sogenannten intangiblen (immateriellen) Ressourcen. Dabei handelt es sich beispielsweise um besonderes technologisches Knowhow oder Vermögenswerte wie Patente oder die Unternehmensreputation (vgl. Wernerfelt 1984, S. 172; Macharzina/Wolf 2018, S. 66–67). Intangible Ressourcen lassen sich nur schwer identifizieren und bewerten. Sie nutzen sich bei Einsatz nicht ab, sondern können zum Teil sogar durch Interaktion mit anderen Ressourcen angereichert werden. Im Gegensatz zu tangiblen (materiellen) Ressourcen lassen sie sich damit nur schwer am Markt beschaffen oder zwischen Unternehmen transferieren.

In Abgrenzung zum MBV geht der RBV davon aus, dass anhaltende Wettbewerbsvorteile durch die **Heterogenität und Immobilität der Ressourcen** entstehen (vgl. Barney 1991, S. 100–101; Schreyögg/Eberl 2015, S. 16–18). In den Unternehmen einer Branche bilden sich jeweils unterschiedliche Erwartungen über die zukünftigen Entwicklungen des Marktes heraus, die entsprechend zu unterschiedlichen Entscheidungen über den Aufbau der dafür notwendigen Ressourcen führen. Die Folge sind jeweils andere Ressourcenausstattungen, sodass die Ressourcen innerhalb einer Branche nicht homogen, sondern **heterogen** verteilt sind. Kritisch für die Erzielung von Wettbewerbsvorteilen sind insbesondere diejenigen Ressourcen, die nicht über den Markt bezogen, sondern nur selbst aufgebaut werden können. Der MBV nimmt dagegen an, dass die strategisch relevanten Ressourcen für alle Unternehmen einer (strategischen

Gruppe innerhalb einer) Branche identisch sind. Damit werden heterogen verteilte, einzigartige Ressourcen als mögliche Quelle von Wettbewerbsvorteilen per Definition ausgeschlossen. In Bezug auf die Immobilität der Ressourcen nimmt der RBV an, dass nicht alle Ressourcen auf dem Markt beschafft oder zwischen Unternehmen transferiert werden können. Demnach besitzen nur diejenigen Ressourcen strategische Relevanz, die sich durch einen hohen Grad der **Immobilität** auszeichnen. Diese beruht auf der Spezifizierung der Ressourcen sowie der Möglichkeit, Verfügungsrechte an diesen zu definieren. Die **Organisationsspezifität** gibt an, in welchem Umfang die jeweilige Ressource spezifisch auf ein Unternehmen zugeschnitten ist. Hohe Spezifität liegt vor, wenn der Wert der Verwendung der Ressource innerhalb des Unternehmens höher ist als außerhalb des Unternehmens. Dann besteht für die Konkurrenz kaum ein Anreiz, sich diese Ressource anzueignen, da kein entscheidender Vorteil realisiert werden kann. Durch die Definition von Verfügungsrechten, z. B. Patente, können Konkurrenten von der Nutzung bestimmter Ressourcen ausgeschlossen werden. Allerdings sind solche Verfügungsrechte nicht uneingeschränkt zu definieren; wird beispielsweise eine neue Erfindung im Rahmen einer Kooperation gemacht, können die Eigentumsrechte nicht eindeutig zugeordnet werden.

Als Maßstab für den Unternehmenserfolg wird von den Vertretern des RBV die dauerhaft fließende **ökonomische Rente** angesehen. Der aus der Mikroökonomie stammende Begriff der Rente bezeichnet diejenigen Erträge, die die im Rahmen der unternehmerischen Tätigkeit entstandenen Opportunitätskosten des Ressourceneinsatzes übersteigen, ohne neue Wettbewerber anzuziehen. Sie sind für eine bestimmte Zeit gegeben und sichern dem Unternehmen überdurchschnittliche Erträge. Für den RBV sind insbesondere Monopol- und Ricardo-Renten relevant. Eine Monopol-Rente entsteht, wenn ein Unternehmen aufgrund seiner Marktmacht bewusst die Produktionsmenge einschränkt und dadurch Monopol-Gewinne einstreicht. Ricardo-Renten basieren auf herausragenden Ressourcenausstattungen (z. B. Landbesitz, Standortvorteil, Patente, Copyrights), die innerhalb einer Branche nur begrenzt verfügbar sind. Ihr Angebot lässt sich nicht oder nur sehr langsam erweitern, weshalb diejenigen Unternehmen, die über sie verfügen, solange Renten erzielen, wie sie in der Lage sind, ihre Heterogenität aufrechtzuerhalten. Innerhalb des RBV findet damit ein konzeptioneller Brückenschlag zu mikroökonomischen Rentenkonzepten statt (vgl. Müller-Stewens/Lechner 2016, S. 342–343; Welge/Al-Laham/Eulerich 2017, S. 86–87).

3.2.2 Der Competence-based View

In Abgrenzung zu den Ressourcen eines Unternehmens wird teilweise von **Kompetenzen** gesprochen, die sich nicht auf die Ressourcen selbst, sondern auf deren Konfiguration beziehen. Die Bedeutung von Ressourcen und Kompetenzen wird in der Literatur sehr unterschiedlich eingeschätzt, was nicht zuletzt an der Unschärfe der Begriffe selbst liegt, für die sich bis heute keine einheitlichen Definitionen durchsetzen konnten. Während beispielsweise Barney Ressourcen und Kompetenzen überhaupt nicht trennt und die Kompetenzen als Teil der Ressourcenbasis eines Unternehmens ansieht (vgl. 1991, S. 101; 2014, S. 126), sehen andere Autoren die Kompetenzen in Abgrenzung zu den Ressourcen als wesentliche Quelle von Wettbewerbsvorteilen (vgl. Schreyögg/Eberl 2015, S. 23–38; Müller-Stewens/Lechner 2016, S. 344–346).

Vor diesem Hintergrund hat sich innerhalb des RBV der sogenannte Competence-based View (CBV) – auch Capability-based View genannt – als eigenständiger Zweig herausgebildet. Ein wesentlicher Unterschied des CBV zum RBV liegt darin, dass die Kompetenz im Umgang mit den Ressourcen erst dann erworben werden kann, wenn diese bereits vorhanden sind. Der **Wert der Kompetenz** wird somit erst nach der Phase der Akquisition oder Generierung einer Ressource geschaffen. Außerdem beruht die Wertschaffung im CBV auf dem geschickten Umgang mit Ressourcen, während es im RBV darum geht, unterbewertete Ressourcen z. B. durch überlegene Informationen geschickt aufzuspüren und anschließend zu verteidigen. Ressourcen repräsentieren gewissermaßen das Handlungspotenzial eines Unternehmens, Kompetenzen dagegen die Möglichkeit, dieses Potenzial zu nutzen.

Zielt man auf eine Präzisierung des Kompetenzbegriffs, lassen sich zunächst zwei wesentliche Ebenen unterscheiden: die individuelle und die organisationale Kompetenz (vgl. Schreyögg/Eberl 2015, S. 28). Nachdem lange Zeit die Forschung zur individuellen Kompetenz im Vordergrund stand, fokussiert der CBV die organisationalen Kompetenzen, die sich an der Fähigkeit eines Unternehmens festmachen lassen, die eigenen Ressourcen so zu konfigurieren, dass sie die unternehmensinternen und -externen Anforderungen erfüllen. **Organisationale Kompetenzen** koordinieren die Handlungen von Individuen und Gruppen innerhalb des gesamten, organisationalen Handlungsgeflechts, wobei sich das nicht einzelfallbasiert, sondern über erworbene Routinen vollzieht. Sie stellen wiederholbare Interaktionsmuster dar, deren Effizienz sich mit zunehmender Einübung und Internalisierung erhöht. Damit lassen sich organisationale Kompetenzen nicht in der Oberflächenstruktur, sondern in der Tiefenstruktur eines Unternehmens verorten. Sie verweisen auf ein komplexes, nicht explizierbares Geflecht von Routinen, die sich in einem Unternehmen über die Zeit hinweg zur Lösung von Problemen herausgebildet haben.

Der CBV legt ein besonderes Augenmerk auf die Zeit und die historische Gebundenheit der in Unternehmen getroffenen Entscheidungen. In der Regel werden organisationale Kompetenzen in einem langwierigen **Entwicklungsprozess** aufgebaut und sind an bestimmte Gruppen bzw. deren spezifisches implizites Wissen gekoppelt. Dadurch erweisen sich organisationale Kompetenzen oft erst im Nachhinein als solche. Als Entwicklungspfade können organisationale Kompetenzen weder von anderen Unternehmen imitiert noch in andere Unternehmen transferiert oder käuflich am Markt erworben werden. Der CBV sieht die historisch gewachsene organisationale Verankerung und die Komplexität der aufgebauten Routinen daher als Quelle der Heterogenität von Unternehmen und damit der Wettbewerbsvorteile an. Sie sind in ihrer Entwicklung jedoch auch Pfadabhängigkeiten unterworfen. Ein einmal eingeschlagener Weg verdichtet sich häufig unbemerkt zu einem Kompetenzpfad, der sich als ein spezifisches Kompetenzprofil verstehen lässt. Indem immer wieder dieselben Muster zur Lösung von Problemen repliziert werden, wird es zunehmend schwieriger, den eingeschlagenen Pfad zu verlassen. Lässt sich ein Pfad trotz attraktiver Alternativen nicht mehr korrigieren, spricht man von Kompetenzfallen oder einem Lock-in-Effekt (vgl. Schreyögg/Eberl 2015, S. 124).

3.2.3 Kernkompetenzen von Unternehmen

Im Rahmen der kompetenzorientierten Ansätze hat insbesondere das Konzept der Kernkompetenzen (core competencies) eine hohe Popularität erlangt. Das von Prahalad/Hamel (1990) entwickelte Konzept versteht unter **Kernkompetenzen** das kollektive Lernpotenzial eines Unternehmens, das zu der Koordination von Produktions-Knowhow und der Integration unterschiedlicher Technologien befähigt. Charakteristisch für das Konzept ist die von Prahalad/Hamel vorgenommene Differenzierung zwischen Kompetenzen und Kernkompetenzen. Während für sie Kompetenzen die Möglichkeit schaffen, unternehmensinterne und -externe Anforderungen der Sache nach zu bewältigen, entstehen Kernkompetenzen, wenn verschiedene Kompetenzen eines Unternehmens so gebündelt werden, dass sich durch ihren flexiblen Einsatz in mehreren Geschäftsfeldern ein Wettbewerbsvorteil gegenüber der Konkurrenz erreichen lässt. Eine Kernkompetenz stellt demzufolge eine besondere Form der organisationalen Kompetenz dar. In diesem Sinn stellen Kernkompetenzen eine Art Rohmasse dar, die sich flexibel ausformen und an veränderte Geschäftsfelder anpassen lässt (vgl. Schreyögg/Eberl 2015, S. 96–97).

Prahalad/Hamel veranschaulichen die Wirkung von Kernkompetenzen anhand einer Metapher, nach der die Kernkompetenzen das (unsichtbare) Wurzelgeflecht eines Baumes, das den Stamm und die Zweige, die die Kernprodukte und die Geschäftseinheiten eines Unternehmens darstellen, hinreichend mit Nährstoffen versorgt, wodurch der Baum zahlreiche Früchte trägt, die am Markt angebotene Endprodukte symbolisieren. Die **Kernprodukte** stellen dabei das vorläufige materielle Resultat der Kernkompetenzen dar und sind von hoher Bedeutung für die Wettbewerbsgestaltung, da sie einen erheblichen Wertschöpfungsbeitrag für die nachgelagerten Endprodukte (P) in den unterschiedlichen Geschäftsfeldern (GF) liefern. Sie nehmen als Zwischenglied jedoch nicht nur einen wesentlichen Einfluss auf die Gestaltung der Endprodukte, sondern dienen in umgekehrter Richtung ebenso als Ansatzpunkt zu der Verbreiterung der Kernkompetenzbasis (vgl. Abbildung 3.2).

Ein anschauliches **Beispiel** für die Entwicklung einer Kernkompetenz liefert das Unternehmen Amazon, das auf verschiedenen bestehenden (und zukünftigen) Märk-

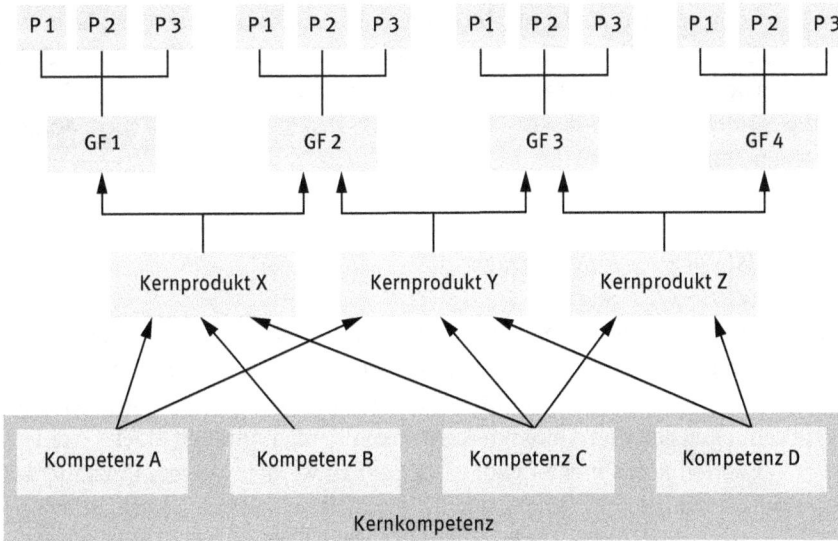

Abb. 3.2: Die Kernkompetenz eines Unternehmens (eigene Darstellung in Anlehnung an Prahalad/ Hamel 1990, S. 81).

ten Wettbewerbsvorteile zu erzielen imstande ist. Hierzu hat Amazon zunächst im elektronischen Buchhandel verschiedene Kompetenzen zu einer Kernkompetenz verknüpft:

- das kundengerechte Anbieten von Produkten im Versandhandel,
- die Nutzung informationstechnologischer Dienstleistungen sowie
- die Bereitstellung einer zügigen und zuverlässigen Logistik.

Diese Kernkompetenz konnte Amazon dann erfolgreich vom elektronischen Buchhandel auf andere Märkte (z. B. Bekleidung, Lebensmittel, Sportartikel) übertragen, wobei sie durch die Integration von Verkaufsplattformen für andere Unternehmen kontinuierlich um eine zusätzliche Kompetenz erweitert wurde. Auf diese Weise konnte sich Amazon durch die eigene Kernkompetenz nicht nur beständig an die jeweiligen Marktbedingungen anpassen, sondern dabei noch kontinuierlich die Erträge steigern: von einer moderaten Buchmarge zu einer Realisierung von Erträgen aus dem gesamten Verkaufsprozess, der die logistische Dienstleistung, den Verkauf und die Zahlungsabwicklung umfasst (vgl. Schreyögg/Eberl 2015, S. 96; Buschmann 2016, S. 155–156).

Das Konzept der Kernkompetenzen berücksichtigt mit der Betonung der Anpassungsfähigkeit von Unternehmen an die Veränderungen des Marktes zwar eine zunehmende Dynamisierung der Märkte, begründet diese Anpassungsfähigkeit jedoch in einem zwar flexiblen, an sich jedoch eher statischen Bündel von Kompetenzen. Wenn die (einstigen) Kernkompetenzen nicht mehr zu den Anforderungen am Markt passen, sich das Unternehmen aber nicht von seinen gewachsenen Routinen lösen kann, können Kernkompetenzen zu **Kernrigiditäten** (core rigidities) werden (vgl. Leonard-Barton 1992, S. 118). Vor diesem Hintergrund wurde vermehrt eine Weiterentwicklung des Konzepts der Kernkompetenzen gefordert, die der zunehmenden Dynamisierung der Märkte gerecht wird. An dieser Stelle setzt die Diskussion um die sogenannten dynamischen Kompetenzen (dynamic capabilities) ein.

3.2.4 Dynamisierung von Kompetenzen

Den bisher vorgestellten Ansätzen des RBV ist gemein, dass sich ihre Gültigkeit auf (mehr oder weniger) stabile Märkte beschränkt, in denen der Wert bestimmter Ressourcen und Kompetenzen konstant bleibt. In dynamischen Märkten hingegen werden diese schnell obsolet und müssen durch neue Konfigurationen ersetzt werden, um den veränderten Rahmenbedingungen gerecht zu werden. Diesem Umstand des Wandels trägt das Konzept der dynamischen Kompetenzen Rechnung (vgl. Schreyögg/Eberl 2015, S. 156–171; Julmi/Jackenkroll 2016). Diesem liegt die Annahme zugrunde, dass in dynamischen Märkten insbesondere diejenigen organisationalen Kompetenzen von Bedeutung sind, die sich durch eine hohe Flexibilität und Agilität im Umgang mit den Anforderungen des Marktes und in der Konfiguration bestehender Ressourcen auszeichnen. **Dynamische Kompetenzen** können als das Vermögen eines Unternehmens definiert werden, interne und externe Ressourcen zu integrieren, zu erzeugen und zu rekonfigurieren, um sich an schnell verändernde Umwelten anzupassen (vgl. Teece/Pisano/Shuen 1997, S. 516). Von dieser Grundidee ausgehend haben sich inzwischen verschiedene, teilweise sehr heterogene Ansätze dynamischer Kompetenzen etabliert. Im Wesentlichen kann man zwei Hauptströme identifizieren (vgl. Peteraf/Di Stefano/Verona 2013, S. 1390–1391):
– die integrative Dynamisierung und
– die radikale Dynamisierung.

Die **integrative Dynamisierung** geht auf das Pionierkonzept von Teece/Pisano/Shuen zurück und basiert auf deren Feststellung, dass sich in dynamischen Märkten Wettbewerbsvorteile insbesondere durch schnelle und flexible Produktinnovationen erzielen lassen, die eine rasche Anpassung an veränderte Marktbedingungen erlauben (vgl. 1997, S. 516–521). Diese Flexibilität und Dynamik beruht bei der integrativen Dynamisierung wesentlich auf den Kompetenzen zur Integration, Erzeugung und Rekonfiguration von Ressourcen, die als Dynamic Capabilities bezeichnet werden. Das Integrative des Konzepts besteht in der Verbindung statischer und dynamischer Elemente. Das statische Element zeigt sich in der Notwendigkeit unternehmensspezifischer Routinen, um die Möglichkeit der Integration der Ressourcen sicherzustellen. Solche Routinen sind beispielsweise spezifische Muster in der Beschaffung und Verarbeitung von Informationen. Weil die Integrationsprozesse nicht in allen Märkten gleich gut funktionieren, müssen sie jeweils so angepasst werden, dass mit ihnen marktgerechte Innovationen hervorgebracht werden können. Es bedarf daher auch eines dynamischen Elements, das in kollektiven Lernprozessen sowie der Rekonfiguration von Ressourcen Berücksichtigung findet. **Kollektive Lernprozesse** zeichnen sich für Teece/Pisano/Shuen dadurch aus, dass sie durch Wiederholung und Experimente eine bessere und schnellere Aufgabenbewältigung ermöglichen. Sie sind notwendig, um die bestehenden Routinen zu verbessern und zu verändern. Da sie jedoch kein Selbstzweck sind, soll die Ressourcenrekonfiguration sicherstellen, dass die erzielten Lerneffekte zu einer innovativen und erfolgreichen Veränderung der bestehenden Ressourcen führen.

Die von Eisenhardt/Martin initiierte **radikale Dynamisierung** geht davon aus, dass sich die wesentlichen Kompetenzen in moderat dynamischen und hoch dynamischen Märkten fundamental unterscheiden und nur in letzterem Fall von dynamischen Kompetenzen gesprochen werden kann (vgl. 2000, S. 1110–1117). Während der Wandel in moderat dynamischen Märkten größtenteils linearen Mustern folgt und mit existierendem Wissen und analytischer Durchdringung bewältigt werden kann, folgt der Wandel in hoch dynamischen Märkten keinem linearen Muster mehr. Es gibt keine klaren Marktgrenzen und Geschäftsmodelle, die Marktakteure sind mehrdeutig und wechselhaft. In diesen Märkten basieren dynamische Kompetenzen weniger auf existierendem Wissen, sondern vielmehr auf schnell erzeugtem, situationsspezifischem und neuem Wissen. Existierendes Wissen kann sogar kontraproduktiv sein, wenn die Erfahrungen aus der Vergangenheit zu stark verallgemeinert werden. Da aufgrund der hohen Dynamik immer nur kurzfristige Wettbewerbsvorteile erzielt werden können, ist im Gegensatz zu den klassischen (Kern-)Kompetenzen fehlende Imitier- und Substituierbarkeit kein integraler Bestandteil von dynamischen Kompetenzen. Stattdessen gilt es, dynamische Kompetenzen früher, scharfsinniger oder mit mehr Fortune als die Wettbewerber zu nutzen, um marktgerechte Ressourcenkonfigurationen hervorzubringen. Entsprechend basieren Dynamic Capabilities wesentlich auf schnell erzeugtem, situationsspezifischem und neuem Wissen.

Stimmen dynamische Kompetenzen in moderat dynamischen Märkten mit dem Konzept der integrativen Dynamisierung überein, sind sie in hoch dynamischen Märkten eher intuitiv als analytisch, folgen einer iterativen anstatt einer linearen Vorgehensweise und sind nicht zuletzt wesentlich einfacher als in moderat dynamischen Märkten. Bestehende Routinen stehen der Kompetenz zur permanenten Veränderung tendenziell im Wege und sollen daher vermieden werden. Statt auf kollektive Lernprozesse wird in diesem Zusammenhang auf die Notwendigkeit des organisationalen Vergessens hingewiesen, um die Anpassungsfähigkeit nicht durch den Bezug auf die eigene historische Entwicklung zu behindern. **Organisationales Vergessen** bezieht sich auf den Erfahrungsverlust, der entsteht, wenn Routinen nicht regelmäßig ausgeführt werden und dadurch verloren gehen. Dessen absichtliche Herbeiführung soll das Entstehen von Pfadabhängigkeiten verhindern, die der schnellen Hervorbringung neuer Routinen im Wege stehen (vgl. Holan/Phillips 2011, S. 435). Dynamische Kompetenzen stellen aus Sicht der radikalen Dynamisierung entsprechend keine wiederholbaren Interaktionsmuster mehr dar. Tabelle 3.1 fasst die wesentlichen Unterschiede zwischen moderat und hoch dynamischen Märkten zusammen.

Tab. 3.1: Moderat und hoch dynamische Märkte (vgl. Julmi 2016, S. 47).

	moderat dynamische Märkte	hoch dynamische Märkte
Muster	analytisch, detailliert, linear	intuitiv, einfach, iterativ
Dynamik	stabil, vorhersehbar	instabil, unvorhersehbar
Wettbewerbsvorteil	nachhaltig	kurzfristig

Beide Ansätze folgen damit einem **sehr unterschiedlichen Verständnis** von dynamischen Kompetenzen. Nach der integrativen Dynamisierung sind dynamische Kompetenzen die Basis für nachhaltige Wettbewerbsvorteile in hoch dynamischen Märkten. Die radikale Dynamisierung argumentiert dagegen, dass ein solches Verständnis gerade in hoch dynamischen Märkten versagt, da sich in diesen per se keine nachhaltigen Wettbewerbsvorteile erzielen lassen. Damit wird der Geltungsbereich dynamischer Kompetenzen im Sinne der integrativen Dynamisierung auf moderat dynamische Märkte eingeschränkt. Dynamische Kompetenzen werden zwar als Quelle für Wettbewerbsvorteile angesehen, aber nicht für nachhaltige Wettbewerbsvorteile. Die Annahme einer fehlenden Imitier- und Substituierbarkeit wird damit bei der radikalen Dynamisierung aufgegeben (vgl. Peteraf/Di Stefano/Verona 2013, S. 1393–1394).

Letzten Endes sind die beiden hier vorgestellten Ansätze trotz der Differenzen insofern aufschlussreich, als sie der geforderten Berücksichtigung dynamischer Umwelten jeweils unterschiedlich nachkommen. Die radikale Dynamisierung treibt diese Berücksichtigung gewissermaßen auf die Spitze und sieht die einzige Möglichkeit zur Heterogenitätsbildung auf hoch dynamischen Märkten, die sich in diesem Verständnis auch als Hyperwettbewerb bezeichnen lassen (vgl. Kapitel 7.7.5), in der Geschwindigkeit der (Re-)Konfiguration bestehender Ressourcen und Kompetenzen. Die ursprüngliche Idee der organisationalen Kompetenz geht damit ein Stück weit verloren, auch wenn es Ansätze gibt, die beispielsweise die auf hoch dynamischen Märkten benötigte Improvisationsfähigkeit explizit als Kompetenz verstehen, die sich gezielt fördern, institutionalisieren und damit zur Erklärung von Wettbewerbsvorteilen heranziehen lässt (vgl. z. B. Julmi 2016).

3.2.5 Kritische Würdigung ressourcenorientierter Ansätze

Der RBV leistet einen wichtigen Beitrag zur Erklärung nachhaltiger Wettbewerbsvorteile. Verschiedene Defizite, die sich überwiegend aus seinem Allgemeingültigkeitsanspruch ergeben, erschweren jedoch die praxisorientierte Anwendung (vgl. Kraaijenbrink/Spender/Groen 2010, S. 351–359; Julmi/Jackenkroll 2016, S. 164–165). Hierzu gehören in erster Linie die fehlende konzeptionelle Klarheit und die entsprechend schwierige Ableitung konkreter Handlungsempfehlungen für das strategische Management.

Die Schwierigkeit, Aussagen darüber zu treffen, welche Ressourcen und Kompetenzen aufgebaut werden sollten, um Wettbewerbsvorteile zu erzielen, beruht im Wesentlichen auf ihrer **tautologischen Definition**, d. h. auf allgemeingültigen Aussagen, die logisch nicht widerlegt werden können. Bei den Ressourcen und Kompetenzen wird das Tautologieproblem dadurch hervorgerufen, dass sie erst identifiziert werden können, wenn sich der Erfolg am Markt eingestellt hat, um sie dann rückwirkend zur Ursache des Erfolgs zu erklären. Ressourcen und Kompetenzen sind damit gleichzeitig die Erklärung (explanans) und das, was erklärt werden soll (explanandum). Diese Tautologie ließe sich nur auflösen, wenn ex ante definiert würde, wodurch bestimmte Wirkungen hervorgerufen werden. Wenn für ein Unternehmen erst im Erfolgsfall klar ist, welche Ressourcen und Kompetenzen es besitzt, lassen sich keine Handlungsempfehlungen für deren Entwicklung ableiten, um Wettbewerbsvorteile zu erzielen.

Dem Vorwurf der Tautologie kann zwar grundsätzlich begegnet werden, indem Ressourcen und Kompetenzen als vom Erfolg unabhängige Einflussgröße betrachtet werden. Damit besteht jedoch die Möglichkeit, dass ein Unternehmen, obwohl es über Ressourcen und Kompetenzen im Sinne des RBV verfügt, am Markt nicht erfolgreich ist. Sobald man den Misserfolg dann auf den falschen Umgang des Unternehmens mit diesen im Sinne eines Missmanagements zurückführen möchte, greift wieder das Tautologieproblem, weil der angenommene Ursache-Wirkungs-Zusammenhang nicht mehr widerlegt werden kann. Er ist immer richtig. Wer die Wirkung nicht erreicht, hat nur die falschen Maßnahmen ergriffen (vgl. Nicolai 2003, S. 273). Die empirische Forschung gestaltet sich zudem dadurch schwierig, dass die für den Wettbewerbsvorteil wesentlichen intangiblen Ressourcen und Kompetenzen nicht direkt messbar sind.

Der vielfältigen Kritik ungeachtet existieren einige Versuche, **Kriterien** zu entwickeln, mit denen die Frage beantwortet werden kann, ob und inwiefern sich mit spezifischen Ressourcen und Kompetenzen potenziell Wettbewerbsvorteile erzielen lassen. Am bekanntesten ist sicherlich der VRIO-Bezugsrahmen von Barney, der anhand vier Prüfkriterien Aufschluss über die strategische Relevanz von Ressourcen und Kompetenzen geben soll (vgl. 1991, S. 105–106). Da in den skizzierten Weiterentwicklungen des RBV die ursprünglichen Annahmen Barneys hinsichtlich der Heterogenität und Immobilität von Ressourcen teilweise modifiziert oder aufgegeben wurden, ist die Anwendung des VRIO-Bezugsrahmens begrenzt und zum Beispiel nicht für die Bestimmung von Kompetenzen in hoch dynamischen Märkten zu verwenden (vgl. Kapitel 6.6.2). Insgesamt ist es den Vertretern des RBV gelungen, durch die Betonung der Ressourcen und Kompetenzen den Blick für die Inside-Out-Perspektive zu schärfen und die einseitige, lange Zeit dominierende Outside-In-Perspektive des MBV zu relativieren. Sie schreiben den Erfolg dem Ressourcen- und Kompetenzprofil eines Unternehmens zu. Er wird als vornehmlich von internen Faktoren abhängig gesehen und nicht als Resultat der Wettbewerbspositionierung innerhalb einer bestehenden Branche. Insbesondere die Fokussierung auf die Heterogenität der unternehmerischen Ressourcen und Kompetenzen betont die Bedeutung der Besonderheit eines Unternehmens gegenüber den Gesetzen des Marktes, denen alle Unternehmen mehr oder weniger in gleicher Weise ausgesetzt sind. Im RBV wird der Bedarf an Ressourcen nicht von den Erfordernissen des Marktes abgeleitet, sondern es werden in erster Linie Ressourcenpotenziale in Unternehmen aufgebaut und verknüpft, sodass diese eine erfolgreiche Positionierung am Markt erlauben.

Grundsätzlich nimmt der RBV eine Gegenposition zum MBV ein. Obwohl beide theoretischen Strömungen unterschiedliche Annahmen über das Entstehen von Wettbewerbsvorteilen treffen, können durchaus **Analogien** zwischen beiden Ansätzen festgestellt werden. Beispielsweise ist an Porters Analyse der unternehmensspezifischen Wertkette (vgl. Kapitel 6.6.1) zu erkennen, dass auch er der Ressourcenausstattung eines Unternehmens strategische Relevanz zuspricht. Demgegenüber zeigt die Organisationsspezifät des RBV Ähnlichkeiten zu den Mobilitätsbarrieren der Industrieökonomik. Dort wird die exponierte Wettbewerbsposition eines Unternehmens vor allem auf die Existenz von Markteintrittsbarrieren der Branchen zurückgeführt, die in Abstraktion vom einzelnen Unternehmen definiert sind. Die Organisationsspezifät des RBV stellt dagegen einen unternehmensspezifischen Ausschluss dar. Auf der anderen Seite hat mit der Betrachtung der Kompetenzen eine Öffnung der ressourcenorientierten Sichtweise für marktorientierte Aspekte stattgefunden. Kompetenzen können als Verbindungsglied zwischen den Ressourcen in einem Unternehmen und den Anforderungen des Marktes betrachtet werden. Je nach marktseitig zu lösender Aufgabe gilt es, die verfügbaren Ressourcen auf eine bestimmte Weise zu konfigurieren, um einen Wettbewerbsvorteil gegenüber anderen Unternehmen zu erzielen. Besonders deutlich wird das bei der radikalen Dynamisierung. Die Kompetenz eines Unternehmens besteht dann überspitzt formuliert nur noch darin, sich besonders schnell von den gewachsenen und heterogenen Routinen lösen und adäquat auf unvorhersehbare Marktanforderungen reagieren zu können.

Die beiden theoretischen Strömungen des MBV und RBV können zwar nicht einfach pauschal zu einem geschlossenen Modell aggregiert werden, schließen sich allerdings auch nicht gegenseitig aus. Beide liefern wesentliche, sich ergänzende Beiträge zu der Erklärung von Wettbewerbsvorteilen. In der Konsequenz sind MBV und RBV als **komplementäre Sichtweisen** des strategischen Managements anzusehen. Dieses ist schließlich seit jeher darauf ausgerichtet, die sich aus der Umwelt bietenden Chancen und Risiken mit den Stärken und Schwächen des Unternehmens so zusammenzuführen, dass durch die resultierenden Erfolgspotenziale Wettbewerbsvorteile erzielbar sind.

3.3 Strategy-as-practice

Seit den 1990er Jahren hat sich innerhalb der Strategieforschung mit Strategy-as-practice eine alternative theoretische Strömung herausgebildet. Sie betrachtet Strategien aus einer Praxisperspektive, gilt inzwischen als fest etablierter Forschungszweig und weist eine große Forschungsgemeinschaft auf (vgl. Wolf 2015, S. 42–45; Julmi 2017c). Nehmen der MBV und der RBV mit ihrem Fokus auf die im Rahmen des strategischen Managements zu erfüllenden Aufgaben eine funktionale Sichtweise ein, liegt **Strategy-as-practice** die aktivitätsorientierte Perspektive zugrunde. Demnach werden Strategien nicht als etwas betrachtet, das Unternehmen (als Aufgabe) haben, sondern als etwas, das Akteure in Unternehmen (tatsächlich) tun oder machen. Ein weiteres Unterscheidungsmerkmal liegt in der wissenschaftstheoretischen Fundierung (vgl. Kapitel 1.1). Sowohl MBV als auch RBV orientieren sich an der naturwissenschaftlichen Methode des Erklärens, indem sie den Ursachen der Wettbewerbsvorteile auf den Grund gehen. Strategy-as-practice folgt demgegenüber der geisteswissenschaftlichen Methode des Verstehens. Es wird gefragt, wie die Akteure in einem Unternehmen zu ihren Strategien kommen. Der Grund für diesen **Perspektivenwechsel** liegt insbesondere in der Kritik, die Strategieforschung habe den Menschen und den Bezug zur Praxis aus den Augen verloren. Dies lässt sich nicht zuletzt an einer seit Jahrzehnten zunehmenden Skepsis in Bezug auf die Erklärungskraft der Strategieforschung bemessen, deren Grenzen etwa das Tautologieproblem des RBV zeigt (vgl. Kapitel 3.2.5).

Das **Ziel** der Strategy-as-practice-Forschung ist es, die Aktivitäten der Entscheidungsträger und damit verbundene Wirkzusammenhänge zu untersuchen. Dadurch sollen Erkenntnisse darüber generiert werden, auf welchen konkreten Prozessen und Praktiken die Strategieentwicklung in einem Unternehmen tatsächlich beruht. Strategy-as-practice verfolgt aber nicht nur ein deskriptives Erkenntnisziel, sondern versteht Strategie explizit als etwas, das in einem gemeinsamen Prozess der Strategiefindung praktiziert werden sollte. In diesem Zusammenhang wird vom sogenannten Strategizing gesprochen, das sich auf das konkrete strategische Handeln bezieht (doing strategy). **Strategizing** bezeichnet die (beabsichtigte oder unbeabsichtigte) Entwicklung von Aktivitäten zu einem kontinuierlichen Aktivitätenfluss durch die Aktionen und Interaktionen verschiedener Akteure und die Praktiken, die sie dabei anwenden (vgl. Jarzabkowski/Balogun/Seidl 2007, S. 8). Aufgrund der situativen Dynamiken und Verflochtenheiten des Aktivitätenflusses findet Strategizing immer aus der konkreten Situation heraus statt. In Bezug auf die Praxisrelevanz geht es bei der Strategy-as-practice-Forschung weniger darum, dem Entscheider Instrumente zur gezielten Steuerung des Strategieprozesses an die Hand zu geben, sondern ihn für die vielfältigen Dynamiken und Verflochtenheiten so zu sensibilisieren, dass er diese erkennt und in seinen Aktionen und Interaktionen berücksichtigt.

Weil sich Aktivitäten auf der Ebene der Akteure vor dem Hintergrund eines unternehmensbezogenen Kontextes (z. B. Unternehmensziele, -kultur) sowie eines gesellschaftlichen Kontextes (z. B. Standards der strategischen Planung, strategische Instrumente, gesellschaftliche Diskurse) vollziehen, wird die Ebene der Akteure in ihren Wechselwirkungen mit der unternehmensbezogenen und der gesellschaftlichen Ebene betrachtet. Strategy-as-practice versteht Strategieentwicklung daher als eine in den Kontext dieser Ebenen eingebettete **soziale Praxis**. Da nicht alle Aktivitäten in Unternehmen strategisch relevant sind, werden nur diejenigen Aktivitäten betrachtet, die Einfluss auf die Ergebnisse von Strategien besitzen sowie das Überleben und die Wettbewerbsfähigkeit des Unternehmens zu sichern helfen. Ein solcher Einfluss kann sowohl beabsichtigt als auch unbeabsichtigt ausgeübt werden, daher findet in der Strategy-as-practice-Forschung eine integrierte Betrachtung geplanter und emergenter Strategien statt. Ebenso werden unterschiedliche Schwerpunktsetzungen hinsichtlich der Ebene der Analyse und deren Wechselwirkungen vorgenommen, sodass sich die Strategy-as-practice-Forschung den Aktivitäten des strategischen Managements aus einer akteursbezogenen ebenso wie aus einer unternehmensbezogenen oder gesellschaftlichen Ebene nähern kann.

Der analytische **Bezugsrahmen** von Strategy-as-practice besteht aus drei Dimensionen (vgl. Whittington 2006, S. 619; Jarzabkowski/Balogun/Seidl 2007, S. 8–10) (vgl. Abbildung 3.3):

- die Praxis (praxis),
- die Praktiken (practices) sowie
- die Praktiker (pracitioner).

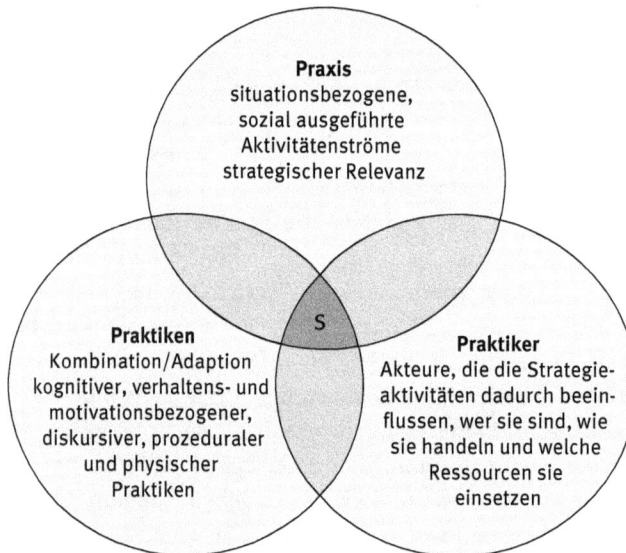

Abb. 3.3: Strategizing als Schnittmenge aus Praxis, Praktikum und Praktikern (eigene Darstellung in Anlehnung an Jarzabkowski/Balogun/Seidl 2007, S. 11).

Die **Praxis** bezieht sich zunächst allgemein auf die Ganzheit menschlicher Aktivitäten, lässt sich jedoch für die jeweils betrachtete Ebene weiter spezifizieren. Auf der
Makroebene beschreibt die Praxis die Aktivitäten in einer Gesellschaft oder in einem
Unternehmen, auf der Mikroebene beschreibt sie, was Menschen tun. Sie umfasst die
Verschränkung der Aktivitäten verschiedener Individuen und Gruppen sowie derjenigen sozialen, politischen und ökonomischen Institutionen, in denen diese agieren
und zu denen sie beitragen. Auf einer Makroebene kann man beispielsweise Fusionen
oder Übernahmen als Praxis begreifen, während sich die Praxis auf einer Mikroebene
auf das Verhalten der beteiligten Personen und Gruppen bezieht.

Die **Praktiken** sind routinisierte Verhaltensweisen, die aus verschiedenen, miteinander zusammenhängenden Elementen hervorgehen, zu denen körperliche und
mentale Vorgänge gehören, aber auch Hintergrundwissen, emotionale und motiva-
tionale Zustände oder Dinge und die Art, wie sie gebraucht werden. In der Strategieentwicklung lassen sich etwa bestimmte Vorgehensweisen, wie das Durchführen von
Branchenstrukturanalysen oder Strategie-Workshops, als Praktiken verstehen. Diese sind durch Rekursivität und Adaptivität gekennzeichnet. Rekursivität bezieht sich
auf die Selbstreferenz von Praktiken: Führt eine bestimmte Handlung zum Erfolg und
möchte man diesen Erfolg wiederholen, dient die erste Handlung der zweiten als Referenz. Jede weitere Handlung bildet dann die Referenz für zukünftige Handlungen,
die durch zunehmende Übung und Erfahrung immer besser und zielführender ausgeführt werden. Bereits der Begriff der Praktik setzt eine solche Rekursivität voraus; sie
entsteht erst dann, wenn bestimmte Handlungen wiederkehrend, gewohnheitsmäßig
oder routiniert ausgeführt werden. Die Adaptivität von Praktiken zeigt sich bei der Interaktion sowohl verschiedener Ebenen als auch der Akteure. So können z. B. gesellschaftliche Entwicklungen von den Akteuren in Unternehmen adaptiert werden oder
die Interaktion verschiedener Akteure zu neuem Wissen führen, das die Anpassung
bestehender Praktiken zur Folge hat. Praktiken verändern sich zudem, wenn neue Akteure an sozialen Interaktionen teilnehmen und ihre Praktiken mit einbringen oder
wenn etablierte Akteure als Träger bestimmter Praktiken nicht mehr am Interaktions-
prozess teilnehmen.

Die **Praktiker** sind die Akteure, die Praktiken vollziehen. Sie entfalten ihre Wirkung über den Gebrauch von Praktiken, d. h. bestimmte Arten des Verhaltens, Denkens, Fühlens und Wissens. Bei der Strategieentwicklung sind Praktiker diejenigen
Akteure, deren Aktivitäten von strategischer Relevanz sind. Weil sich die Aktivitäten
von Praktikern nicht zuletzt aus ihren individuellen Fähigkeiten ergeben, sind diese
für die Strategy-as-practice-Forschung genauso wichtig wie der soziale und kulturelle
Hintergrund, vor dem sie agieren und der sie in ihren Praktiken beeinflusst.

Es wird betont, dass sich keine der drei Dimensionen alleine analysieren lässt,
sondern immer in Bezug zu den anderen beiden Dimensionen zu sehen ist. Dies steht
im Kontrast zu jüngeren Versuchen, in Analogie zum RBV einen **Practice-based
View** (PBV) zu etablieren, der konkrete Praktiken als Ursache für den Erfolg eines
Unternehmens am Markt identifizieren will (vgl. Bromiley/Rau 2014, S. 1252). Der PBV

stellt daher eher eine Weiterentwicklung des RBV dar, mit dem er einige Überschneidung aufweist, als einen eigenständigen Ansatz innerhalb der Strategy-as-practice-Forschung. So ist beispielsweise das Verständnis organisationaler Kompetenzen als erworbene Routinen nahezu identisch mit dem Verständnis der Praktiken als routinisierte Verhaltensweisen. Aus Sicht des Strategy-as-practice-Ansatzes liegt die Ursache des Markterfolgs nicht alleine in den Praktiken, sondern im Zusammenspiel der drei aufgezeigten Dimensionen und verlangt nicht zuletzt aufgrund der hohen Komplexität dieses Zusammenspiels nach einer alternativen Sichtweise (vgl. Jarzabkowski u. a. 2016, S. 250–251).

Die Strategy-as-practice-Forschung zeichnet sich durch **theoretischen Pluralismus** aus und greift auf Arbeiten aus der Philosophie, Soziologie, Anthropologie oder Ethnologie zurück. Sie nimmt in erster Linie eine Prozessperspektive auf die Strategieentwicklung ein und betrachtet die Interdependenzen der beteiligten Akteure auf verschiedenen Ebenen. Aufgrund der komplexen Verflechtung von Praktikern und Praktiken in der Praxis lassen sich diese Interdependenzen nur zum Teil auf intendierte Aktivitäten zurückführen, zu einem erheblichen Teil sind sie nicht intendierter Natur und resultieren aus vielschichtigen Eigendynamiken und (Pfad-)Abhängigkeiten, die ihrerseits nur bedingt beeinflussbar sind. Die Strategy-as-practice-Forschung beschäftigt sich also in besonderem Maße mit dem Rahmen, in den das strategische Handeln eingebettet ist und der dieses Handeln sowohl ermöglicht als auch beschränkt.

4 Verhaltensbezogene Einflüsse strategischer Entscheidungen

Die Strategy-as-practice-Forschung lehrt uns, dass sich die Strategieentwicklung nicht unabhängig von den an ihr beteiligten Akteuren und ihrem unternehmensbezogenen sowie gesellschaftlichen Kontext analysieren lässt. Ein anwendungsorientiertes Verständnis von strategischem Management sollte daher klären, welchen spezifischen Beschränkungen und Eigenheiten die Akteure des strategischen Managements über alle Entscheidungsfelder hinweg in der Realität unterliegen. Der Faktor Mensch spielt bei der Strategieentwicklung eine gewichtige Rolle, sodass der Einfluss dieses Faktors zu klären ist. Vor diesem Hintergrund nimmt dieses Kapitel den Menschen mit seinen ermöglichenden und begrenzenden Eigenschaften in den Blick.

Die nachfolgenden Ausführungen nehmen eine **verhaltensorientierte Sicht** auf das strategische Management ein, die in der Literatur unter dem Stichwort „behavioral strategy" diskutiert wird. Das Ziel dieser Sichtweise liegt darin, das strategische Management durch realistische Annahmen über kognitive, affektive und soziale Einflussfaktoren zu fundieren, die das Treffen strategischer Entscheidungen (vor-)strukturieren und deren Spielraum begrenzen. Im Fokus steht dabei nicht nur das Verhalten des Einzelnen, sondern ebenso das Zusammenspiel verhaltensbezogener Einflüsse auf interindividueller, organisationaler und interorganisationaler Ebene (vgl. Powell/Lovallo/Fox 2011, S. 1369; Hodgkinson 2016, S. 201).

Die in diesem Kapitel behandelten Einflüsse wirken nicht nur auf das strategische, sondern auf das gesamte Entscheidungsverhalten. Gleichwohl ist die Kenntnis solcher Einflüsse notwendig, um das strategische Entscheidungsverhalten in Unternehmen zu verstehen, da sie nur allzu oft einer plandeterminierten Strategiebildung und -implementierung entgegenstehen bzw. bei diesen (mit) zu antizipieren sind. Die verhaltenswissenschaftliche Erforschung von Entscheidungen stellt letztlich eine radikale Abkehr von klassischen Ansätzen und dem Ideal eines objektiv-rationalen und vollständig informierten Entscheidungsträgers dar.

Insgesamt werden im Folgenden **vier Ebenen** differenziert: die individuelle Ebene, die interindividuelle (interaktionsbezogene) Ebene, die organisationale (unternehmenskulturelle) Ebene sowie die interorganisationale (institutionelle) Ebene.

4.1 Individuelle Einflüsse

Bei der Analyse des strategischen Verhaltens auf individueller Ebene stehen insbesondere die den strategischen Entscheidungen zugrundeliegenden **kognitiven Prozesse** im Vordergrund. Kognitive Prozesse umfassen Vorgänge, in denen Informationen aller Art beschafft und verarbeitet werden (vgl. Bröder/Hilbig 2017, S. 641). Sie sind damit Voraussetzung für das strategische Entscheiden, da durch sie sowohl die Entschei-

https://doi.org/10.1515/9783110540482-004

dungssituation definiert als auch die Auswahl einer Alternative bestimmt wird. Die wesentliche Herausforderung, vor der ein Manager bei seinen strategischen Entscheidungen steht, ist die damit untrennbar verbundene Mehrdeutigkeit, da die Entscheidungssituationen oft vage und unbestimmt sind. Sie müssen durch den Entscheider erst definiert werden, bevor er weiß, welche Optionen zur Verfügung stehen und wie er diese zu bewerten hat (vgl. Wunder 2016, S. 43).

Das erfordert zwei aufeinanderfolgende **Selektionsleistungen.** Erstens ist vor dem Hintergrund sogenannter mentaler Modelle zu entscheiden, welchen Aspekten Aufmerksamkeit geschenkt wird. Zweitens muss ausgehend von der Definition der Entscheidungssituation eine Alternative gegenüber anderen als die überlegene identifiziert werden. Möglich sind dabei sowohl ein analytisches als auch intuitives Vorgehen, die beide mit potenziellen kognitiven Verzerrungen einhergehen.

4.1.1 Die Definition der Entscheidungssituation mittels mentaler Modelle

Schon March/Simon vertraten die Ansicht, dass Entscheider ausgehend von ihrem Wissen und ihren Erfahrungen ein **vereinfachtes Modell** der komplexen Realität nachbilden, das die Wahrnehmung der Entscheidungssituation in bestimmte Bahnen lenkt (vgl. 1958, S. 151–152). Ohne eine solche Selektion wäre überhaupt kein Entscheiden möglich, denn Entscheidungen setzen Bewertungsmaßstäbe voraus und diese sind immer vor dem Hintergrund einer bereits identifizierten Situation zu treffen. Wir wissen heute, dass bereits die menschliche Wahrnehmung eine Selektionsleistung ist, die auf spezifischen Kategorisierungen und Interpretationen beruht. Jeder Mensch verfügt in diesem Sinne über eine private Theorie der Realität (vgl. Lindner 2018, S. 117).

In der Literatur finden sich für die Beschreibung der Selektionsleistung bei der Definition der Entscheidungssituation verschiedene Begriffe. So wird z. B. mehr oder weniger synonym von mentalen Modellen, geistigen Landkarten, Schemata, kognitiven Brillen oder Frames gesprochen. Alle diese Begriffe beziehen sich auf die grundsätzliche Idee, dass Menschen die Wirklichkeit aus einer bestimmten Perspektive betrachten, die auf dem subjektiven Wissen und Erfahrungsschatz des Entscheiders beruht und eine Vereinfachung der mehrdeutigen Realität darstellt. Diese Perspektive hat für die Entscheidungsfindung sowohl einen ermöglichenden als auch einen leitenden Charakter, während die in Betracht gezogenen Alternativen durch das Ausblenden alternativer Perspektiven gleichzeitig eingegrenzt werden.

In der Literatur zum strategischen Management lässt sich in jüngerer Zeit eine Auseinandersetzung mit **mentalen Modellen** beobachten, die sich als ganzheitliche Repräsentationen spezifischer Situationen der Realität definieren lassen. Dies sind Vereinfachungen der Realität, die nur bestimmte, vom Entscheider als relevant erachtete Aspekte repräsentieren. Sie dienen nicht nur der Strukturierung der Realität, sondern auch der Vorhersage ihrer Entwicklung (vgl. Csaszar/Levinthal

2016, S. 2031–2033, 2044). Es wird davon ausgegangen, dass Entscheider mit abstrakten Repräsentationen des strategischen Kontextes arbeiten, um beispielsweise die Erfolgsfaktoren der momentanen oder angestrebten Wettbewerbsposition zu identifizieren. Mentale Modelle berücksichtigen oft nur wenige Aspekte der Realität, anhand derer die Entscheidungssituation definiert und die Entscheidung vorstrukturiert werden. Jemand, der Autos unter den Aspekten Sicherheit und Reichweite betrachtet, kommt zu anderen strategischen Entscheidungen als jemand, der die Aspekte Geschwindigkeit und Design als wesentlich erachtet. Verbreitete mentale Modelle im strategischen Management sind beispielsweise Portfolio-Konzepte, die Entscheidungssituationen anhand zwei Dimensionen (z. B. Marktwachstum und Marktanteil) strukturieren (vgl. Kapitel 7.2).

Mentale Modelle werden meist unbewusst zugrunde gelegt, sind jedoch der **Reflexion** zugänglich und können die bewusste Analyse strategischer Entscheidungssituationen unterstützen. Neben der Anwendung bestehender kann die kreative Entwicklung neuer mentaler Modelle strategischer Probleme (z. B. die Entwicklung eines neuen Portfolio-Konzeptes) das strategische Entscheidungsverhalten maßgeblich beeinflussen. Obwohl der Vergleich zwischen mentalen Modellen aufgrund fehlender objektiver Kriterien grundsätzlich schwierig ist, liegen empirische Hinweise vor, dass es durchaus bessere oder schlechtere Abbilder der Realität gibt und sich Unterschiede in der Leistungsfähigkeit ergeben. Grundsätzlich gilt: Je akkurater ein mentales Modell die Wirkzusammenhänge der relevanten Umwelt abzubilden vermag, desto leistungsfähigere Entscheidungen lassen sich aus ihm ableiten (vgl. Gary/Wood 2011, S. 586). Da jedoch niemals sämtliche Wirkzusammenhänge der Realität analytisch erschlossen und in ein Gesamtmodell überführt werden können, ist letztlich auch die Beurteilung der Leistungsfähigkeit mentaler Modelle ein selektiver Prozess und lässt sich nicht abschließend klären.

4.1.2 Begrenzte Rationalität und die Verwendung von Heuristiken

Da Menschen in ihrem Entscheidungsverhalten niemals alle Selektionsleistungen auf einmal aufgeben können, sind sie kognitiven Begrenzungen unterworfen, die der Ermittlung einer optimalen Lösung in den meisten Entscheidungssituationen im Wege stehen. Von diesem Grundgedanken ausgehend hat vor allem Simon das Konzept der **begrenzten Rationalität** geprägt. Die klassischen Arbeiten zu dem begrenzt rationalen Entscheidungsverhalten stammen von Simon (vgl. 1947) sowie March/Simon (vgl. 1958). Das Konzept soll zum Ausdruck bringen, dass Menschen in ihrer Fähigkeit der Informationsbeschaffung und -verarbeitung begrenzt sind, weshalb sie bei ihren Entscheidungen in ausgeprägter Weise selektiv vorgehen müssen und nur einige subjektiv ausgewählte Aspekte berücksichtigen können. Komplexe strategische Entscheidungen erweisen sich demnach als die Folge einer durch die limitierten kognitiven Fähigkeiten geprägten begrenzten Rationalität des Menschen.

Da es Menschen aufgrund ihrer kognitiven Begrenzungen nicht gelingen kann, Optimierungsentscheidungen zu treffen, greifen sie auf einfache Entscheidungsregeln zurück, die als **Heuristiken** bezeichnet werden. Diese berücksichtigen nur eine begrenzte Menge an Informationen und verarbeiten sie auf vereinfachtem Wege, führen aber dennoch zu akzeptablen Lösungen (vgl. Güttel 2017, S. 50–52). Das Konzept der begrenzten Rationalität baut insbesondere auf der Heuristik der **Satisfizierung** (satisficing) auf (vgl. March/Simon 1958, S. 47–52; Simon 1977, S. 86–87), nach der nicht die optimale, sondern eine zufriedenstellende Lösung gesucht wird, die dem Anspruchsniveau des Entscheides entspricht. Es bezeichnet die Erwartung des Entscheiders, welches Ziel in welchem Ausmaß erreicht werden soll (z. B. hinsichtlich der Qualität oder Kosten eines Produkts). Welches Anspruchsniveau ein Entscheider besitzt, hängt von seinem im Laufe der Sozialisation erworbenen Grundverständnis ab, wird jedoch von kollektiven Erwartungen auf Gruppen- oder Unternehmensebene beeinflusst; auch Erfahrungen führen zu Anpassungen. Gelingt es, das eigene Anspruchsniveau über einen längeren Zeitraum zu erfüllen, wird es tendenziell gesteigert; ist das entsprechend nicht der Fall, wird es tendenziell gesenkt (vgl. March/Simon 1958, S. 182–183).

Heuristiken gehören zusammen mit den (exakten) **Algorithmen** zu den analytischen Verfahren, die auf festgelegten Regeln basieren. Während (exakte) Algorithmen alle relevanten Informationen eines Problems berücksichtigen und korrekt verarbeiten, um die richtige Lösung zweifelsfrei zu ermitteln, führen Heuristiken den Entscheider in Richtung Problemlösung, ohne ein korrektes oder optimales Ergebnis zu garantieren (vgl. Holzbaur 2018, S. 12–21). Ein klassisches Beispiel für die Anwendung einer Heuristik ist das Problem des Handlungsreisenden, bei der die kürzeste Rundreise durch eine vorgegebene Anzahl von Städten ermittelt werden soll, wobei jede Stadt genau einmal besucht werden darf. Bei einer hinreichend großen Anzahl an Städten steigt die Anzahl der möglichen Kombinationen schnell ins Unermessliche, sodass selbst rechnergestützte Verfahren an ihre Grenzen kommen. Anstatt alle möglichen Kombinationen durchzugehen und dann die beste herauszunehmen, lassen sich mit Heuristiken Lösungen finden, die weit weniger Aufwand benötigen, aber dennoch zu zufriedenstellenden Lösungen führen.

Die im Alltag verwendeten Heuristiken sind meist weitaus simpler als diejenigen, die bei dem Problem des Handlungsreisenden zum Einsatz kommen, und werden auch als **Faustregeln** bezeichnet. Menschen nutzen diese, um die Komplexität der Entscheidungssituation auf ein Maß zu reduzieren, mit dem sie umgehen können. Wenn Personen beispielsweise zwischen zwei Objekten entscheiden müssen, von denen sie nur eines kennen, tendieren sie dazu, das bekannte auszuwählen. Diese Faustregel wird als Wiedererkennungsheuristik bezeichnet (vgl. Gigerenzer/Goldstein 2011, S. 101). Letztlich stellen alle pauschalisierenden Handlungsempfehlungen des strategischen Managements einfache Heuristiken dar, die zwar helfen, eine zufriedenstellende Lösung zu finden, aber keine optimale Lösung für jede Entscheidungssituation garantieren. Hierzu gehören etwa Empfehlungen, wann die Strategie der Differenzierung der Kostenführerschaft vorzuziehen ist und umgekehrt (vgl. Kapitel 7.7.2).

Ging man ursprünglich davon aus, dass einfache Heuristiken durch ihren Fokus auf wenige Informationen umfassenderen analytischen Verfahren unterlegen sind, zeigt die jüngere Forschung, dass bei ihrer Verwendung teilweise ein **Weniger-ist-mehr-Effekt** besteht, der vor allem auf die begrenzte Rationalität der Entscheider zurückzuführen ist (vgl. Sull/Eisenhardt 2015, S. 49–59). Sie unterstützen die Fokussierung auf das Wesentliche und wirken orientierungsstiftend. Versuchen Menschen dagegen, möglichst viele Variablen zu berücksichtigen, neigen sie dazu, unbedeutenden Variablen zu Lasten entscheidender Variablen zu viel Bedeutung zuzumessen, sodass ihr ausgefeiltes Modell die Wirklichkeit nicht mehr angemessen repräsentiert. Einfache Heuristiken lassen sich zudem leichter merken und befolgen als komplexe Handlungsrichtlinien und hindern Menschen aufgrund ihres orientierungsstiftenden Charakters eher daran, einen Rückzug zu machen. Sie haben darüber hinaus den Vorteil, intersubjektiv leichter nachvollziehbar zu sein und Handlungen besser aufeinander abzustimmen, indem sie gemeinsame Erwartungshorizonte abstecken und Streitpunkten dadurch vorbeugen. Selbst wenn die umfassende Analyse akkuratere Ergebnisse liefert, sind diese gegebenenfalls nicht mehr verständlich, was die Kommunikation und Koordination zwischen den Beteiligten behindert und die situationsadäquate Umsetzung erschwert. Ein weiteres Problem detaillierter Analysemodelle liegt darin, dass sie sich häufig zu stark an die Vergangenheit anlehnen und diese in die Zukunft projizieren – ein Phänomen, das als „Overfitting" bezeichnet wird. Da die Wirklichkeit häufig diskontinuierliche Entwicklungen aufweist, ist die Prognosefähigkeit derartiger Modelle begrenzt.

Die Vorteile einfacher Heuristiken führen dazu, dass insbesondere auf hoch dynamischen Märkten teilweise dazu geraten wird, sich im Rahmen strategischer Entscheidungen eher an einfachen Regeln als an detaillierten Analysemodellen zu orientieren. Eisenhardt/Sull spezifizieren vor diesem Hintergrund fünf **Typen einfacher Heuristiken**, die sie „Simple Rules" nennen und die das strategische Entscheiden in hoch dynamischen Umwelten unterstützen sollen (vgl. 2001). Tabelle 4.1 zeigt diese im Überblick.

Heuristiken werden häufig danach ausgewählt, ob sie sich in der Vergangenheit als gangbar herausgestellt haben (vgl. Wunder 2016, S. 40). Ihre Einfachheit erlaubt es, sie an veränderte Rahmenbedingungen anzupassen. Obwohl es sich um analytische Verfahren handelt, lassen sie dem Entscheider Freiheitsgrade, sie individuell auszugestalten und auf den aktuellen Kontext anzuwenden. Sie funktionieren vor allem dann besonders gut, wenn der Entscheider ein **Verständnis für die Situation** mitbringt, das ihn dabei leitet, eine passende Heuristik auszuwählen und sie bei Bedarf anzupassen oder wieder fallen zu lassen. Dies ist dann aber kein analytischer Denkprozess mehr, da die analytische Auswahl einer Heuristik eine Meta-Heuristik für die Auswahl bräuchte, für deren Auswahl man wiederum eine Meta-Meta-Heuristik bräuchte (und so weiter). Dieses Auswahlproblem läuft auf eine unendliche Iteration hinaus und lässt sich analytisch nicht lösen (vgl. Scherm/Julmi/Lindner 2016, S. 304). Ob und welche Heuristiken zum Einsatz kommen, kann letztlich nur intuitiv entschieden werden.

Tab. 4.1: Typen einfacher Regeln (vgl. Eisenhardt/Sull 2001, S. 111).

Typ	Beschreibung	Beispiel
Umsetzungsregel (how-to-rules)	Es wird festgelegt, wie etwas umgesetzt werden soll.	Jede Standortentscheidung braucht die Zustimmung aller Vorstandsmitglieder.
Abgrenzungsregeln (boundary rules)	Es wird festgelegt, welche Gelegenheiten ergriffen werden sollen und welche nicht.	Ein neuer Standort muss mindestens eine Fläche von 200 qm aufweisen.
Priorisierungsregeln (priority rules)	Es wird festgelegt, wie etwas zu priorisieren ist bzw. wofür vorhandene Ressourcen einzusetzen sind.	Die Kernprodukte müssen an jedem Standort mindestens 50 % des gesamten Umsatzes ausmachen.
Timingregeln (timing rules)	Es wird festgelegt, wann, wie lange und wie oft etwas durchgeführt wird.	Die Eröffnung eines neuen Standorts ist binnen einem Jahr abzuschließen.
Abbruchregeln (exit rules)	Es wird festgelegt, wann etwas nicht mehr verfolgt werden soll.	Verfehlt ein Standort drei Jahre nacheinander seine Umsatzziele, wird er geschlossen.

4.1.3 Das Potenzial intuitiver Entscheidungen

Obwohl die Relevanz der Intuition bei strategischen Entscheidungen längst belegt ist, gilt sie selten als adäquat. Nicht zuletzt aufgrund der fehlenden intersubjektiven Nachvollziehbarkeit wird teilweise ein sehr hoher Aufwand betrieben, um intuitiv getroffene Entscheidungen nachträglich zu legitimieren. Der schlechte Ruf der **Intuition** als Bauchgefühl ist allerdings wenig gerechtfertigt. Es handelt sich dabei nicht um ein emotionales Bauchgefühl, sondern eine **kognitive Fähigkeit,** die es als einzige menschliche Fähigkeit überhaupt erlaubt, ganzheitlich mit mehrdeutigen Situationen umzugehen (vgl. Julmi/Scherm 2013, S. 424). Wer beispielsweise die heterogenen und widersprüchlichen, mitunter politisch brisanten Motive mehrerer Stakeholder unter einen Hut bringen will, braucht ein intuitives Gespür für die Mehrdeutigkeit der Situation in all ihren Nuancen (vgl. Kapitel 6.3). Intuitive Entscheidungen sind auch nicht von rationalen Entscheidungen abzugrenzen, denn **Rationalität** bedeutet zunächst nur, dass etwas allgemein als vernünftig angesehen werden kann. Intuitive Entscheidungen sind jedoch ebenso wenig per se unvernünftig wie analytische Entscheidungen per se vernünftig sind. Rationalität und Intuition stehen zueinander nicht im Widerspruch – dieser besteht nur zwischen Rationalität und Irrationalität. Auch in diesem Punkt ist einer gängigen Auffassung zu widersprechen, denn Intuition ist weder dasselbe wie Irrationalität noch das Gegenstück zu Rationalität (vgl. Julmi 2018a, S. 55–56).

Die **Relevanz intuitiver Entscheidungen** ergibt sich aus der Mehrdeutigkeit im strategischen Management (vgl. Kapitel 2.2). Intuition ist als Fähigkeit zum Umgang mit Mehrdeutigkeit unabdingbare Voraussetzung strategischer Entscheidungen. Schon Mintzberg vertrat die Ansicht, dass die Formulierung einer kreativen, integrativen Strategie in einer komplexen, verschachtelten Umwelt ganzheitlichen Denkens bedarf (vgl. 1976, S. 57). Darüber hinaus belegen Studien, dass die Intuition bei strategischen Entscheidungen eine besondere Relevanz hat, da in diesen über einzelne Sachverhalte hinaus das große Ganze berücksichtigt werden muss (vgl. z. B. Parikh 1994, S. 123–263; Burke/Miller 1999, S. 94; Matzler/Uzelac/Bauer 2014, S. 35). Gerade das strategische Management ist voll von Paradoxien, die sich nicht analytisch auflösen lassen. Besteht etwa ein Konflikt zwischen Innovativität und betrieblicher Effizienz, kann die Lösung nicht darin liegen, eines von beiden aufzugeben, denn das wäre für ein Unternehmen fatal. Vielmehr muss beides gleichzeitig im Sinne eines Sowohl-als-auch anstatt eines Entweder-oder bedacht werden. Die Kunst des strategischen Managements zeigt sich nicht zuletzt in einem Denken in Widersprüchen, das analytisch nicht möglich ist und nur intuitiv gelingt.

Während der analytische Denkprozess einzelne Komponenten in eine lineare Abfolge bringt und miteinander kombiniert, erlauben intuitive Denkprozesse, etwas als Ganzes zu begreifen und zu verändern (vgl. Julmi/Scherm 2013, S. 422–423; Scherm/Julmi/Lindner 2016, S. 306–307). Durch die **ganzheitliche Wahrnehmung** von Situationen können in diesen Muster erkannt werden, wobei diese Mustererkennung im Wesentlichen auf Erfahrungen aus früheren Situationen beruht. Edelman spricht von neuronalem Darwinismus (vgl. 1993): Erfolgreiche Handlungen lösen im Gehirn Rückkopplungen aus und verstärken auf diese Weise die beteiligten Synapsen; nicht erfolgreiche Handlungen führen dagegen zu einer Verkümmerung beteiligter Synapsen. Mit der Zeit prägen sich so Handlungs- und Wahrnehmungsmuster im Gehirn aus, die die Perspektive auf Situationen und das jeweils zugrunde gelegte mentale Modell fundieren. Das Erkennen von Mustern in Situationen stellt die Grundlage der Intuition dar und ermöglicht den vertrauten und selbstverständlichen Umgang mit den Situationen des Alltags. Intuition ist somit eine Art **Erfahrungswissen** und je mehr Erfahrungen jemand macht, umso mehr Muster kann er in Situationen erkennen. Sie umfasst jedoch auch die produktive und kreative Verarbeitung bestehender Muster zu neuen Mustern, da Situationen nicht nur Wiederholungen vergangener Situationen sind, sondern neue Aspekte enthalten, die auf diese Weise erkannt werden. Intuition lässt sich folglich in einem Spektrum zwischen reproduktiver Routine auf der einen und produktiver Improvisation auf der anderen Seite beschreiben. Routine reproduziert Muster aus früheren Situationen und wendet sie unverändert auf die aktuelle Situation an (z. B. Verkaufsgespräche). Improvisation reproduziert dagegen nicht einfach die Muster, sondern nutzt sie produktiv z. B. in Verhandlungssituationen. Abbildung 4.1 bringt das **Spektrum der Intuition** zwischen Routine und Improvisation grafisch zum Ausdruck.

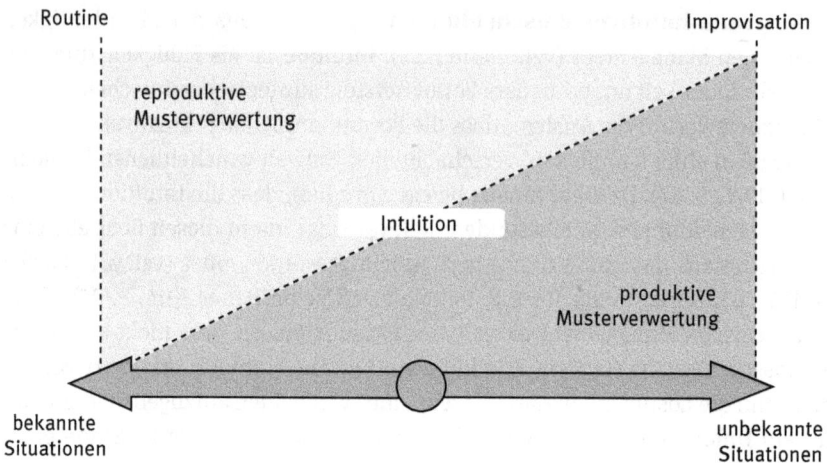

Abb. 4.1: Intuition zwischen Routine und Improvisation (eigene Darstellung in Anlehnung an Scherm/Julmi/Lindner 2016, S. 307).

Intuitive und analytische Entscheidungen unterscheiden sich auch hinsichtlich des verarbeiteten Wissens. **Analytische Entscheidungen** beruhen auf explizitem Wissen, das nach bestimmten Regeln reproduzierbar und nicht an einen Wissensträger gebunden ist. Nur explizites Wissen kann analytisch in Komponenten zerlegt, neu angeordnet und von Außenstehenden nachvollzogen werden. **Intuitive Entscheidungen** basieren dagegen auf implizitem Wissen, das an den jeweiligen Wissensträger gebunden und von diesem nur eingeschränkt zu artikulieren und zu kommunizieren ist. Es spiegelt den subjektiven Erfahrungsschatz als Handlungs- und Wahrnehmungsmuster eines Menschen wider und kann nur intuitiv verarbeitet werden (vgl. Julmi/Lindner/Scherm 2016, S. 28–29).

Die Vorstellung, dass die ganzheitliche Verarbeitung mehrdeutiger Situationen dem analytischen Herangehen überlegen sein kann, sprengt das Konzept der begrenzten Rationalität Simons, da dieser davon ausgeht, dass Mehrdeutigkeit nur besteht, weil der Mensch nicht ausreichend Informationen beschaffen und verarbeiten kann, um die Situation analytisch vollständig zu bewältigen (vgl. Julmi 2018a). Die Forschung hat jedoch gezeigt, dass es Situationen gibt, die sich aufgrund ihrer Mehrdeutigkeit selbst bei vollständiger Information nicht sinnvoll in einzelne Elemente zerlegen und analytisch durchdringen lassen. Dem Menschen generell begrenzte Rationalität in dem Sinne Simons zu unterstellen, greift zu kurz, weil er über Fähigkeiten verfügt, die über das hinausgehen, was sich analytisch bewältigen lässt. Das hinter dem Konzept der begrenzten Rationalität stehende Menschenbild war daher von Anfang an Gegenstand umfassender Kritik (vgl. z. B. Mumby/Putnam 1992; Dreyfus 1999).

4.1.4 Die Problematik kognitiver Verzerrungen

Analytische sind intuitiven Entscheidungen per se weder überlegen noch unterlegen, da die analytische Reduktion der Realität auf Eindeutigkeit ebenso wie die intuitive Verarbeitung der herrschenden Mehrdeutigkeit letztlich eine Selektion darstellt. Es werden bestimmte Aspekte betont, andere Aspekte in den Hintergrund gedrängt oder ausgeblendet (vgl. Julmi 2018a, S. 54). Beide Herangehensweisen bergen das Risiko der **Verzerrung der Realität** und damit der Entscheidungssituation. Die analytische Reduktion verzerrt, wenn durch sie wesentliche Aspekte der Entscheidungssituation unter den Tisch fallen. Intuitives Entscheiden beruht auf den subjektiven Erfahrungen des Entscheiders, die zwar den Umgang mit Mehrdeutigkeit erlauben, deshalb jedoch nicht adäquat sein müssen. Lenken sie den ganzheitlichen Blick des Entscheiders nicht auf die wesentlichen Aspekte einer Situation, kommt es zur intuitiven Verzerrung. Das ist dann der Fall, wenn nicht ausreichend Erfahrung vorliegt oder aufgrund der Erfahrung veränderte Rahmenbedingungen nicht (ausreichend) in den Blick genommen werden.

Damit sind analytisches und intuitives Entscheiden gleichermaßen von kognitiven Verzerrungen – auch Bias genannt – betroffen, die eine der Hauptursachen für Fehlentscheidungen bilden. Sie lassen sich als Sammelbegriff für alle systematischen fehlerhaften Neigungen bei der Wahrnehmung und Bewertung von Entscheidungssituationen verstehen. Aufgrund des großen Interpretationsspielraums strategischer Entscheidungen besteht eine hohe Wahrscheinlichkeit kognitiver Verzerrungen, die gleichzeitig ein hohes Risiko bergen. In der Literatur finden sich unzählige Beispiele kognitiver Verzerrungen, sodass im Folgenden ohne Anspruch auf Vollständigkeit mit Schäffer/Weber sechs **Kategorien** unterschieden werden (vgl. 2016b, S. 9):

- selbstbezogene Verzerrungen,
- Wahrnehmungsverzerrungen,
- stabilitätsinduzierte Verzerrungen,
- sozial induzierte Verzerrungen,
- zuneigungsinduzierte Verzerrungen und
- vereinfachungsinduzierte Verzerrungen.

Selbstbezogene Verzerrungen liegen vor, wenn sich Entscheider überschätzen (oder auch unterschätzen). Sie sind beispielsweise zu optimistisch und selbstbewusst oder biegen sich die Vergangenheit zurecht („Ich habe es schon immer gewusst"). Bei **Wahrnehmungsverzerrungen** gehen die Entscheider von einem falschen Referenzwert aus, etwa wenn die Entscheidung durch die Art und den Kontext der Problemformulierung in eine bestimmte, jedoch nicht adäquate Richtung beeinflusst wird. **Stabilitätsinduzierte Verzerrungen** gründen auf dem Phänomen, dass Menschen generell Veränderungen scheuen und auch dann noch an Bestehendem festhalten, wenn es längst zu spät ist. **Sozial induzierte Verzerrungen** entstehen, wenn sich

Menschen in ihren Entscheidungen zu sehr durch den Konformitätsdruck in einer Gruppe leiten lassen oder die Fähigkeiten von Vorgesetzten und Experten überschätzt werden. **Zuneigungsinduzierte Verzerrungen** führen dazu, dass Menschen zu sehr durch ihre Zuneigung zu bestimmten Menschen oder Dingen beeinflusst werden. Dies ist etwa der Fall, wenn die Sympathie und Sachebene nicht getrennt werden können oder sich jemand von seinem liebgewordenen Projekt nicht trennen kann. **Vereinfachungsinduzierte Verzerrungen** entstehen durch die Neigung zu voreiligen Schlüssen, während wesentliche Aspekte außer Acht gelassen werden. Hierunter fällt beispielsweise die Tendenz, heuristischen Impulsen nachzugeben. Mehrdeutigkeit löst bei vielen Menschen Angst, Stress und Frustration aus, weil sie unbewusst nach einer widerspruchsfreien und konsistenten Realität streben. Anstatt sich der Mehrdeutigkeit einer Situation zu stellen, werden vereinfachte Lösungen gesucht, obwohl diese die Situation einseitig verzerren (vgl. Julmi 2018b, S. 41). Tabelle 4.2 listet einige bekannte kognitive Verzerrungen für die genannten Kategorien auf.

Ein **Problem** im Umgang mit kognitiven Verzerrungen liegt darin, dass sie vom Entscheider unabhängig von seiner Erfahrung selbst sehr schwer durchschaut werden können und nur durch (gegenseitige) Beobachtungen zugänglich sind (vgl. Kahneman/Lovallo/Sibony 2011, S. 52–53). Um kognitive Verzerrungen aufzudecken oder zu verringern, bedarf es daher nicht nur eines Bewusstseins für ihre Relevanz, sondern auch einer systematischen Überwachung durch Dritte (vgl. Kapitel 9.4.1).

Tab. 4.2: Beispiele kognitiver Verzerrungen (vgl. Drews/Friedrichsen 2012, S. 351; Wunderer 2016, S. 46).

Kategorie	Bezeichnung	Beschreibung
selbstbezogene Verzerrungen	Overconfidence Bias (Selbstüberschätzung)	Überschätzung der Erfolgswahrscheinlichkeiten und der eigenen planerischen Fähigkeiten.
	Hindsight Bias (Rückschaufehler)	Im Nachhinein Überschätzung dessen, was der Entscheider vor einem Ereignis über dessen Ausgang gewusst hat.
	Egocentric Bias (egozentrische Neigung)	Tendenz, sich bei Entscheidungen zu sehr auf die eigene Meinung zu verlassen oder von sich eine höhere Meinung zu haben als das Umfeld.
	Self-Service Bias (selbstwertdienliche Verzerrung)	Tendenz, Erfolge sich selbst, Misserfolge aber äußeren Umständen zuzuschreiben.

Tab. 4.2: (Fortsetzung)

Kategorie	Bezeichnung	Beschreibung
Wahrnehmungs-verzerrungen	Framing (Einrahmungseffekt)	Beeinflussung der Entscheidungen durch Art und Kontext der Problemformulierung.
	Anchoring (Ankereffekt)	Beeinflussung der Entscheidungen durch aktuell verfügbare Informationen trotz eingeschränkter Relevanz, sodass sie in Richtung dieses „Ankers" verzerrt werden.
	Confirmation Trap (Bestätigungsfehler)	Ausblendung oder Unterbewertung der Informationen, die den eigenen Überzeugungen widersprechen.
stabilitäts-induzierte Verzerrungen	Status Quo Bias (Status-quo-Verzerrung)	Negative Beurteilung einer Abweichung vom Status Quo trotz Vorteilhaftigkeit.
	Sunk Costs Effect (Ausgabeneffekt)	Beeinflussung der Entscheidung durch die Kosten früherer und nicht mehr rückgängig zu machender Entscheidungen.
sozial induzierte Verzerrungen	Herd Behaviour (Herdenverhalten)	Unreflektierte Übernahme von Meinungen anderer.
	Bandwagon Effect (Mitläufereffekt)	Tendenz, sich denjenigen anzuschließen, die momentan oder potenziell als erfolgreich eingeschätzt werden.
	Groupthink (Gruppendenken)	Unreflektierte Anpassung der eigenen Meinung an die Meinung der Gruppe.
zuneigungs-induzierte Verzerrungen	Inappropriate Attachment (unangebrachte Zuneigung)	Verzerrte Beurteilung durch die emotionale Verbindung zu Menschen, Projekten, Organisationen oder anderen Dingen.
vereinfachungs-induzierte Verzerrungen	Halo Effect (Halo-Effekt)	Überstrahlung der gesamten Wahrnehmung von einzelnen Merkmalen, die überproportional berücksichtigt werden.
	Primacy Effect und Recency Effect (Primäreffekt und Rezenzeffekt)	Eindrücke zu Beginn eines Ereignisses oder am Ende eines Ereignisses dominieren den Gesamteindruck.
	Heuristic Impulse (heuristische Impulse)	Neigung, in mehrdeutigen Situationen einfachen Lösungen nachzugeben, weil diese die Situation handhabbarer erscheinen lassen.

4.1.5 Emotionale Einflüsse

Neben den kognitiven Einflüssen der Analyse und der Intuition spielen emotionale Einflüsse bei der individuellen Entscheidungsfindung eine Rolle. Obwohl unstrittig ist, dass sich Gefühle und Stimmungen auf kognitive Prozesse und damit auf Entscheidungen auswirken, fehlt es bislang allerdings an einer systematischen Erforschung dieser Einflüsse. Aufgrund ihrer Relevanz für das strategische Management soll kurz auf sie eingegangen werden.

In der Regel lassen **positive Emotionen** wie Freude, Überschwang oder Euphorie Entscheidungssituationen günstiger erscheinen und gehen mit der Tendenz eines erhöhten Optimismus einher. **Negative Emotionen** wie Angst, Stress oder Trauer rücken sie dagegen in ein ungünstigeres Licht und sind mit der Tendenz eines erhöhten Pessimismus verbunden. Positive Emotionen erhöhen damit die Risikofreude, negative die Risikoaversion. Vor diesem Hintergrund geht der Affect-as-information-Ansatz davon aus, dass die emotionalen Zustände als Informationsquelle in Bezug auf eine sich bietende Gelegenheit genutzt werden. Positive Emotionen werden demzufolge als ein Hinweis verstanden, der auf eine eher günstige Gelegenheit verweist, während negative Emotionen als Warnung vor dem Ergreifen einer Gelegenheit gedeutet werden (vgl. Michl u. a. 2010, S. 88).

Da Emotionen die Wahrnehmung der Situation beeinflussen, können sie **kognitive Verzerrungen** hervorrufen. So begünstigen beispielsweise Überschwang und Euphorie bzw. die damit verbundene Risikofreude einen Overconfidence Bias, während die Angst vor Veränderungen durch die einhergehende Risikoaversion einen Status Quo Bias fördert. Emotionen werden jedoch auch funktionale Effekte bei der Strategiebildung zugeschrieben. Positive Emotionen spielen eine wichtige Rolle bei der Förderung von Kreativität und der Entwicklung neuer Lösungen, während negative Emotionen die Wachsamkeit gegenüber umweltbezogenen Veränderungen erhöhen und zur Berücksichtigung zusätzlicher Informationen ermutigen (vgl. Healey/Hodgkinson 2017, S. 116–117).

Entscheider können hinsichtlich einer Entscheidungssituation auch gemischte Gefühle haben. Von (emotionaler) **Ambivalenz** spricht man, wenn jemand gleichzeitig positive und negative Gefühle hat (vgl. Ashforth u. a. 2014, S. 1455). Folgt man dem Affect-as-information-Ansatz, erhöht dies die Mehrdeutigkeit einer Entscheidungssituation, da sie gleichzeitig als günstig und ungünstig beurteilt wird. Die Ambivalenz selbst wird meist als negativ erlebt. Dies kann heuristische Impulse auslösen, die den Entscheider dazu drängen, die Ambivalenz mit einfachen Heuristiken einseitig aufzulösen. Dies kann Vereinfachungsverzerrungen verursachen (vgl. Guarana/Hernandez 2016, S. 1024). Ambivalente Entscheidungssituationen bedürfen eines ganzheitlichen, d. h. intuitiven Ansatzes, der die Ambivalenz nicht einseitig auflöst, sondern die Aufmerksamkeit darauf richtet.

Zwischen emotionalen und kognitiven Prozessen bestehen **Wechselbeziehungen**, da sich Denken und Fühlen nur schwer voneinander trennen lassen. Emotio-

nen bestimmen den Fokus der Aufmerksamkeit, d. h., je nach emotionaler Gestimmt-
heit werden kognitive Prozesse in unterschiedliche Bahnen gelenkt. Es wird vor allem
wahrgenommen oder gedacht, was zur eigenen Gefühlslage passt; Ängstliche sehen
Gefahren, Trauernde den Verlust, Freudige die Chancen usw. Außerdem aktivieren
Emotionen Erinnerungen oder führen dazu, dass diese verschlossen bleiben. Indem
sie die Aufmerksamkeit lenken und Prioritäten definieren, dienen sie der Komplexitätsreduktion und damit der Selektion (vgl. Ciompi 1997, S. 94–99; Nagel 2013, S. 40).
Sie eröffnen Handlungsmöglichkeiten, schränken jedoch die Sicht auf die Wirklichkeit
ein (vgl. Kapitel 1.3). Emotionen spielen neben den strategischen auch bei normativen
Entscheidungen eine große Rolle, da diese sich nicht sachlogisch begründen lassen
und auf den subjektiven Überzeugungen des Entscheiders beruhen (vgl. Kapitel 5).

4.2 Interaktionsbezogene Einflüsse

Strategische Entscheidungen können nicht nur von einzelnen Individuen, sondern
auch von Gruppen getroffen werden. Gruppenentscheidungen basieren auf Dynamiken eigener Art, die sich nicht durch die Betrachtung einzelner Individuen erschließen
lassen, sondern die Betrachtung der Gruppe als Ganzes erfordern. Darüber hinaus lassen sich auch individuelle Entscheidungen schwer aus dem Beziehungsgeflecht eines
Entscheiders lösen. Sie sind oft das Ergebnis komplexer Interaktionsprozesse, bei denen affektive Komponenten ebenso eine Rolle spielen wie die politischen Interessen
der beteiligten Akteure. Strategisches Management erfordert neben den Entscheidungen nicht zuletzt die Unterstützungsleistungen zahlreicher Unternehmensmitglieder.
Es ist daher notwendig, die Interaktionen und den sozialen Kontext der Akteure zu
betrachten.

4.2.1 Gruppenmerkmale und gruppenspezifische Verhaltenseinflüsse

Als **Gruppe** bezeichnet man zwei oder mehr Personen, wenn diese über einen längeren Zeitraum gemeinsame Ziele verfolgen, Werte und Normen teilen, in persönlichem,
wechselseitigem Kontakt stehen und sich in ihrem Verhalten und Handeln gegenseitig beeinflussen. Während ursprünglich aufgrund der Notwendigkeit des Face-to-face-
Kontakts physische Nähe als wesentliches Charakteristikum einer Gruppe angesehen
wurde, ist dies mittlerweile umstritten. Insbesondere das Auftreten virtueller Organisationsstrukturen in den 1990er Jahren verdeutlichte die Möglichkeit, Gruppenarbeit zu entlokalisieren, sodass von virtuellen Gruppen in Abgrenzung zu den traditionellen Face-to-face-Gruppen gesprochen wird. Aufgrund vielfältiger hybrider Formen
der Zusammenarbeit ist allerdings selbst diese Abgrenzung heute umstritten. So gibt
es beispielsweise Gruppen, deren Mitglieder sich zwar am selben Standort befinden,
aber auch über virtuelle Medien austauschen. Um die verschiedenen Abstufungen zu

berücksichtigen, spricht man von der **Virtualität** einer Gruppe, die mehr oder weniger ausgeprägt sein kann (vgl. Kauffeld/Handke/Straube 2016, S. 44). Die Möglichkeit einer unmittelbaren (realen oder virtuellen) Interaktion muss gleichwohl als notwendiges Charakteristikum einer Gruppe aufrechterhalten werden, da diese ein gruppenspezifisches Erleben und Verhalten der Mitglieder erst ermöglicht.

In Unternehmen können formelle und informelle Gruppen unterschieden werden. **Formelle Gruppen** werden im Rahmen der Organisationsgestaltung gebildet, um ihnen eine Arbeitsaufgabe zu übertragen, die ihre Mitglieder gemeinsam erfüllen. Diese Form der Aufgabenteilung wird bewusst und mit der Erwartung gewählt, dass die Gruppe eine höhere Effektivität erzielt als alternative Formen der Arbeitsorganisation. **Informelle Gruppen** entstehen dagegen, wenn sich Mitarbeiter aus eigenem Antrieb im Unternehmen zusammenschließen. Sie bestehen aus persönlichen, von der Organisationsstruktur unabhängigen Kontakten, die zumeist auf persönlicher Identifikation und Sympathiegefühlen basieren und in der Regel dazu dienen, soziale Bedürfnisse der Individuen zu befriedigen. Mitglieder informeller Gruppen weisen häufig ähnliche soziale Merkmale wie Ausbildung, Alter, Geschlecht oder Herkunft auf. Ebenso können konkrete berufliche Ziele oder fachspezifische Aufgaben ein verbindendes Merkmal informeller Gruppen sein. Praxisbezogene Gemeinschaften (Communities of Practice), in denen durch die gemeinsame Interaktion Lerneffekte erzielt werden, erstrecken sich über Abteilungen oder sogar Unternehmen hinweg (vgl. Nicolai 2016, S. 699–700). In der Realität sind informelle und formelle Beziehungen häufig nicht strikt trennbar und miteinander verflochten. Die analytische Trennung ist jedoch insofern hilfreich, als sich durch sie die Wechselbeziehungen zwischen beiden Ebenen herausarbeiten lassen.

Aufgrund des eigenständigen Charakters von Gruppen sind auch diverse Einflussfaktoren der Entscheidungen auf Gruppenebene zu verorten. Ohne eine differenzierte Betrachtung vorzunehmen, lässt sich insbesondere folgenden Eigenschaften von Gruppen ein besonderer Einfluss auf Entscheidungsprozesse in Unternehmen zuschreiben (vgl. Steinmann/Schreyögg/Koch 2013, S. 541–571):
- Gruppenkohäsion,
- Normen und Standards,
- interne Sozialstruktur sowie
- kollektive Handlungsmuster.

Die **Gruppenkohäsion** bezeichnet das Ausmaß an Geschlossenheit und Stabilität, mit dem die Gruppe einerseits intern ihre Entscheidungen trifft und andererseits nach außen gegenüber anderen Gruppen auftritt und als Kollektiv agiert. Gruppen mit einer hohen Kohäsion verfügen über eine ausgeprägte innere Stabilität und sind eher fähig, ihre Existenz auch in aufkommenden Konflikten sicherzustellen. Ihre Mitglieder zeigen ferner eine große Bereitschaft, Ressourcen in die Gruppe einzubringen und den Gruppenerfordernissen andere Ziele unterzuordnen. Der Wunsch, Mitglied einer hoch kohäsiven Gruppe zu sein, resultiert nicht alleine aus der Möglichkeit, die eigenen Bedürfnisse durch die Mitgliedschaft einer Gruppe zu befriedigen, sondern auch der identitätsstiftenden Wirkung der Gruppe.

Gruppenverhalten wird zudem durch **Normen und Standards**, die größtenteils informeller Natur sind, beeinflusst. Normen gehen aus der Interaktion der Gruppenmitglieder hervor und prägen ihre spezifischen Denk- und Verhaltensweisen. Sie sind Teil der Identität einer Gruppe, ihre Befolgung ist als grundlegende Voraussetzung für die gegenseitige Akzeptanz anzusehen. Die Herausbildung gruppenspezifischer Normen dient der Abgrenzung gegenüber anderen Gruppen. Insbesondere hoch kohäsive Gruppen besitzen in Bezug auf die Normen einen hohen Konformitätsdruck, abweichendes Verhalten wird kaum geduldet. Standards stellen weiterführende Operationalisierungen der Verhaltenserwartungen dar und weisen einen höheren Bewusstseinsgrad als Normen auf. Sie finden ihren Niederschlag in Richtlinien und Richtwerten, die normgerechtes Handeln der Gruppenmitglieder sicherstellen sollen. Durch die herrschenden Normen und Standards werden Mehrdeutigkeit und Unsicherheit des Handelns reduziert. Das erhöht die Prognostizierbarkeit des Gruppenverhaltens und unterstützt eine rasche Entscheidungsfindung, kann jedoch sozial induzierte kognitive Verzerrungen begünstigen.

Die **Sozialstruktur** einer Gruppe rekurriert auf die gruppeninternen Unterschiede und spiegelt die Rangordnung der Gruppenmitglieder bzw. deren Status innerhalb der Gruppe wider. Im Gegensatz zur Position als formelle Stellenbezeichnung stellt die Rangordnung ein sozial bewertetes und damit informelles Kriterium dar. Sie bezieht sich auf die relative Stellung, die jemand in einer Gruppe aus Sicht der Gruppenmitglieder einnimmt. Die interne Sozialstruktur kann sich über einen längeren Zeitraum, aber auch relativ schnell bei der Formierung einer neuen Gruppe herausbilden. Sie entscheidet wesentlich darüber, welchen Einfluss die einzelnen Gruppenmitglieder auf Entscheidungen der Gruppe haben, und repräsentiert damit das jeweilige Machtpotenzial. Da dieses sehr unterschiedlich verteilt sein kann, wird zwischen Gruppen hoher und geringer Machtdisparität unterschieden. Hohe Machtdisparität liegt vor, wenn die Entscheidungen nur von wenigen Personen beeinflusst werden, während bei einer geringen Machtdisparität jedes Gruppenmitglied einen ähnlich hohen Einfluss auf die Entscheidungsfindung hat (vgl. Tarakci/Greer/Groenen 2016, S. 415).

Kollektive Handlungsmuster beschreiben gemeinsam ausgeführte Handlungen, die in einer Gruppe in bestimmten Situationen wiederholt auftreten und die Entscheidungsfindung auf Gruppenebene wesentlich leiten und beeinflussen. Sie lassen sich nicht auf die individuellen Handlungsmuster der Gruppenmitglieder zurückführen, haben einen eigenständigen Charakter und entstehen erst durch das Zusammenspiel mehrerer Individuen. Ein häufig zu beobachtendes kollektives Handlungsmuster stellt der sogenannte **Risikoschub** (risky shift) dar. Er beschreibt das Phänomen, dass Gruppen eine durchschnittlich höhere Risikobereitschaft als Individuen aufweisen und ist für strategische Entscheidungen aufgrund ihrer Komplexität und Tragweite für das Unternehmen von besonderer Bedeutung. Gruppen weisen jedoch keineswegs pauschal eine höhere Risikobereitschaft auf als Individuen. Vielmehr lässt sich auch das umgekehrte Phänomen des **Vorsichtsschubs** (cautious shift) beobachten, nach dem in einer Gruppe extrem konservative und vorsichtige Entscheidungen getroffen werden. Es wird davon ausgegangen, dass es zu Polarisierungseffekten kommt. Tendiert die Mehrheit der Mitglieder von vornherein zu einem risikofreudigen Verhalten, wird diese Tendenz durch die Gruppe noch verstärkt. Neigt sie eher zu einem vorsichtigen Verhalten, kommt es mit hoher Wahrscheinlichkeit zur Verstärkung der Vorsicht. Das Phänomen der **Gruppenpolarisierung** wird vor allem dadurch erklärt, dass die Gruppe bereits zu Beginn zu einem bestimmten Standpunkt neigt, wodurch die Wahrscheinlichkeit erhöht wird, dass sich dieser in der Diskussion durchsetzt und sich auch diejenigen Gruppenmitglieder dem Standpunkt anschließen, die ihn vorher nicht teilten, was die Tendenz insgesamt verstärkt (vgl. Sunstein/Hastie 2014, S. 96; Moser 2017, S. 101). Abbildung 4.2 verdeutlicht schematisch die Wirkung der Gruppenpolarisierung im Zeitablauf. Zum Zeitpunkt vor der Gruppeninteraktion sind die Einzelurteile noch nicht von der Gruppe beeinflusst. Treten die Individuen anschließend in Interaktion, verstärkt sich die Risikotendenz der Einzelurteile. Wenn vor der Gruppeninteraktion die Mehrheit der Einzelurteile risikoavers ist, kommt es zu einem Vorsichtsschub. Ist die Mehrheit der Einzelurteile dagegen risikobereit, kommt es zu einem Risikoschub.

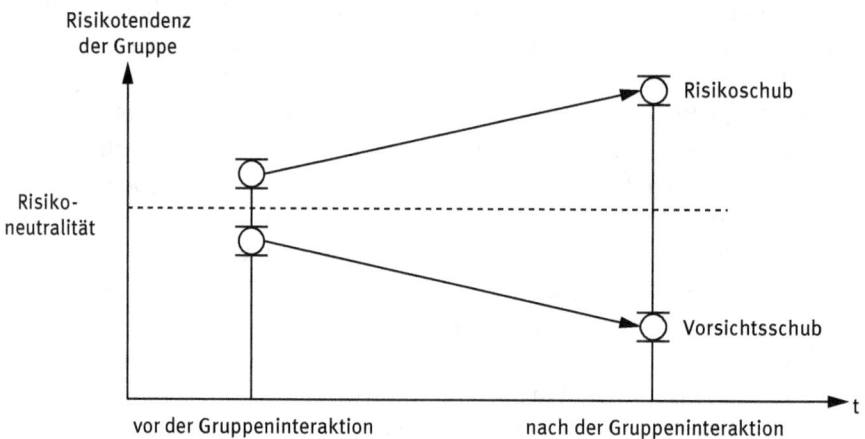

Abb. 4.2: Das Phänomen der Gruppenpolarisierung (eigene Darstellung in Anlehnung an Steinmann/Schreyögg/Koch 2013, S. 567).

Das von Janis/Mann untersuchte Phänomen des **Gruppendenkens** (groupthink) ist ebenfalls den kollektiven Handlungsmustern zuzurechnen (vgl. Janis/Mann 1979; Janis 1982). Hierbei handelt es sich um eine sozial induzierte Verzerrung, nach der die Mitglieder einer Gruppe vorschnell zu einer einheitlichen Meinung gelangen und davon abweichende Meinungen innerhalb der Gruppe unterdrücken. Gruppendenken kann die Qualität der Entscheidungsfindung in erheblichem Maß schmälern. Vor allem in hoch kohäsiven Gruppen besteht die Gefahr, dass Entscheidungen negativ beeinflusst werden. Daher muss in diesen das Bewusstsein für ihre Tendenz zu Konformitätsdruck und sozialer Kontrolle geschaffen werden, um dem Konsens allein des Konsenses Willen und daraus resultierenden Fehlsteuerungen vorzubeugen.

4.2.2 Affektive Interaktionsdynamiken

Obwohl die Entscheidungsfindung in Unternehmen meist als rationaler Prozess beschrieben wird, ist deren Dynamik wesentlich von **affektiven Faktoren** abhängig, die auf einer rationalen Ebene nicht zu erklären sind. Diese Faktoren zeigen sich vor allem in der Interaktion, da Individuen immer in einem bestimmten affektiven Verhältnis zueinander stehen, das die Interaktion vorstrukturiert. Ansätze wie das sozialwissenschaftliche Modell des interpersonalen Circumplexes (vgl. Leary 1957; Wiggins 1982), umweltpsychologische Circumplex-Modelle affektiver Qualitäten und Zustände (vgl. Russell 1980; Russell/Pratt 1980) und das phänomenologische Konzept der atmosphärischen Führung (vgl. Julmi/Rappe 2018) legen nahe, dass die Interaktion auf einer affektiven Ebene von **zwei Dimensionen** bestimmt wird:
– Attraktion und Repulsion sowie
– Dominanz und Subdominanz.

Attraktion und Repulsion entscheiden darüber, ob sich Menschen eher positiv-anziehend oder negativ-abstoßend gegenüberstehen (vgl. Julmi/Rappe 2018, S. 47–77). Menschen, die sich sympathisch finden, haben z. B. eine attraktive Bindung zueinander, während Menschen, die sich nicht leiden können, einander repulsiv gegenüberstehen. Ob Menschen zueinander attraktiv oder repulsiv eingestellt sind, hängt von vielerlei Faktoren ab, zu denen etwa die Sozialisation, Vorurteile oder der erste Eindruck gehören. Attraktion und Repulsion sind für jede Kommunikation grundlegend. Sie bestimmen, ob sich die Beteiligten in ihren Perspektiven annähern oder abgrenzen. Gegenseitiges Verständnis ist nur bei einer attraktiven Bindung möglich. Attraktion und Repulsion beruhen wesentlich auf dem **Prinzip der Reziprozität**. Nimmt jemand das Verhalten des anderen als annähernd wahr, reagiert er in der Regel ebenfalls annähernd, während die Wahrnehmung eines repulsiven Verhaltens zu einer repulsiven Reaktion führt. Lob animiert z. B. zu Gegenlob und fördert das gegenseitige Verständnis, Kritik provoziert Gegenkritik und reduziert das gegenseitige Verständnis.

Während Attraktion und Repulsion bestimmen, ob sich Perspektiven in einer Interaktion angleichen oder auseinandergehen, bestimmen Dominanz und Subdominanz das Gewicht, mit der eine Perspektive in die Interaktion eingebracht wird. **Dominanz und Subdominanz** sind außerdem dynamisch und wechseln in der Interaktion häufig die Seiten, auch wenn der Schwerpunkt der Dominanz meistens auf der einen oder anderen Seite liegt. Fühlen sich Menschen einander verbunden (Attraktion), fungiert der dominante Part als Perspektivengeber, der subdominante Part als Perspektivennehmer. Die Perspektiven nähern sich an (Kooperation). Dies zeigt sich etwa bei einem Small Talk über das Wetter, bei dem sich beide Seiten wechselseitig abstimmen, bis ein gemeinsames Verständnis erreicht ist. Fühlen sich Menschen voneinander abgestoßen (Repulsion), ist der dominante Part derjenige, der sich durchsetzt, während der subdominante Part klein beigibt. Ein gemeinsames Verständnis stellt sich nicht ein. Dies zeigt sich beispielsweise in politischen Debatten, die vorwiegend repulsiv sind, da es nicht um ein gemeinsames Verständnis geht, sondern darum, die eigene Perspektive gegenüber der anderen als die überlegene zu behaupten (Konkurrenz).

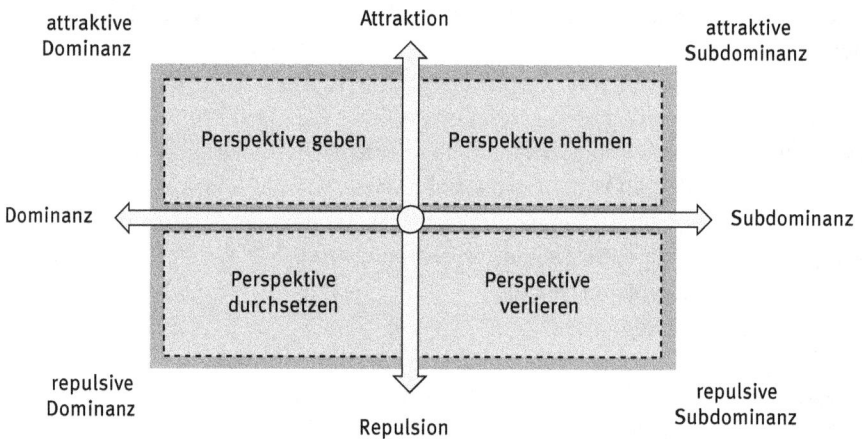

Abb. 4.3: Affektive Interaktionsdynamiken (eigene Darstellung in Anlehnung an Julmi/Rappe 2018, S. 88).

Abbildung 4.3 zeigt im Überblick die verschiedenen **Interaktionsdynamiken**, die sich durch ein Nehmen und Geben der Perspektiven bei einer attraktiven und ein Durchsetzen und Verlieren der Perspektiven bei einer repulsiven Interaktion zusammenfassen lassen. Unabhängig davon, welchen Rahmen eine Interaktion konkret hat, findet sie immer im Zusammenspiel von Attraktion und Repulsion sowie Dominanz und Subdominanz statt.

Die affektive Verbundenheit bleibt über die Interaktion hinaus bestehen und gilt nicht nur für zwei Menschen, sondern auch für Gruppen, die sich über eine gemeinsame Perspektive definieren. Auf **Gruppenebene** spiegelt sich die Attraktion in der Kohäsion der Gruppe wider. Über diese ist die Gemeinsamkeit in den Sichtweisen von Gruppenmitgliedern stets (auch) affektiv verankert. Die Attraktion innerhalb einer Gruppe stellt sicher, dass die Perspektiven innerhalb der Gemeinschaft beständig abgeglichen und miteinander geteilt werden. Die gemeinsame Perspektive stiftet den Gruppenteilnehmern eine gemeinsame Identität. Je nach Machtdisparität wird die Perspektive von wenigen oder vielen Gruppenmitgliedern geprägt.

Die affektiven Interaktionsdynamiken haben wesentlichen Einfluss darauf, ob eine Gruppe in der Lage ist, einen strategischen Konsens zu finden; dieser ist definiert als gemeinsames Verständnis und allgemeine Zustimmung zu einer Strategie bzw. die der Strategiebildung zugrunde liegenden mentalen Modelle (vgl. Knight u. a. 1999, S. 445). Attraktive Interaktion läuft eher auf einen strategischen Konsens, repulsive Interaktion eher auf einen strategischen Dissens hinaus. Es wird davon ausgegangen, dass insbesondere der Erfolg der Implementierung der Strategien wesentlich davon abhängt, inwieweit bei den Beteiligten ein strategischer Konsens besteht (vgl. Kellermanns u. a. 2011, S. 126). Eine geteilte Bewertung strategischer Entscheidungen ist demnach nicht nur das Ergebnis jeweils eigenständiger analytischer Bewertungsprozesse, sondern beruht ebenso auf den nicht rationalen affektiven Interaktionsdynamiken der Beteiligten.

4.2.3 Mikropolitisches Verhalten

Da Unternehmensmitglieder nicht nur kongruente, sondern auch konfligierende Perspektiven und Interessen aufweisen, ist das strategische Verhalten eines Akteurs keineswegs auf die Strategie des Unternehmens beschränkt, sondern zielt auch auf die Durchsetzung eigener Interessen. Hierzu schließen sich Individuen (informellen) Gruppen an, um ihren persönlichen Zielen und Wertvorstellungen ein größeres Gewicht zu verleihen. Die Zielvorstellungen innerhalb und zwischen Gruppen sind in der Regel jedoch nicht kompatibel, weswegen Individuen im Rahmen ihrer Gruppenzugehörigkeit darauf angewiesen sind, Konflikte auszutragen und Kompromisse einzugehen, mit anderen Worten politisch zu handeln. Die in Organisationen stattfindenden politischen Prozesse werden auch als Mikropolitik im Sinne einer „Politik im Kleinen" bezeichnet (vgl. Wolf 2013, S. 282–287). Da sich aufgrund der Komplexität strategischer Entscheidungen oft nur schwer ein strategischer Konsens erzielen lässt, sind sie häufig das Resultat komplizierter Aushandlungsprozesse in und von Gruppen, wobei das ausgehandelte Ergebnis möglicherweise von keinem der Beteiligten in dieser Form angestrebt worden ist. **Politische Prozesse** finden meist „hinter den Kulissen statt", sind also nicht offen sichtbar und entfalten sich jenseits formaler Strukturen durch persönliche Verbindungen, Intrigen oder eingegangene Koalitionen.

Für die **Analyse** (mikro-)politischer Entscheidungsprozesse sind insbesondere folgende Aspekte von Bedeutung (vgl. Schreyögg/Geiger 2016, S. 298–300):
- Ressourcenkonflikte,
- Handlungsspielraum,
- Macht und
- Legitimität.

Hinter politischen Prozessen stehen meist spezifische Interessen, die sehr vielfältig sein können (z. B. Karriereziele, Machtstreben, Verwirklichung eigener Ideen, Angst vor Gesichtsverlust). Damit Individuen ihre Interessen in einem Unternehmen verfolgen können, sind sie auf Ressourcen angewiesen. Von maßgeblicher Bedeutung für die Auslösung politischer Prozesse ist daher die Ressourcenallokation des Unternehmens. Da aber in Unternehmen aufgrund der knappen Ressourcen nicht alle Ansprüche erfüllt werden können, entstehen **Ressourcenkonflikte.** Zur Lösung dieser setzen im Unternehmen politische Aushandlungsprozesse ein, die durch die Formulierung der jeweiligen Ansprüche und die Aktivierung von Unterstützung für die Durchsetzung eigener Ansprüche geprägt sind.

Politische Prozesse entstehen jedoch erst, wenn die Beteiligten eine Chance sehen, ihre Interessen ganz oder teilweise durchzusetzen. Dafür müssen sie über einen entsprechenden **Handlungsspielraum** verfügen. Dieser bestimmt sich einerseits nach den ihnen im Zuge der organisatorischen Arbeitsteilung zugewiesenen Kompetenzen, Rechte und Pflichten, andererseits nach der Mehrdeutigkeit des zu bewältigenden Problems. Insbesondere bei strategischen Entscheidungen besteht typischerweise eine große Ungewissheit in Bezug auf die Erfolgsträchtigkeit verschiedener Alternativen, zumal man davon ausgeht, dass es aufgrund der bestehenden Mehrdeutigkeit nicht eine beste Lösung gibt, sondern mehrere grundsätzlich geeignete Alternativen bestehen. Strategien bieten daher in besonderem Maß die Möglichkeit, sie durch die Teilnahme an politischen Prozessen (mit) zu beeinflussen, um dadurch z. B. eine vorteilhafte Position oder ein höheres Prestige zu erlangen. Grundsätzlich gilt: Je größer die Handlungsspielräume sind, desto mehr Einfluss können die Individuen auf die Ressourcenverteilung nehmen und umso politischer werden die Entscheidungsprozesse.

Um den vorhandenen Handlungsspielraum nutzen und eigenen Ansprüchen Nachdruck verleihen zu können, müssen die Akteure über **Macht** verfügen. Diese gestattet es ihnen, das Handeln anderer Akteure auch gegen deren Willen so zu beeinflussen, dass sie den eigenen Interessen Rechnung tragen. Die potenzielle Durchsetzbarkeit von Interessen gründet sich dabei auf verschiedenen Machtquellen, die in der Literatur teilweise auch Machtbasen genannt werden. Es existieren vielfältige Systematisierungen, die verbreitetste ist jedoch die auf French/Raven zurückgehende Unterscheidung von **fünf Machtquellen** einer Person über eine andere (vgl. 1959). Die ersten beiden Machtquellen sind Belohnung und Bestrafung. Hierbei verfügt eine Person über Ressourcen bzw. Maßnahmen, die von einer anderen Person als positiv oder negativ bewertet werden. Da das Zurückhalten einer Belohnung als Bestrafung und das Zurückhalten einer Bestrafung als Belohnung interpretiert werden kann, werden diese beiden Machtquellen häufig zu einer zusammengefasst. Die dritte Machtquelle bildet die Legitimation. Sie besteht, wenn die untergebene Person der Ansicht ist, dass dem Machthaber seine Macht zusteht, weshalb sie sich verpflichtet fühlt, seinen Forderungen nachzukommen bzw. seinen Erwartungen zu entsprechen. Die vierte Machtquelle stellt die Identifikation dar. Die Macht resultiert hier aus der

Bereitschaft einer Person, den Machtinhaber als Bezugsperson bzw. Vorbild zu akzeptieren. Sie beruht im Wesentlichen auf dem Charisma des Machtinhabers und den emotionalen Beziehungen zwischen den Beteiligten. Die fünfte Machtquelle ist das Expertentum. Expertenmacht wird ausgeübt, wenn jemand die Forderungen einer Person akzeptiert, weil er annimmt, sie sei durch deren Wissensvorsprung gerechtfertigt (vgl. French/Raven 1959, S. 155–164; Wolf 2013, S. 276–281).

Schließlich sind politische Entscheidungsprozesse durch das Bestreben der Akteure gekennzeichnet, **Legitimität** für bestimmte Ideen, Werte und Lösungen zu schaffen. Durch die Teilnahme an den politischen Prozessen versuchen die Beteiligten, die eigenen Ansprüche mit Legitimität zu versorgen. Gleichzeitig wird versucht, die Legitimität entgegenstehender Ansprüche zu verringern, indem beispielsweise der Anschein erweckt wird, diese seien inkongruent zu den geltenden Werten oder eigennützig. Es geht also wesentlich darum, wie das eigene Anliegen und die der Opponenten von anderen wahrgenommen und bewertet werden. Im Zuge derartiger Legitimierungsprozesse kann es zur Bildung und Institutionalisierung informeller Interessengruppen kommen, die ihrem Anspruch auf Legitimität Gewicht verleihen wollen. Die Beurteilungsgrundlage der Legitimität stellen in erster Linie die Normen und Wertvorstellungen dar, die in verschiedenen Teilbereichen des Unternehmens unterschiedlich ausgeprägt sein können.

Auch wenn Akteure in dem Unternehmen mehrdeutige Situationen instrumentalisieren, das offizielle Regelsystem unterlaufen und somit opportunistisch handeln, weisen politische Prozesse nicht nur dysfunktionale, sondern auch funktionale Wirkungen auf (vgl. Bresser 2010, S. 144–146; Schreyögg/Geiger 2016, S. 307–309). Für die Leistungsfähigkeit eines Unternehmens spielen sie in jedem Fall eine zentrale Rolle, da sie starre Regelbindung und organisationale Paralyse durch informelle Kommunikation unterbinden. So verstanden können sie als **dynamisierendes Korrektiv** einer übermächtigen Bürokratie wirken. Zugleich sind sie jedoch durch Formalisierung und Standardisierung zu begrenzen, damit sie nicht unkontrolliert auftreten. In dem Umgang mit politischen Prozessen kann es daher nicht um den im Ergebnis ohnehin fragwürdigen Versuch gehen, Politik zu vermeiden. Vielmehr ist ein ausgewogenes Verhältnis zwischen bürokratischen und politischen Prozessen anzustreben, um funktionale Effekte nutzen und fördern zu können. Nur so wird verhindert, dass Unternehmen aufgrund verfestigter Machtstrukturen erstarren und strategisch wichtige Innovationen durch verkürzte Problemsicht unterbleiben.

4.3 Unternehmenskulturelle Einflüsse

Geht man von der interaktionsbezogenen auf die organisationale Ebene, findet zumindest teilweise eine Loslösung von der Interaktion einzelner Individuen hin zu unternehmensweit gültigen sozialen Strukturen statt. Im Rahmen des strategischen Managements wird insbesondere der Einfluss der Unternehmenskultur diskutiert, da zwischen dieser und den (strategischen) Entscheidungsprozessen wechselseitige Einflüsse bestehen. Unternehmenskultur beeinflusst zwar das Entscheidungsverhalten der Akteure, lässt sich jedoch nur bedingt steuern und ist daher vor allem als Rahmenbedingung des strategischen Managements zu berücksichtigen.

Die **Unternehmenskultur** stellt die Gesamtheit der Denkmuster, Wertorientierungen und Verhaltensnormen dar, die von der Mehrzahl der Unternehmensangehörigen geteilt wird und ihnen sowohl den Sinn als auch die Richtlinien für ihr tägliches Handeln vermittelt (vgl. Steinmann/Schreyögg/Koch 2013, S. 653; Macharzina/Wolf 2018, S. 236–238). Sie repräsentiert ein implizites, physisch nicht greifbares und emergentes Phänomen, das als Ergebnis eines Lernprozesses verstanden werden kann, der sich in der historischen Auseinandersetzung mit Anforderungen der Unternehmensumwelt sowie unternehmensinternen Gegebenheiten vollzieht. Die Unternehmenskultur geht aus den Interaktionen der Unternehmensmitglieder hervor, strukturiert diese Interaktionen im Gegenzug aber ebenso vor. Differenziert sich die Kultur innerhalb eines Unternehmens so aus, dass unterschiedliche Werte und Normen koexistieren, spricht man von Subkulturen. Diese beziehen sich auf Teilbereiche oder soziale Gruppen, sodass ein fließender Übergang zu den Normen und Standards des Verhaltens auf Gruppenebene besteht und man auch von einer Gruppenkultur sprechen kann.

Die Unternehmenskultur ist schwer fassbar, da die sichtbaren Merkmale nur sehr begrenzt Aufschluss über tiefer liegende Elemente geben. Zur Beschreibung des (inneren) Aufbaus der Unternehmenskultur hat das – der Kulturanthropologie entlehnte – Modell von Schein Verbreitung gefunden (vgl. Schein 1984; Schein/Schein 2017, S. 17–25). Demnach manifestiert sich Unternehmenskultur auf **drei Ebenen,** wobei einem Eisberg entsprechend nur die Spitze der Kultur sichtbar ist, die Schein als die Ebene der Artefakte und Symbole bezeichnet. Die tiefer liegenden Ebenen der Werthaltungen sowie der Basisannahmen entziehen sich dagegen dem direkten Blick. Für das Verständnis einer Unternehmenskultur ist es daher notwendig, ausgehend von den sichtbaren Merkmalen die kulturellen Kernelemente zu erschließen.

Zu den (sichtbaren) **Artefakten und Symbolen** gehören Verhaltensweisen wie Sitten, Gebräuche und Rituale, Umgangsformen, Sprache (Unternehmensjargon) und Bekleidungsgewohnheiten, die sich mit der Zeit entwickelt haben und gepflegt werden, ebenso wie die Büroeinrichtung, die architektonische Gestaltung und das Firmenlogo. Unter dieser sichtbaren, aber interpretationsbedürftigen Ebene liegt die nicht sichtbare, teilweise bewusste Ebene der (kollektiven) **Werthaltungen.** In diesen drücken sich Präferenzen für bestimmte Ziele, organisatorische Gestaltungsprinzipien und Zustände aus; in Form von Normen, Verhaltensstandards, Erlaubnissen oder Verboten bilden sie (ungeschriebene) Richtlinien und damit ein Orientierungsmuster für die Unternehmensmitglieder. Am schwersten zu erschließen ist die überwiegend unbewusste Ebene der grundlegenden **Basisannahmen** über Umwelt, Realität, Raum, Zeit und den Menschen, da diese von den Beteiligten weitgehend als selbstverständlich vorausgesetzt und nicht mehr hinterfragt werden. Als über die Zeit hinweg entwickelte und bewährte Orientierungspunkte unternehmerischen Handelns bilden sie zusammen in einer mehr oder weniger stimmigen Form das Weltbild der Mitglieder eines Unternehmens.

Inwieweit die Unternehmenskultur tatsächlich das Handeln der Unternehmensmitglieder beeinflusst, hängt von ihrer Stärke ab, die unabhängig von dem Inhalt ist. Für die Stärke einer Kultur ist es daher nicht wichtig, ob sie als funktional oder dysfunktional im Hinblick auf die (strategischen) Unternehmensziele gilt oder ob sie als gute bzw. schlechte Kultur einzustufen ist. Die **Stärke der Unternehmenskultur** lässt sich anhand von vier Kriterien bestimmen (vgl. Schreyögg 1989, S. 95–97; Julmi 2015, S. 187–188):

- Prägnanz,
- Verbreitungsgrad,
- Verankerungstiefe und
- Attraktion.

Prägnanz unterscheidet Unternehmenskulturen nach der Klarheit der vermittelten Orientierungsmuster und Werthaltungen. Starke Kulturen weisen klare Vorstellungen darüber auf, was erwünscht ist und was nicht, wie Ereignisse zu deuten und Situationen zu strukturieren sind. Das setzt konsistente Muster aus Werten, Normen und Symbolen voraus, die umfassend angelegt sind und so in vielen Situationen wirksam werden können.

Der **Verbreitungsgrad** stellt auf das Ausmaß ab, in dem die Kultur von den Unternehmensmitgliedern geteilt wird. Eine starke Kultur leitet das Handeln vieler oder aller im Unternehmen, während schwache Kulturen dadurch gekennzeichnet sind, dass Unternehmensmitglieder sich an unterschiedlichen Werthaltungen und Basisannahmen orientieren. Unternehmen mit starken Subkulturen können folglich keine starke (Gesamt-)Kultur haben.

Die **Verankerungstiefe** bringt zum Ausdruck, inwieweit die kulturellen Muster internalisiert und so selbstverständlicher Bestandteil des Handelns sind. Davon ist jedoch kulturkonformes Verhalten als Ergebnis kalkulierter Anpassungen zu unterscheiden. Die Verankerungstiefe hängt eng mit der Stabilität der Kultur über einen längeren Zeitraum hinweg (Persistenz) zusammen.

Während die drei genannten Kriterien auf die Kohärenz der Unternehmenskultur rekurrieren („Kultur vereinheitlicht"), bezieht sich das Kriterium der **Attraktion** auf deren Kohäsion („Kultur verbindet") (vgl. Kapitel 4.2.2). Die Attraktion zeigt an, inwieweit sich die Unternehmensmitglieder untereinander affektiv verbunden fühlen. Sie lässt sich als das in einem Unternehmen herrschende Wir-Gefühl umschreiben und gibt Aufschluss über die Anziehungskraft, die eine Unternehmenskultur auf die Unternehmensmitglieder – aber auch auf Außenstehende – ausübt. Je ausgeprägter die Attraktion, desto stärker ist das Bedürfnis dazuzugehören.

Unternehmenskulturen haben einen selbstverstärkenden Charakter, sodass ihre Stärke im zeitlichen Verlauf tendenziell zunimmt. Das lässt sich mit dem Modell des **Gestaltkreises** der Unternehmenskultur veranschaulichen, das den Zusammenhang zwischen der Unternehmenskultur und dem **Organisationsklima** beleuchtet (vgl. Scherm/Julmi 2012; Julmi 2017b). Als Organisationsklima wird die relative, überdauernde Qualität in der Wahrnehmung der unternehmensinternen Arbeitsbedingungen bezeichnet. Das Organisationsklima ist zwar in der individuellen Wahrnehmung der Mitarbeiter eines Unternehmens begründet, wird jedoch auf organisationaler Ebene verortet und als Eigenschaft des Unternehmens betrachtet. Während die Unternehmenskultur das Verhalten der Unternehmensmitglieder erklärt, rekurriert das Organisationsklima auf deren Wahrnehmung.

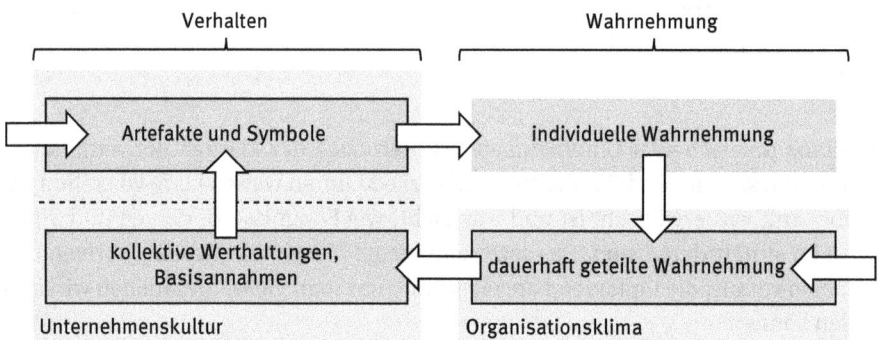

Abb. 4.4: Der Gestaltkreis der Unternehmenskultur (vgl. Scherm/Julmi 2012, S. 74).

Das **Zusammenspiel** von Verhalten und Wahrnehmung zeigt sich als Gestaltkreis im Sinne einer rekursiven und sich selbstverstärkenden Verbundenheit (vgl. Abbildung 4.4). Die Artefakte und Symbole werden von den Unternehmensmitgliedern als mögliche oder erwünschte Verhaltensweisen wahrgenommen. Wird diese Wahrnehmung von den Unternehmensmitgliedern dauerhaft geteilt, manifestiert sie sich als Organisationsklima. Die beständige Wahrnehmung verfestigt ihrerseits bestimmte Werthaltungen und Basisannahmen, die wiederum die Basis der Artefakte und Symbole und damit des sichtbaren Verhaltens sind. Je häufiger dieser Kreislauf vollzogen wird, umso mehr gewinnt die Kultur an Stärke. In einer von Misstrauen geprägten Kultur können die Mitarbeiter sich z. B. von der wahrgenommenen Überwachung und Kontrolle dazu aufgefordert fühlen, aufgrund des fehlenden Vertrauens nur noch das Nötigste zu tun. Wird diese Wahrnehmung von den Unternehmensmitgliedern dauerhaft geteilt, manifestiert sich dies in den kollektiven Werthaltungen, die ihrerseits zu einer sichtbaren Vermeidungshaltung führen. Diese wiederum führt zu einer Intensivierung der Überwachung und Kontrolle, sodass das Misstrauen weiter verstärkt und eine Abwärtsspirale in Gang gesetzt wird. Nichtsdestotrotz sind Unternehmenskulturen wandlungsfähig und können sich an veränderte Umweltbedingungen anpassen. Im Gestaltkreis sind **Veränderungen** insbesondere an zwei Stellen möglich: durch die Veränderung der Artefakte und Symbole sowie durch die Veränderung des Organisationsklimas. Während die Veränderung der Artefakte und Symbole in der Regel erst allmählich zu einer Veränderung der Unternehmenskultur führt, können einschneidende Ereignisse wie Wirtschafts- und Unternehmenskrisen, Personalabbau oder besondere Erfolge die Wahrnehmung der unternehmensinternen Arbeitsbedingungen schlagartig verändern und die bisherigen Werthaltungen und Basisannahmen der Unternehmenskultur quasi über Nacht obsolet machen.

Eine starke Unternehmenskultur ist hinsichtlich ihrer **Wirkung** auf den Strategiebildungsprozess ambivalent, da sie sowohl funktionale als auch dysfunktionale Effekte zu induzieren vermag (vgl. Steinmann/Schreyögg/Koch 2013, S. 668–671; Macharzina/Wolf 2018, S. 243–245). Während sie einerseits auch bei Unsicherheit und Mehrdeutigkeit Handlungsorientierung sowie zügige Informationsverarbeitung und Entscheidungsfindung ermöglicht, besteht andererseits die Tendenz zur Abschottung von Entwicklungen, die mit den herrschenden Wertvorstellungen nicht vereinbar sind. Den aktivierenden, koordinierenden und stabilisierenden Aspekten der Unternehmenskultur steht demnach die Gefahr der Einengung des Interpretations- und Handlungsspielraums gegenüber. Dies führt zu einer Fixierung auf traditionelle Erfolgsmuster und zu Barrieren bei der Implementierung von ihnen entgegenstehenden Entscheidungen. Außerdem besteht analog zum Entscheidungsverhalten in Gruppen häufig ein Konformitätsdruck, sodass konträre Meinungen zugunsten kultureller Normen und Werte zurückgestellt werden (Kulturdenken). Zusammen schafft das eine Starrheit, die als unsichtbare Barriere gerade organisationaler Flexibilität entgegensteht.

4.4 Institutionelle Einflüsse

Gemeinhin wird davon ausgegangen, dass Entscheidungen in Unternehmen trotz fehlender oder begrenzter Rationalität der Akteure auf Basis von Effektivitäts- und Effizienzüberlegungen getroffen werden, Manager demnach bemüht sind, die erfolgversprechendste Alternative auszuwählen. Genau diese Grundannahme zieht der **soziologische Neoinstitutionalismus** jedoch in Zweifel (vgl. Macharzina/Wolf 2018, S. 89–93). Seine Vertreter argumentieren, dass Managemententscheidungen auch mit dem Ziel der **Legitimitätssicherung** getroffen und Entscheidungsalternativen gewählt werden, die am ehesten den Erwartungen der relevanten Unternehmensumwelt entsprechen.

Im Zentrum des Neoinstitutionalismus steht die Analyse der Wirkungen von Institutionen der Umwelt auf die Strukturen in Organisationen bzw. Unternehmen (vgl. Scherm/Pietsch 2007, S. 66–76; Süß 2009, S. 37–69; Walgenbach 2014, S. 295–319). **In-**

stitutionen stellen verfestigte und als gegeben betrachtete soziale Erwartungsstrukturen dar, die als dauerhafte Lösung eines permanenten Problems gesellschaftlich anerkannt sind. Beispiele für Institutionen sind der Handschlag, die Ehe, die Familie oder der Vertrag. Sie konstituieren die soziale Wirklichkeit und bestimmen, welche Verhaltensweisen in sozialen Kontexten als angemessen erachtet werden, deren Nichtbeachtung sanktionierbar ist. Da Unternehmen nicht losgelöst von den sozialen Erwartungsstrukturen der Gesellschaft bzw. der relevanten Anspruchsgruppen agieren können, sind deren Vorstellungen über die effektive und effiziente Ausgestaltung von Unternehmen für sie unmittelbar relevant. Sie legen aus Sicht der jeweiligen Anspruchsgruppe Ziele und angemessene Mittel der Zielerreichung fest und kommen beispielsweise in der öffentlichen Meinung, kulturellen Normen oder Gesetzen zum Ausdruck. Übernimmt ein Unternehmen die strukturellen Vorstellungen oder verbreiteten Managementpraktiken, wird ihm Legitimation zugesprochen. Diese gilt als Voraussetzung für den Zufluss von Ressourcen, die für den Bestand eines Unternehmens notwendig sind.

Im neoinstitutionalistischen Ansatz werden Institutionen dem technischen oder dem symbolischen Kontext zugeordnet. Beide Kontexte sind jedoch nur analytisch trennbar und daher in der Praxis nicht scharf voneinander zu unterscheiden. Der **technische Kontext** bezieht sich vor allem auf die materiellen Produktions- und Austauschprozesse innerhalb der Unternehmen sowie in dem Kontakt mit der Umwelt und stellt daher Anforderungen der technischen Effizienz an das unternehmerische Handeln. Demgegenüber umfasst der **symbolische Kontext** die sozialen Sinnzusammenhänge, Wahrnehmungs- und Interpretationsmuster der materiellen Prozesse und fordert die Konformität mit grundlegenden gesellschaftlichen Erwartungen. Unternehmen werden in unterschiedlichem Ausmaß mit beiden Kontexten konfrontiert. Während die unmittelbar in die Leistungserstellung eingebundenen Absatz-, Produktions- und Beschaffungsaktivitäten verstärkt in den technischen Kontext integriert sind, agieren die strategische Planung und auch das Controlling vorwiegend in symbolischen Kontexten.

Nach DiMaggio/Powell richten Unternehmen ihre Formalstrukturen vor allem an den Institutionen der jeweils für sie relevanten Umwelt aus, die in – allerdings unscharf abgegrenzte – **organisationale Felder** strukturiert wird (vgl. 1983). Organisationale Felder bestehen aus Gruppen von Organisationen, die sich in ihrem Handeln aufeinander beziehen, durch ein gemeinsames Sinnsystem verbunden sind und sich recht klar von anderen gesellschaftlichen Teilbereichen abgrenzen lassen. Innerhalb dieser kommt es zu einer Angleichung der Strukturen und des Verhaltens der Unternehmen, die als **institutionelle Isomorphie** bezeichnet wird. DiMaggio/Powell unterscheiden drei Mechanismen, die institutionelle Isomorphie zur Folge haben können:

- Zwang (coercive isomorphism),
- Imitation (mimetic isomorphism) und
- Normativer Druck (normative isomorphism).

Zwang geht vor allem von den normativ-kulturellen Erwartungen der Gesellschaft und anderen Organisationen aus und wird insbesondere durch bindende Rechtsvorschriften des Staates wirksam. Hierzu gehören etwa die Compliance-Anforderungen, mit denen sich ein Unternehmen auseinandersetzen muss (vgl. Kapitel 5.1). Neben dem Staat können jedoch auch andere Organisationen impliziten oder expliziten Zwang auf die Etablierung bestimmter Strukturen und Verhaltensweisen ausüben. Hierzu gehören z. B. die Börse, wichtige Abnehmer oder Lieferanten, Gewerkschaften sowie die Muttergesellschaft eines Konzerns.

Imitation beschreibt das Kopieren etablierter Strukturen und Verhaltensweisen anderer Unternehmen, die als besonders erfolgreich und damit als legitim angesehen werden. Der Grund für die Angleichung durch mimetische Prozesse wird in der Unsicherheit und Mehrdeutigkeit, ob sich die vorgegebenen Ziele mit den eingesetzten Mitteln erreichen lassen, gesehen. Im Gegensatz zum Isomorphismus durch Zwang sind mimetische Prozesse freiwillig. Beispiele für eine Imitation sind die Übernahme von angebotenen Serviceleistungen der Konkurrenz oder den in einer Branche verbreiteten Gütesiegel, um das Risiko eines Wettbewerbsnachteils zu reduzieren. Aufgrund der in der Praxis recht häufig anzufindenden Imitationen erfolgreicher Strategien anderer Unternehmen wird in der Forschung zum strategischen Management insbesondere der Mechanismus der Imitation untersucht (vgl. Bresser 2010, S. 82–89).

Normativer Druck entsteht insbesondere durch die zunehmende Professionalisierung der Aufgabenvollzüge in Unternehmen. Aufgrund des beständigen Anwachsens von Spezialwissen kommt es zu einer Ausdifferenzierung formalisierter Professionen, die basierend auf ihrem Expertenwissen allgemeine Regeln für die Arbeit in ihrem Aufgabenbereich festlegen. Diese üben normativen Druck auf die Aufgabenvollzüge in Unternehmen aus, sich den professionellen Richtlinien anzupassen. Experten gibt es an vielen Stellen in Unternehmen (z. B. Betriebswirte, Volkswirte, Ingenieure, Juristen, Techniker), wobei sich innerhalb der einzelnen Professionen meist eine Vereinheitlichung der Denk- und Verhaltensweisen feststellen lässt. Die Sozialisation in den Professionen beruht auf vereinheitlichten und teilweise sehr umfangreichen Ausbildungsverfahren (z. B. an Universitäten, Fachhochschulen, Aus- und Weiterbildungsinstituten) und lässt sich nicht zuletzt auf das Wirken von Berufs- und Wirtschaftsverbänden zurückführen.

Aufgrund der Einflüsse des symbolischen Kontextes auf die Strategien und Organisationsstrukturen eines Unternehmens ist der Neoinstitutionalismus mit einer ausgeprägten Skepsis gegenüber Rationalitätsparadigmen verbunden. In ihrem für den Neoinstitutionalismus grundlegenden Aufsatz entwickeln Meyer/Rowan die provokante These, dass Unternehmen institutionalisierte **Rationalitätsmythen** aus dem symbolischen Kontext der Umwelt kopieren und zeremoniell in ihren formalen Strukturen zur Geltung bringen (vgl. 1977). Indem sie ihre formalen Strukturen an Vorstellungen der Umwelt über rational gestaltete organisatorische Strukturen, Prozesse und Entscheidungen (Rationalitätsmythen) anpassen, die nicht hinterfragt werden, sichern sie ihre Legitimität. Dadurch werden der Zufluss notwendiger Ressourcen und in der Folge die Existenz des Unternehmens gesichert. Legitimität durch die Erfüllung der Umweltanforderungen ist somit existenziell wichtig, sodass Unternehmen ihre Entscheidungen nicht primär an den Erfordernissen der Arbeitstätigkeiten, sondern an den Vorstellungen der Unternehmensumwelt von einer rationalen, effektiven und effizienten Organisationsgestaltung ausrichten.

Von gesellschaftlich verankerten Rationalitätsvorstellungen kann man sprechen, wenn zumindest implizit ein regelhafter Zusammenhang zwischen sozial konstruierten Zielen bzw. Werten (z. B. soziale Gleichstellungsziele) und Mitteln (z. B. die Formulierung einer Strategie zu der Gleichstellung der Geschlechter) postuliert ist. Ob es sich bei einer Rationalitätsvorstellung um einen institutionalisierten Mythos handelt, ist im Einzelfall oft schwierig zu beurteilen. Jedoch lassen sich vier **Anhaltspunkte** nennen, deren gemeinsames Auftreten recht nachdrücklich auf das Vorliegen eines institutionalisierten Realitätsmythos hinweist:
- der Charakter der Selbstverständlichkeit,
- der Bezug auf etablierte Normensysteme,
- der allgemeine Geltungsanspruch sowie
- die Vermeidung empirischer Überprüfung.

Der Charakter der **Selbstverständlichkeit** (Taken-for-granted-Charakter) bezieht sich auf weitgehend unhinterfragte Postulate über Ziel-Mittel-Zusammenhänge, deren Wirksamkeit von einem kollektiven Glauben an sie abhängt und die kaum noch einer kritischen Prüfung unterliegen. Rationalitätsmythen beziehen sich zudem auf weithin akzeptierte **Normensysteme**, behaupten gegebenenfalls moralische Verpflichtungen und verwenden explizit ein Vokabular, das solchen Normensystemen entstammt. Des Weiteren beanspruchen Rationalitätsmythen einen hohen **Allgemeinheitsgrad** und schließen damit situative Relativierungen weitgehend aus. Aufgrund des generalisierenden Charakters des institutionalisierten Rationalitätsmythos werden auch die Anwendungsvoraussetzungen postulierter Ziel-Mittel-Beziehungen nicht expliziert. Zuletzt vermeiden Rationalitätsmythen die **empirische Prüfung** und ihre potenzielle Widerlegung, indem sie ihre Evaluation auf rein symbolische Kontexte begrenzen, die gemeinhin eine hohe Mehrdeutigkeit aufweisen und dadurch große Interpretationsspielräume eröffnen.

Formale Strukturen dienen damit nicht nur der Steuerung der internen Prozesse und der Beziehungen zu Umwelt, sondern demonstrieren auch die Konformität des Unternehmens mit grundlegenden sozialen Erwartungen und senden entsprechende Signale an die gesellschaftliche Umwelt. Sie weisen in diesem Sinne vor allem einen symbolischen Charakter auf und fungieren als **Legimitationsfassade**. Nicht selten weicht jedoch das tatsächliche Geschehen in der Organisation von dieser Legitimationsfassade ab, wodurch sich eine Entkopplung von Formal- und Aktivitätsstruktur in Unternehmen ergibt. Während ein Unternehmen z. B. auf der Formalebene nachhaltigkeitsorientierte Ziele verfolgt, deren Erreichung dann in entsprechenden Berichten festgehalten wird, kann es auf einer Aktivitätsebene die Ziele gleichzeitig an einer reinen Gewinnorientierung ausrichten – ein Vorgehen, das unter dem Stichwort des „Greenwashing" diskutiert wird. Ein solches Vorgehen bezeichnen Meyer/Rowan als „decoupling" (vgl. 1977). Dieses lässt sich nicht zuletzt dann beobachten, wenn verschiedenartige Anspruchsgruppen (z. B. Staat, Kunden, Kapitalgeber, Berater) inkompatible Erwartungen an das Unternehmen herantragen.

Der Neoinstitutionalismus liefert für Manager den zentralen Hinweis, dass ihre Entscheidungen auch in einem symbolischen Problemlösungskontext zu sehen sind, dem nicht nur ein technisch-rationales, sondern auch ein legitimatorisch-rationales Verständnis zugrunde liegt. In diesem Sinne wird die strategische Wahlfreiheit eines Unternehmens durch ihren institutionellen Kontext eingeschränkt (vgl. Millonig 2002, S. 283). Dieser darf ebenso wie die in diesem geltenden Rationalitätsmythen von Managern bei ihren strategischen Entscheidungen nicht ignoriert werden.

5 Normatives Management als Ausgangspunkt strategischer Entscheidungen

Auch wenn die im Rahmen des strategischen Managements getroffenen Entscheidungen vielfältigen, mitunter wenig rationalen Einflüssen unterliegen, bedarf es eines übergeordneten und intersubjektiv nachvollziehbaren Bezugsrahmens, der eine Beurteilung strategischer Entscheidungen hinsichtlich ihres Zielbeitrags erlaubt. Dies setzt jedoch voraus, dass bekannt ist, welche Ziele für ein Unternehmen überhaupt wünschenswert sind. Nicht alle Unternehmen verfolgen automatisch denselben **Zweck** oder dieselben Ziele. Ob beispielsweise ein Unternehmen primär seinen Wert maximieren oder einen Beitrag zur Gesellschaft leisten will, hängt von seinem Selbstverständnis ab.

Das Selbstverständnis eines Unternehmens spiegelt sich in seiner **Identität** wider. Diese ist die Antwort auf die Frage „Wer bin ich?" und besteht aus unverwechselbaren Merkmalen, die dem Unternehmen seinen einzigartigen Charakter verleihen. Die Bestimmung der Unternehmensidentität gehört jedoch nicht (mehr) zu den Aufgaben des strategischen Managements, sondern ist diesen vorgeordnet. Es handelt sich um normative Entscheidungen, die sich nicht mehr durch übergeordnete Kriterien sachlogisch begründen oder nachvollziehen lassen, sondern vielmehr auf subjektiven Überzeugungen beruhen. In Abgrenzung zu dem strategischen Management legt das **normative Management** die Identität eines Unternehmens fest. Es setzt sich mit unternehmenspolitischen Fragestellungen auseinander und definiert den leitenden Zweck sowie die obersten Ziele eines Unternehmens (vgl. Dillerup/Stoi 2016, S. 59–61; Bleicher/Abegglen 2017, S. 50–57). Ihren Ausgangspunkt findet das unternehmenspolitische Handeln in der Vision und der Mission eines Unternehmens, die es in einem Leitbild zu konkretisieren und in Ziele zu überführen gilt. Zudem wird das unternehmenspolitische Handeln von der Unternehmensverfassung bzw. Corporate Governance als dessen allgemeiner Handlungsrahmen beeinflusst.

Neben der in diesem Kapitel angelegten funktionalen Perspektive findet häufig eine institutionelle Trennung zwischen dem normativen und dem strategischen Management statt. Die Aufgabe des normativen Managements wird dann etwa ausschließlich der oberen Ebene der Unternehmensleitung zugeordnet, während sich die Aufgabe des strategischen Managements bis auf die mittlere Ebene eines Unternehmens erstreckt (vgl. Kapitel 1.2.2). Eine solche institutionelle Trennung soll hier jedoch nicht vorgenommen werden. Die Abgrenzung zwischen dem normativen und dem strategischen Management erfolgt ausschließlich funktional (vgl. ähnlich Hungenberg 2014, S. 23).

Die normativen Entscheidungen legen den **Handlungsrahmen** für die Formulierung und Umsetzung von Strategien fest. Strategische Entscheidungen lassen sich daher nur vor dem Hintergrund der normativen Vorgaben sachlogisch begründen. Keine

https://doi.org/10.1515/9783110540482-005

strategische Entscheidung ist an sich richtig oder falsch, sondern kann immer nur vor dem Hintergrund der Unternehmensidentität als richtig oder falsch beurteilt werden. Strategische Entscheidungen sind daher nicht alleine an ökonomisch rationalen Gesichtspunkten festzumachen, sondern auch mit dem normativ vorgegebenen Handlungsrahmen in Einklang zu bringen. Während mit dem normativen Management das unternehmerische Handeln begründet wird, besteht die Aufgabe des strategischen Managements darin, das unternehmerische Handeln auf die normativen Vorgaben hin auszurichten.

5.1 Unternehmensverfassung und Corporate Governance

Die verschiedenen Akteure in einem Unternehmen verfolgen bei einem gewissen Grundkonsens voneinander abweichende Interessen und sind darum bemüht, Entscheidungsprozesse zu ihrem Vorteil zu beeinflussen. Begrenzte Ressourcen erlauben es allerdings nicht, die Ansprüche aller Akteure gleichermaßen zu befriedigen. Um die dauerhafte Zielausrichtung in einem Unternehmen zu ermöglichen, ist ein Regulativ zu schaffen, das das konkurrenzorientierte Streben nach individuellem Vorteil zum Ausgleich bringt und so die Handlungsfähigkeit des Unternehmens sicherstellt. Diesen Zweck erfüllen die Regelungen der Unternehmensverfassung bzw. der Corporate Governance (vgl. Macharzina/Wolf 2018, S. 126–133).

Die **Unternehmensverfassung** legt die innere Ordnung des Unternehmens fest und lässt sich als Grundgesetz des Unternehmens beschreiben. Darunter versteht man ein System rechtswirksamer Regelungen, die sich auf das Unternehmen als rechtlich-wirtschaftliche Einheit richten und den Handlungsrahmen für die Unternehmensleitung und ihre Mitarbeiter bilden. Sie ist grundsätzlich frei gestaltbar, wird aber durch bestimmte gesetzliche Regelungen eingeschränkt. Hierzu gehören etwa das Gesellschaftsrecht (z. B. Aktiengesetz, Handelsgesetz) und die Mitbestimmungsgesetze (z. B. Betriebsverfassungsgesetz, Mitbestimmungsgesetz, Drittelbeteiligungsgesetz). Diese gesetzlichen Regelungen sind in aller Regel Schutzvorkehrungen, die der Staat zugunsten der Interaktionspartner des Unternehmens trifft. So ist beispielsweise im Aktiengesetz der Schutz des Unternehmens vor Ausplünderung seiner Aktionäre (§ 172 und § 174 AktG) ebenso verankert wie umgekehrt der Schutz der Kleinaktionäre vor Ausplünderung durch das Unternehmen (§ 58 AktG). Veränderungen der Unternehmensverfassung werden nur dann vorgenommen, wenn bedeutende Gründe vorliegen. Die Unternehmensverfassung findet ihren Niederschlag in Satzungen, Geschäftsordnungen, Tarifverträgen und Betriebsvereinbarungen (vgl. Schewe 2015, S. 12–14; Macharzina/Wolf 2018, S. 128).

Als **Handlungsrahmen** für die Unternehmensführung weist die Unternehmensverfassung Parallelen zur Staatsverfassung auf, deren Idee zuerst im Jahr 1787 in den USA verwirklicht wurde. Sie hatte den Zweck, eine bewusst gestaltete, dauerhafte Regelung von Verhaltensweisen der Bürger und des Staats zu verankern (vgl. Schewe 2015, S. 3). Neben den grundlegenden staatlichen Zielen wird festgelegt, welche Entscheidungen der Staat treffen kann, wie diese Entscheidungen zustande kommen und wer die Entscheidungsorgane besetzen darf. Sowohl Unternehmens- als auch Staatsverfassung legen Grundrechte und -pflichten fest und streben eine Gewaltenteilung an. Entsprechend wird der Staatsverfassung häufig eine Vorbildfunktion bei der Erstellung der Unternehmensverfassung zugeschrieben.

In Unternehmensverfassungen kommen die Regeln zum Ausdruck, die die Zusammenarbeit von Individuen in einem Unternehmen betreffen. Sie legen fest, inwieweit die Interessengruppen in die Unternehmensentscheidungen eingreifen können. Insbesondere die Frage, wie die Eigentümer an der Leitung und Kontrolle des Unternehmens beteiligt sein sollen, spielt eine wichtige Rolle (vgl. Hungenberg/Wulf 2015, S. 62). Dadurch, dass die Unternehmensverfassung die Legitimationen, die Kompetenzen und die Verantwortlichkeiten der Gremien und Personen eines Unternehmens definiert, greift sie in die Entscheidungs- und Machtstruktur des Unternehmens ein. Sie konstituiert nicht nur einen verbindlichen Handlungsrahmen für die Unternehmensleitung, sondern stellt darüber hinaus Mechanismen für die **Konfliktregelung** bereit. Da es nur schwer möglich ist, sämtliche Konflikte a priori zu klassifizieren, muss gewährleistet sein, dass sich Regelungen durch ein notwendiges Maß an Flexibilität und Gestaltungsspielraum auszeichnen. Nur so schafft eine Verfassung auch dauerhaft Ordnung. Die Gesamtheit der Regelungen einer Unternehmensverfassung muss als Leitlinie für das Verhalten von Individuen und Gruppen maßgebend sein und dauerhaft bestehen, d. h., die Verfassungsregeln müssen nicht nur schriftlich fixiert, sondern in dem täglichen Geschehen auch praktiziert werden (vgl. Schewe 2015, S. 12–14).

Seit Mitte der 1990er Jahre werden in Wissenschaft und Praxis Fragen zur Unternehmensverfassung verstärkt unter dem Begriff **Corporate Governance** diskutiert. Corporate Governance beschreibt den Ordnungsrahmen zur Leitung und Überwachung eines Unternehmens, der zum einen sicherstellen soll, dass das Unternehmen im Einklang mit den Zielen seiner Stakeholder operiert, und zum anderen Mechanismen zur Lösung von Interessenskonflikten zwischen verschiedenen Stakeholder-Gruppen bereitstellt (vgl. Lipczynski/Wilson/Goddard 2017, S. 124–125). Die nicht zuletzt durch zahlreiche Unternehmenskrisen, folgenschwere Managementfehler und aufgedeckte unethische Geschäftspraktiken ausgelöste Corporate-Governance-Diskussion zielt auf eine Stärkung der Leistungsfähigkeit der Unternehmensverfassung. Zentrale Fragestellungen dieser Diskussion drehen sich darum, inwieweit Manager für ihre Entscheidungen zur Verantwortung gezogen werden (können), wie sich opportunistische Verhaltensweisen von Managern unterbinden lassen und wie eine ausreichende Qualifikation des Managements sichergestellt werden kann (vgl. Schewe 2015, S. 230–231). Maßnahmen zur Verbesserung der Corporate Governance sind im internationalen Bereich z. B. der Sarbanes-Oxley-Act in den USA oder der Loi de Sécurité

Financière in Frankreich. In Deutschland hat der Gesetzgeber im Jahr 1998 das Gesetz zu der Kontrolle und Transparenz im Unternehmensbereich (KonTraG) eingeführt. Dieses zielt auf die Stärkung der Kontrollfunktion von Aufsichtsrat und Hauptversammlung sowie auf die Verbesserung der Qualität der Abschlussprüfung. Durch das Gesetz wird zudem der Einfluss der Banken reduziert und die Unternehmen werden zu der Einführung eines Risikomanagement- und Frühwarnsystems verpflichtet.

Des Weiteren existiert seit 2002 der **Deutsche Corporate Governance Kodex** (DCGK), der wesentliche Vorschriften zu der Leitung und Überwachung deutscher börsennotierter Unternehmen zusammenfasst. Er beinhaltet national und international anerkannte Standards guter, verantwortungsvoller und ethischer Unternehmensführung und wird mindestens einmal jährlich von einer Regierungskommission überprüft und bei Bedarf angepasst. Obwohl der Kodex nur empfehlenden Charakter hat, macht er das deutsche Corporate-Governance-System transparent. Auf Basis des Transparenz- und Publizitätsgesetzes (TransPublG) sind die Vorstände börsennotierter deutscher Unternehmen verpflichtet, eine jährliche Erklärung darüber abzugeben, inwieweit ihr Handeln dem Kodex entspricht. Der vielfach diskutierte Begriff **Compliance** bezeichnet dabei zum einen die Regeltreue der Unternehmen, zum anderen die vielfältigen Institutionalisierungen von internen auf die Corporate Governance ausgerichteten Controlling-Mechanismen. Hierzu gehört etwa die Einrichtung eigenständiger Compliance-Systeme, mit denen Unternehmen Rechtsverstößen vorbeugen wollen, die zu Haftungsansprüchen und Rechtsnachteilen für das Unternehmen oder einzelne Mitarbeiter führen können (vgl. Reichmann/Kißler/Baumöl 2017, S. 691–693).

5.2 Vision, Mission und Leitbild

Damit das strategische Handeln in Unternehmen an den Entscheidungen des normativen Managements ausgerichtet wird, bedarf es einer grundlegenden Orientierung. Den Mitarbeitern geben Visionen, Missionen und Leitbilder diese Orientierung.

Mit der **Vision** wird ein Bild für die angestrebte zukünftige Entwicklung eines Unternehmens entworfen, das dieses einzigartig und unverwechselbar machen soll (vgl. Müller-Stewens/Lechner 2016, S. 221–222; Tabelle 5.1). Ihr wohnt die normative Vorstellung eines zentralen Ziels inne, an dem sich das Handeln der Unternehmensmitglieder bzw. des gesamten Unternehmens konsequent ausrichten soll. Mit der Vision wird in wenigen Worten beschrieben, welches Selbstverständnis das Unternehmen hat und wohin es sich langfristig entwickeln will. Sie soll die Leistungsbereitschaft der Mitarbeiter fördern und ihnen Auskunft über die gewünschte Zukunft sowie die wesentlichen Eckpunkte eines Unternehmens geben, beispielsweise die zukünftigen Märkte, Kunden, Produkte, Services, Kompetenzen oder Strukturen. Sie soll aber auch Wirkung auf Menschen außerhalb des Unternehmens entfalten und z. B. (potenziellen) Kunden ein positives Image signalisieren.

Um **richtungsweisend** zu wirken, muss eine Vision

- sinnstiftend,
- motivierend,
- handlungsleitend und
- integrierend

sein. Sie ist **sinnstiftend**, wenn sie sowohl dem einzelnen Mitarbeiter als auch dem Unternehmen als Ganzes Ordnung und Orientierung gibt. **Motivierend** wirkt sie, wenn nicht bloß ein Bild der Zukunft entworfen, sondern ein besonders wünschenswertes Ziel plastisch vor Augen geführt wird. Dieses konkrete Zukunftsbild muss nahe genug sein, um die Realisierbarkeit erkennen zu können, aber auch fern genug, um im Unternehmen Begeisterung für eine neue Wirklichkeit zu erwecken und stimulierend zu wirken. **Handlungsleitender** Charakter kann einer Vision zugesprochen werden, sofern sie die arbeitsteiligen Handlungen der einzelnen Mitarbeiter aufeinander abstimmt und die individuelle Selbstständigkeit fördert. **Integrierend** wirkt sie, wenn sie dazu beiträgt, Kräfte zu bündeln und das Handeln der Mitarbeiter auf die Realisierung der gemeinsamen Ziele auszurichten.

Die **Mission** wird häufig nur unscharf oder gar nicht von der Vision unterschieden. Während die Vision eine Zielaussage für die zukünftige Entwicklung des Unternehmens macht, kreist die Mission eines Unternehmens um die grundlegende, auch gesellschaftlich als wertvoll erachtete Unternehmensaufgabe (vgl. Müller-Stewens/ Lechner 2016, S. 224). Zudem wird die Botschaft einer Vision immer dann obsolet, wenn die neue Wirklichkeit eingetreten ist, sodass in diesem Fall eine neue Vision zu entwickeln ist. Eine Mission kann hingegen längerfristig unverändert bleiben. Die Mission definiert den leitenden Zweck eines Unternehmens und verdeutlicht dessen Existenzberechtigung, indem Aussagen über den Beitrag zur Erreichung gesamtgesellschaftlicher Ziele gemacht werden. Die Mission beantwortet also die Frage: „Was ist der Auftrag des Unternehmens?". Sie erfüllt damit eine Orientierungs-, Legitimations- und Motivationsfunktion. In einer Mission finden sich auch Aussagen zu grundlegenden Wertvorstellungen, die als dauerhaft und handlungsleitend angesehene Maximen das Verhalten gegenüber Anspruchsgruppen und der Umwelt lenken. Diese sind in der Regel in komprimierter Form in einem oder wenigen prägnanten Sätzen zusammengefasst. Tabelle 5.1 gibt einen beispielhaften Überblick über ausgewählte Visionen und Missionen.

Das **Leitbild**, das teilweise mit der Mission gleichgesetzt oder als gemeinsame Werte bezeichnet wird, ist in der Regel konkreter und umfangreicher als Vision und Mission. In ihm vereinen sich Elemente der Mission und der Vision, wobei das Leitbild durch die Konkretisierung der Verhaltensmaximen und die Berücksichtigung spezifischer Anspruchsgruppen einen deutlichen Gegenwartsbezug aufweist (Müller-Stewens/Lechner 2016, S. 230–234; Bea/Haas 2017, S. 76). Es gibt Aufschluss über die als angemessen und wertvoll erachteten Verhaltensweisen und trifft Aussagen beispielsweise über die Einstellung zu Kunden, die Gestaltung der zwischenmenschlichen Be-

Tab. 5.1: Ausgewählte Visionen und Missionen.

Unternehmen	Vision	Mission
Continental (Continental 2018)	„Ihre Mobilität. Ihre Freiheit. Unsere Handschrift."	„Wir sind gewissenhafte Menschen, die den Menschen weltweit dabei helfen, ihre Träume von Mobilität zu verwirklichen."
Google (Thompson 2017)	„to provide access to the world's information in one click"	„to organize the world's information and make it universally accessible and useful"
Schaeffler (Schaeffler 2017)	„Wir gestalten als Technologieführer mit Erfindergeist und höchstem Anspruch an Qualität die Mobilität von morgen – für eine Welt, die sauberer, sicherer und intelligenter sein wird."	„Wir leben auf der Wertebasis eines globalen Familienunternehmens Kundennähe durch partnerschaftliche Zusammenarbeit und überzeugen als Automobil- und Industriezulieferer mit Fertigungskompetenz und Systemverständnis. Wir leisten so einen Beitrag zum Erfolg unserer Kunden, zur Förderung unserer Mitarbeiter und zum Wohl unserer Gesellschaft."
Starbucks Coffee (Gregory 2017)	„to establish Starbucks as the premier purveyor of the finest coffee in the world while maintaining our uncompromising principles while we grow."	„to inspire and nurture the human spirit – one person, one cup and one neighborhood at a time"

ziehungen in dem Unternehmen, den Umgang mit Lieferanten und Wettbewerbern etc. Es eignet sich damit in besonderem Maße, die Grundsätze eines Unternehmens in den unternehmerischen Alltag zu integrieren.

Das Leitbild beschreibt insgesamt die angestrebte Identität eines Unternehmens und gibt hierfür den Orientierungsrahmen vor, der situativ ausgefüllt werden kann. Da es den Umgang des Unternehmens mit seinen Anspruchsgruppen widerspiegelt, ist es nach innen (z. B. Umgang mit Mitarbeitern) und nach außen (z. B. Umgang mit Kunden) gerichtet. Die im Leitbild verankerten **Verhaltensgrundsätze** erfahren im Allgemeinen hinsichtlich bestimmter Anspruchsgruppen eine spezifische Ausdifferenzierung. So können z. B. das Verhalten gegenüber Mitarbeitern im Hinblick auf den Führungsstil, Maßnahmen der Personalentwicklung sowie soziale Leistungen, das Verhalten gegenüber Kunden durch Qualitätsgrundsätze und Prinzipien des Kundendienstes dokumentiert werden. Tabelle 5.2 zeigt beispielhaft die Verhaltensgrundsätze des Umgangs mit Mitarbeitern, die Lidl neben weiteren Verhaltensgrundsätzen des Umgangs mit Kunden und Geschäftspartnern formuliert hat.

Tab. 5.2: Verhaltensgrundsätze im Umgang mit Mitarbeitern von Lidl (vgl. Lidl 2018).

Umgang mit Mitarbeitern
Wir verhalten uns so, dass wir als attraktiver Arbeitgeber bekannt und geschätzt sind.
Wir besetzen offene Stellen vorrangig aus eigenen Reihen und befürworten dabei auch bereichs- und unternehmensübergreifende Wechsel.
Wir entscheiden durch professionelle Auswahlverfahren über die Besetzung von Stellen.
Wir treffen Einstellungsentscheidungen immer im 4-Augen-Prinzip unter Beteiligung des unmittelbaren Vorgesetzten.
Wir begrüßen neue Mitarbeiter am ersten Arbeitstag mit Aufmerksamkeit und gut vorbereitet.
Wir arbeiten jeden Mitarbeiter qualifiziert für seine Tätigkeit und Funktion ein.
Wir stellen mit regelmäßigen Feedback-Gesprächen den Einarbeitungserfolg fest.
Wir schaffen Arbeitszeit- und Rahmenbedingungen, die unseren Mitarbeitern die Vereinbarkeit von Beruf, Familie und Freizeit weitestgehend ermöglichen.
Wir vergüten die Leistung und das Engagement unserer Mitarbeiter der Position und der Arbeitsmarktsituation entsprechend angemessen.
Wir führen mit jedem Mitarbeiter in regelmäßigen Abständen Beurteilungsgespräche über Leistung, Verhalten und Entwicklung im Unternehmen.
Wir unterstützen und fördern unsere Mitarbeiter in ihrer fachlichen und persönlichen Entwicklung.
Wir trennen uns vom Mitarbeiter einvernehmlich, fair und respektvoll.

Die Formulierung des Leitbilds sollte **zwei Kriterien** erfüllen. Zum einen gilt es, die Verhaltensgrundsätze möglichst prägnant zu verfassen, sodass sie für jedermann verständlich sind. Zum anderen kann der ihnen zugedachte Richtliniencharakter nur durch eine angemessene Operationalisierung sichergestellt werden. Dabei sollte das Leitbild keine schwer einlösbaren Maximalforderungen enthalten und zudem so ausgestaltet sein, dass mögliche Interessenkonflikte nicht bewusst verdeckt werden. Die Existenz von Interessengegensätzen ist nicht auszuschließen, da das Leitbild in der Regel das Ergebnis eines Aushandlungsprozesses darstellt, der zwischen dem Unternehmen und seinen Anspruchsgruppen geführt wird. Die Einflussnahme der einzelnen Anspruchsgruppen hängt dabei nicht zuletzt von ihrer Macht gegenüber dem Unternehmen ab.

Aufgrund der Effekte, die durch ein Leitbild bewirkt werden sollen, kommt dem **Prozess der Leitbilderstellung** eine wesentliche Bedeutung zu. Dieser wird in der Regel von der Unternehmensleitung angestoßen, die später auch für die Verfolgung des Leitbilds verantwortlich ist. Im weiteren Verlauf empfiehlt sich eine Kombination aus Top-down- und Bottom-up-Prozessen, um Mitarbeiter der verschiedenen Hierarchieebenen einzubeziehen. Nur so ist gewährleistet, dass das Ergebnis des Prozesses keine unerfüllbaren Idealvorstellungen im Leitbild zum Ausdruck bringt und kein bloßes Marketinginstrument darstellt. Es sollte für jedermann verständlich sein und den Mitarbeitern kommuniziert werden. Das Leitbild bedarf der beständigen Reflexion und ist gegebenenfalls zu überarbeiten, wenn etwa Vision oder Mission geändert werden oder sich ein Verhaltensgrundsatz in der Anwendung als wenig praktikabel erweist.

Grundsätzlich gilt für Vision, Mission und Leitbild, dass sie nur dann ihre Wirkung entfalten, wenn sich die Mitarbeiter in ihrem Handeln tatsächlich an ihnen orientieren. Dies ist nur dann der Fall, wenn die darin enthaltenen Aspekte von der Unternehmensleitung vorgelebt werden und die laut Leitbild gewünschten Verhaltensweisen auf positive Resonanz stoßen. Das Leitbild sollte außerdem hinreichend dokumentiert und die Einhaltung der Verhaltensgrundsätze überwacht werden. Die Möglichkeit der Einflussnahme ist allgemein dadurch begrenzt, dass Vision, Mission und Leitbild in der Regel nur dann von den Mitarbeitern akzeptiert werden, wenn sie nicht im Widerspruch zu den Werten und Normen der Unternehmenskultur stehen. Entscheidungen des normativen Managements können sich von der Unternehmenskultur nicht grundsätzlich lösen, haben jedoch einen begrenzten, keineswegs zu überschätzenden Einfluss darauf.

5.3 Ziele des Unternehmens

Vision, Mission und Leitbild sind weiter zu operationalisieren und in konkrete Ziele zu überführen, da es den strategischen Entscheidungen an klaren Bezugspunkten und Beurteilungskriterien fehlt (vgl. Kreikebaum/Gilbert/Behnam 2018, S. 67). Dem Setzen der (hochrangigen) **Ziele** kommt damit im Rahmen des normativen Managements eine wesentliche Bedeutung zu. Es handelt sich um implizite oder explizite Vorstellungen über zukünftige Zustände, die durch das Handeln des Unternehmens bzw. seiner Mitglieder erreicht werden sollen. Auch wenn der Zielbegriff in der theoretischen Forschung nicht einheitlich verwendet wird, lassen sich Ziele anhand folgender **Zielelemente** differenzieren (vgl. Wöhe/Döring/Brösel 2016, S. 68–69; Macharzina/Wolf 2018, S. 208–209):
- Zielinhalt,
- Zielausmaß und
- zeitlicher Zielbezug.

Der **Zielinhalt** bildet das zentrale Element der Zielbestimmung. Er präzisiert den angestrebten zukünftigen Zustand durch eine inhaltliche Beschreibung der Erwartungen. Hierbei kann grob zwischen Sachzielen und Formalzielen differenziert werden. Die Sachziele beziehen sich auf den Leistungsprozess (z. B. Erhöhung des Produktionsvolumens, Verbesserung der Produktqualität), wohingegen Formalziele auf den in monetären Größen messbaren wirtschaftlichen Erfolg (z. B. Gewinnmaximierung, Kostensenkung) ausgerichtet sind.

Der Zielinhalt sollte im Allgemeinen eine operationale Zielformulierung ermöglichen, die die Voraussetzung für die Ermittlung des **Zielausmaßes** bzw. des Zielerreichungsgrads darstellt. Hierfür ist ein Maßstab zu definieren, mit dem die Zielinhalte bewertet werden können. Daran anknüpfend ist zu bestimmen, in welchem Ausmaß die Zielinhalte erfüllt werden sollen. Hierbei kann zwischen optimierenden und satisfizierenden Zielen differenziert werden. Während bei einer Optimierung eine bestmögliche Lösung angestrebt wird (z. B. Maximierung des Gewinns, Minimierung der Kosten), hebt die Satisfizierung auf eine zufriedenstellende Lösung in Bezug auf ein bestimmtes Anspruchsniveau ab (z. B. Erreichung einer Gewinnspanne, Unterschreitung einer Kostenvorgabe).

Durch die Bestimmung eines **zeitlichen Zielbezugs** wird der zeitlichen Bedingtheit einer Zielsetzung Rechnung getragen. Eine zeitliche Befristung legt fest, über welchen Zeitraum sich die Zielerfüllungsbemühungen erstrecken sollen. Im Hinblick auf die Fristigkeit der Pläne kann zwischen kurz-, mittel- und langfristigen Zielen definiert werden. Wird dabei nur eine Bezugszeitgröße gewählt, so handelt es sich um eine statische Zielformulierung. Demgegenüber liegt eine dynamische Zielformulierung vor, wenn die Zielsetzung für unterschiedliche Bezugszeitgrößen spezifisch festgelegt wird.

Betrachtet man ein Unternehmen zu einem gegebenen Zeitpunkt, dann bildet die Gesamtheit aller Ziele zusammen mit deren Verknüpfungen das **Zielsystem** des Unternehmens. Ein Zielsystem konstituiert sich aus Einzelzielen, die mitunter nur für eine bestimmte Zeitdauer sowie einen begrenzten Bereich im Unternehmen Geltung haben. Die Notwendigkeit der Anpassung von Einzelzielen an spezifische Gegebenheiten führt dazu, dass das Zielsystem kaum vollständig kodifiziert werden kann. Die aus der großen Anzahl möglicher Unternehmensziele resultierende Komplexität stellt spezifische **Anforderungen** an die Gestaltung von Zielsystemen. Tabelle 5.3 fasst diese zusammen.

Tab. 5.3: Anforderungen an die Gestaltung von Zielsystemen (vgl. Wöhe/Döring/Brösel 2016, S. 70).

Anforderung	Beschreibung
Realitätsbezug	Die Einzelziele sollten als solche erreichbar sein.
Widerspruchsfreiheit	Die Einzelziele sollten nach Möglichkeit untereinander kompatibel sein.
Vollständigkeit	Das Zielsystem sollte möglichst viele Ziele des Unternehmens berücksichtigen.
Anpassungsfähigkeit	Die Integration neuer Ziele sollte möglich sein.
Verständlichkeit	Die Einzelziele sollten verständlich formuliert sein.
Akzeptanz	Die Einzelziele sollten von den individuellen Aufgabenträgern anerkannt werden.
Motivation	Die Einzelziele sollten einen Impuls zur Verbesserung der gegenwärtigen Situation geben.
Kontrollierbarkeit	Der Grad der Zielerreichung sollte überprüfbar sein.

Die Einzelziele des Zielsystems müssen im Rahmen einer Entscheidung häufig parallel erreicht werden. In derartigen Fällen ist es zwingend erforderlich, die zwischen den einzelnen Zielen bestehenden wechselseitigen Beziehungen eingehend zu untersuchen. Grundsätzlich können drei **Arten von Beziehungen** unterschieden werden (vgl. Büter 2010, S. 44–46; Vahs/Schäfer-Kunz 2015, S. 60–63):

- Interdependenzrelationen
- Instrumentalrelationen
- Präferenzrelationen

Anhand von **Interdependenzrelationen** kann man erkennen, ob und in welcher Weise die Realisierung eines Ziels die Verwirklichung anderer Ziele beeinflusst. Hierbei lassen sich komplementäre, neutrale und konkurrierende Zielbeziehungen differenzieren. Eine komplementäre Zielbeziehung liegt vor, wenn die Realisierung eines Ziels die Erreichung eines anderen Ziels positiv unterstützt (z. B. Unternehmensimage und Umsatz). Im Extremfall ist dabei die Übereinstimmung zwischen zwei Zielen so groß, dass sie sich gegenseitig ersetzen können. Dies wird als Zielidentität bezeichnet. Bei einer neutralen Zielbeziehung besteht kein Wirkzusammenhang zwischen zwei Zielen (z. B. Energieverbrauch in der Produktion und Betriebsklima). Eine konkurrierende Zielbeziehung besteht dann, wenn die Realisierung eines Ziels die Erreichbarkeit eines anderen Ziels erschwert (z. B. Qualität und Kosten). Schließen sich zwei Ziele vollständig aus, spricht man von Zielantinomie.

Über die Erstellung von **Instrumentalrelationen** erfolgt eine vertikale Differenzierung in Form eines Zweck-Mittel-Verhältnisses auf der Basis von Ursache-Wirkungs-Zusammenhängen. Es entsteht eine Rangordnung zwischen den einzelnen Zielen, wobei zwischen Ober-, Zwischen- und Unterzielen zu differenzieren ist. Man entwickelt im Allgemeinen ausgehend von einem Oberziel mehrere Zwischenziele, die ihrerseits in Unterziele zerlegt werden können, sodass sich eine Zielhierarchie herausbildet. Dabei wird jeweils versucht, eine funktionale Beziehung zwischen einem Oberziel (Zweck) und zugehörigen Zwischen- und Unterzielen (Mittel) herzustellen (vgl. Abbildung 5.1). Durch eine sukzessive, über mehrere Ebenen verlaufende Zweck-Mittel-Verknüpfung kann sich schließlich eine **Zielhierarchie** im Sinn von Wirkungsketten herausbilden. Häufig werden Instrumentalbeziehungen in Form von Kennzahlensystemen zum Ausdruck gebracht (vgl. Kapitel 8.2.2, 9.2.3).

Bei der Erstellung einer derartigen Zielhierarchie ist zu beachten, dass in der Regel mehrere Ursachen zusammen eine bestimmte Wirkung begründen können bzw. eine bestimmte Ursache unterschiedliche Wirkungen induzieren kann, woraus sich eine **kausal mehrdeutige Struktur** von Zielbeziehungen ergibt (vgl. Luhmann 1991, S. 268). Zudem werden mögliche andere Wirkungen eines bestimmten Mittels im Rahmen der hierarchischen Zuordnung ausgeblendet, sodass es sich bei der Erstellung von Instrumentalrelationen um einen selektiven Akt handelt.

Bei einer bestehenden Zielkonkurrenz auf der gleichen hierarchischen Zielebene stellt sich die Frage, welche Ziele gegenüber anderen zu bevorzugen sind. Mithilfe von

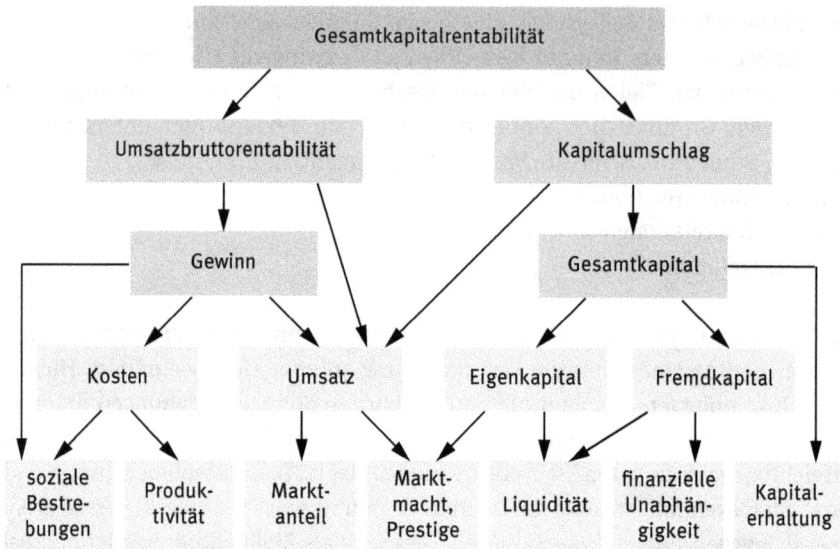

Abb. 5.1: Instrumentalrelation von Zielen (eigene Darstellung in Anlehnung an Macharzina/Wolf 2018, S. 216).

Präferenzrelationen wird eine Rangfolge der Bedeutsamkeit von Zielen festgelegt. Auf diese Weise können die Ziele unter Berücksichtigung des übergreifenden Zielsystems mit unterschiedlichen Zielgewichten versehen werden. Wichtige Ziele werden als Hauptziele, weniger wichtige als Nebenziele bezeichnet.

Die empirische Zielforschung geht der Frage nach, welche Ziele von den Unternehmen in der Realität tatsächlich angestrebt werden (vgl. Macharzina/Wolf 2018, S. 224–230). Insbesondere Ende der 1970er bis Anfang der 1990er Jahre bestand in der deutschen Betriebswirtschaftslehre eine ausgesprochene Hochkonjunktur in der empirischen Zielforschung. Die Ergebnisse zeigten in dieser Zeit einen Trend weg von der Ausschließlichkeit des Prinzips der Gewinnmaximierung hin zu einem Zielsystem, in dem auch ökologische Ziele, die Sicherung der Wettbewerbsfähigkeit, Kundenpflege, die Erhaltung der Unternehmenssubstanz sowie das Ziel der sozialen Verantwortung gegenüber den Mitarbeitern ihren Platz haben. In den letzten beiden Jahrzehnten lässt sich jedoch mit der Shareholder-Value-Orientierung eine verstärkte Hinwendung zu den Zielen der Anteilseigner beobachten.

5.4 Shareholder-Value-Ansatz und Stakeholder-Ansatz

Die Ausrichtung auf den Shareholder Value, d. h. die Steigerung des Unternehmenswerts für die Aktionäre, ist inzwischen in den meisten Großunternehmen fest etabliert und findet auch zunehmende Akzeptanz in mittelständischen und nicht börsennotierten Unternehmen (vgl. Coenenberg/Salfeld/Schultze 2015, S. 7). In Deutschland haben die Shareholder-Value-Orientierung und die mit ihr verbundenen Planungs- und Steuerungsinstrumente insbesondere als wertorientierte Unternehmensführung weite Verbreitung gefunden. Der **Shareholder Value** stellt einen Ansatz zur Bewertung von Unternehmen aus Sicht der Eigentümer dar und beantwortet die Frage, wie viel ein Unternehmen (bzw. im Fall eines börsennotierten Unternehmens die Aktie) aus Sicht der Eigentümer wert ist.

Der Shareholder-Value-Ansatz geht auf Rappaport zurück und fordert von der Unternehmensleitung ein Handeln im Sinne der Anteilseigner (vgl. 1999). Der Ansatz beruht einerseits auf einer **normativen Forderung** bezüglich der Ausrichtung der Unternehmenspolitik und andererseits auf einer Reihe von Methoden und Instrumenten, die eine kapitalmarktorientierte Erfolgsmessung und -steuerung ermöglichen sollen. Versteht man ihn als Norm, hat sich das Management ausschließlich an den finanzwirtschaftlichen Zielen der Eigentümer auszurichten. Die Interessen anderer Anspruchsgruppen haben lediglich instrumentelle Bedeutung, d. h., sie werden nur berücksichtigt, wenn dies aus Sicht der Eigentümer profitabel erscheint. Unternehmenserfolg ergibt sich dann als Realisation der Eigentümerziele. Diese normative Ausrichtung wird damit begründet, dass die bestmögliche Realisation finanzieller Eigentümerziele – zumindest unter stark idealisierten Annahmen über die Funktionsweise der relevanten Märkte sowie der Unternehmen – auch für alle anderen Anspruchsgruppen in dem Unternehmen und sogar für die gesamte Gesellschaft vorteilhaft ist.

Sieht man den Kern des Shareholder-Ansatzes in der Erfolgsmessung und -steuerung, steht eine Vielzahl an **Methoden** zur Verfügung, anhand derer die Auswirkungen (strategischer) unternehmerischer Entscheidungen auf den Shareholder Value zu quantifizieren versucht werden. Im Wesentlichen beruhen diese Methoden auf der kapitalmarktorientierten, dynamischen Investitionsrechnung. Alternative Strategien werden danach anhand des Gegenwartswerts der erwarteten zukünftigen Erfolge (Zahlungsüberschüsse) aus Sicht der Eigentümer des Unternehmens verglichen (vgl. Dierkes/Schäfer 2015; Dillerup/Stoi 2016, S. 203–231; Firk/Schmidt/Wolff 2016, S. 368–369).

Die verschiedenen Methoden unterscheiden sich vor allem hinsichtlich der Berechnungsverfahren zur Bestimmung des Shareholder Value und bezüglich der zur Unternehmenssteuerung vorgeschlagenen Spitzenkennzahl. Methoden wie der Discounted Cash Flow (DCF) stellen den Cash Flow in den Vordergrund, sodass für strategische Entscheidungen jeweils ihre Auswirkungen auf den Zahlungsstrom abzuschätzen sind. Daneben wird auf Methoden zurückgegriffen, bei denen zusätzlich die Kapitalkosten – also die Kosten für das eingesetzte Fremd- und Eigenkapital – berücksichtigt werden. Die am häufigsten verwendeten Methoden stellen hierbei der Economic Value Added® (EVA®) sowie der Cash Value Added (CVA) dar. Welche Methode für ein Unternehmen als passend erachtet wird, stellt im Wesentlichen eine **normative Entscheidung** dar, die beispielsweise mit der Definition des Ergebnisses und der Kapitalkosten, bestehenden Rechnungslegungsnormen oder der Anzahl der zugrunde gelegten Perioden zusammenhängt.

Als Gegenposition zur Shareholder-Orientierung wird bereits seit den 1960er Jahren von Stakeholdern gesprochen. Ging es ursprünglich um Gruppen, ohne deren Unterstützung die Existenz des Unternehmens gefährdet wäre, oder später um solche, die einen Einsatz in oder Anspruch gegenüber dem Unternehmen (stake) haben, umfasst der Begriff inzwischen Personen oder Gruppen, die Einfluss auf den Erfolg oder Misserfolg eines Unternehmens nehmen oder von diesem beeinflusst werden. Hierzu gehören etwa Kapitalgeber, Mitarbeiter, Kunden, Lieferanten oder die breite Öffentlichkeit (vgl. Freeman 1984; Freeman u. a. 2010, S. 206–209). Die Leitidee des **Stakeholder-Ansatzes** besteht darin, dass das Management neben den Ansprüchen der Eigentümer die Interessen anderer Anspruchsgruppen sowie gesellschaftliche Ansprüche kennen und auf einen gemeinsamen Nenner bringen muss, um Unternehmensziele entwickeln zu können, die das langfristige Überleben sichern. Hier werden die übrigen Stakeholder als dem Shareholder gleichberechtigt und nicht nur als Mittel zum Zweck der Wertsteigerung angesehen. Dabei ist zu beachten, dass eine gegenseitige Abhängigkeit des Unternehmens und der Stakeholder voneinander bei der Erreichung der Ziele und der Durchsetzung von Strategien besteht.

Selbst im Rahmen einer Stakeholder-Orientierung ist es nicht möglich, jede Gruppe, die irgendein potenzielles Interesse am Unternehmen hat, bei unternehmerischen Entscheidungen zu berücksichtigen. Der Anspruch eines Stakeholders ergibt sich im Wesentlichen aus den Ressourcen, die er einem Unternehmen zur Verfügung stellt. Es handelt sich dabei um Kapital (z. B. Eigenkapital, Grundstücke, Arbeitskraft, Wasser), Vertrauen (z. B. gesellschaftliche Akzeptanz), Informationen und Knowhow. Über diese Ressourcen kann das Unternehmen allerdings nur so lange verfügen, wie sich das Verhältnis von Leistung und Gegenleistung für den Stakeholder als vorteilhaft darstellt.

Über die Frage, welcher der beiden Ansätze vorzuziehen ist, wird eine lebhafte **Diskussion** geführt. Diese entzündet sich im Wesentlichen an der Fragestellung, ob die Fokussierung auf den Shareholder Value automatisch die Interessen aller Stakeholder (mit) berücksichtigt oder nicht. **Befürworter** des Shareholder-Value-Ansatzes führen ins Feld, dass die Orientierung am Shareholder Value keineswegs zu einer Vernachlässigung der Interessen der übrigen Stakeholder führt. Ein Unternehmen muss dieser Argumentation folgend sogar die Interessen aller Stakeholder berücksichtigen, da sich diese sonst von dem Unternehmen abwenden (vgl. Hungenberg 2014, S. 30–32). Werden beispielsweise die Interessen der Arbeitnehmer nicht angemessen berücksichtigt, wechseln sie in ein anderes Unternehmen. Ferner sind in Deutschland Schutzrechte für bestimmte Anspruchsgruppen (z. B. Mitbestimmung der Arbeitnehmer, Verbraucherschutz etc.) gesetzlich verankert, die eine einseitig auf die Anteilseigner und deren Interessen konzentrierte Sichtweise vermeiden.

Kritiker des Shareholder-Value-Ansatzes führen dagegen an, dass die Berücksichtigung von Stakeholdern bei der Ermittlung des Shareholder Values (z. B. in Werttreiberhierarchien) keineswegs einen Interessenausgleich darstellt, da die übrigen Stakeholder nur dahingehend betrachtet werden, inwiefern sie zur Wertsteigerung beitragen. Die Forderungen der Kritiker richten sich weniger darauf, ein alternatives Bewertungsverfahren zu entwickeln, als vielmehr nach einer alternativen Sichtweise der Wertschaffung für alle Anspruchsgruppen zu suchen, da das Unternehmen nicht allein im Dienst der Anteilseigner, sondern aller an dem Unternehmen beteiligten Gruppen handelt (vgl. Figge/Schaltegger 2000, S. 9). Befürworter des Shareholder-Value-Konzepts kontern, dass gerade die Steigerung des Unternehmenswerts eine langfristige Strategie darstellt und nicht im Widerspruch zu der Befriedigung der Bedürfnisse anderer Anspruchsgruppen steht (vgl. Rappaport 1999, S. 6–9).

Ein **vermeintlicher Vorteil** der Shareholder-Value-Orientierung liegt in ihrer geringeren Mehrdeutigkeit. Der Shareholder Value ist eine eindeutige, zu maximierende Nutzenfunktion, die für Außenstehende grundsätzlich nachvollziehbar und damit objektiv ist. Alle Entscheidungen müssen sich letzten Endes an ihrem Wertbeitrag zu dieser Nutzenfunktion messen. Auf der anderen Seite fehlt dem Stakeholder-Ansatz ein (eindeutiges) Kriterium, mit dem sich die teilweise sehr heterogenen Interessen der verschiedenen Stakeholder auf einen gemeinsamen Nenner bringen ließen. Eine einfache Nutzenmaximierung ist hier nicht möglich, da sich die Nutzen der einzelnen Interessengruppen nicht einfach zu einem Gesamtnutzen aggregieren lassen und zueinander in Konflikt stehen können. Anstatt das Handeln an einer eindeutigen Nutzenfunktion auszurichten, gilt es, in gegebenenfalls zeitaufwändigen Austausch- und Abwägungsprozessen zwischen den verschiedenen Stakeholdern zu vermitteln und einen Kompromiss zu finden, der allenfalls eine zufriedenstellende, aber keine nutzenmaximale Lösung zulässt.

Hierbei gilt es jedoch zweierlei zu beachten. Erstens stellt dies kein originäres Argument für die Shareholder-Value-Orientierung dar, sondern nur dafür, sich auf eine Zielgröße zu beschränken. Dies muss nicht der Shareholder Value sein. Ebenso könnte etwa die Kundenzufriedenheit als primäres Unternehmensziel festgelegt werden – ein Vorgehen, das von Konzernen wie Lego, Unilever oder Johnson & Johnson, die mit derartigen Prämissen arbeiten, erfolgreich praktiziert wird (vgl. Martin 2017, S. 111). Zweitens stehen zur Ermittlung des Shareholder Value unterschiedliche Verfahren zur Verfügung, die jeweils zu verschiedenen Ergebnissen kommen. Auch innerhalb einzelner Verfahren besteht ein erheblicher Gestaltungsspielraum, sodass der Shareholder Value keineswegs eine eindeutige Größe darstellt, für die es eine „richtige" Variante gibt (vgl. Lindner/Scherm 2014, S. 650–651). Damit unterliegen letztlich beide Ansätze potenziellen **Risiken einer Fehlsteuerung**, die es zu reflektieren gilt. Der in Lehrbüchern zum strategischen Management teilweise postulierten Überlegenheit des Shareholder-Value-Ansatzes (vgl. z. B. Hungenberg 2014, S. 31) kann daher nicht gefolgt werden.

5.5 Unternehmensethische Entscheidungen

Unternehmerisches Handeln vollzieht sich nicht in einem luftleeren Raum, sondern beeinflusst ganz konkret die Lebensqualität anderer Menschen und Institutionen. Vor diesem Hintergrund wird von Seiten der Öffentlichkeit auf eine zunehmende Bedeutung der Auswirkungen unternehmerischen Handelns auf die Gesellschaft in wirtschaftlicher, politischer, technischer, kultureller und sozialer Hinsicht sowie die Natur hingewiesen. Will ein Unternehmen seine Legitimität sichern, um Zugang zu wichtigen Ressourcen aus der Unternehmensumwelt zu erhalten, muss es sich mit diesen Auswirkungen auseinandersetzen. Einem Unternehmen werden als Teil eines übergeordneten Systems nicht nur bestimmte Rechte eingeräumt, sondern auch bestimmte Pflichten auferlegt. Vor diesem Hintergrund stellt sich für ein Unternehmen nicht nur die Frage, welche Regeln es (z. B. im gesetzlichen Rahmen) befolgen muss, sondern auch, durch welche normativen Vorstellungen es sich leiten lässt. Hierbei geht es um die grundlegende Frage nach den ethischen Werten, die ein Unternehmen seinen Handlungen zugrunde legt. **Ethische Entscheidungen** sind grundsätzlich normativer Art, weshalb es zu den Aufgaben des normativen Managements gehört, den ethischen Rahmen unternehmerischen Handelns festzulegen. Wissenschaftlich werden ethische Entscheidungen im unternehmerischen Kontext auf dem Gebiet der Unternehmensethik diskutiert, die als Teilgebiet der Ethik der Philosophie zuzurechnen ist (vgl. Thommen 2015, S. 12).

Um zu verstehen, was Unternehmensethik ist, sind zunächst die grundlegenden Begriffe Moral und Ethik voneinander abzugrenzen. Obwohl beide Begriffe im Alltag häufig synonym verwendet werden, ist ihre Differenzierung sinnvoll. Die **Moral** beschäftigt sich mit denjenigen Komplexen von Regeln und Normen, die das Handeln des Menschen leiten und deren Verletzung als verwerflich im Sinne einer Schuld gegen sich selbst, seinen Mitmenschen oder die Natur gelten. Moralische Vorstellungen beziehen sich auf wiederkehrende Verhaltensmuster und Grundeinstellungen von Individuen, Gruppen oder Kulturen, die von diesen als (sittlich) gut oder schlecht beurteilt werden. Die Moral regelt, was man in einer Gemeinschaft tun darf und was man zu unterlassen hat. Sie gibt den normativ vorgegebenen Handlungsrahmen eines Menschen innerhalb seiner Umgebung vor (vgl. Nietsch-Hach 2016, S. 17–19; Lütge/Uhl 2018, S. 6).

Die **Ethik** stellt die Wissenschaft oder Lehre der Moral dar. Sie beschreibt und analysiert einerseits moralische Verhaltensmuster und Grundeinstellungen und liefert andererseits mittels wissenschaftlich-methodischer Begründung kritische Maßstäbe zur Beurteilung von Handlungen und Haltungen. Die Ethik erfasst den Bereich moralischen Handelns auf eine systematische Weise und macht ihn dadurch transparent. In der Ethik werden beispielsweise konkurrierende Moralvorstellungen gegeneinander abgewogen, um daraus allgemeingültige Aussagen über das gute und gerechte Handeln abzuleiten. Ethisches Handeln ist daher im Gegensatz zu moralischem Handeln begründbar (vgl. Pieper 2017, S. 13; Macharzina/Wolf 2018, S. 1021).

Es handelt sich jedoch nicht um Letztbegründungen, da jede ethische Begründung wiederum auf moralische Normen- und Wertesysteme zurückgreift.

Die **Unternehmensethik** beschäftigt sich vor diesem Hintergrund damit, welche Normen und Werte unternehmerischen Entscheidungen zugrunde liegen und welche Folgen sich daraus ergeben. Im Wesentlichen geht es um die Untersuchung moralischer Fragestellungen unternehmerischer Handlungen von und in Unternehmen (vgl. Küpper 2016, S. 16), also darum, welche unternehmerischen Entscheidungen unter ethischen Gesichtspunkten als gut und gerecht (bzw. schlecht und ungerecht) zu beurteilen sind. Unternehmensethische Entscheidungen legitimieren das unternehmerische Handeln und legen die moralische und gesellschaftliche Verantwortung eines Unternehmens fest.

Lange Zeit war umstritten, ob unternehmerische Entscheidungen überhaupt einer unternehmensethischen Fundierung bedürfen. Gegner einer solchen Fundierung argumentierten unter anderem, dass die Betriebswirtschaftslehre bereits in ihrem Kern eine ethische Disziplin und eine gesonderte Auseinandersetzung mit ethischen Fragestellungen daher überflüssig sei. So führt etwa Albach an, dass das ökonomische Rationalprinzip mit dem vernunftethischen Gebot gleichzusetzen sei, keine knappen Ressourcen zu verschwenden. Weil gemäß Vernunftethik nur das vernünftig ist, was sich ethisch rechtfertigen lässt, stelle das ökonomische Rationalprinzip ein ethisch gerechtfertigtes Prinzip dar (vgl. 2005, S. 811–812). Diesem Verständnis von Ethik fehlt jedoch der Bezug zur Moral, da die ethische Rechtfertigung unternehmerischer Handlungen ausschließlich auf ökonomischen und nicht auf moralischen Prinzipien beruht (vgl. Thielemann/Weibler 2007, S. 188–189). Die Problematik einer solchen „Ethik ohne Moral" zeigt sich insbesondere dann, wenn sich ökonomisches und moralisches Verhalten unvereinbar gegenüberstehen. Wenn ein Unternehmen z. B. in einem umkämpften Markt zusätzliche Kosten in Kauf nimmt, um ethisch verantwortungsvoll und nachhaltig zu wirtschaften, handelt es sich gegenüber seinen Konkurrenten unter Umständen einen Wettbewerbsnachteil ein, der den Unternehmenserfolg mindert. Entsprechend wird aufgrund derartiger Konstellationen inzwischen mehrheitlich davon ausgegangen, dass unternehmerische Handlungen nicht per se ethisch gerechtfertigt sind und deshalb einer gesonderten unternehmensethischen Analyse zu unterziehen sind. Demgegenüber wird die Frage, wie Unternehmensethik konkret betrieben werden sollte, weiterhin kontrovers diskutiert (vgl. Macharzina/Wolf 2018, S. 1017).

Unternehmen kommen heutzutage kaum noch umhin, sich im Rahmen des normativen Managements mit unternehmensethischen Fragestellungen zu beschäftigen. Nicht zuletzt vor dem Hintergrund vergangener Bilanzfälschungsskandalen und Finanzmarktkrisen, deren Ursache auch in einer einseitigen und kurzfristigen Shareholder-Value-Orientierung gesehen wird, müssen sich Unternehmen zunehmend mit der Forderung zur Übernahme gesellschaftlicher Verantwortung auseinandersetzen. Die Beschäftigung mit ethischen Fragestellungen innerhalb der Betriebswirtschaftslehre ist eine wesentliche Konsequenz aus den Problemen einer einseitigen Fixierung auf ökonomische Erfolgsgrößen. Es wird gefordert, dass sich Unternehmen nicht alleine auf einen kurzfristigen Einsatz von Ressourcen konzentrieren dürfen, sondern aktiv an einem nachhaltigen Umgang mit bestehenden Ressourcen mitarbeiten müssen. Die zunehmende **Erwartungshaltung der Gesellschaft** an die Unternehmen bezieht sich dabei auf ein breites Spektrum und reicht von einem ethischen Umgang mit Menschenrechten und Arbeitsbedingungen über einen schonenden Umgang mit der Natur und den eingesetzten natürlichen Ressourcen bis hin zu einer gerechten Arbeitsentlohnung und einer angemessenen Work-Life-Balance (vgl. Coenenberg/Salfeld/Schultze 2015, S. 5).

Unternehmen stehen angesichts derartiger, weitreichender Erwartungen vor der **Herausforderung**, ethische und ökonomische Zielvorstellungen auf eine sinnvolle Art und Weise zu verbinden. Einige Ethiker – darunter auch der Philosoph Immanuel Kant – sind der Ansicht, dass ökonomischer Erfolg grundsätzlich kein Kriterium moralischen Handelns sein darf. Aus dieser Perspektive dürfen Unternehmen nicht nur deshalb moralisch handeln, weil es daraus einen ökonomischen Nutzen schlagen kann. Moralisches Handeln darf demzufolge kein Mittel zum Zweck sein und lässt sich entsprechend auch nicht in einen Shareholder-Value-Ansatz integrieren. Demgegenüber wird angeführt, dass es zumindest legitim sei, den sekundären Nutzen moralischen Handelns auch unter ökonomischen Gesichtspunkten zu betrachten, d. h., dass eine unternehmensethische Ausrichtung nicht zwangsläufig einem wirtschaftlichen Erfolg entgegen steht (vgl. Dietzfelbinger 2015, S. 59–60). Insbesondere langfristig können sich ethisch fundierte Verhaltensweisen für ein Unternehmen auch ökonomisch bezahlt machen, etwa durch eine erhöhte soziale Reputation. Dennoch werden ethische Prinzipien mit einer solchen Haltung schnell untergraben, wenn sie ökonomischen Interessen (kurzfristig oder langfristig) entgegenlaufen. Es kann angenommen werden, dass Unternehmen in der Realität ihre gesellschaftliche Verantwortung häufig ökonomischen Gesichtspunkten unterordnen und im Zweifel auf sie verzichten. Dies zeigt sich beispielsweise daran, dass Unternehmen oft erst dann den gesellschaftlichen Erwartungen hinsichtlich mehr Umweltschutz nachkommen, wenn sie etwa dem Druck durch neu erlassene Umweltgesetze nicht mehr standhalten können (vgl. Müller-Christ 2014, S. 90).

Obwohl unternehmensethische Entscheidungen nicht unabhängig davon beantwortet werden können, ob dem Shareholder-Value- oder dem Stakeholder-Ansatz gefolgt wird, sind sie auf einer anderen Ebene anzusiedeln. Die unternehmensethische Fundierung des Shareholder-Value-Ansatzes ist nur möglich, wenn von der dargelegten Prämisse ausgegangen wird, dass moralisches Handeln anhand ökonomischer Kriterien beurteilt werden kann. In Bezug auf den Stakeholder-Ansatz stellt sich die Frage, inwiefern mit der Wahrnehmung gesellschaftlicher Verantwortung die Interessen einzelner (oder aller) Stakeholder bedient werden. Schon alleine die Frage, ob die Natur ein Stakeholder ist oder nicht, wird in der Literatur kontrovers diskutiert (vgl. Freeman u. a. 2010, S. 208). Wesentlich ist, dass weder der Shareholder-Value- noch der Stakeholder-Ansatz per se das ethische Handeln eines Unternehmens fördern, sodass unternehmensethische Entscheidungen innerhalb des normativen Managements einen eigenständigen Platz einnehmen.

In Bezug auf die Umsetzung einer ethisch verantwortungsvollen Managementpraxis in Unternehmen werden in der Literatur mit dem Compliance- und dem Integrity-Ansatz zwei Herangehensweisen unterschieden (vgl. Schöttl/Ranisch 2016, S. 312–313, 322; Macharzina/Wolf 2018, S. 1028). Im Mittelpunkt des **Compliance-Ansatzes** steht die Aufstellung verbindlicher Regeln, deren Nichtbeachtung mitarbeiterseitig zu einer Sanktionierung führt (vgl. Kapitel 5.1). Kennzeichen dieses Ansatzes ist das Streben nach Konformität mit bestehenden Standards, die von außen an das Unternehmen herangetragen werden (z. B. durch den Gesetzgeber oder wesentliche Stakeholder). Demgegenüber zielt der **Integrity-Ansatz** auf die ganzheitliche und freiwillige Ausrichtung des Mitarbeiterverhaltens an selbst erarbeiteten Werten, die sich über die Vision, die Mission und das Leitbild des Unternehmens fixieren lassen. Anstatt eine Menge an gegebenen Regeln zu befolgen, sind die Mitarbeiter aufgerufen, sich mit den Werten zu identifizieren und sie selbstbestimmt und situativ auszulegen. Dadurch soll nicht nur der selbstständige Umgang mit ethischen Standards gefördert werden, sondern es wird auch dem Umstand Rechnung getragen, dass sich niemals alle ethisch relevanten Fragestellungen durch vorgefertigte Regeln antizipieren lassen.

6 Informationsgrundlage strategischer Entscheidungen

Strategieentscheidungen, die in Unternehmen entsprechendes strategisches Handeln zur Folge haben sollen, bedürfen mehr oder weniger umfassender Informationen, auf deren Grundlage sie getroffen werden – sei es, um die eigene Entscheidungsfindung zu unterstützen oder Entscheidungen, die auf anderem Wege zustande kommen, im Nachhinein zu begründen und so zu legitimieren. Diese Informationsgrundlage zu schaffen, wird in der Regel als **strategische Analyse** bezeichnet. Sie kann unterschiedlich weit vor der Entscheidung beginnen, ist jedoch keinesfalls beendet, bevor die Entscheidung getroffen ist. Vielmehr bestehen enge Wechselbeziehungen zwischen der strategischen Analyse sowie der Generierung der Entscheidungsalternativen und gegebenenfalls der expliziten Bewertung dieser Alternativen.

Auch dann, wenn es in Unternehmen keinen systematischen Planungsprozess gibt, der zu explizit getroffenen Strategieentscheidungen führt, sondern im Sinne einer emergenten Strategie in konsistenter Weise erfolgsorientiert gehandelt wird, erfolgt das auf der Grundlage von Informationen. Diese werden dann zwar nicht so systematisch beschafft und ausgewertet, sondern eher unsystematisch gewonnen und implizit dem intuitiven Entscheiden und Handeln zugrunde gelegt. Mit zunehmender Größe der Unternehmen kann jedoch nicht ohne weiteres auf systematische Analysen verzichtet und alleine auf die Intuition der Entscheider vertraut werden. Dies gilt vor allem dann, wenn strategische Planungsprozesse institutionalisiert und offizielle hierachische Entscheidungen notwendig sind, um Strategien zu verabschieden. Vielmehr stellt sich dann die Frage, wie implizite Wissensbestände der Unternehmensmitglieder zusammen mit den analytisch gewonnenen Informationen die Grundlage für Entscheidungen bilden können.

6.1 Felder und grundsätzliche Probleme der Analyse

Es ist üblich, im Rahmen der strategischen Analyse **zwei Analysefelder** zu unterscheiden: Zum einen müssen Einflüsse und Entwicklungen in der **Umwelt**, die sich günstig oder ungünstig auswirken und entsprechend Chancen oder Risiken für das Unternehmen darstellen können, möglichst frühzeitig erkannt werden; auf diese Umweltbedingungen gilt es, sich dann einzustellen, entweder durch Anpassung an sie oder durch proaktive Einflussnahme bzw. Gestaltung. Zum anderen sind die Aktivitäten, Prozesse, Ressourcen und Kompetenzen des **Unternehmens**, aus denen sich die jeweiligen Stärken und Schwächen ergeben, systematisch zu identifizieren und zu analysieren. Im Folgenden werden daher die Umweltanalyse und die Unternehmensanalyse unterschieden.

https://doi.org/10.1515/9783110540482-006

Jedoch können nur durch die Verknüpfung der Ergebnisse beider Analysen die Stärken und Schwächen in Relation zu anderen Unternehmen als solche erkannt werden. Ebenso erfordert die Beurteilung der Umweltentwicklungen die Analyse beider Bereiche, da diese nicht per se Chancen oder Risiken für das Unternehmen darstellen, sondern nur vor dem Hintergrund der Unternehmenssituation als solche zu charakterisieren sind. Erst die Zusammenführung der Ergebnisse ermöglicht die Bestimmung der strategischen (Erfolgs-)Potenziale des Unternehmens und liefert damit eine aussagefähige Informationsgrundlage für Strategieentscheidungen.

Während auf den ersten Blick die Aufspaltung der strategischen Analyse in die Umwelt einerseits und das Unternehmen andererseits eingängig und plausibel erscheint, lässt sich die Grenze nicht einfach ziehen (vgl. auch Kapitel 7.6). Als Kriterien zur Abgrenzung können z. B. die rechtlichen Beziehungen, die räumlichen Verhältnisse, die kapitalmäßigen Verflechtungen und die faktischen Beeinflussungsmöglichkeiten Verwendung finden. Im Einzelfall ermöglichen diese Kriterien aber oft keine eindeutige Abgrenzung zwischen Unternehmen und Umwelt. Das ist vor allem dann der Fall, wenn Kooperationen mit anderen Unternehmen bestehen, die Auslagerung unterschiedlicher Unternehmensbereiche (Outsourcing) erfolgt ist, enge Beziehungen zu System- oder Modullieferanten bestehen, Kunden in die Produktgestaltung integriert werden oder Knowhow von außen in den Innovationsprozess (Open Innovation) fließt. Will man keine relevanten Beziehungen ausblenden, kann die **Grenzziehung** nur jeweils problembezogen erfolgen.

Für die strategische Analyse spielt die jeweilige Abgrenzung keine so entscheidende Rolle, da relevante Einflussfaktoren unabhängig von ihrer Zuordnung zu Umwelt oder Unternehmen beachtet werden müssen. Wesentlich größere Bedeutung hat die Frage, welche Faktoren in Umwelt und Unternehmen relevant sind. Angesichts beschränkter zeitlicher und finanzieller Ressourcen kann nur näher betrachtet werden, was die Entwicklung des Unternehmens wesentlich beeinflusst.

Vor allem in der Umweltanalyse besteht eine schier unendliche Zahl von Faktoren und Vernetzungen zwischen diesen, die potenziell Einfluss auf das Unternehmen haben. Da deren jeweilige Bedeutung jedoch sehr unterschiedlich ist, gilt es, die relevanten Einflussfaktoren und deren Interdependenzen zu identifizieren und sich bei der Analyse darauf zu konzentrieren. Um das Ganze handhabbarer zu machen, gliedert man die Umwelt in verschiedene Bereiche, wobei jedoch nicht übersehen werden darf, dass dadurch die Gefahr steigt, Interdependenzen zwischen den Bereichen nicht mehr erkennen und adäquat berücksichtigen zu können. Außerdem verändern sich Umwelt und Unternehmen, sodass die Gliederung der Umwelt analog der Grenzziehung nicht als einmaliger Akt anzusehen ist, sondern permanent reflektiert und weiterentwickelt werden muss.

In der Regel werden Umweltbereiche, die für die Erfüllung der Unternehmensaufgabe bzw. die Erreichung der Unternehmensziele von unmittelbarer Bedeutung sind, zu der sogenannten **Aufgabenumwelt** gerechnet (vgl. z. B. Welge/Al-Laham/Eulerich

2017, S. 300). So kommt es einerseits im Wettbewerbsumfeld zu Interaktionsbeziehungen mit Kunden, Lieferanten und Konkurrenten, andererseits treten Interessengruppen auf, die in anderer Weise direkt Einfluss nehmen können. Neben diesen unternehmensspezifischen Umweltbedingungen gibt es eine Reihe genereller Bedingungen, die keinen direkten Bezug zu den Zielen oder Aufgaben des Unternehmens aufweisen, aber trotzdem Bedeutung haben oder erlangen werden. Das können demographische Entwicklungen, gesetzliche Regelungen oder ökologische Bedingungen sein, insbesondere technologische Entwicklungen spielen hier eine wichtige Rolle. Diese Einflussfaktoren werden üblicherweise unter dem Begriff **globale Umwelt** oder Makroumwelt zusammengefasst. Die Abgrenzung zur Aufgabenumwelt erscheint aber nur auf den ersten Blick eindeutig und kann Schwierigkeiten bereiten.

Neben der gezielten Analyse der als relevant eingestuften Umweltbereiche und Einflussfaktoren (Monitoring) ist die Umwelt kontinuierlich zu beobachten (Environmental Scanning), um Veränderungen frühzeitig zu erkennen und gegebenenfalls analysieren zu können (vgl. Müller-Stewens 1990, S. 198–205). Es lässt sich jedoch keineswegs immer eindeutig klären, welche Einflussfaktoren in welchem Maße Auswirkungen auf das Unternehmen haben (werden) und deshalb genauer zu betrachten oder nur zu beobachten sind bzw. ab welchen Schwellenwerten sie konkreter analysiert werden sollen. Hilfreich kann es sein, im Zeitablauf Reaktions- und Verhaltensmuster zu identifizieren, ohne dabei zu verkennen, dass sich solche historischen Analogien nur eingeschränkt für Vorhersagen nutzen lassen.

In der Umwelt treten neben kontinuierlichen auch diskontinierliche Veränderungen auf, die das unternehmerische Handeln möglicherweise massiv beeinflussen, sich im Vorfeld jedoch allenfalls anhand schwacher Signale erkennen lassen (vgl. Ansoff 1976). Diese **schwachen Signale** lassen in der Regel keine eindeutige Aussage über ihre Auswirkungen zu. Sie können als Chance oder Risiko gesehen werden, beides darstellen oder überhaupt keine Bedeutung haben (vgl. Govindarajan 2016, S. 27). Der analytische Einsatz von Instrumenten der strategischen Frühaufklärung (vgl. hierzu Welge/Al-Laham/Eulerich 2017, S. 419–442) ist daher mit der Intuition des Entscheiders zu paaren. Nur so können die eigentlich schwachen Signale als entscheidende, treibende Kräfte der Zukunft identifiziert und ihre Funktionszusammenhänge auf kreative Weise antizipiert werden (vgl. Schneider/Grieser 2016, S. 185).

In der öffentlichen Diskussion spielen seit längerer Zeit sogenannte **Megatrends** (z. B. Globalisierung, Klimawandel, Digitalisierung, neue Mobilität, demografischer Wandel) eine Rolle; sie entwickeln sich als umfassende Veränderungen in einzelnen oder mehreren Umweltsegmenten nur langsam, haben aber vielfältige Wirkungen und prägen Trends. Aufgrund des hohen Abstraktionsgrads können sie im Rahmen der Umweltanalyse die Aufmerksamkeit wecken und lenken, aber keine konkrete Orientierung bieten. Zahlreiche Aussagen und Prognosen in diesem Zusammenhang haben häufig nichts mit wissenschaftlicher Zukunftsforschung zu tun, sind eher journalistisch geprägt und orientieren sich primär an Gegenwartsentwicklungen (vgl. Opaschowski 2015, S. 42; auch 2008).

Es bleibt somit festzuhalten, dass die Konzentration auf bestimmte Umweltbereiche aufgrund beschränkter Ressourcen und begrenzter Informationsverarbeitungskapazität zwar nötig ist, damit jedoch die Gefahr des Ausblendens relevanter Bereiche und Interdependenzen sowie des nicht rechtzeitigen Erkennens relevanter Entwicklungen einhergeht. Für dieses **Dilemma** gibt es keine analytische Lösung, Erfahrung und intuitive Fähigkeiten der Mitarbeiter können sich aber positiv auswirken. Die im Folgenden gewählte Gliederung und die vorgestellten Methoden und Instrumente müssen vor diesem Hintergrund gesehen werden. Sie unterstützen eine systematische Selektion und Analyse, stellen aber keine Patentrezepte dar und sind einer systematischen Reflexion zu unterziehen.

6.2 Analyse der globalen Umwelt

Die globale Umwelt umfasst die Rahmenbedingungen, die sich nicht spezifisch für das Unternehmen ergeben, aber seinen Handlungsspielraum beeinflussen, ohne direkten Einfluss auf die Erfüllung der Unternehmensaufgabe zu haben. Sie birgt Entwicklungen, die sich für das jeweilige Unternehmen sehr unterschiedlich darstellen können; so hat der Erfolg von Facebook für Anbieter von Online-Spielen Chancen geboten, während Online-Lexika der gedruckten Version der Encyclopedia Britannica nach fast 250 Jahren das Ende bereiteten (vgl. Johnson u. a. 2016, S. 60).

Es gilt, die relevanten Rahmenbedingungen und deren Entwicklung zu erkennen, um dann die Auswirkungen auf das Unternehmen zu ermitteln bzw. abzuschätzen. Dazu unterscheidet man im Wesentlichen fünf **Umweltsegmente** (vgl. z. B. Hungenberg 2014, S. 90):

- ökonomische Umwelt,
- politisch-rechtliche Umwelt,
- sozio-kulturelle Umwelt,
- technologische Umwelt und
- natürliche (ökologische) Umwelt.

Zur **ökonomischen Umwelt** rechnet man Faktoren, die für die gesamtwirtschaftliche Entwicklung von Bedeutung sind und auf die Beschaffungs- und Absatzmärkte des Unternehmens wirken. Beispiele dafür sind die Entwicklung des Bruttoinlandsprodukts, der Inflationsrate, der Zinsen, der Investitionen des öffentlichen Sektors und einzelner Branchen, der Bevölkerung sowie die Einkommensentwicklung und -verwendung.

Die **politisch-rechtliche Umwelt** umfasst Rahmenbedingungen, die durch Aktivitäten des Staats und der Körperschaften mit Gesetzgebungshoheit, zunehmend auch auf supranationaler Ebene wie der Europäischen Union, vorgegeben werden. Man kann diese grob danach differenzieren, ob sie stärker den unternehmensinternen oder -externen Bereich regulieren. Interne Auswirkungen haben z. B. gesellschafts-, arbeits- und tarifrechtliche Regelungen, aber auch Sicherheits- und Prüfvorschriften. Auf die Beziehungen nach außen wirken vor allem Gesetze und Verordnungen im Rahmen der Finanz-, Wirtschafts-, Steuer-, Wettbewerbs- und Konjunkturpolitik sowie Gesetze und Verordnungen zum Außenhandel, Patent- und Umweltschutz. Sozial- und Gesundheitsgesetzgebung wirken in beiden Bereichen. Verstöße gegen die rechtlichen Rahmenbedingungen werden in der Regel sanktioniert.

Im Zentrum der **sozio-kulturellen Umwelt** stehen gesellschaftliche Werte und Einstellungen sowie kulturelle Normen. Es geht dabei um Bereiche wie etwa die Gesellschafts- und Wirtschaftsordnung, Religion, Lebensstil oder Bildungssystem. Hierunter fallen z. B. Einstellungen gegenüber Berufsarbeit, Bevölkerungsgruppen, Umwelt, Produkten oder Dienstleistungen; Veränderungen werden hier schon seit Jahrzehnten unter dem Stichwort Wertewandel aus unterschiedlichen Perspektiven betrachtet und diskutiert (vgl. Dietz/Neumaier/Rödder 2014). Die Auswirkungen zeigen sich beispielsweise bei den (potenziellen) Mitarbeitern, aber auch den Kunden.

Zur **technologischen Umwelt** rechnet man Produktions-, Verfahrens- sowie Informations- und Kommunikationstechnologien. Dieses Umweltsegment ist nicht nur für produktions- oder technologieorientierte, sondern für alle Unternehmen von Bedeutung. Technologien unterliegen zunehmend rascheren Veränderungen und weisen nur zum Teil eine Entwicklung im Sinne eines Technologielebenszyklus auf. Daher ist es wichtig, den Übergang zu einer neuen Technologie rechtzeitig zu erkennen, um ausreichend Reaktionszeit zu haben. In ihrer Relevanz schwer zu erkennen, sind sogenannte disruptive Technologien, die eine bestehende Technologie und in der Folge ein Produkt oder eine Dienstleistung möglicherweise vollständig verdrängen. Sie entstehen für etablierte Anbieter in der Regel unerwartet, meist in neuen Märkten und erscheinen zunächst uninteressant, da sie anfangs als technisch unterlegen gelten (vgl. Kapitel 6.4.6).

Zu diesen vier Segmenten tritt die **natürliche (ökologische) Umwelt** hinzu. Sie umfasst neben den topographischen Gegebenheiten (natürliche) Ressourcen sowie klimatische und ökologische Bedingungen. Dieses Umweltsegment ist für Unternehmen relevant, da in die Leistungserstellung Ressourcen eingehen, Abfallprodukte entstehen, die Infrastruktur genutzt wird und die Produkte oder Dienstleistungen direkte und indirekte Wirkungen auf die natürliche Umwelt haben können. So führt etwa die aktuelle Diskussion um Mikroplastik vor Augen, wie ein – gar nicht neues ökologisches Problem – in das gesellschaftliche Bewusstsein gelangt und für zahlreiche Unternehmen unmittelbare Bedeutung erlangt.

Dass diese pragmatische nominale Differenzierung nicht frei von Willkür und Überschneidungen erfolgt, stellt solange kein Problem dar, wie alle Segmente beachtet und Interdependenzen zwischen ihnen nicht ausgeblendet werden. Führt man sich zudem vor Augen, dass relevante Entwicklungen selten verlässlich prognostiziert und Strukturbrüche in der Regel nicht zuverlässig vorhergesehen werden können, liegt es nahe, in diesem Zusammenhang in Szenarien zu denken.

Szenarien fanden ab Beginn der 1970er Jahre, nicht zuletzt angestoßen durch die Ölkrise, Verbreitung in Politik, Gesellschaft und Unternehmen. Vielfältige Beispiele reichen von Klima-, Energie-, Raumentwicklungs-, Technologie- oder Digitalisierungsszenarien bis hin zu branchenbezogenen Szenarien; in der Automobilbranche haben sie eine besondere Popularität erlangt, z. B. die Shell PKW-Szenarien bis 2040 (26. Ausgabe 2014).

Ein **Szenario** soll mögliche, plausible zukünftige Situationen beschreiben und nachvollziehbar den Entwicklungsverlauf dahin aufzeigen. Üblicherweise werden mehrere alternative Zukunftsbilder entwickelt, da insbesondere in Branchen, die starke Diskontinuitäten prägen, Entwicklungen selten eindeutig zu prognostizieren sind. Diese Alternativen kommen nicht durch einfache Variation von Parametern zustande, ihnen liegen vielmehr plausible alternative Annahmen zugrunde, wodurch ein neuer Gesamtzusammenhang konzipiert wird. Es sollen damit nicht nur Aussagen über die nahe Zukunft, die noch weitgehend von der Gegenwart determiniert ist, sondern über das Spektrum möglicher Umweltzustände der ferneren, über fünf Jahre hinausgehenden Zukunft gemacht werden (vgl. Geschka 2006, S. 360). Das Spektrum der möglichen Szenarien vergrößert sich mit dem Zeithorizont der Prognose und bildlich entsteht dabei ein sogenannter Szenariotrichter. Die Ränder des Trichters spannen zwei gegensätzliche Extremszenarien, das Best-Case- und das Worst-Case-Szenario, auf, die gewissermaßen die Bandbreite potenzieller Entwicklungen aufzeigen sollen.

Auch wenn bei den Szenarien der hypothetische Charakter betont und das spekulative Element ganz bewusst mit einbezogen wird, muss das entwickelte Zukunftsbild noch als realistisch gelten. Zentrale Voraussetzungen widerspruchsfreier, plausibler Zukunftsbilder sind nachvollziehbare und verständliche grundlegende Prämissen und daraus logisch abgeleitete Kausalketten. Bei der **Szenarioerstellung**, man spricht auch von Szenariotechnik, handelt es sich nicht um ein Prognoseverfahren im eigentlichen Sinn, sondern eher um einen Bezugsrahmen, der qualitative und quantitative Verfahren der Analyse und Prognose systematisch miteinander verbindet (vgl. Geschka 2006, S. 362–368).

Nach der **Identifikation** der für die zukünftige Entwicklung wesentlichen Einflussfaktoren z. B. durch Kreativitätstechniken oder Expertenbefragung sind die Beziehungen zwischen den Einflussfaktoren und der Einfluss auf das Unternehmen zu analysieren. Ein Strukturbild, in dem die (Stärke der) Wechselbeziehungen durch (die Stärke der) Pfeile zwischen den Faktoren zum Ausdruck kommt, bietet dabei ebenso Unterstützung wie eine Vernetzungsmatrix. Bei dieser werden auf beiden Dimensionen die gleichen Einflussfaktoren abgetragen, um dann den geschätzten Einfluss eines Faktors auf alle anderen in den Matrixzellen einzutragen.

Für die eigentliche **Prognose** der Einflussfaktoren kommen quantitative, auf Indikatoren oder Zeitreihen basierende und qualitative, auf Expertenbefragung basierende Prognoseverfahren zum Einsatz (vgl. Bea/Haas 2017, S. 297–303). Divergierende Expertenurteile werden hierbei nicht auf eine Kompromisslösung reduziert, sondern systematisch mit Entwicklungsalternativen abgeglichen und weiter verarbeitet. Für diese alternativen Entwicklungslinien sind die unterschiedlichen Prämissen aufzudecken, um konsistente Entwicklungen des Umfelds auswählen und ein Szenario formulieren zu können. Eine periodische oder fallweise Prüfung, die gegebenenfalls zur Modifikation der Prognosen führt, ist nicht nur dann notwendig, wenn die Umweltentwicklung offen geblieben ist oder Strukturbrüche auftreten, sondern auch bei ursprünglich relativ eindeutigen und stabilen Strukturen.

Im Gegensatz zu den im Planungszeitpunkt bereits erkennbaren Entwicklungen stellen **Strukturbrüche** (Diskontinuitäten) plötzlich auftretende Ereignisse dar, die einen stetigen Entwicklungsverlauf abrupt verändern können. Ihr Auftreten ist umso wahrscheinlicher, je länger der Prognosehorizont gewählt wird. Da diese Einzelereignisse ohne historische Parallelen sind, liegt hier ein typisches Einsatzgebiet für Kreativitätstechniken vor. Die Konfrontation der ausgewählten Szenarien mit den Diskontinuitäten kann als qualitative Sensitivitätsanalyse angesehen werden, die auf sensible Bereiche im Umfeld hinweist, die bei kleinen Veränderungen gravierende Auswirkungen auf das Unternehmen haben.

Letztlich liefern Szenarien, auch wenn sie mit hohem Aufwand verbunden sind, nicht bessere Vorhersagen, sondern öffnen den Blick für die möglichen Entwicklungen, mit denen das Unternehmen konfrontiert sein kann. Generell gilt jedoch, dass die erzielbare Qualität stark von den Fähigkeiten derjenigen abhängt, die den Input für die Erstellung liefern. Welche Auswirkungen die Entwicklungen auf das Unternehmen haben und welche Schlussfolgerungen daraus gezogen werden (sollen), lässt sich nur in Verbindung mit weiteren Informationen aus der Analyse der Aufgabenumwelt und des Unternehmens entscheiden.

6.3 Analyse der Stakeholder

Fokussiert man bei der Analyse der Umwelt die Interaktionen, die im Zuge der Erfüllung der Unternehmensaufgaben vorgeschrieben sind oder auftreten (können), gelangen verschiedene Interessengruppen in den Blick, die es gegebenenfalls näher zu betrachten gilt. In diesem Zusammenhang wird bereits seit den 1960er Jahren als Gegenstück zu den Shareholdern von Stakeholdern gesprochen (vgl. Kapitel 5.4). Man fasst darunter heute Personen oder Gruppen, die die Zielerreichung des Unternehmens beeinflussen können oder davon beeinflusst werden (vgl. Freeman 1984; Freeman u. a. 2010, S. 206–209). Im Zuge einer **Stakeholder-Analyse** werden die wichtigsten Anspruchsgruppen identifiziert, anhand ihrer Hauptanliegen und Einflussmöglichkeiten charakterisiert sowie ihre Relevanz bestimmt. Ein systematisches Vorgehen schafft bei den Entscheidungsträgern im Unternehmen ein Bewusstsein für die (Relevanz der) Stakeholder.

Zunächst müssen mögliche Interessengruppen identifiziert werden; analog der globalen Umwelt gilt es auch hier, unterschiedliche Perspektiven zu nutzen, da individuelle Charakteristika der Entscheidungsträger die Wahrnehmung prägen und damit die Identifikation der Stakeholder beeinflussen (vgl. Mitchell/Agle/Wood 1997, S. 871). Zu den Stakeholdern zählen (potenzielle) Mitarbeiter, Gewerkschaften, Eigenkapital- und Fremdkapitalgeber, Lieferanten, (potenzielle) Abnehmer, Konkurrenten, der Staat, politische Parteien, Bürgerinitiativen, Verbraucherorganisationen, Umweltschutzgruppen, Wissenschaft und geographische Nachbarn; letztere können beispielsweise als Anwohner in ihrer Gesundheit gefährdet sein und deshalb potenzielle Stakeholder darstellen (vgl. Poeschl 2013, S. 149–151).

Hierbei gibt es nicht nur von Geschäftsfeld zu Geschäftsfeld, sondern auch regional und von Land zu Land Unterschiede. Checklisten können bei der Identifikation Hilfestellung leisten, Experten dabei unterstützen. Charakterisieren lassen sich Stakeholder vor allem durch fünf **Merkmale** (vgl. Mitchell/Agle/Wood 1997, S. 860–862):

- Ziele bzw. Ansprüche,
- Macht,
- Legitimität,
- Dringlichkeit und
- Risiko.

Das sind zunächst ihre jeweiligen **Ziele bzw. Ansprüche,** wobei diese ein erhebliches Spektrum bilden, widersprüchlich sein und unterschiedliche Anspruchsniveaus hinsichtlich der Zielerreichung aufweisen können.

Hinzu kommt die **Macht**, die Stakeholder gegenüber dem Unternehmen auszuüben in der Lage sind und die unterschiedlichen Ursprungs sein kann; sie resultiert aus Ressourcen, die das Unternehmen benötigt, der Autorität zu bindenden Entscheidungen für das Unternehmen auf gesetzlicher oder vertraglicher Grundlage oder der Möglichkeit, Koalitionen zu bilden sowohl untereinander als auch mit Partnern, die keine Stakeholder sind (z. B. Medien).

Stakeholder unterscheiden sich zudem hinsichtlich der **Legitimität** ihrer Ansprüche, da nicht jeder mit Macht gleichzeitig legitime Ansprüche hat, umgekehrt nicht jeder, der legitime Ansprüche hat, gleichzeitig Macht besitzt.

Die **Dringlichkeit** der Ansprüche kann sich aus deren objektiven Bedeutung oder dem Drängen der Stakeholder ergeben. Wichtig sind dabei nicht nur die aktuellen Ausprägungen, sondern auch entsprechende Entwicklungstendenzen. Da Stakeholder im Gegenzug von Unternehmen beeinflusst werden, spielen natürlich die Macht und Legitimität des Unternehmens ihnen gegenüber eine wichtige Rolle, wodurch sich die Einschätzung der Dringlichkeit deutlich relativieren kann.

Nicht zuletzt spielt das **Risiko** eine Rolle, das Stakeholder aufgrund ihres Einsatzes im Unternehmen tragen und das einen Anhaltspunkt dafür geben kann, wie stark die Ansprüche gegenüber dem Unternehmen vertreten werden (z. B. Arbeitsplatzrisiko, Verlust des eingesetzten Kapitals, Reputationsverlust). Es muss absolut und im Vergleich zum Risiko anderer Stakeholder bewertet werden. Interaktionen zwischen den potenziell relevanten Interessengruppen und mit dem Unternehmen lassen sich mithilfe einer sogenannten Stakeholder-Map oder einer Vernetzungsmatrix erfassen. Darin werden entweder die Interaktionen mit Pfeilen, gegebenenfalls unterschiedlicher Stärke, abgebildet oder die Stakeholder an beiden Seiten der Matrix erfasst und in den Zellen die gegenseitigen Beeinflussungen beschrieben oder bewertet.

Im Anschluss an die Charakterisierung der jeweiligen Stakeholder ist die Bestimmung ihrer **Relevanz** erforderlich. Mitchell/Agle/Wood klassifizieren sie anhand der Merkmale Macht, Legitimität und Dringlichkeit (1997, S. 873); liegt ein Merkmal vor, handelt es sich um latente Stakeholder, bei zwei Merkmalen werden sie als angehende Stakeholder, bei drei Merkmalen als eindeutig relevante Stakeholder angesehen. Versteht man diese drei Merkmale jedoch nicht als binäre Variablen, die nur vorhanden oder nicht vorhanden sind, sondern beachtet deren unterschiedliche Ausprägungen und nimmt weitere Merkmale hinzu, lassen sich nur **Tendenzaussagen** machen. Insbesondere müssen das Risiko, das Stakeholder bezüglich ihres Einsatzes tragen, und die entsprechenden Kompensationsmöglichkeiten des Unternehmens in Betracht gezogen werden. Außerdem gilt es anhand der Stakeholder-Maps, potenzielle Koalitionen und gegenseitige Beeinflussungen aufzudecken, um die Unterstützung oder Kompensation singulärer Ansprüche zu erkennen. Die Bedeutung der Stakeholder ist vor allem dann höher, wenn mehrere Gruppen komplementäre Ziele verfolgen und zwischen ihnen ausgeprägte Beziehungen bestehen, während Zielkonkurrenz und fehlende Beziehungen die Bedeutung einzelner Interessengruppen verringern.

Eine solche zeitpunktbezogene Betrachtung der Relevanz einzelner Stakeholder, die sich schnell ändern kann, ist stark subjektiv geprägt und birgt Interpretationsspielräume; schon aus diesem Grund ist die Reflexion der Analyse notwendig. Da Zeit und andere Ressourcen in Unternehmen beschränkt sind, können nicht alle Interessenlagen und die daraus resultierenden, durchaus konfliktären Ansprüche berücksichtigt werden. Ein vollständiges Ausblenden dieser ist aber auch nicht möglich, ohne die Zielerreichung des Unternehmens zu gefährden. Daher muss entschieden werden, ob man Stakeholder soweit berücksichtigen will, wie dies der Zielerreichung dient, oder ob man deren Ansprüche berücksichtigt, wenn sie als legitim anzusehen sind, unabhängig davon, inwieweit sie durchgesetzt werden oder es dem Unternehmen bei der Erreichung seiner Ziele dient (vgl. auch Kapitel 5.3). In jedem Fall geht es um den Ausgleich unterschiedlicher Interessen der verschiedenen Gruppen, wobei es gilt, ein **Optimum** zu finden, nicht den Anspruch einer Stakeholder-Gruppe maximal zu berücksichtigen.

Das Ergebnis schlägt sich letztlich in den Unternehmenszielen und deren Gewichtung nieder, Konzepte wie z. B. Shared Value (vgl. Porter/Kramer 2011) oder Corporate Social Responsiblity (vgl. Schneider/Schmidpeter 2015), die gesellschaftliche und wirtschaftliche Ziele zu kombinieren versuchen, sind Ausdruck dessen. Der Weg dorthin hat viel mit Kommunikation, Vertrauen und andauerndem Engagement zu tun. Verschiedentlich wird in diesem Zusammenhang von Stakeholder-Management gesprochen. Im Rahmen dessen ist von Schönreden (window dressing) und unvermeidlicher Heuchelei, aber auch von Dialog statt Monolog die Rede, es werden strukturelle Maßnahmen, um Brücken zu schlagen, und prozessuale Maßnahmen bzw. Interaktionsprozesse unterschieden (vgl. Bruton 2011, S. 190–203). Konkrete Gestaltungsaussagen sucht man aber meist vergebens.

Normstrategien, wie sie Müller-Stewens/Lechner vorschlagen (vgl. 2016, S. 158–159; auch Frooman 1999), können eine grobe Orientierung für die Gestaltung geben, wenn die ihnen zugrundeliegenden werthaltigen Prämissen mit dem normativen Rahmen des Unternehmens kompatibel sind (vgl. Kapitel 5); sie lassen sich anhand des Einflusses des Stakeholders und umgekehrt seiner Beeinflussbarkeit differenzieren, wobei für die Einordnung nicht nur die aktuelle Einschätzung, sondern auch die zukünftige Entwicklung von Bedeutung sein können:

- Sogenannte Randfiguren, die weder nennenswert Einfluss haben noch im Einflussbereich des Unternehmens stehen (z. B. unbedeutende Non-Profit-Organisationen), sind lediglich zu informieren und im Auge zu behalten, ob sie durch situative Veränderungen (z. B. Ereignisse, die deren Mitgliederzahl erhöhen) oder Koalition an Relevanz gewinnen.
- Die als Stakeholder Gesetzten haben zwar einen Anspruch, aber (im Vergleich zum Unternehmen) keine Macht (z. B. Lieferant, für den das Unternehmen ein Schlüsselkunde ist), sodass nicht mehr als ein professioneller Umgang erforderlich ist, beispielsweise im Rahmen der vertraglichen Vereinbarungen oder ethischer Vorstellungen des Unternehmens.
- Mehr Aufmerksamkeit und Aufwand erfordern relevante, einflussreiche Stakeholder; liegt die Macht eindeutig auf deren Seite (Joker), so gilt es, auf diese Einfluss zu bekommen, z. B. durch Lobbying bei gesetzgebenden Institutionen. Sind dagegen Einfluss und Beeinflussbarkeit hoch ausgeprägt (Spielmacher), liegt eine gegenseitige Abhängigkeit vor (z. B. System- bzw. Modullieferanten oder wichtige Kunden) und der Beziehung ist besondere Aufmerksamkeit zu schenken, etwa durch den Ausbau der Kommunikationsbeziehung, einen direkten Ansprechpartner (Key-Account-Manager), spezielle Vereinbarungen oder ähnliches.

Der Versuch der **Quantifizierung** des Stakeholder Value analog dem Shareholder Value bringt nicht nur wegen der impliziten Ansprüche, der Dynamik und der Heterogenität der Ansprüche Probleme mit sich; hinzu kommen die unterschiedlichen Legitimitätsgrundlagen und die Konflikte der Ansprüche, die einen Interessenausgleich erfordern, sowie die nur sehr eingeschränkte Messbarkeit. Keinesfalls darf übersehen werden, dass diejenigen, die im Unternehmen Verantwortung für den Ausgleich tragen, letztlich auch Stakeholder und damit nur eingeschränkt objektiv sind (vgl. Poeschl 2013, S. 166–167).

6.4 Analyse der Branche

Betrachtet man die Aufgabenumwelt aus der Wettbewerbsperspektive, gilt die Aufmerksamkeit in erster Linie den Kunden, Lieferanten und Konkurrenten des Unternehmens. Dazu ist zunächst die **Branche**, die in den Blick genommen wird, von anderen Branchen abzugrenzen und so der relevante Markt zu definieren. Im Wesentlichen geht es darum, substitutive Produkte oder Leistungen zu identifizieren. Diese sind aus Sicht des Kunden mit den Produkten bzw. Leistungen des Unternehmens vergleichbar und austauschbar, da sie einen vergleichbaren Nutzen bringen oder das gleiche Problem lösen; beispielsweise bilden die Anbieter und Nachfrager von Bus-, Bahn- und Flugreisen die Reisebranche (vgl. Hungenberg 2014, S. 96) oder Telefonbuch, Telefonverzeichnis auf CD-Rom, Internettelefonverzeichnis und Telefonauskunft einen relevanten Markt, wenn für den Kunden das Medium keine Rolle spielt (vgl. Bea/Haas 2017, S. 102). Die Definition des Marktes ist notwendig, um sich mit Wettbewerbern und Nachfragern auch hinsichtlich zukünftiger Veränderungen differenziert auseinanderzusetzen und das eigene Verhalten festlegen zu können. Dabei resultieren Unterschiede aus dem Selbstverständnis eines Unternehmens, beispielsweise ob es sich eher als Transportunternehmen oder als Touristikunternehmen versteht.

Aus Sicht des strategischen Managements sollte das Ziehen der Branchengrenzen nicht überbewertet werden, da es sich um ein eher graduelles Verschieben der Grenzen zwischen den aktuellen Wettbewerbern und potenziellen neuen Konkurrenten einerseits oder Herstellern von Substitutionsprodukten andererseits handelt. Wichtiger ist, wesentliche Faktoren zu erkennen, die den Wettbewerb innerhalb dieser Branche beeinflussen und deshalb für die Unternehmen von zentraler Bedeutung sind (vgl. Porter 2013, S. 71). Märkte unterliegen zudem schon seit längerem einer hohen Dynamik, bei der Unternehmen eine wichtige Rolle spielen, da sie sowohl Märkte schaffen als auch zerstören. Sie haben die Tendenz, in geografischer Hinsicht größer zu werden und sich inhaltlich in der Grenzziehung zueinander zu verändern. So wird schon seit Jahren von der TIME-Branche (Telekommunikation, Informationstechnologie, Medien, Entertainment) gesprochen, die aufgrund des technologischen Fortschritts und Veränderungen der Nachfrage entstand, während sich aktuell beispielsweise die Vernetzung des Automobils in großen Schritten vollzieht oder bei den Kunden an die Stelle des Autowunsches das Mobilitätsbedürfnis tritt. Diesen Aspekten ist im Zuge der Branchenanalyse Aufmerksamkeit zu schenken.

6.4.1 Branchenstruktur als Ausgangspunkt der Analyse

Im Rahmen der strategischen Analyse interessieren zwar auch Aspekte wie die Größe und Entwicklung der Branche, vor allem aber deren Struktur. Die Analyse der Branchenstruktur ist trotz kritischer Stimmen und Weiterentwicklungen noch immer maßgeblich durch die Arbeiten Porters bestimmt (vgl. 2013 und 2014). Ziel ist es dabei, die

Wettbewerbssituation aus der Perspektive des Unternehmens innerhalb dieser Branche zu bestimmen und zu klären, ob der Verbleib darin langfristig attraktiv ist. Sie kann zudem das Auffinden renditeträchtiger Branchen unterstützen. Gemäß der zugrundeliegenden industrieökonomischen Annahme, dass die Marktstruktur das strategische Verhalten der Unternehmen beeinflusst, von dem dann der jeweilige Markterfolg abhängt, bietet Porter ein Analyseraster, das die systematische Erfassung und Beschreibung der wichtigen Einflussfaktoren ermöglicht. Er unterscheidet fünf grundlegende **Wettbewerbskräfte**, deren Stärke in der Summe die Wettbewerbsintensität und damit die Rentabilität der Branche bestimmt (vgl. 2013, S. 37–72):

- die Bedrohung durch neue Anbieter und
- durch Ersatzprodukte,
- die Rivalität unter den Wettbewerbern sowie
- die Verhandlungsstärke der Abnehmer und
- der Lieferanten.

Die Bedrohung durch **neue Anbieter** besteht darin, dass mit ihrem Markteintritt das Angebot in der Branche steigt, in der Folge die Preise und damit die Rentabilität sowie die Attraktivität der Branche sinken. Die Wahrscheinlichkeit eines solchen Eintritts hängt von der Höhe der Markteintrittsbarrieren und den zu erwartenden Reaktionen der etablierten Wettbewerber ab. Solche Markteintrittsbarrieren haben viel mit den erforderlichen Finanzmitteln zu tun, da die Kosten der Neuen aufgrund der (noch) fehlenden Betriebsgröße höher sind als bei den etablierten Konkurrenten, das Auflösen der Bindung der Kunden an bekannte (Marken-)Produkte viel Geld kostet oder hoher Investitionsbedarf in Forschung und Entwicklung, Produktionsmittel und Infrastruktur besteht. Hinzu kommen Barrieren durch die Umstellungskosten bei den Kunden, den beschränkten Zugang zu Vertriebskanälen oder staatliche Restriktionen. Außerdem können etablierte Konkurrenten Vorteile haben, die nicht oder nur langfristig aufzuholen sind (z. B. Technologie, Knowhow, Patente, Rohstoffzugang, Standort) und darüber hinaus je nach Macht und finanziellen Mitteln Vergeltungsmaßnahmen ergreifen.

Ersatzprodukte erfüllen die gleichen Funktionen wie das eigene Produkt und können deshalb grundsätzlich als Substitute für dieses angesehen werden. Eine Bedrohung entsteht dadurch, dass diese einerseits die Preisobergrenze für das Produkt der Branche festlegen und andererseits dessen Absatzmenge beschränken. Kritisch sind Produkte, die ein besseres Preis-Leistungs-Verhältnis aufweisen oder ihren Herstellern hohe Gewinne ermöglichen. Ein kollektives Handeln der etablierten Wettbewerber (z. B. höhere Qualität, gemeinsame Werbung) kann helfen, die Branche gegenüber dem Substitut zu stärken. Einfluss haben aber auch die Umstellungskosten und die Substitutionsneigung der Abnehmer.

Rivalität unter den **bestehenden Wettbewerbern** äußert sich in starkem Preiswettbewerb, aufwändiger Werbung, vielfältigen Produktmodifikationen und häufig neuen Produkten, aber auch besseren Service- oder Garantieleistungen. Die Maßnahmen eines Unternehmens bleiben nicht ohne Wirkung auf die Konkurrenten und lösen meist Gegenmaßnahmen aus. Die Rivalität erhöht sich vor allem bei (1) geringem Wachstum der Branche bzw. der Sättigung des Marktes, wenn Marktanteile nur zu Lasten der Konkurrenten zu gewinnen sind, (2) bei Überschusskapazitäten in der Branche, hohen fixen Kosten im Vergleich zur Wertschöpfung und schwieriger oder teurer Lagerung, (3) wenn das Produkt oder die Leistung nicht differenziert und daher einfach austauschbar sind oder (4) hohe Austrittsbarrieren bestehen, die strategischer oder emotionaler Natur sind bzw. aus fehlenden Alternativen oder hohen Kosten resultieren; Austrittsbarrieren führen zum Erhalt der Überschusskapazitäten und damit der geringen Branchenrentabilität. Grundlegende Veränderungen der Rivalität sind möglich; sie nimmt ab, wenn sich die Wachstumsrate z. B. durch neue Märkte erhöht, oder nimmt zu, wenn technologische Innovationen hohe Investitionen erfordern.

Abnehmer sind interessiert an niedrigeren Preisen oder höherer Qualität und besserem Service. Deshalb spielen sie die Wettbewerber gegeneinander aus und beeinflussen so die Kosten und die Branchenrentabilität. Ihre Verhandlungsstärke ist dann hoch, wenn die Abnehmer konzentriert auftreten oder ein hoher Anteil des Umsatzes auf sie entfällt, die Produkte einen hohen Wert für den Abnehmer haben (größere Informations- und Verhandlungsbereitschaft), außerdem standardisiert sind und damit von unterschiedlichen Lieferanten bezogen werden können. Die glaubwürdige Drohung mit einer Rückwärtsintegration und eine hohe Transparenz des Marktes für die Abnehmer, wie sie das Internet inzwischen für die meisten Produkte schafft (z. B. Beschaffungsplattformen, Preisvergleichsportale), wirken in die gleiche Richtung.

Die Verhandlungsstärke der **Lieferanten** kann sich in höheren Preisen oder geringerer Qualität niederschlagen und so die Rentabilität einer Branche beeinflussen. Dies gilt insbesondere dann, wenn Preiserhöhungen nicht an die Abnehmer weitergegeben werden können oder aufgrund der geringeren Qualität die Preise gesenkt werden müssen. Die Stärke ergibt sich gewissermaßen spiegelbildlich zu den Abnehmern; sie resultiert aus einer hohen Konzentration der Lieferanten und hohen Bedeutung des Produkts für die Branche, wenn umgekehrt die Branche für die Lieferanten vergleichsweise unwichtig ist, dort Umstellungskosten auftreten würden und keine Möglichkeiten der Substitution bestehen. Auch die Drohung mit Vorwärtsintegration kann im Einzelfall glaubwürdig sein (vgl. Kapitel 7.3.3).

Der Staat, der einen wichtigen Faktor im Branchenwettbewerb darstellt, kann als Abnehmer, seltener als Lieferant (z. B. Staatsforst) auftreten, beeinflusst aber primär durch Vorschriften, Subventionen oder Verbote die Eintritts-, gegebenenfalls auch Austrittsbarrieren, die Ersatzprodukte, die Kostenstrukturen und das Branchenwachstum. Porter sieht ihn zwar als Akteur, der strategisch zu beeinflussen ist, nicht aber als eigenständigen Faktor, sondern betont seine Wirkung durch die fünf Wettbewerbskräfte (vgl. 2013, S. 66–67).

Im Gegensatz zur klassischen Industrieökonomik, die das Verhalten der Unternehmen vorwiegend als Reaktion auf die Branchenstruktur betrachtet, verlagert Porter den Fokus auf die Unternehmen und deren **Wettbewerbsstrategien**, mit denen sie die Wettbewerbskräfte beeinflussen und die Position des Unternehmens verbessern (vgl. 2013, S. 67–72). Die Branchenstruktur wird dabei als relativ stabiler ökonomischer und technischer Kontext gesehen, sodass sich der Analyserahmen eher für vergleichsweise langsam wachsende (Oligopol-)Märkte eignet. Jedoch wird auch für diese der Kausalzusammenhang zwischen Branchenstruktur und Unternehmenserfolg in empirischen Untersuchungen nicht überzeugend gestützt. Hinweise auf die Limitationen des Modells und die Tatsache, dass es nicht umfassend theoretisch und empirisch gestützt ist, haben seiner Verbreitung jedoch keinen Abbruch getan. Das auf den ersten Blick einfache Modell wird bei genauerer Betrachtung deutlich komplexer, da es eine Vielzahl von Einflüssen auf die Wettbewerbskräfte gibt, deren Zahl sich durch eine weite Branchendefinition noch erheblich erhöht, und zudem zukünftige Veränderungen abzuschätzen sind.

Allerdings führte insbesondere Kritik an der impliziten Annahme, dass die einzelnen Wettbewerbskräfte sich auf sämtliche Unternehmen innerhalb einer Branche gleich auswirken, zu einer Ausweitung der Analyse auf brancheninterne Strukturen. Zudem hat vor allem der technologische Wandel die Branchenmerkmale schnell und grundlegend verändert, sodass die Branchenstrukturanalyse zunehmend an **Grenzen** stößt. Zum einen fällt es immer schwerer, die Grenzen einer Branche zu bestimmen, zum anderen reicht es in der Regel nicht aus, zunächst die Branche zu analysieren, um sich dann anzupassen. Es gibt vielmehr Möglichkeiten der gegenseitigen Beeinflussung, sodass die Branchenstruktur als dynamisch angesehen werden muss.

Die **Informationsquellen** für die Analyse sind vielfältig und reichen von der Befragung unternehmensinterner und -externer Experten bis hin zur Auswertung des extern in großer Vielfalt verfügbaren, teilweise auch im Unternehmen vorhandenen Sekundärmaterials. Quantifizierbare Aussagen über die Entwicklung der Wettbewerbsintensität und das Gewinnpotenzial einer Branche sind indes kaum möglich. Außerdem wird durchaus berechtigt die Frage aufgeworfen, ob das Ergebnis einer Analyse der Branchenstruktur objektiv sein kann und nicht eine Fiktion vorliegt. Einerseits besteht die Gefahr, dass Umweltinformationen in der Tendenz eher als Bedrohung denn als Chance aufgefasst werden, andererseits spielen Persönlichkeitsmerkmale bei der Identifikation und Interpretation der Informationen eine wesentliche Rolle. Dann handelt es sich mehr um die **soziale Konstruktion** einer Struktur, die Chance oder Bedrohung darstellt, je nachdem wie der Entscheidungsträger sie sieht (vgl. Bresser 2010, S. 47–48). Diese Problematik ist nicht von der Hand zu weisen und gilt ebenso für die weiteren Analysen, die daher alle umfassender Reflexion bedürfen.

6.4.2 Analyse der internen Struktur einer differenzierten Branche

Es steht außer Frage, dass die Ertragskraft der Unternehmen innerhalb einer Branche erhebliche Unterschiede aufweist. Dies lässt sich im Alltag beobachten und ist seit langem empirisch belegt (vgl. Homburg/Sütterlin 1992, S. 640–652). Auf die Erklärung dieser Unterschiede, die von strategischer Relevanz für Unternehmen ist, zielt die Analyse der brancheninternen Struktur; sie soll Leistungsdifferenzen der Unternehmen analysieren und so Anknüpfungspunkte für die Formulierung einer Wettbewerbsstrategie liefern (vgl. Porter 2013, S. 180–213).

Zumindest teilweise können die Ertragsunterschiede auf die Zugehörigkeit der Unternehmen zu unterschiedlichen sogenannten **strategischen Gruppen** zurückgeführt werden (vgl. Kapitel 3.1.2). Zu einer solchen Gruppe werden Unternehmen einer Branche zusammengefasst, die ähnliche Strategien verfolgen oder sich hinsichtlich bestimmter strategischer Dimensionen entsprechen. Die Existenz strategischer Gruppen relativiert den Einfluss der fünf Wettbewerbskräfte, deren Bedeutung für die verschiedenen Gruppen offensichtlich nicht gleich, sondern unterschiedlich ist. Strategische Gruppen können aus unterschiedlichen Gründen entstehen, beispielsweise aufgrund divergierender Stärken und Schwächen der Unternehmen, infolge des unterschiedlichen Eintritts in die Branche oder abweichender historischer Entwicklungen. Sie bilden den analytischen Zwischenschritt von der Analyse der Branche hin zu den einzelnen Konkurrenten, da der Wettbewerb mit den Konkurrenten innerhalb einer strategischen Gruppe und weniger mit Unternehmen anderer Gruppen stattfindet.

Die (Strategien der verschiedenen) Anbieter können anhand unterschiedlicher **strategischer Dimensionen** beschrieben werden, wie z. B. Kostenstruktur, Breite der Produktpalette, Umfang der Forschungs- und Entwicklungsaktivitäten, Produktqualität, vertikale Integration, Auswahl der Märkte, Preispolitik, genutzte Vertriebskanäle, Markenidentifikation oder technologischer Stand des Unternehmens. Diese Dimensionen sind nicht alle unabhängig voneinander, sondern hängen teilweise eng zusammen und können je nach Situation mehr oder weniger detailliert untersucht werden.

Auf dieser Basis erfolgt die Zusammenfassung der Unternehmen mit gleichen oder ähnlichen Strategien zu strategischen Gruppen. Diese können grafisch in einer sogenannten **strategischen (Land-)Karte** dargestellt werden, die anhand der zwei wichtigsten, voneinander möglichst unabhängigen strategischen Dimensionen gebildet wird (vgl. Porter 2013, S. 186). Für die Automobilbranche werden z. B. gern die Kriterien Durchschnittspreis und Produktprogrammbreite angeführt (vgl. Müller-Stewens/Lechner 2016, S. 176), wobei die Entwicklung der letzten Jahrzehnte deutlich macht, dass sich strategische Gruppen im Zeitablauf stark ändern können und daher der Anpassung bedürfen; so bieten die (Premium-)Hersteller Audi, BMW und Daimler, die längere Zeit als Gruppe galten, inzwischen eine Vielzahl an Modellen an, während andere Hersteller mittlerweile in diese Gruppe drängen und zumindest mit einzelnen Modellen zu direkten Konkurrenten gerechnet werden müssen. Der Marktanteil der Gruppen lässt sich durch die Größe der Symbole ausdrücken. Die mit dieser Visualisierung verbundene Konzentration auf zwei ausgewählte strategische Dimensionen darf nicht darüber hinwegtäuschen, dass die strategischen Unterschiede zwischen den Gruppen vielfältig sein können und sich die verschiedenen Dimensionen in ihrer Bedeutung möglicherweise nur graduell unterscheiden.

Dem Wechsel eines Unternehmens von der einen strategischen Gruppe in eine andere stehen Barrieren analog dem Brancheneintritt entgegen, die von Gruppe zu Gruppe unterschiedlich hoch sein können. Diese **Mobilitätsbarrieren**, deren Überwindung mit mehr oder weniger hohen Kosten und Risiken verbunden ist, liefern eine erste Begründung für die unterschiedliche Rentabilität der Unternehmen einer Branche. Gruppen mit hohen Mobilitätsbarrieren haben ein größeres Gewinnpotenzial als solche mit niedrigen; ohne Mobilitätsbarrieren würden erfolgreiche Strategien schnell imitiert und Rentabilitätsunterschiede verschwinden.

Barrieren können aus marktbezogenen Aspekten, Rahmenbedingungen der Wertschöpfung in der Branche und Strukturmerkmalen des einzelnen Unternehmens resultieren; Beispiele hierfür sind der Markenname, die Vertriebskanäle, Fertigungstechnologie, Unternehmensgröße oder das Knowhow. Da sie nicht stabil sind, sondern im Zeitablauf Veränderungen unterliegen, verändern sich einzelne Unternehmen oder ganze Gruppen und die strategische Landkarte. Außerdem weisen Unternehmen sehr spezifische Ausstattungen mit Ressourcen und Kompetenzen auf, aus denen sich unterschiedliche Möglichkeiten, aber auch Schwierigkeiten der Überwindung solcher Barrieren ergeben. Verändert sich die Struktur der Branche als Ganzes, fördert das die Dynamik der brancheninternen Struktur.

Nach der grafischen Darstellung und der Kennzeichnung der strategischen Gruppen anhand der Stärke und Zusammensetzung der jeweiligen Mobilitätsbarrieren sind analog der Branchenstrukturanalyse für die verschiedenen strategischen Gruppen die **Verhandlungsstärke** gegenüber den Abnehmern und Lieferanten sowie die Gefahr von **Ersatzprodukten** zu analysieren. Die **Rivalität** zwischen den strategischen Gruppen ergibt sich aus der Überschneidung bei den Zielkunden, der Produktdifferenzierung, der Zahl der Gruppen und ihrer Größe sowie der strategischen Unterschiedlichkeit. Den besten Schutz vor der Rivalität mit anderen Gruppen bietet ein spezifisches Marktsegment bei ausgeprägter Produktdifferenzierung und großem relativen Marktanteil, vor allem dann, wenn noch geeignete Eintrittsbarrieren bestehen.

Aus der Analyse der Branchenstruktur und der strategischen Gruppen ergibt sich die Möglichkeit einer differenzierteren Einschätzung der Wettbewerbsintensität und darauf aufbauend des **Gewinnpotenzials** eines Unternehmens, wobei nur Tendenzaussagen möglich sind: Es ist umso größer, je höher die Mobilitätsbarrieren der Gruppe, je stärker ihre Verhandlungsmacht, je niedriger die Substitutionswahrscheinlichkeit und je geringer die Rivalität mit anderen Gruppen sind. Innerhalb der Gruppe wirken zudem der Grad des Wettbewerbs und die Eintrittskosten, die Größe des Unternehmens im Vergleich zu den anderen sowie seine Fähigkeit, Strategien umzusetzen. Nicht zuletzt gibt die brancheninterne Strukturanalyse Hinweise auf potenzielle Konkurrenten auch in marginalen Gruppen, Trends in der Wettbewerbsentwicklung und zukünftige Reaktionsmuster einzelner Unternehmen. Diese Vielzahl der Einflussfaktoren liefert einen Eindruck, welche Komplexität die Analyse der Branche im Sinne Porters bereits aufweist und welchen Interpretationsspielraum sie birgt.

Die Analyse liefert Anhaltspunkte für die Wahl strategischer Optionen, wie z. B. die Stärkung der (eigenen Position in der) bestehenden Gruppe, die Schaffung einer neuen Gruppe oder der Wechsel in eine Gruppe mit günstigeren Bedingungen. Gewonnene Erkenntnisse können in die Stärken-Schwächen-Analyse einfließen, wobei es sich überwiegend um plausible, nur begrenzt theoretisch fundierte Überlegungen handelt (vgl. Bresser 2010, S. 48–50). Während Porter sich noch immer auf die Analyse der Branchenstruktur und der internen Struktur der Branche konzentriert, gibt es Weiterentwicklungen und Ergänzungen, die an verschiedenen Stellen ansetzen.

6.4.3 Konkurrenz und Kooperation: eine weitere Analyseperspektive

Während die Branchenstrukturanalyse Porters darauf fokussiert, welche Bedrohung die anderen Marktteilnehmer darstellen, erweitern Brandenburger/Nalebuff auf der Grundlage spieltheoretischer Überlegungen die Perspektive (vgl. 2008). Märkte und deren Struktur werden nicht als gegeben betrachtet, sie befinden sich vielmehr im Fluss, die Akteure verändern sie oder schaffen neue Märkte und spielen dabei verschiedene Rollen. Es gilt daher zu erkennen, welche Chancen sich für das Unternehmen aus der Interaktion mit den Marktteilnehmern ergeben können. Damit geht es nicht nur um Konkurrenz, sondern auch um die Steigerung der eigenen Leistung oder die Senkung der Kosten durch Kooperation: Coopetition, kooperativ konkurrieren, wie es der Titel der deutschen Übersetzung des vielbeachteten Buches zum Ausdruck bringt.

Das sogenannte **Wertnetz** (Value Net) bringt neben den Marktteilnehmern (Kunden, Lieferanten) die Beziehungen zwischen ihnen und die gegenseitigen Abhängigkeiten zum Ausdruck (vgl. Brandenburger/Nalebuff 2008, S. 42). Es soll Unterstützung bei der Abschätzung des Potenzials der Wertschöpfung einer Branche bieten. Von den Lieferanten erhält das Unternehmen notwendige Ressourcen (z. B. Arbeitskräfte, Rohstoffe), während die Kunden die Empfänger der Produkte oder Dienstleistungen des Unternehmens sind; der korrespondierende Finanzstrom fließt in umgekehrter Richtung. Diese Dimension bildet die **Wertschöpfung** ab, auf die sich die Branchenanalyse konzentriert.

Die zweite Dimension bilden die **Komplementoren und Konkurrenten** des Unternehmens, wobei es wichtig ist, diese nicht nur aus Sicht des Unternehmens, sondern auch aus Sicht der Kunden und Lieferanten zu betrachten. Komplementoren stellen für den Endkunden Produkte oder Dienstleistungen bereit, durch deren Existenz sich die Attraktivität des eigenen Produkts erhöht. Komplementäre Güter unterstützen sich gegenseitig in der Befriedigung des Kundennutzens, häufige Beispiele sind Würstchen und Senf oder Hardware und Software. Demgegenüber substituieren Konkurrenten das Produkt des Unternehmens, sodass das eigene Produkt an Nutzen für die Kunden verliert, wenn diese das Konkurrenzprodukt erworben haben; wer einen BMW kauft, braucht keinen Audi oder Mercedes, und es entsteht ein Verdrängungswettbewerb.

Diese Unterscheidung kann auch auf die Lieferanten übertragen werden. Ein Lieferant gilt dann als Komplementor, wenn es für ihn attraktiver ist, beide Unternehmen zu beliefern, und als Konkurrent, wenn es attraktiver ist, nur ein Unternehmen zu beliefern. So konkurrieren Unternehmen bei begrenzten Liefermengen wie etwa um Absolventen der Ingenieurstudiengänge, neuentwickelte Bauteile, z. B. den jeweils leistungsfähigsten Chip, oder Innovationen der Zulieferer in der Automobilindustrie. Bei hohen Entwicklungskosten des Lieferanten ist es dagegen deutlich attraktiver, wenn er einer größeren Nachfrage gegenübersteht; bekannte Beispiele sind Flugzeuge, Software oder auch Medikamente.

Es mag zwar in einer Betrachtungsperiode rein konkurrierende Beziehungen, wie etwa auf dem deutschen Biermarkt Veltins und Krombacher, und rein komplementäre Beziehungen mit im Wesentlichen gleichgerichteten Interessen, z. B. in der Computerbranche Intel und Microsoft, geben, jedoch kann sich das im Zeitablauf ändern. Außerdem können Akteure verschiedene Rollen spielen. Dann bestehen konkurrierende und komplementäre Beziehungen zu Marktteilnehmern entweder zum gleichen Zeitpunkt oder im Zeitablauf wechselnd; so konkurrierten beispielsweise Microsoft und Netscape um die Vorherrschaft bei den Webbrowsern, kooperierten aber bei der Entwicklung von Sicherheitsstandards im Internet. Die Analyse des Wertnetzes setzt ein **Denken in Ergänzungen** voraus, wobei die Spieltheorie als Heuristik verstanden wird und die Möglichkeit bietet, sowohl konkurrierende als auch komplementäre Beziehungen zu berücksichtigen: „Es geht darum, Wege zur Vergrößerung des Kuchens zu finden, statt mit Konkurrenten um einen bestehenden Kuchen zu streiten" (Brandenburger/Nalebuff 2008, S. 37). Tendenziell kooperiert man bei der Schaffung von Märkten, während bei ihrer Aufteilung konkurriert wird.

Da die gegebenenfalls auch nur temporäre Zusammenarbeit eine Win-win-Situation für die kooperierenden Unternehmen schaffen kann, sind neben den Bereichen, in denen Unternehmen konkurrieren, diejenigen zu identifizieren, die Möglichkeiten und Vorteile der Kooperation bieten. Dabei haben Komplementoren unterschiedlich starke Machtpositionen, wenn es um das Aufteilen des größeren Kuchens geht. Die Macht hängt von der Zahl der möglichen Komplementäre, den Umstellkosten der Kunden, den Möglichkeiten, die Produkte getrennt zu kaufen, und der Bedeutung der komplementären Leistung ab. Es steht jedoch außer Frage, dass solche Unternehmensbeziehungen nicht nur Chancen, sondern auch Risiken bergen (vgl. Bouncken u. a. 2015).

Das kooperative Verhalten kann, wenn es vorteilhafter erscheint, als sich im Alleingang im Wettbewerb zu positionieren, formal vereinbart werden oder stillschweigend erfolgen, wie z. B. die Preisgestaltung der Automobilhersteller Daimler, BMW und Audi bei vergleichbaren Modellen belegt (vgl. Magin/Heil/Fürst 2005, S. 133–134). Jedoch liefert gerade diese Branche Beispiele dafür, dass der Weg zu fragwürdigen (Kartell-)Absprachen oder auch gesetzwidrigem Verhalten möglicherweise nicht weit ist.

Das Konzept der Coopetition sensibilisiert für das Vernetzen mit Komplementoren, die meist außerhalb der Branche liegen, und lenkt damit den Blick über deren Grenzen hinaus. Die notwendige Konkretisierung des Vorgehens bei der Analyse überlassen die Autoren dem Leser bzw. den Unternehmen, jedoch weist dieses keine grundlegenden Unterschiede zu Porters Analysen auf. Da das Kooperieren aber anders als das Konkurrieren Vertrauen voraussetzt, ist die Identifikation solcher Indikatoren wichtig, die das Entstehen einer solchen Vertrauensbasis möglich erscheinen lassen.

6.4.4 Analysen angesichts verschwimmender Branchengrenzen

Da Branchen nicht nur Veränderungen im Zeitablauf unterliegen und diese Dynamik sich in den letzten Jahrzehnten deutlich erhöht hat, sondern die Branchengrenzen und Wertschöpfungsstufen immer stärker verschwimmen, ist es notwendig, über die klassischen Grenzen (der Wertschöpfungskette) einer Branche hinaus zu blicken. Als Standardbeispiel für diese Entwicklung dienen seit langem Tankstellen, die heutzutage eher kleinen Supermärkten ähneln. Mit der Verbreitung des Internets, konvergierenden Technologien und verändertem Kundenverhalten hat das inzwischen nahezu alle Branchen erfasst. Im Laufe der Zeit haben Porters Analysen deshalb vielfältige Erweiterungen erfahren (müssen).

Eine solche Erweiterung stellt die Analyse des sogenannten **Profit Pools** dar (vgl. Gadiesh/Gilbert 1998a). Damit wird der Blick über das bisherige Leistungsangebot hinaus auf die anderen Stufen der gesamten Wertschöpfungskette in einer sehr weit gefassten Branche gelenkt. Diese kann von der Gewinnung des Rohmaterials bis zur Entsorgung des Produktes reichen. Den Profit Pool bildet der Gesamtgewinn einer Branche, der sich auf die verschiedenen Stufen der Wertschöpfung aufteilt. Die Analyse soll dessen Struktur, d. h. das Verhältnis von Erlös zu Gewinn je Aktivität, aufzeigen, um die profitablen und weniger profitablen Wertschöpfungsstufen erkennen zu können.

Dazu sind erstens die einzelnen Wertschöpfungsstufen und -aktivitäten zu identifizieren, die aktuell und zukünftig den Profit Pool bestimmen. Die Branche wird dabei so weit definiert, dass sie auch Produkte, die in einem engen Zusammenhang (z. B. Ersatzteile) stehen, und Dienstleistungen von dritter Seite umfasst. Auf dieser Grundlage ist zweitens das Volumen des Pools abzuschätzen, wobei verschiedene Perspektiven (z. B. nach Unternehmen oder Produkten) eingenommen werden. Drittens sind die Gewinne in den einzelnen Wertschöpfungsstufen zu schätzen, wozu gegebenenfalls eine differenzierte Betrachtung nach Unternehmen, Produkten oder Kunden notwendig ist. Da die Ermittlung der Gewinne erhebliche Probleme bereiten kann, gilt es, viertens die Schätzungen des zweiten und dritten Schritts zu vergleichen, das Ganze auf Plausibilität zu prüfen und Unstimmigkeiten aufzulösen (vgl. Gadiesh/Gilbert 1998b).

Die Qualität der Analyse hängt wesentlich von der Datenlage ab. Diese kann für mehr oder weniger große Teile der Branche (sehr) schlecht sein, sodass die Schätzungen und die Prognose der jeweiligen Entwicklungen nur sehr grob ausfallen können.

Die Analyse bildet eine im Einzelfall mehr oder weniger aussagefähige Grundlage, auf der entschieden werden kann, ob Unternehmensaktivitäten ausgedehnt oder aufgrund der zukünftigen Entwicklung aufgegeben werden sollen. Ein bekanntes Beispiel für Verschiebungen im Profit Pool bietet die Automobilbranche, in der ein Großteil der Profitabilität inzwischen „downstream" erwirtschaftet wird, d. h., von der Dominanz des Neuwagengeschäfts zu Beginn der Automobilisierung zum heutigen Systemgeschäft (Service, Teilegeschäft, Finanzdienstleistungen) gewandert ist. Mit der Zunahme von Full-Service-Leasing, Mietmodellen, Car Sharing und alternativen Mobilitätsangeboten entstehen weitere Ertragspotenziale im Downstream-Segment, während „upstream" (Fahrzeugentwicklung und -produktion) nur noch in Nischen hohe Erträge möglich sind (vgl. Stricker/Matthies/Tsang 2011, S. 11–12).

Ähnliche Überlegungen liegen der Analyse des **Revenue Stream** zugrunde (vgl. Ealey/Troyano-Bermúdez 1996 und 2000). Dieser bringt im Gegensatz zum Profit Pool nicht die Gewinne, sondern nur die Verteilung der Erlöse auf die Wertschöpfungsstufen, die komplementären Produkte und den Produktlebenszyklus zum Ausdruck. Die Erlöse haben zwar eine geringere Aussagefähigkeit als die Gewinne, sind aber einfacher zu ermitteln. In der Automobilbranche entfielen bereits 1995 lediglich noch 43 % der Erlöse auf den Hersteller, während der Rest unter anderem an Versicherungen, Tankstellen, Werkstätten ging (vgl. Ealey/Troyano-Bermúdez 1996, S. 70).

Daneben spielen in der Analyse unterschiedliche Lebenszykluskonzepte eine Rolle, die eine Analogie zum Werden und Vergehen biologischer Systeme unterstellen. Sie dienen als Heuristiken, um eine Verortung des Marktes oder der Branche in einem Lebenszyklus vorzunehmen und Erkenntnisse für Strategieentscheidungen abzuleiten. In diese Kategorie kann man die sogenannte **Value Migration** einordnen; sie bezeichnet die Verschiebung des Unternehmenswertes zwischen Branchen oder den Unternehmen einer Branche, aber auch die Verschiebung zwischen Unternehmensbereichen innerhalb eines Unternehmens.

Betrachtet wird dabei die Veränderung der Kennzahl Marktwert/Umsatz im Zeitablauf, wobei Slywotzky drei Phasen unterscheidet, in denen der Wert zunächst steigt, sich dann stabilisiert und schließlich zurückgeht (vgl. 1997, S. 47–63). Bei einer hohen Ausprägung der Kennzahl (> 2) erwarten Anleger hohe Renditen aufgrund geringen Wettbewerbs und hohen Marktwachstums, sodass es zu einer Marktwertsteigerung kommt. Stabiler Wettbewerb, konstanter Marktanteil und unveränderte Gewinnmargen kennzeichnen die Phase der Wertstabilität (mit einem Kennzahlwert zwischen 0,8 und 2), während intensiver Wettbewerb, rückläufiger Umsatz und sinkende Gewinnmargen in die Phase des Wertrückgangs führen (Kennzahl < 0,8), in der Unternehmen Ressourcen und Kunden verlieren. In der dritten Phase gelingt es Unternehmen immer weniger, Wert zu generieren; dieser fließt ab zu Wettbewerbern mit überlegenen Produkten oder Leistungen.

Als Beispiel wird gern die Computerindustrie angeführt; während in den 1970er und 1980er Jahren der Wertschöpfungsfokus im Hardwarebereich lag, hat sich dieser seit den 1990er Jahren deutlich zugunsten der Softwarehersteller und Serviceanbieter verschoben. Solche idealisierten Lebenszyklen und Wertverschiebungen können Anhaltspunkte für eventuelle Veränderungen bei den Konkurrenten und für die strategische Positionierung des eigenen Unternehmens geben, ermöglichen aber keinesfalls konkrete Aussagen und Prognosen. Den Modellen fehlen die theoretische Grundlage und die empirische Bestätigung.

6.4.5 Analysen dekonstruierter Wertschöpfungsstrukturen

Die Auflösung der Branchengrenzen hat auch damit zu tun, dass es heute wesentlich leichter fällt, einzelne Stufen aus den Wertschöpfungsketten herauszulösen, sie zu verselbstständigen und zu neuen Wertschöpfungsketten zu kombinieren. Angesichts solcher Dekonstruktionsprozesse lassen sich Wettbewerbsvorteile häufig nicht mehr auf der Grundlage gewachsener Wertschöpfungsketten erzielen; vielmehr werden veränderte Wertschöpfungsarchitekturen zu wesentlichen Wettbewerbsfaktoren und Quellen von Wettbewerbsvorteilen (vgl. Heuskel 1999, S. 36–73). Diese Veränderungen gilt es, frühzeitig zu erkennen und die Auswirkungen zu analysieren. Die sogenannte **Dekonstruktionsanalyse** knüpft an diesen Überlegungen an und beschäftigt sich mit Wertschöpfungsarchitekturen und ihren Veränderungen sowie deren Auswirkungen. Dabei werden vier **grundlegende Wertschöpfungsarchitekturen** unterschieden:
- Schichtenspezialist,
- Pionier,
- Orchestrator und
- Integrator.

Schichtenspezialisten (Layer Player) konzentrieren sich auf eine (oder wenige) Stufe(n) (z. B. Produktion, Vertrieb), die sie aus der bisher integrierten Wertschöpfungskette herauslösen und über mehrere Branchen hinweg anbieten. Ziel ist es, Spezialisierungs- und Größenvorteile zu erzielen und gleichzeitig eine hohe Qualität zu bieten. Das setzt voraus, dass einerseits die Leistung unabhängig von den übrigen Stufen erbracht und transferiert werden kann, andererseits ein Markt dafür besteht oder sich noch bildet. Typische Beispiele sind Produktionsspezialisten in der Elektronik, System- bzw. Modullieferanten oder Nischenmodellfertiger in der Automobilindustrie, aber auch die im Zuge eines Business Process Outsourcing entstandenen Kooperationspartner aus unterschiedlichen Bereichen (z. B. IT, Beschaffung, Buchhaltung, Personal).

Pioniere (Market Maker) unternehmen den Versuch, neue Wertschöpfungsstufen zusätzlich in bestehende Wertschöpfungsketten zu integrieren, diese mit einem eigenen Standard zu besetzen und zu kontrollieren. In der Regel bieten sie Leistungen, die aus Innovationen resultieren und über mehrere Branchen hinweg von Nutzen sind. Beispiele sind das elektronische Reservierungssystem Sabre, das zunächst bei einer Fluggesellschaft eingeführt wurde und mittlerweile als weltweites Distributionssystem von verschiedensten Anbietern touristischer Leistungen genutzt wird, sowie der weltgrößte Online-Marktplatz eBay oder bekannte Zinsportale (z. B. Weltsparen). Durch diese neue Stufe oder Funktion kommt es zu zusätzlichen Transaktionen oder einem Aufeinandertreffen von Angebot und Nachfrage, das ohne diese Koordinations-, Mittler- oder Brokerfunktion nicht zustande käme. Es entsteht ein Wettbewerb um diese Funktion, deren Wert mit der Zahl der Nutzer steigt. Daher erringt der Marktführer eine nachhaltige Wettbewerbsposition und kann einen erheblichen Teil der Rendite abschöpfen; es besteht sogar die Tendenz zum Monopol.

Orchestratoren fokussieren ihre Aktivitäten auf einzelne Elemente der Wertschöpfungskette (z. B. Produktentwicklung, Marketing) und sind in der Lage, ein Netzwerk aus Zulieferern und Spezialisten aufzubauen, zu koordinieren und es langfristig zu erhalten. Das setzt zum einen die Koordinationsfähigkeit, zum anderen eine starke Position z. B. aufgrund der Marke, der Marktkenntnis oder des Vertriebskanals voraus. Die Entwicklungen der Informations- und Kommunikationstechnologie haben diese Architektur befördert, bei der man auch von virtueller Organisation spricht. Bei Konsumgütern mit hoher Bedeutung der Marke ist eine Auskopplung der Produktion und Tendenz zum Orchestrator festzustellen; bekannte Beispiele gibt es in der Sportartikelbranche mit Adidas und Nike.

Integratoren kontrollieren den Großteil einer Wertschöpfungskette und haben ihre Berechtigung, wenn sie zum einen auf sämtlichen Stufen mit den Schichtenspezialisten konkurrieren können, zum anderen Transaktionskostenvorteile gegenüber den Orchestratoren erzielen. Sie finden sich dort, wo es großer Investitionen bedarf, die mit hohen Risiken verbunden sind wie beispielsweise im Energiesektor und der Pharmaindustrie. Die Vorteilhaftigkeit der Integration muss sehr konsequent reflektiert werden, da Wanderungsbewegungen der Profitabilität entlang der Wertschöpfungskette auftreten können.

Die Berücksichtigung neuer Wertschöpfungsarchitekturen eröffnet Unternehmen neue Gestaltungsoptionen, um Wettbewerbsvorteile zu gewinnen und aktiv Wachstumschancen zu erschließen. Anstatt sich an die durch ein bestimmtes Produkt, eine bestimmte Dienstleistung oder eine bestimmte Branche definierte Zwecksetzung zu binden und den Fokus auf die Optimierung der eigenen, integrierten Wertschöpfungskette zu legen, können beispielsweise Spezialisierungsvorteile auf einer Wertschöpfungsstufe genutzt werden. Der Verzicht auf eine integrierte Wertschöpfungskette setzt Ressourcen frei, die anderweitig investiert werden können.

Die vier Architekturen sind als Typen zu verstehen, die nicht in dieser Reinform auftreten müssen; vor allem finden sich **Übergangsformen** beispielsweise vom integrierten Unternehmen zum Schichtenspezialisten oder Orchestrator, wobei auch Entwicklungen in umgekehrter Richtung möglich sind. Wichtig ist zu erkennen, dass die Wertschöpfungsstruktur einer Branche der Dynamik unterliegt, die in der Regel die

Wettbewerbssituation verändert und die deshalb Gegenstand der Analyse und strategischer Überlegungen sein muss. Da die Architekturen unterschiedliche Ressourcen und Kompetenzen erfordern, sind grundlegende Entscheidungen notwendig, die ein Unternehmen längerfristig binden und auch einen erheblichen zeitlichen Vorlauf benötigen (können). Deshalb sollten branchenrelevante Entwicklungen frühzeitig erkannt oder proaktiv angestoßen werden.

Die Analyse von Wertschöpfungsarchitekturen jenseits der eigenen Branche kann hierzu Anhaltspunkte liefern. Jedoch dürfen **scheinbare Trends** nicht überbewertet bzw. Entwicklungen, nur weil sie auf den ersten Blick plausibel erscheinen, nicht unreflektiert bleiben. So ändert gerade die „Avantgarde des digitalen Kapitalismus" seine Wertschöpfungsstruktur und damit Strategie und Geschäftsmodell (Rest 2018). Die Zeit, in der beispielsweise Facebook keine Inhalte erstellt, Uber kein Fahrzeug, Alibaba kein Inventar oder Airbnb keine Immobilie besitzt, ist vorbei. Facebook produziert TV-Sendungen, Uber investiert in Volvo-SUV, Alibaba in Supermärkte und Einkaufszentren, Airbnb in eigene Appartments, da der Wettbewerb sich schnell verändert, aber auch z. B. die Verkehrsbehörden Uber oder die Städte Airbnb unter Druck setzen. Selbst die Pizzabestellplattformen sind auf dem Weg zu eigenen Lieferflotten und eigenen Küchen. Aus den reinen Market Makers werden Medien-, Mietwagen-, Hotel- oder Handelsunternehmen.

6.4.6 Analyse weiterer Ursachen der Branchendynamik

Innovationen bilden eine weitere Ursache der hohen Dynamik in vielen Branchen und müssen deshalb in den Blick genommen werden, um sich ein Bild von der – zukünftigen – Wettbewerbssituation machen zu können. In den Fokus rücken unbesetzte Positionen im Wettbewerbsumfeld, die es erlauben, eine überlegene Wettbewerbsposition zu erlangen. Dabei handelt es sich um neue Kundensegmente, neue bzw. nicht befriedigte Kundenbedürfnisse oder neue Möglichkeiten der Erstellung oder Verfügbarmachung einer Leistung; Markides spricht in diesem Zusammenhang von strategischen Innovationen (vgl. 1997, S. 12). Damit verwandt ist die Nutzeninnovation, die völlig neue Nutzendimensionen in einem vorhandenen Markt bietet oder sich gleich einen neuen Markt schafft (vgl. Kim/Mauborgne 1997). Bei beiden Konzepten geht es darum, mit den bisherigen Konventionen im Wettbewerb zu brechen und so einen überlegenen Kundennutzen zu generieren, es handelt sich um sogenannte disruptive Innovationen (vgl. Markides 2006).

Der Begriff der **disruptiven Innovation** bezieht sich ursprünglich auf technologische Innovationen, die etablierte Technologien ersetzen oder obsolet machen, wird aber inzwischen auf Produkte und Geschäftsmodelle ausgedehnt (vgl. Christensen 2006; auch Christensen/Matzler/von den Eichen 2013; Christensen/Raynor/McDonald 2016). Solche revolutionären Innovationen können für etablierte Unternehmen eine Bedrohung darstellen, aber auch Chancen bieten. Im Gegensatz zu den evolutionären

Innovationen, die für Kunden wesentliche Merkmale der Leistung oder des Produkts verbessern und auf anspruchsvolle(re) Kunden zielen, setzen disruptive Innovationen auf andere Merkmale, die das neue Angebot als unterlegen erscheinen lassen. Diese Produkte oder Leistungen werden anfangs günstiger angeboten und wenden sich zunächst an preissensible Kunden, die z. B. geringere Ansprüche an die technischen Eigenschaften haben und gleichzeitig die einfachere Bedienung schätzen. Durch Verbesserungen im Zeitablauf werden die Produkte jedoch für einen größeren Kundenkreis interessant. Unterscheidet sich das Leistungsangebot sehr deutlich von dem bisherigen Angebot, kann ein komplett neuer Markt entstehen, der eine Bedrohung darstellt, sobald er für die Kunden im eigenen Markt interessant wird.

Märkte, die noch nicht existieren, lassen sich aber nicht in der Form analysieren wie etablierte Branchen, auch wenn sie zur Gefahr für diese werden. Vielmehr treten erhebliche Probleme auf, wenn es darum geht, disruptive Innovationen oder die Entwicklung dahin so frühzeitig zu erkennen, dass eine Anpassung der Strategien im Unternehmen möglich ist. Es gilt dabei, bewusst Etabliertes, übliche Prognosen und Strategien infrage zu stellen und zu bedenken, dass disruptive Innovationen überall entstehen können; Beispiele aus vielen Branchen zeigen das: Discounter, Laserdrucker, Mobiltelefon, Digitalkamera, Online-Buchungssysteme, Online-Handel, Elektroauto, Tablet.

Hilfestellungen für die **Analyse** finden sich in der Literatur kaum; die Rede ist wenig konkret von einem explorativen Vorgehen oder „discovery-based planning", bei dem Prognosen und Strategien infrage gestellt werden und Lernen wichtig ist (Christensen/Matzler/von den Eichen 2013, S. 15). Einen Anknüpfungspunkt bieten die Kunden, für die zu klären ist, ob sich eine Tendenz zur Überversorgung zeigt, Leistungsmerkmale oder Services nicht genutzt werden bzw. Beschwerden über komplizierte oder teure Produkte auftreten und deshalb eine gewisse Offenheit für neue einfache und günstigere Angebote besteht. Während erhaltende Innovationen (sustaining innovations) auf den unterversorgten, mit dem aktuellen Angebot nicht vollständig zufriedenen Kunden zielen, sind disruptive Innovationen für den überversorgten Kunden interessant. Diesen sprechen Innovationen an, die am unteren Ende des Marktes, z. B. Discounter oder Billig-Airlines, entstehen (low-end disruption) oder die aufgrund neuer Technologien, z. B. Elektroauto, neue Märkte schaffen (new-market disruption) (vgl. Christensen/Matzler/von den Eichen 2013, S. 6–10).

Die Aufmerksamkeit muss daher Entwicklungen gelten, die sowohl in unteren Marktsegmenten als auch jenseits des Marktes zu beobachten sind und das Potenzial haben, sich im Kernmarkt zu etablieren oder eine Abwanderung der Kunden zu verursachen. Da hierbei die jeweiligen Einschätzungen sehr unterschiedlich sein können, sollten diese aus jeweils verschiedenen Perspektiven innerhalb und außerhalb des Unternehmens vorgenommen werden (vgl. Hungenberg 2014, S. 143–144) – ein Vorgehen, das im Rahmen der Erstellung von Szenarien gut vorstellbar ist, aber auch den Raum für intuitives Entscheiden bietet.

Grundsätzlich können Checklisten helfen, die verschiedene, den Verlauf einer disruptiven Innovation beeinflussende Faktoren aufzeigen; deren Bandbreite reicht von unterversorgten Marktsegmenten und Lieferantenzugang über relevante Standards und Infrastrukturvoraussetzungen bis hin zur Stärke der Unternehmenskultur und dem Ausmaß der gegenwärtigen und zukünftigen Marktanteilsverschiebung (vgl. Rafii/Kampas 2002, S. 117). Ob die einzelnen Einflussfaktoren dann auch noch (ordinal) bewertet, gewichtet und aggregiert werden müssen, ist kritisch zu hinterfragen; der Informationszugewinn scheint den Verlust an gesamthafter Einschätzungsmöglichkeit auf der Grundlage detaillierter Informationen nicht aufzuwiegen.

Selbst wenn es gelingt, solche Entwicklungen zu identifizieren, besteht noch das Problem, sie richtig einzuschätzen und entsprechende Konsequenzen daraus zu ziehen (vgl. Christensen/Matzler/von den Eichen 2013, S. 5–10). Unternehmen stehen dabei vor dem **Dilemma**, dass es eigentlich nahe liegt, in evolutionäre Innovationen zu investieren, für die es zunächst zwar eine Nachfrage gibt, die aber gleichzeitig immer näher an das obere Ende der Leistungsanforderungen des Marktes führen. Diesen gegenüber stehen die disruptiven Innovationen, für die es zunächst keine attraktiven Kunden gibt, da sie deren Anforderungen nicht erfüllen, während sie auf längere Sicht die Gefahr bergen, wettbewerbsfähig zu werden. So dominierte beispielsweise das Unternehmen Blockbuster Inc. zunächst den US-Markt für den Verleih von DVD und Blu-Ray, reagierte dann jedoch nicht adäquat auf die durch technologische Entwicklungen ermöglichten (Geschäftsmodell-)Innovationen der Wettbewerber wie Netflix oder Amazon (vgl. Nicolai/Schuster 2018, S. 18).

Geht es darum, unberührte Märkte, die keinen oder kaum Wettbewerb aufweisen (blaue Ozeane), zu identifizieren, statt in gesättigte Märkte mit ausgeprägtem Wettbewerb (rote Ozeane) zu investieren (vgl. Kim/Mauborgne 2016, S. 3–21; auch 7.3.4 und 7.7.5), verändert sich zwar die Perspektive der Analyse, nicht aber die Situation. Diese ist intransparent und das Vorgehen ebenso schwierig. Es gilt, sämtliche Merkmale des Produkts oder der Leistung zu erfassen, die wettbewerbsrelevant sind und in die investiert wird (z. B. Preis, Marke, Qualität, Service). Ebenso ist relevant, welche Bedeutung diesen Merkmalen seitens der Anbieter und Nachfrager (zukünftig) zugemessen wird. Das Ergebnis kann in einer Nutzen- bzw. Wertkurve (strategische Kontur) abgebildet werden (vgl. Kim/Mauborgne 2016, S. 24–28). Um einen **blauen Ozean** zu erobern, muss die Nutzenkurve verändert werden. Dazu können Merkmale eliminiert, ihre Ausprägungen reduziert oder deutlich gesteigert sowie letztlich neue Merkmale kreiert werden. Die Auseindersetzung mit dem Markt bzw. den Wettbewerbern und Kunden in dieser Form muss im Unternehmen nicht in eine Nutzeninnovation münden, sie kann auch Anregungen für eine gezielte Suche nach disruptiven Entwicklungen liefern. Dabei ergibt sich ein enger Zusammenhang mit der Generierung von Diskontinuitäten im Rahmen der Szenarienentwicklung.

6.5 Analyse der Konkurrenten

Über die bisherigen Analysen hinaus spielt als Grundlage strategischer Entscheidungen und für die Bestimmung der Stärken und Schwächen des eigenen Unternehmens die vertiefte Kenntnis der Konkurrenten eine Rolle. Diese lassen sich differenzieren in die aktuellen Konkurrenten (in der strategischen Gruppe), die potenziellen Konkurrenten aus der eigenen Branche, aber auch potenzielle Konkurrenten aus anderen Branchen. Zudem können sogenannte operative Wettbewerber, mit denen man sich in einem Geschäftsfeld vergleicht, und strategische Wettbewerber, mit denen man sich als Gesamtunternehmen vergleicht, unterschieden werden, auch wenn das sprachlich eher irreführend ist; z. B. sieht Volkswagen Daimler als strategischen Wettbewerber, während auf der (Geschäftsfeld-)Ebene des VW Golf beispielsweise mit dem Opel Astra oder Ford Focus Konkurrenz besteht (vgl. Kreikebaum/Gilbert/Behnam 2018, S. 243).

Bei der Identifikation der **relevanten Konkurrenten** geht es nicht nur um die starken gegenwärtigen Wettbewerber, wichtig ist es außerdem, diejenigen zu erkennen, die möglicherweise neu in den Markt eindringen oder durch Akquisition bzw. Zusammenschluss auch mit Branchenfremden ihre Wettbewerbsstärke ausbauen. Da aufgrund mangelnder Ressourcen (Geld, Zeit) Informationen nicht flächendeckend gesammelt und ausgewertet werden können, ist man gezwungen auszuwählen. Allerdings gilt es, die Auswahl der gegenwärtigen Wettbewerber anhand von Schätzwerten vorsichtig zu treffen (z. B. die drei umsatzstärksten Konkurrenten); die Zahl der Konkurrenten variiert von Branche zu Branche und kleine(re) Unternehmen können schnell wachsen. Als potenzielle Konkurrenten sind vor allem Anbieter anzusehen, die bereits Kunden- oder Produktkenntnisse aufweisen und/oder auf den vor- oder nachgelagerten Wertschöpfungsstufen tätig sind; gegebenenfalls treten sie im Zuge potenzieller strategischer Innovationen auf.

Die **Konkurrentenanalyse** orientiert sich noch immer an Porters Überlegungen; sie enthält vier Elemente (vgl. 2013, S. 88–119):
- die zukünftigen Ziele und
- die gegenwärtigen Strategien, aber auch
- die Annahmen sowie
- die Ressourcen und Kompetenzen des Konkurrenten.

Vergleicht man die **zukünftigen Ziele** des Konkurrenten mit seiner gegenwärtigen Position, können daraus Anhaltspunkte für einen Strategiewechsel oder die Intensität einer Reaktion auf äußere Ereignisse bzw. eigene Maßnahmen abgeleitet werden. Relevant sind dabei finanzielle, marktliche und technologische Ziele auf Unternehmens- und Geschäftsbereichsebene.

Die **gegenwärtigen Strategien** des Konkurrenten beeinflussen dessen aktuelles Wettbewerbsverhalten und bilden den Schwerpunkt der Konkurrentenanalyse. Relevante Informationen in diesem Zusammenhang sind z. B. die Definition des Geschäftsfelds, die Segmentierung des Markts, die Ausrichtung des Gesamtportfolios, die aktuellen Ziele und Ergebnisse, aber auch die Organisation und die Ressourcen.

Die **Annahmen** des Konkurrenten beziehen sich zum einen auf dessen eigene Situation (z. B. Einschätzung eigener Stärken), zum anderen auf die Branche (z. B. Einschätzung von Branchentrends); sie bestimmen sein Verhalten und seine Reaktion auf Ereignisse. Hinweise darauf geben Ziele und Strategien, die Unternehmenskultur, aber auch der Werdegang hochrangiger Führungskräfte.

Zwar haben die Ziele, Annahmen und Strategien Einfluss auf Wahrscheinlichkeit, Art und Richtung, Zeitpunkt und Intensität der Reaktion des Wettbewerbers, jedoch bestimmen in erster Linie dessen konkreten **Ressourcen und Kompetenzen** (in Form seiner Stärken und Schwächen) die Möglichkeit, neue Strategien zu initiieren, bestehende zu ändern oder auf Wettbewerber zu reagieren.

Darüber hinaus wird in diesem Zusammenhang auf Aspekte wie die Unternehmenskultur, die Kostenstruktur und die speziellen Austrittsbarrieren der Konkurrenten hingewiesen (z. B. Aaker 1989, S. 79–80). Mit der Bedeutung strategischer Ressourcen und Kompetenzen als Quellen von Wettbewerbsvorteilen geraten diese in den Fokus der Konkurrentenanalyse, ungeachtet der Schwierigkeiten, die bereits deren Analyse im eigenen Unternehmen mit sich bringt. Dies gilt auch für die Wertschöpfungskonfigurationen der Konkurrenten, wenn diesen besondere strategische Bedeutung zugemessen wird.

Die Qualität einer Konkurrentenanalyse hängt entscheidend von der Beschaffbarkeit der benötigten **Informationen** ab. Diese können aus einer Vielzahl von Quellen stammen: Jahresberichte, Unternehmensveröffentlichungen, Patentanmeldungen, Interviews und Zeitschriftenbeiträge der Führungskräfte, Lieferanten, Abnehmer, Messen, Ausstellungen, Presseberichte oder Verbandsveröffentlichungen; darüber hinaus kann man auf Informationen der Mitarbeiter, persönliche Kontakte und ähnliches zurückgreifen. Die rechtlichen Verpflichtungen sowie die hohen Informationsanforderungen der Investoren und anderer Stakeholder haben dazu geführt, dass viele Unternehmen eine umfangreiche Publizität haben, während die Informations- und Kommunikationstechnologie die Recherche erheblich erleichtert.

Außerdem stellen Unternehmensberatungen, die in mehreren Unternehmen einer Branche tätig sind, eine beliebte Informationsquelle dar, um Einblick in die Praktiken und Kompetenzen der Konkurrenz zu erhalten, auch wenn viele dieser Informationen aus Gründen der Vertraulichkeit allenfalls implizit in Form des bestehenden Branchen-Knowhow (oder unter der Hand) weitergegeben werden. Ist das noch zu wenig oder vor allem zu wenig aussagefähig, bietet sich die Möglichkeit, eine Dienstleistung zu nutzen, die als Competitive Intelligence oder „Marktforschung für Erwachsene" bezeichnet wird (vgl. Beutelsbacher 2016; auch Michaeli 2006); sie ist teilweise nicht weit von der Wirtschaftsspionage bzw. Konkurrenzausspähung entfernt, die Schäden in beträchtlicher Milliardenhöhe verursacht (vgl. Kasper 2014). Große Unternehmen bauen dafür eigene Abteilungen auf, kleinere nutzen externe Spezialisten. Diese sollen ganz legal, aber eben auch am Rande der Legalität aufdecken, was bei der Konkurrenz geplant, verhandelt oder entwickelt wird. Dazu werden beispielsweise Fabriken beobachtet und Mitarbeiter in unterschiedlichsten Situationen verdeckt befragt. Der Markt wächst, auch in Deutschland gibt es einen entsprechenden Branchenverband (Deutsches Competitive Intelligence Forum).

Die Menge an Informationen, die im Zuge der Analyse gewonnen werden kann, ist erheblich und zum Teil widersprüchlich, sodass eine Auswahl erfolgen muss. Die Erstellung eines Verhaltensprofils des jeweiligen Konkurrenten erfordert die **Interpretation** der Marktsignale sowie der öffentlichen Ankündigungen, Diskussionen und Begründungen, aber auch des Konkurrentenverhaltens, da Absichten und Annahmen nicht unmittelbar erhoben werden können. Dabei gilt es grob abzuschätzen, ob der Konkurrent mit der gegenwärtigen Situation zufrieden ist oder strategische Veränderungen vornehmen wird bzw. wo er besonders verwundbar ist und welche Maßnahmen Reaktionen hervorrufen. Diese Interpretation kann beträchtliche Schwierigkeiten bereiten, auch wenn sie auf der Grundlage der Erkenntnisse regelmäßiger Analysen erfolgt. Nicht immer lassen sich Reaktionsmuster erkennen, die Anhaltspunkte für zukünftiges Verhalten geben. Aber nur so ist es möglich, neben den zukünftigen strategischen Schritten der Konkurrenz deren voraussichtlichen Reaktionen auf das eigene strategische Handeln abzuschätzen und Überlegungen anzustellen, wie das Konkurrentenverhalten selbst genutzt werden kann.

6.6 Analyse des Unternehmens

Als klassischer Zugang der Analyse des Unternehmens ist die Suche nach den Potenzialen der **Funktionsbereiche** zu sehen. Hofer/Schendel unterscheiden die Funktionsbereiche Forschung und Entwicklung, Produktion, Marketing, Finanzen und Management, die dann hinsichtlich fünf Ressourcenarten untersucht werden (vgl. 1978, S. 144–153): (1) finanzielle Ressourcen (Cashflow, Kreditwürdigkeit etc.), (2) physische Ressourcen (Gebäude, Anlagen, Verkaufs-/Servicestellen etc.), (3) personelle Ressourcen (Wissenschaftler, Ingenieure, Facharbeiter etc.), (4) organisatorische Ressourcen (Controllingsystem, Qualitätskontrolle etc.) sowie (5) technologische Ressourcen (Qualitätsstandards, Knowhow etc.).

Diese Ressourcen spiegeln die potenziellen Stärken und Schwächen eines Funktionsbereichs wider. Da die konkrete Ausgestaltung der Funktionsbereiche sowie die Zuordnung verschiedener Teilbereiche zu diesen vom Einzelfall abhängen, sind weder allgemeine Aussagen noch Vergleiche mit anderen Unternehmen, die zur Einschätzung notwendig sind, ohne weiteres möglich. Zentrale Bedeutung haben in diesem Zusammenhang die finanziellen Ressourcen, die den Rahmen für die Schaffung und den Einsatz der übrigen Ressourcen abstecken.

Diese Analyse ermöglicht zwar eine starke Detaillierung innerhalb der Funktionsbereiche, erschwert aber eine über die Grenzen der teilweise willkürlich gebildeten Bereiche hinausgehende Betrachtung. Man blendet Interdependenzen zwischen den Funktionsbereichen aus, obwohl gerade der Umgang mit internen Schnittstellen eine wesentliche Erfolgsvoraussetzung darstellen kann. Darüber hinaus werden immaterielle Ressourcen wie das explizite und vor allem das implizite Wissen im Unternehmen oder die Unternehmenskultur bei dieser Betrachtung nicht in den Blick genommen. Da größere Unternehmen nicht funktional gegliedert sind, sondern eher objektorientierte Strukturen aufweisen und eine Dezentralisierung erfahren, wird diese Betrachtungsperspektive sowohl auf Gesamtunternehmensebene als auch auf der Ebene der Geschäftsbereiche oder (strategischen) Geschäftseinheiten den strategischen Informationsbedürfnissen nicht gerecht.

An ihre Stelle sind Analysen des Wertschöpfungsprozesses sowie der (strategischen) Ressourcen und Kompetenzen getreten, die im Folgenden ausführlicher betrachtet werden. Als Ergänzung dieser Analysen behält die funktionsbereichsbezogene Betrachtung jedoch ihre Bedeutung, da gerade für den Aufbau längerfristiger Erfolgspotenziale funktionale Strategien eine wichtige Rolle spielen (vgl. Kapitel 7.8).

6.6.1 Wertschöpfungsbezogene Analyse

Mit der Betrachtung des Wertschöpfungsprozesses sollen die wesentlichen Nachteile der funktionsbereichsbezogenen Analyse vermieden werden. Dabei geraten die verschiedenen wertschöpfenden Tätigkeiten und die Interdependenzen zwischen den unterschiedlichen Wertschöpfungsstufen in den Fokus, jedoch wird hier vorrangig die Ebene der Geschäftseinheiten, nicht das Gesamtunternehmen betrachtet. Den Ausgangspunkt dafür bildet das sogenannte Geschäftssystem (vgl. Gluck 1980, S. 27–30), das von Porter weiter ausgearbeitet und als Konzept der **Wertkette** in der strategischen Diskussion populär gemacht wurde (vgl. 2014, S. 61–94).

Die Wertkette hat nicht unmittelbar etwas mit der Aufbauorganisation des Unternehmens zu tun, spiegelt in der Regel aber auch nicht die Ablauforganisation wider. Sie stellt einen Analyserahmen für die Identifikation wertschöpfungsbezogener Aktivitäten (Wertaktivitäten) dar. Ausgehend von dem Gesamtwert der Leistung (Marktpreis) wird das Unternehmen in strategisch relevante wertsteigernde Aktivitäten gegliedert, die es hinsichtlich ihres Beitrags zur Wertschöpfung zu analysieren gilt. Die Differenz zwischen dem Marktpreis und den Kosten bildet die Gewinnspanne des Unternehmens ab. Werden die verschiedenen Wertaktivitäten in einem Unternehmen kostengünstiger oder qualitativ besser erbracht als bei den Konkurrenten, kann dies Wettbewerbsvorteile in Form von Kosten- oder Differenzierungsvorteilen generieren. Die notwendigen Vergleichsinformationen dafür sollten aus der Konkurrentenanalyse oder gegebenenfalls einem Benchmarking kommen.

Porter unterscheidet primäre und unterstützende Aktivitäten, die grundsätzlich in allen Unternehmen auftreten und branchenunabhängig sind (vgl. 2014, S. 67–73; Abbildung 6.1). **Primäre Aktivitäten** dienen der Herstellung von Produkten oder

Dienstleistungen und der Versorgung des Marktes mit diesen Erzeugnissen: Eingangslogistik, Leistungserstellung (Operationen), Ausgangslogistik, Marketing und Vertrieb sowie Kundendienst. Die **unterstützenden Aktivitäten** Beschaffung, Technologieentwicklung (Forschung und Entwicklung), Personalwirtschaft und Unternehmensinfrastruktur (Management- und Informationssystem) bilden die notwendigen Voraussetzungen für die Primäraktivitäten.

Die primären und die unterstützenden Aktivitäten differenziert Porter weiter in direkte, an der Wertschöpfung unmittelbar beteiligte Aktivitäten (z. B. Montage, Werbung, Personaleinstellung), indirekte Aktivitäten, die die Ausführung der direkten ermöglichen (z. B. Instandhaltung, Forschungsverwaltung), sowie qualitätssichernde Aktivitäten (z. B. Überwachen, Kontrollieren, Überarbeiten); die letzten beiden fasst die klassische Kostenrechnung als Gemeinkosten zusammen, sodass die Aussagefähigkeit der Kosteninformationen stark eingeschränkt ist, obwohl der Anteil dieses Kostenblocks in vielen Branchen hoch ist (vgl. 2014, S. 73–75).

Das **Grundmodell** bildet nur den Ausgangspunkt, die Wertkette muss im Verlauf der Analyse unternehmensspezifisch konkretisiert werden. Ihre Definition, d. h. die Gliederung der Aktivitäten des Unternehmens in strategisch relevante Komponenten, hat ihren Ausgangspunkt in der Organisationsstruktur (z. B. Geschäftsbereiche, Abteilungen, Prozesse oder Informationssysteme), um dann entsprechend dem Analysezweck detailliert zu werden. Dabei muss jede (Wert-)Aktivität eingeordnet und sichergestellt werden, dass solche mit (1) unterschiedlichen wirtschaftlichen Zusammenhängen, (2) hohem Differenzierungspotenzial und (3) erheblichem oder steigendem Kostenanteil voneinander abgegrenzt und getrennt behandelt werden (Porter 2014, S. 75). Aktivitäten, die wettbewerbsirrelevant sind, können dagegen zusammengefasst werden.

Die Analyse der Wertkette kann entsprechend der **strategischen Orientierung** auf der Wettbewerbsebene (Kostenvorteile vs. Differenzierung) einen eher an den Kosten bzw. der Kostenstruktur oder an der Nutzenstiftung orientierten Fokus haben, ohne dabei jedoch die jeweils andere Dimension auszublenden. Unabhängig davon, ob in erster Linie Kostentreiber oder Differenzierungspotenziale betrachtet werden, handelt es sich um eine Analyse, die den Vergleich mit wichtigen Konkurrenten beinhaltet. Allerdings stößt die nach Geschäftsfeldern oder Produkten differenzierte Kostenanalyse bei klassischen Kostenrechnungssystemen, die keine Prozesse betrachten, an enge Grenzen, wenn die Gemeinkosten die Hälfte oder mehr der Gesamtkosten ausmachen.

Grundsätzlich geht es dabei eher um eine vollständige als eine übertrieben detaillierte Analyse, da lediglich Scheingenauigkeit erzielt wird und der Aufwand in keiner Relation zum Nutzen steht. Die eindeutige Zuordnung der einzelnen Aktivität fällt nicht immer leicht, sie kann nur im Einzelfall entschieden werden und birgt ein erhebliches Maß an Interpretationsspielraum. Die Aktivitäten stehen zudem nicht isoliert nebeneinander, sondern sind miteinander verknüpft. Diese Verknüpfungen sind wettbewerbsrelevant und nicht immer ohne weiteres zu erkennen; z. B. kann die Beschaffung für Fertigungskosten und Produktqualität, aber auch die Verbindung zwischen Auftragsabwicklung, Fertigungsplanung und Außendiensteinsatz von Bedeutung sein (vgl. Porter 2014, S. 78–81).

Die **Wertkettenanalyse** muss sich nicht auf das Unternehmen beschränken, sondern kann auch vertikale Verknüpfungen mit vor- und nachgelagerten Wertschöpfungsstufen erfassen (Lieferanten und Abnehmer) (vgl. Porter 2014, S. 81–85). Mit dieser **Verknüpfung von Wertketten** über Unternehmensgrenzen hinweg können Voraussetzungen geschaffen werden, um Wettbewerbsvorteile für alle Beteiligten zu generieren. Dass der Weg dorthin nicht die Erhöhung des Grads der vertikalen Integration sein muss, macht die zunehmende Zahl von Kooperationen, Netzwerken und ähnlichen Formen der Zusammenarbeit zwischen rechtlich selbstständigen Unternehmen deutlich. Hier deutet sich auch bei Porter an, dass Wettbewerbsvorteile nicht allein aus der Optimierung der Wertschöpfung in einem Unternehmen resultieren, sondern Potenziale in Schnittstellen der Wertkette der Branche oder Veränderungen der bestehenden Wertschöpfung liegen können, da Konkurrenten mit abweichenden Wertketten durchaus (unterschiedliche) Wettbewerbsvorteile generieren können.

Auch auf horizontaler Ebene zwischen Geschäftsbereichen bzw. Geschäftseinheiten oder selbstständigen Unternehmen gibt es Einsatzmöglichkeiten dieser Analyse (vgl. Porter 2014, S. 85–92). Im Unternehmen können sich daraus Verflechtungsmöglichkeiten und somit Überlegungen zu horizontalen Strategien und der Nutzung von Synergieeffekten ergeben (vgl. Kapitel 7.5), extern gestaltet sich der Übergang zu einem Benchmarking (vgl. Kapitel 6.7) und der externen Suche nach Anhaltspunkten für Kompetenzen fließend.

Die Wertkette hat auch in Zeiten ressourcen- und kompetenzorientierter Überlegungen ihre Bedeutung als analytischer Rahmen für die Zerlegung eines Unternehmens in strategisch relevante Aktivitäten und die Ermittlung des Einflusses dieser Aktivitäten auf die Kosten oder den Kundennutzen nicht verloren. Vielfach orientiert man sich bei der Identifikation von Kompetenzen noch daran (vgl. Kapitel 6.6.2). Sie wurde jedoch in erster Linie dem physischen Durchlaufprinzip entsprechend für traditionelle Industrieunternehmen entwickelt. Während die unterstützenden Aktivitäten relativ unabhängig von der Branche sind, stößt die lineare Abfolge der primären Aktivitäten in der Anwendung an Grenzen, insbesondere wenn es um die Erbringung von Dienstleistungen geht oder Formen der Wertschöpfung betrachtet werden sollen, wie sie das Internet mit sich bringt (vgl. Stabell/Fjeldstad 1998, S. 414).

Die Erbringung von **Dienstleistungen** weist eine andere Abfolge von Aktivitäten auf (vgl. Fantapié Altobelli/Bouncken 1998, S. 287–291; Abbildung 6.1); das Leistungsversprechen, d. h. die Marketing- und Vertriebsaktivitäten, ist der Leistungserstellung vorgelagert. Das vom Kunden Eingebrachte (bei einem Hotelaufenthalt die eigene Person mit Gepäck) kann als Eingangslogistik interpretiert werden, während aufgrund der Gleichzeitigkeit von Produktion und Konsum die Ausgangslogistik entfällt. Für die sequenzielle Dienstleistungserbringung (z. B. Hotelaufenthalt, Waschstraße) bieten sich deshalb Akquisition, Eingangslogistik, Kontaktphase und Nachkontaktphase als primäre Aktivitäten an.

Steht nicht die Produktion einer Dienstleistung, sondern die Lösung eines **Kundenproblems** im Vordergrund, bilden die primären Aktivitäten Akquistion und Problemfindung, Erstellung von Problemlösungsalternativen, Auswahl einer Alternative, Ausführung, Bewertung und Kontrolle den Problemlösungsprozess ab; Stabell/Fjellstad sprechen von Value Shop (**Wertshop**) (vgl. 1998, S. 418–427; Abbildung 6.1). Die Aktivitäten laufen dabei nicht sequenziell, sondern zyklisch und häufig interaktiv ab. Die Probleme und die generierten Lösungen, die auf einem speziellen Knowhow basieren (z. B. Ärzte, Rechts- oder Unternehmensberatung), sind kundenspezifisch und es geht nicht in erster Linie darum, Kostenvorteile zu erzielen. Wettbewerbsvorteile ergeben sich aufgrund der Reputation, der Lerneffekte und des Knowhow, das auch wesentlich dazu beitragen kann, die Zahl der Durchläufe zu reduzieren und die Lösungsdauer zu verkürzen.

Liegt die Wertschöpfung darin, als **Intermediär** unterschiedliche Nachfrager miteinander in Beziehung zu bringen, lässt sich die Konfiguration als **Netzwerk** abbilden (vgl. Stabell/Fjeldstad 1998, S. 427–432; Abbildung 6.1). Das Unternehmen erbringt Netzwerkdienstleistungen und übernimmt die Etablierung, Überwachung und Beendigung der Kontakte zwischen den Nachfragern, die direkt erfolgen (z. B. Telefonverbindung), aber auch indirekt wie zwischen Anlegern und Kreditnehmern bei Banken sein können; die Beispiele reichen von Logistik- und Versicherungsunternehmen über Post- und Paketdienstleistungen bis hin zu Internetunternehmen wie eBay und Amazon. Die primären Aktivitäten lassen sich analytisch in die Werbung für das Netzwerk und das Vertragsmanagement (Akquisition und Bindung der Kunden), die Bereitstellung von Netzwerkdienstleistungen und das Betreiben der Netzwerkinfrastruktur trennen, sie finden jedoch simultan statt. Dabei können wie z. B. beim Telefonieren mehrere Intermediäre (Telefongesellschaften) zusammenarbeiten.

Es wird deutlich, dass die Wertschöpfung in verschiedenen Branchen in unterschiedlicher Form erfolgt. Unterschiede können sich aber auch innerhalb einer Branche ergeben und das nicht erst seit der ausgeprägten Dekonstruktion der Wertschöpfungsarchitekturen. Daraus ergeben sich **variierende Wert- und Kostentreiber**, oder mit anderen Worten: Unternehmen können auf verschiedene Weise Wettbewerbsvorteile erzielen. So lassen sich bei Wertketten und Wertnetzwerken die Kosten beispielsweise durch die Nutzung von Skaleneffekten und die Auslastung der Kapazität senken; gerade bei Netzwerken resultiert aus der höheren Auslastung, d. h. aus einer höheren Zahl von Nutzern, auch der Nutzenvorteil der Kunden. Leistungserstellung in Form des Wertshops ist nicht in erster Linie auf Kostenvorteile, sondern auf die Lösung des Kundenproblems ausgerichtet. Damit variiert der Fokus bei der Analyse bei den unterschiedlichen Konfigurationen, auch wenn das Vorgehen sich nicht grundsätzlich unterscheidet.

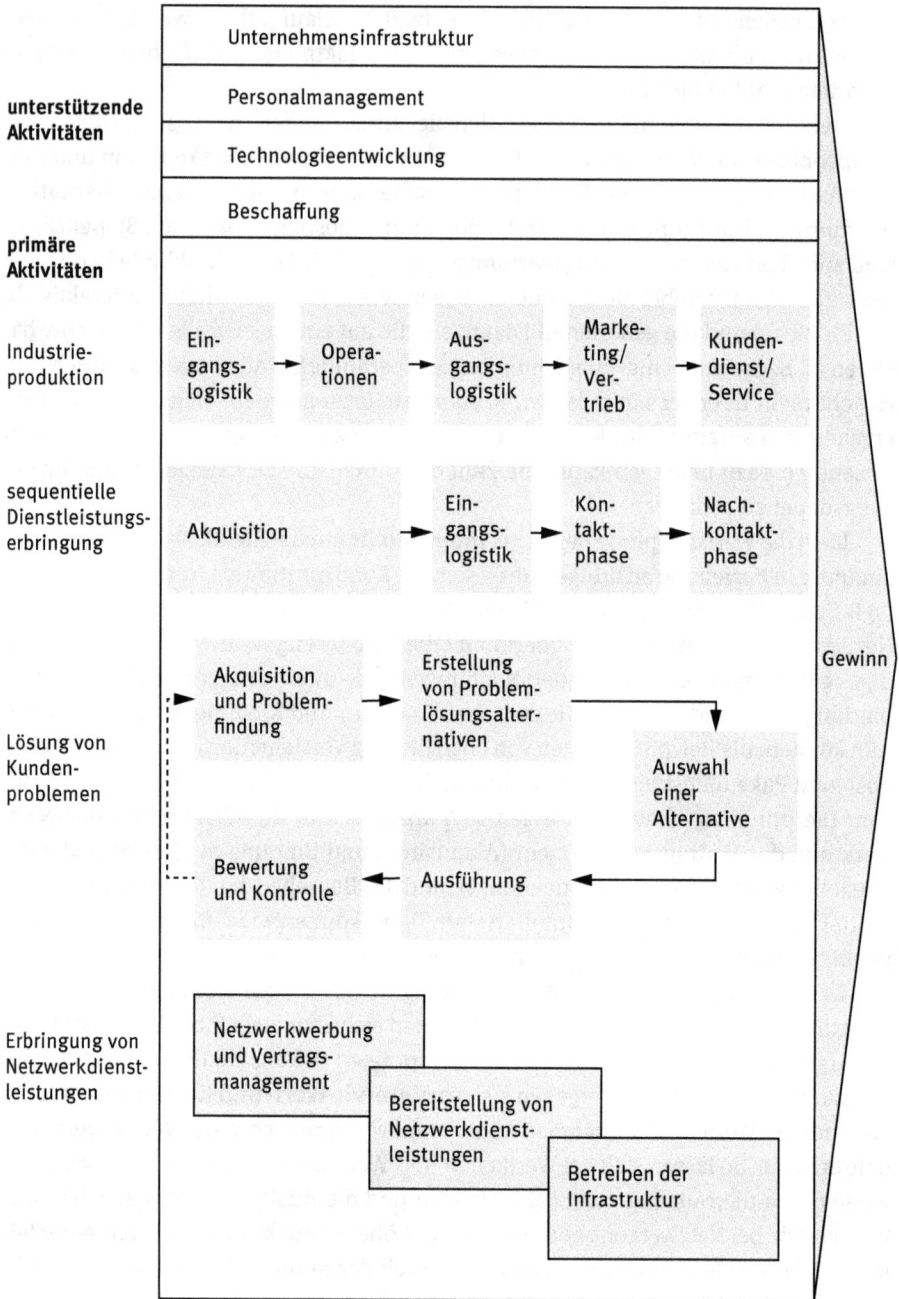

Abb. 6.1: Typische Formen der Wertschöpfung (eigene Darstellung in Anlehnung an Fantapié Altobelli/Bouncken 1998, S. 294; Stabell/Fjeldstad 1998, S. 424, 430; Porter 2014, S. 64).

6.6.2 Analyse der Ressourcen und Kompetenzen

Durch den Resource-based View und die differenzierten Weiterentwicklungen in diesem Rahmen wird die Aufmerksamkeit auf Ressourcen und Kompetenzen gelenkt, die sich durch ihre Komplexität und den bereichsübergreifenden Charakter auszeichnen; sie stellen ein strategisches Potenzial dar, das nicht auf einzelne Wertschöpfungsarchitekturen oder Funktionsbereiche begrenzt ist (vgl. Kapitel 3.2).

Den **Ausgangspunkt** der Analyse bilden physische, finanzielle und personelle Ressourcen sowie in der Regel nicht greifbare Dinge, wie beispielsweise Information, Wissen, Reputation, aber auch Marken, Patente oder Kultur, die häufig unter den Begriff immaterielle Ressourcen subsumiert werden. Diese sind für sich genommen wichtig, Unterschiede zwischen den Unternehmen entstehen aber erst durch ihre Kombination oder den Umgang mit ihnen. In diesem (effektiven) Umgang mit den materiellen und immateriellen Ressourcen kommen (organisationale) Fähigkeiten und Fertigkeiten zum Ausdruck, die hier als Kompetenzen bezeichnet werden. Da sich sowohl die Anforderungen der Kunden als auch das Verhalten der Konkurrenten ändern, reichen statische Kompetenzen nicht aus, vielmehr ist es notwendig, dass dynamische, auf die Anpassung an einen solchen Wandel gerichtete Kompetenzen existieren (vgl. Kapitel 3.2.4). Diese bilden die Grundlage, auf der es gelingt, neue Chancen zu erkennen und zu nutzen, was bis zur Rekonfiguration der Ressourcen und Kompetenzen gehen kann, wenn eine neue Strategie das Ziel ist.

Besonderes Interesse gilt in Unternehmen Ressourcen und Kompetenzen, auf deren Grundlage Wettbewerbsvorteile erzielt werden können, die in der Regel nicht dauerhaft, aber tendenziell längerfristig bestehen. Seit Barney orientiert man sich bei der Bewertung von Ressourcen und Kompetenzen an dem **VRIO-Bezugsrahmen**, den er als Voraussetzung für (dauerhafte) Wettbewerbsvorteile ansieht (vgl. 1991, S. 105–106; auch 2002, S. 145–159), auch wenn dessen Eignung mit der Dynamik der Märkte abnimmt; anhand von vier **Prüfkriterien** ist zu entscheiden, ob es sich dabei um strategisch relevante Ressourcen und Kompetenzen handelt:
- Value,
- Rarity,
- Imitability und
- Organization.

Den Ausgangspunkt bildet das Potenzial, Wert (**Value**) zu generieren, d. h., die Wettbewerbsposition des Unternehmens signifikant und nachhaltig zu verbessern, da erst eine wertvolle Ressource die Wettbewerbsfähigkeit überhaupt ermöglicht. Nur bei seltenen Ressourcen besteht die Möglichkeit, einen temporären Wettbewerbsvorteil zu erzielen; damit kommt der Grad der Seltenheit (**Rarity**), der die Verfügbarkeit für andere Unternehmen an den Faktormärkten zum Ausdruck bringt, ins Spiel. Der Grad der Imitierbarkeit (**Imitability**) drückt aus, wie schwierig es ist, die Ressource oder Kompetenz zu imitieren oder durch ein funktionales Äquivalent zu substituieren. Er hängt von der Historizität, kausalen Ambiguität und sozialen Komplexität ab; bei einem geringen Grad besteht die Gefahr der Erosion des Erfolgsbeitrags. Zuletzt ist die Frage zu beantworten, ob das Unternehmen (**Organization**) in der Lage ist, das Potenzial der Ressource oder der Kompetenz auf andere Produkte, Märkte oder Geschäftsmodelle zu übertragen; limitierende Faktoren für einen nachhaltigen Wettbewerbsvorteil auf dieser Grundlage können Strukturen, Prozesse und Systeme des Unternehmens sein.

Die Ausprägungen der Kriterien lassen erkennen, ob die Ausstattung eines Unternehmens mit Ressourcen und/oder Kompetenzen sich als nicht wettbewerbsgerecht oder als nur durchschnittlich ausgeprägt darstellt, gegebenenfalls sogar zu Wettbewerbsvorteilen führt, die vorübergehender oder eventuell längerfristiger bzw. im besten Fall dauerhafter Natur sind. Jedoch geht Barney nicht näher darauf ein, wie die Bewertung hinsichtlich dieser Kriterien erfolgen soll.

Einige Zeit standen **Kernkompetenzen** im Fokus der kompetenzorientierten Analyse des Unternehmens (vgl. für einen Überblick Bouncken 2000; Mikus/Götze 2004). Zwar stellt jede Kernkompetenz als Bündel unterschiedlicher Fähigkeiten und Technologien eine organisationale Kompetenz dar, die Umkehrung gilt aber nicht (vgl. Kapitel 3.2.3). Den zentralen Unterschied zur Kompetenz sehen Prahalad/Hamel darin, dass sie eine geschäftsfeldübergreifende Basiskompetenz bildet, die gegenwärtig und zukünftig sehr unterschiedlichen erfolgreichen Produkten zugrunde liegt und Zugang zu verschiedenen Märkten ermöglicht; sie entwickelt sich bereichsübergreifend über längere Zeit und ist nur schwer zu imitieren. Jedoch hat nicht jedes Unternehmen eine Kernkompetenz und Prahalad/Hamel zufolge gelingt es nur wenigen Unternehmen, mehr als fünf oder sechs Kernkompetenzen zu entwickeln (vgl. 1991, S. 71). Außerdem ist es bei der Analyse nicht hilfreich, dass das konstitutive Merkmal des Erfolgs am Markt nur ex post und die Kernkompetenz somit erst im Nachhinein zu ermitteln sind. Daher steht hier unabhängig davon, ob eine Kernkompetenz vorhanden ist bzw. gesucht wird oder nicht, die **Analyse organisationaler Kompetenzen** im Vordergrund. Gegebenenfalls können diese als Vorstufe oder als Bestandteil der Kernkompetenz(en) angesehen werden oder eine dynamische Entwicklung des Unternehmens ermöglichen.

Für eine einfachere Bewertung der Ressourcen oder organisationalen Kompetenzen werden die wertbestimmenden Dimensionen der Eignung zur Wertgenerierung bzw. Nutzenstiftung, der Heterogenität bzw. Einzigartigkeit und der Dauerhaftigkeit, die Barney formuliert hat, durch Kriterien operationalisiert; es gibt verschiedene solcher Operationalisierungen rechtlicher, zeitlicher, technologischer, kompetenz- und wissensorientierter sowie leistungsbezogener Aspekte mithilfe einer Fülle von Kriterien, die unterschiedlich konkret sein können (vgl. Faix/Kupp 2002, S. 79; Mikus/Götze 2004, S. 337–342). Diese **Kriterienlisten** können, da sie stärker konkretisiert sind, als Orientierung für die Analyse dienen, wobei die jeweiligen Ausprägungen sich unterschiedlich leicht bzw. eindeutig bewerten oder messen lassen (vgl. Tabelle 6.1).

Tab. 6.1: Kriterien zur Kompetenzbewertung (vgl. Faix/Kupp 2002, S. 79).

Wert der Kompetenz ergibt sich aus...		
Nicht-Imitierbarkeit	rechtliche Kriterien	Patente, Arbeitsverträge
	zeitliche Kriterien	Zeitaufwand für die Kompetenzentwicklung
	wissensbezogene Kriterien	Personengebundenheit bzw. organisatorische Eingebundenheit des Wissens, implizites Wissen
	kostenbezogene Kriterien	Kosten der Imitation durch Konkurrenten
Nicht-Substituierbarbeit	technologische Kriterien	aktuelle Veröffentlichungen, Patentanmeldungen der Konkurrenten, Zitierhäufigkeit von Patenten
	zeitliche Kriterien	Entwicklungsdauer, Übernahme der Kompetenz durch die Konkurrenz
	wissensbezogene Kriterien	Informationsredundanzen aufgrund wiederholter Kommunikation von Wissen über Unternehmensbereiche hinweg
	kostenbezogene Kriterien	Grad der Komplexität und Eingebundenheit
Fähigkeit zur Nutzenstiftung	kostenbezogene Kriterien	exklusiver Zugang zu Ressourcen, Loyalität der Zulieferer, Kundenbindung, spezialisierte Produktionstechnik, Auswirkungen auf die Kostenposition gegenwärtiger und zukünftiger Produkte
	leistungsbezogene Kriterien	Bekanntheitsgrad, Kompetenz als Kaufgrund, Beitrag zu kaufentscheidungsrelevanten Eigenschaften, Auswirkungen auf die Nutzenposition gegenwärtiger und zukünftiger Produkte
	kompetenzbezogene Kriterien	Auswirkungen auf gegenwärtige und zukünftige Ressourcen oder Kompetenzen

Werden die Kriterien noch gewichtet und zu einem Gesamtwert aggregiert, erfordert das mindestens ein ordinales, besser kardinales Skalenniveau der Bewertungen. Außerdem kommt bei der Bewertung ein erhebliches subjektives Element zum Tragen und im Zuge der Aggregation gehen eine Vielzahl von Teilinformationen, aber auch das Gesamtbild verloren. Man darf dieser scheinbaren Genauigkeit und Objektivität nicht erliegen, Strategieentscheidungen bedürfen letztlich sowohl der Bewertung einzelner Kriterien als auch der Gesamteinschätzung.

Bevor sich die Frage der Bewertung der organisationalen Kompetenzen stellt, müssen diese identifiziert werden. Da die strategische Relevanz jedoch gerade dann vorliegt, wenn Kompetenzen sich der direkten Beobachtung entziehen, in der Tiefenstruktur der Organisation verankert sind und impliziten Charakter aufweisen (tacitness), sind erhebliche Hürden zu überwinden. Die liegen in der kausalen Ambiguität und der sozialen Komplexität dieser Kompetenzen, die sich meist im Zeitablauf entwickeln und so eine gewisse Pfadabhängigkeit aufweisen. Man kann in der Literatur **zwei grundsätzliche Zugänge** unterscheiden (vgl. Güttel 2006, S. 422–424): Einerseits wird versucht, Kompetenzen zu lokalisieren bzw. eine Landkarte verschiedener Kompetenzen zu zeichnen (Mapping), andererseits will man sich diese eher auf interpretativem Wege erschließen. Erstere analysieren die Oberflächenstruktur des Unternehmens und beabsichtigen zu erklären, wie Routinen ablaufen und in welchen Prozessen oder Bereichen erfolgsrelevantes Wissen eingebunden ist. Letztere zielen darauf, den Entwicklungspfad der Kompetenzbasis zu erkennen und die Logik und Dynamik der Entwicklung zu verstehen (Tiefenstruktur).

Es gibt verschiedene **Quellen**, aus denen Kompetenzen entstehen können. Bouncken listet neben der Organisationsstruktur und der Unternehmenskultur die Mitarbeiter und Technologien, aber auch auch Außenwirkung des Unternehmens auf (vgl. 2000, S. 869). Betrachtet man beispielsweise die Mitarbeiter als eine solche Quelle, so geht es weniger um das Wissen und die Fertigkeiten des Einzelnen, da diese dem Unternehmen schnell verloren gehen können. Vielmehr ist das typische Zusammenwirken der Mitarbeiter ursächlich für die Entstehung von Kompetenzen. Bei der Außenwirkung eines Unternehmens (Reputation, Image) als Quelle ist zu beachten, dass diese von vielen Faktoren beeinflusst wird, z. B. von Marketing, Public Relations und der Wahrnehmung der Produkte.

An der **Oberfläche** bietet ein Unternehmen für die Analyse Anknüpfungspunkte wie (Geschäfts-)Prozesse oder Funktionsbereiche; zum Einsatz kommen Geschäftsprozess- oder Wertkettenanalysen, die Erfassung von Forschungsfeldern und Patenten, aber auch Vergleiche mit anderen Unternehmen im Rahmen des Benchmarkings und die Befragung Externer zur Außenwirkung und Reputation des Unternehmens und seiner Produkte. Die Ergebnisse finden sich dann z. B. in Kompetenzmatrizen oder Wissens- und Kompetenz(land)karten. Bei der Einschätzung der zukünftigen Erfolgsträchtigkeit spielen Prognosen und Trends eine Rolle (vgl. Bouncken 2000, S. 869–870). Die Analysetiefe und die Verdichtung der Informationen können jeweils sehr unterschiedlich ausfallen. Grundsätzlich lassen sich damit operative organisationale Kompetenzen identifizieren und Zusammenhänge mit Wettbewerbsvorteilen aufdecken, wenn dahinter klare Regeln bzw. sachlich-instrumentelle Zusammenhänge stehen wie z. B. in Geschäftsprozessen. Der sozialen Komplexität und impliziten Phänomenen ist so nicht beizukommen (vgl. Güttel 2006, S. 424–426).

Den Übergang zu den **interpretativen Methoden** bilden Analysen der Unternehmenskultur oder der Zugang, den Boos/Jarmai für die Identifikation von (Kern-)Kompetenzen wählen, da sie die Bedeutung (der Verarbeitung) des Wissens für die Kompetenz betonen (vgl. 1994). Es geht dabei um den Transfer von implizitem in explizites Wissen und den Transfer von Fremd- in Systemwissen. Die Informationsquellen, die einen Zugang zu dem Wissen in Gestalt von Kernkompetenzen bieten und sich ergänzen, sind die Fähigkeiten von Schlüsselpersonen und Schlüsselbereichen, erfolgreiche Produkte oder Projekte, die Rückschlüsse auf notwendige Fähigkeiten und Wissensströme ermöglichen, die Wahrnehmung des Unternehmens durch wichtige Partner sowie Aktivitäten und Fähigkeiten von Spitzenunternehmen, die im Zuge eines Benchmarkings betrachtet werden. Da für die Kernkompetenz auch noch das Merkmal der Erfolgsträchtigkeit gegeben sein muss, orientiert man sich an Zukunftstrends.

Bei der Auswertung dieser Informationsquellen spielen **Interviews und Workshops** eine zentrale Rolle, verschiedentlich werden auch Kreativitätstechniken wie z. B. Brainstorming oder Brainwriting vorgeschlagen. Während bei Boos/Jarmai noch in erster Linie an eine Analyse durch Mitarbeiter (sogenannte Schlüsselpersonen mit Gesamtunternehmenskenntnis) gedacht wird, sind für die Rekonstruktion der Tiefenstruktur und die Erschließung latenter Systemstrukturen mithilfe von interpretativen Verfahren wie narrativen Interviews, Gruppendiskussionen und Beobachtungen im Unternehmen sowie deren Auswertung die (internen) Akteure sehr bewusst zu wählen. Neben der Methodenkenntnis spielen die Unvereingenommenheit bzw. Distanz zum Analyseobjekt, aber auch die Vermeidung von Verzerrungen durch (ungewollte) Einflussnahme eine Rolle; gegebenenfalls sind externe Spezialisten zu nutzen. Damit begegnet man der kausalen Ambiguität und es lassen sich wenig repetitive Prozesse untersuchen, sodass dieser Zugang auf jeden Fall als Ergänzung der Analyse der Oberflächenstruktur in Betracht gezogen werden sollte (vgl. Güttel 2006, S. 427–429).

Computergestützte Verfahren, die immer wieder entwickelt werden (z. B. Yang u. a. 2006), erlauben zwar die Verarbeitung einer Vielzahl von Informationen, die man auf unterschiedliche Art und Weise erheben kann, jedoch steht und fällt die Qualität der Ergebnisse dieser mit der Qualität des Informationsinputs und der Quantifizierung der Variablen. Dies gilt auch für ein von Edge u. a. vorgestelltes komplexes mehrstufiges Verfahren, bei dem nach einer Identifikation und Bewertung eng definierter Fähigkeiten der Organisation (skills) eine Clusterbildung zu (Kern-)Kompetenzen stattfindet (vgl. 1995). Diese Verfahren sind als Unterstützung der Analysen zu sehen, die sich tendenziell an der Oberflächenstruktur des Unternehmens bewegen.

Die Vielzahl der Ansätze, die sich mit der Identifikation von Kompetenzen beschäftigen, sollte nicht darüber hinwegtäuschen, dass nach wie vor Probleme insbesondere im Hinblick auf die Operationalisierung der maßgeblichen Eigenschaften, die Abgrenzung und Zuordnung der entsprechenden Eigenschaftsausprägungen sowie deren Beurteilung existieren. Die Subjektivität der Verantwortlichen und der beträchtliche Interpretationsspielraum, den Analysen insbesondere der Tiefenstruktur zwangsläufig mit sich bringen, verstärken die Probleme noch.

Die Analyse strategisch relevanter organisationaler Kompetenzen ist sehr grundlegender Natur und der Identifikation und Bewertung der Kompetenzen werden auch zukünftig enge Grenzen gesteckt sein. Jedoch lenken sie den Blick auf eine Perspektive, die die Marktsicht ergänzen muss. Ein an Kompetenzen orientiertes strategisches Handeln ändert die Unternehmenssituation mitunter grundlegend. Daraus können sich besondere Chancen ergeben, es sind aber auch erhöhte Risiken damit verbunden.

6.7 Integrative Sicht der Umwelt- und Unternehmensinformationen

Die zunächst mehr oder weniger unabhängig voneinander gewonnenen Erkenntnisse über die Umwelt und das Unternehmen sind für sich genommen noch nicht aussagefähig und müssen daher zusammengeführt werden. So kann eine günstige Umweltentwicklung erst als **Chance** gesehen werden, wenn sie mit einer als Stärke interpretierten Kompetenz zusammentrifft oder ausreichende Ressourcen vorhanden sind, um eine (noch) bestehende Schwäche rechtzeitig zu korrigieren. Im Gegenzug stellen ungünstige Entwicklungen vor allem dann **Risiken** dar, wenn gleichzeitig Schwächen im Unternehmen existieren, die nicht beseitigt werden können. Zu beachten ist dabei, dass Umweltentwicklungen für die einzelnen Geschäftsfelder eines Unternehmens unterschiedliche Bedeutung haben und die Auswirkungen auf sie unterschiedlich sein können.

Um die Gegebenheiten im Unternehmen als **Stärke oder Schwäche** charakterisieren zu können, sind vor allem Erkenntnisse über aktuelle und zukünftige Wettbewerber von Bedeutung. Aus deren Analyse kommen die notwendigen Informationen für den Vergleich der Kompetenzen und Ressourcen und damit die Relativierung der eigenen Potenziale. Beispielsweise lassen sich durch die Gegenüberstellung der Wertschöpfungsarchitekturen Wertaktivitäten identifizieren, durch die ein Wettbewerbsvorteil erreicht werden kann; gleichzeitig ergeben sich daraus für die Ergänzung der brancheninternen Strukturanalyse Hinweise auf Wettbewerber, die ihr Geschäft nach ähnlichen Grundsätzen gestalten.

Durch **Benchmarking** kann der Vergleich gezielt über die Konkurrenten hinaus ausgedehnt werden. Es geht dabei um einen Vergleich von Produkten, Dienstleistungen sowie Systemen, Aktivitäten und Prozessen über mehrere Bereiche und Unternehmen auch unterschiedlicher Branchen hinweg (vgl. Mertins/Kohl 2009). Ein konstitutives Merkmal des Benchmarkings ist, dass die besten Unternehmen oder Unternehmensbereiche als Referenz herangezogen werden. Benchmarking kann intern (Vergleich einzelner Unternehmens- oder Geschäftsbereiche), wettbewerbsorientiert (Vergleich mit dem erfolgreichsten Konkurrenten) oder funktions- bzw. aktivitätsorientiert ablaufen. Letztere Form stellt die interessanteste Variante dar, da Branchengrenzen überwunden und nicht nur (zusätzliche) Anhaltspunkte für die Bewertung von Kompetenzen gewonnen werden, sondern die Übertragung bislang branchenfremder Best Practices Stärken schaffen kann. Während das interne Benchmarking gerade in diversifizierten Unternehmen, wenn auch mit eingeschränkter Perspektive, vergleichsweise einfach erfolgen kann, nehmen die Schwierigkeiten der Datenbeschaffung mit unternehemensfremden Partnern zu. Zwischen Wettbewerbern sind die Objekte des Benchmarkings (Leistungen, Aktivitäten, Prozesse) relativ vergleichbar, jedoch besteht die Gefahr des Kopierens. Bei unternehmensfremden Partnern steigt mit dem innovativen Potenzial auch der Aufwand und der Transfer der Erkenntnisse kann erhebliche Schwierigkeiten bereiten.

Das Zusammenführen der Informationen ermöglicht die Identifikation der **Erfolgspotenziale** des Unternehmens (vgl. Kapitel 2.4). Diese liegen dort, wo sich Möglichkeiten bieten, aus der Umweltentwicklung resultierende Chancen besser zu nutzen als die (potenziellen) Konkurrenten. Das Erfolgspotenzial als Voraussetzung für die Erfolgsrealisierung ergibt sich aus den Kompetenzen und Ressourcen eines Unternehmens und beruht letztlich auf dessen Fähigkeit, unternehmens- und umweltbezogene Einflussfaktoren so aufeinander abzustimmen, dass die Voraussetzungen für den Erfolg geschaffen werden (vgl. Gälweiler 2005, S. 23–24).

Es kann nicht davon ausgegangen werden, dass die Erhebung aller entscheidungsrelevanten Informationen grundsätzlich möglich ist und diese zu einem objektiven Bild der Realität führen. Die einzelnen Instrumente und Konzepte weisen verschiedenste Probleme bei ihrem Einsatz auf, sie sind selten überzeugend theoretisch begründet und man kommt vielfach nur durch pragmatisches Vorgehen zu Ergebnissen. Die Erhebung ist nie vollständig, es erfolgt immer eine Selektion und schließlich eine Interpretation der vorliegenden Informationen; nicht zuletzt gehen bei der Aggregation von Daten (Einzel-)Informationen verloren. Das ist unvermeidlich und darf nicht ausgeblendet werden. Aufgrund der damit verbundenen Gefahren ist die **Reflexion** der Analyseergebnisse zwingend notwendig. Darüber hinaus ist die Nutzung der Ergebnisse mehr oder weniger bewusst interessengeleitet, ein Aspekt, der umso stärker relevant wird, je mehr Macht die Entscheidungsträger haben; Ergebnisse werden gezielt eingesetzt, zurückgehalten oder interpretiert, da Informationen dem, der sie hat, **Macht** geben.

Einen in Literatur, Lehre und Praxis weit verbreiteten Bezugsrahmen, um die Analyseergebnisse zu integrieren, bildet die sogenannte **SWOT-Analyse** (vgl. Gazinoory/Abdi/Azadegan-Mehr 2011; Bell/Rochford 2016). Das bleibt unberührt davon, wer (externe Spezialisten oder interne Führungskräfte/Spezialisten) zu welchem Anlass und in welcher konkreten Schrittfolge die Informationen sammelt, erhebt oder kreiert. Ihren Kern stellen das kreative Aufdecken der Stärken (**S**trengths) und Schwächen (**W**eaknesses) sowie der Chancen (**O**pportunities) und Risiken (**T**hreats) und das Zusammenführen zu einem Gesamtbild in der bekannten SWOT-Matrix dar (vgl. Abbildung 6.2). Die Matrix kombiniert die jeweils aufgelisteten Chancen und Bedrohungen (senkrecht) mit den Stärken und Schwächen (waagrecht). Die Matrixzellen bringen vier Strategietypen zum Ausdruck, die für den jeweiligen Einzelfall mit konkreten **Strategieoptionen** gefüllt werden:

- SO-Strategien basieren auf Stärken und zielen auf die Wahrnehmung von Chancen.
- WO-Strategien sollen Schwächen beseitigen, damit Chancen wahrgenommen werden können.
- ST-Strategien nutzen Stärken, um den Bedrohungen zu begegnen.
- WT-Strategien zielen auf den Abbau von Schwächen, um Gefahren zu vermeiden.

interne Faktoren / externe Faktoren	Stärken (Strengths) • ... • ... • ...	Schwächen (Weaknesses) • ... • ... • ...
Chancen (Opportunities) • ... • ... • ...	SO-Strategien	WO-Strategien
Bedrohungen (Threats) • ... • ... • ...	ST-Strategien	WT-Strategien

Abb. 6.2: SWOT-Matrix (eigene Darstellung in Anlehnung an Weihrich 1982, S. 60).

Wesentlich bei der Entwicklung der Matrix ist es, einerseits den Unterschied zwischen Chancen, die sich in der Umwelt bieten (vgl. Kapitel 6.2 bis 6.4), und Strategieoptionen bzw. Strategieentscheidungen in Unternehmen (vgl. Kapitel 7) zu beachten (opportunity error); andererseits gilt es, nicht auf einzelne – interne oder externe – Faktoren zu fokussieren (isolation error), sondern die integrative Sicht beizubehalten, die die Umwelt- mit den Unternehmensbedingungen in Beziehung setzt (vgl. Everett 2014, S. 63–65; Bell/Rochford 2016). Keinesfalls sollten überlange Listen von Einflussfaktoren entstehen, die unzureichend beschrieben, nicht priorisiert, gruppiert oder gewichtet und letztlich nicht strategierelevant sind. Der Zweck des Instruments ist verfehlt, wenn es nicht als Grundlage der kreativen Generierung von Strategieoptionen dient.

Vielfältige Weiterentwicklungen knüpfen an verschiedenen Stellen von der Identifizierung der Einflussfaktoren bis hin zur Entscheidungsunterstützung an. Häufig sind sie beeinflusst von den Entwicklungen im Rahmen des Resource-based View und bergen die bereits dort angesprochenen Probleme (vgl. Kapitel 6.6.2). Die methodisch unterstützte Quantifizierung, Gewichtung und Priorisierung der Faktoren birgt die Gefahr nur scheinbarer Verbesserungen, da die Qualität und Subjektivität des Informationsinputs unverändert bleiben. Der Ausbau zu immer komplexeren, softwaregestützten Analyse- und Planungsansätzen mag bei idealen Voraussetzungen zu besseren Ergebnissen führen (z. B. Meta-SWOT – vgl. Agarwal/Grassl/Pahl 2012), geht aber an den realen Bedingungen der Planungspraxis eher vorbei (vgl. Kapitel 4); als Indiz dafür kann die kaum stattfindende Rezeption dieser Entwicklungen in den Unternehmen gelten.

7 Strategieentscheidungen

Die zahlreichen Strategieentscheidungen, die im (bzw. in der Literatur zum) strategischen Management eine zentrale Stellung einnehmen, werden nach verschiedenen Kriterien systematisiert. Da sie aber eng zusammenhängen und vielfältige Interdependenzen aufweisen, kann keine der **Systematisierungen** überzeugen. Vielmehr rücken sie mit dem gewählten Systematisierungskriterium jeweils einen Aspekt in den Vordergrund, ohne dass dieser gegenüber den anderen Aspekten besondere Bedeutung hat. Beispiele für solche Kriterien sind die Entwicklungsrichtung, nach der Wachstums-, Stabilisierungs- und Schrumpfungsstrategien unterschieden werden, oder das Marktverhalten, bei dem man Angriffs- oder Verteidigungsstrategien unterscheidet. Es ist nicht zu übersehen, dass Wachstum und Angriff ebenso wie Stabilisierung und Verteidigung in Zusammenhang stehen. Aber auch die an der Produkt-Markt-Kombination orientierten Marktdurchdringungs-, Marktentwicklungs-, Produktentwicklungs- und Diversifikationsstrategien weisen eine klare Entwicklungsrichtung auf und bedingen ein bestimmtes Marktverhalten.

Häufig findet sich als Gliederungskriterium der organisatorische Geltungsbereich, für den die Strategie formuliert wird (Gesamtunternehmen, Geschäftsfelder, Funktionsbereiche). Diese Differenzierung ist geprägt von dem Denken in strategischen Geschäftsfeldern, die zusammen das Unternehmen bilden, jedoch relativ autonom den Markt bearbeiten. Entsprechend große Bedeutung wird den sogenannten Wettbewerbsstrategien zugemessen, die der Positionierung gegenüber den Konkurrenten in der Branche dienen. Mit der zunehmenden Relevanz der ressourcen- und kompetenzorientierten Betrachtung verändert sich jedoch die Gewichtung im strategischen Management. Außerdem kann nicht unterstellt werden, dass die Differenzierung der Bereiche der Organisationsstruktur des Unternehmens entspricht. Geschäftsbereiche umfassen häufig mehrere Geschäftsfelder und Funktionsbereiche können sehr unterschiedliche Bedeutung haben, wie das Spektrum von gleichberechtigten Weisungsbeziehungen in der Matrixorganisation bis hin zu weitgehend autonomen Geschäftsbereichen, denen die Funktionsbereiche untergeordnet sind, zeigt (vgl. Kapitel 8.3.4).

Vor diesem Hintergrund soll im Folgenden darauf verzichtet werden, die Strategieentscheidungen nach einem Kriterium zu systematisieren. Ebenso wird nicht versucht, eine eindeutige Differenzierung zwischen Strategie und Geschäftsmodell zu erzielen. Betrachtet werden **Entscheidungen**, die Geschäftsfelder des Unternehmens, neue Geschäftsfelder für das Unternehmen oder Ressourcen, Kompetenzen und Synergien des Unternehmens zum Gegenstand haben, sowie Entscheidungen, die in den Geschäftsfeldern getroffen werden müssen. Abschließend wird auf Entscheidungen eingegangen, die primär eine Funktion des Unternehmens betreffen und sich nicht ohne weiteres von den übrigen Entscheidungen abgrenzen lassen. Die gewählte Reihenfolge bringt dabei weder eine unterschiedliche Bedeutung noch eine Rangfolge der Entscheidungen zum Ausdruck.

https://doi.org/10.1515/9783110540482-007

7.1 Strategien und Geschäftsmodelle

Strategien können ganz allgemein als Maßnahmenbündel gesehen werden, die darauf zielen, Erfolgspotenziale aufzubauen, um Vorteile gegenüber Wettbewerbern zu erlangen und letztlich Erfolg zu erzielen, der sich abhängig von den jeweiligen Unternehmenszielen unterschiedlich darstellen kann (vgl. Kapitel 5.3). Je instabiler die Rahmenbedingungen sind und je schwieriger sich die Vorhersage ihrer Entwicklung gestaltet, umso weniger handelt es sich dabei um detailliert ausgearbeitete Pläne. Der Übergang von dem geplanten Bündel erfolgskritischer Maßnahmen zu Handlungsmustern in Unternehmen ergibt sich daher fließend. Ein grundsätzlicher Unterschied lässt sich dann nicht mehr erkennen, wenn die Reaktionsfähigkeit und die strategische Flexibilität in den Vordergrund rücken, damit man die sich bietenden Gelegenheiten ausnutzen kann. Bei aller Unterschiedlichkeit der Strategieverständnisse wird aber deutlich, dass sich strategisches Management mit wichtigen Entscheidungen beschäftigt, die getroffen werden müssen, um die Ziele eines Unternehmens zu erreichen. Die Strategie bildet dann ein kohärentes Muster, das Ziele vorgibt, der Koordination des Handelns, aber auch als Eingrenzung und Heuristik für weitere Entscheidungen dient (vgl. Grant 2014, S. 32–42).

Daneben spielt der Begriff des Geschäftsmodells eine bedeutende Rolle. Obwohl bereits in den 1950er Jahren erwähnt (vgl. Drucker 1954, S. 34–48), sind Geschäftsmodelle erst seit Mitte der 1990er Jahre im Fokus wissenschaftlicher Auseinandersetzung. Mit der zunehmenden Bedeutung des Internets und einer Untersuchung junger Internetfirmen (vgl. Amit/Zott 2001) kam es zum Durchbruch des Konzepts, das sich nicht nur im strategischen Management, sondern im Innovations- und Technologiemanagement in Verbindung mit Unternehmensgründungen sowie kleinen und mittleren Unternehmen, aber auch in der (Wirtschafts-)Informatik verbreitet hat. Eine ausführliche Bestandsaufnahme liefert Schmidt (vgl. 2015, S. 21–115).

Rasche stellt fest: Geschäftsmodelle sind „von einer hohen semantischen, interpretativen und konnotativen Ambiguität geprägt" und die Forschung dazu ist in einem „eher embryonalen bis vorparadigmatischen Status" (2015, S. V). Zu den vielfältigen Unterschieden bereits im Begriff kommt noch hinzu, dass Synonyme wie Geschäftssystem oder Geschäftslogik Verwendung finden. Es ist die Rede von einer vereinfachten Beschreibung eines Unternehmens und der Summe der Aktivitäten, die notwendig sind, eine Wettbewerbsposition zu erreichen. Weder in der Wissenschaft noch in der Praxis herrscht Klarheit über den Begriff, wobei hierin kein großer Unterschied zum Begriff der Strategie besteht.

Bei dem **Geschäftsmodell** scheint es darum zu gehen, wie ein Unternehmen Wert schafft und sich selbst einen Teil davon sichert. Das Ergebnis bilden Produkte oder Leistungen, die einen höheren Nutzen stiften sollen als die Produkte oder Leistungen der Konkurrenz, sodass es zu einem Wettbewerbsvorteil kommt. Der Wert für das Unternehmen ergibt sich auf der einen Seite aus den Umsatzerlösen, die möglichst hoch sein sollen, und auf der anderen Seite den Kosten des Unternehmens, die möglichst gering zu halten sind. Geschäftsmodelle sind eher durch ein holistisches Verständnis und einen konzeptionellen Charakter als konkrete Prozesse oder Vorgänge geprägt und zielen auf die Erschließung von Erfolgspotenzialen zur Umsetzung strategischer Intentionen (vgl. Schmidt 2015, S. 38).

Die **Elemente**, die ein Geschäftsmodell ausmachen, variieren stark, häufig werden jedoch

- das Nutzenversprechen,
- die Wertschöpfungskonfiguration und
- das Erlösmodell (teilweise auch Ertragsmodell)

genannt (vgl. Albeck 2016, S. 20–22; auch Csik/Gassmann 2015, S. 305–306).

Das **Nutzenversprechen** zielt auf die Befriedigung eines Kundenbedürfnisses oder die Lösung eines Kundenproblems, wobei klar sein muss, welche Kundengruppe adressiert wird. Um das Nutzenversprechen einzulösen, ist eine **Wertschöpfungskonfiguration** notwendig, d. h. der Einsatz von Ressourcen und Kompetenzen in Aktivitäten und Prozessen des Unternehmens, die gegebenenfalls zusammen mit anderen Unternehmen durchgeführt werden. Die dadurch verursachten Kosten einerseits, die Art und Weise der Erzielung von Umsatzerlösen andererseits sowie das Zusammenspiel der beiden Seiten kennzeichnen das **Erlösmodell**. Die drei Elemente hängen eng zusammen, Veränderungen in einem Element sind in aller Regel nicht ohne Einfluss auf die anderen Elemente.

Da sowohl das Geschäftsmodell als auch die Strategie durch begriffliche Vielfalt gekennzeichnet sind, lässt sich im Grunde nur festhalten, dass beide Konzepte unterschieden werden; hinsichtlich der Beziehung zueinander gibt es drei verschiedene **Interpretationen**: (1) Geschäftsmodell als Teil der Strategie, (2) Strategie als Teil des Geschäftsmodells sowie (3) Strategie und Geschäftsmodell als komplementäre – sowohl intendierte als auch ermergente – Handlungsmuster. Es spricht vieles für die dritte Interpretation, da wettbewerbliche Aspekte für Strategien zentral sind, während sie im Geschäftsmodell nicht diese Rolle spielen.

Die Umsetzung einer Strategie ist dann grundsätzlich mithilfe verschiedener Geschäftsmodelle möglich, sodass Unternehmen die gleiche Strategie gegebenenfalls mit unterschiedlichen Geschäftsmodellen verfolgen, wobei sich für ein Unternehmen nicht alle Modelle eignen. Demgegenüber sind auf der Ebene des Geschäftsmodells notwendige Anpassungen an die Umwelt vorzunehmen oder es wird, wenn diese nicht mehr ausreichen, der Anstoß zur Änderung der Strategie gegeben (vgl. Schmidt 2015, S. 98–115; Albeck 2016, S. 22–27). Neben der Anpassung besteht die Möglichkeit, jedes Element des Geschäftsmodells proaktiv zu verändern und so eine Innovation auszulösen; radikale Veränderungen führen dann nicht nur im Unternehmen zu einer Erneuerung, sondern auch im Markt (vgl. Csik/Gassmann 2015, S. 306–307). Ziel kann dabei die Erschließung neuer Märkte bzw. Kundengruppen, die Kostenreduzierung oder Gewinnsteigerung, aber auch die höhere Flexibilität sein. Evolutionäre Veränderungen sind auf gegebene oder verwandte Märkte gerichtet, revolutionäre zielen mit zumindest deutlich verändertem Modell auf neue Märkte. Da in diesem Zusammenhang vorhandene Ressourcen und Fähigkeiten neu konfiguriert werden müssen, besteht eine Nähe zu den dynamischen Kompetenzen (vgl. Kapitel 3.2.4). Trotz vielfältiger Abgrenzungsversuche besteht aus unterschiedlichen Betrachtungsperspektiven jeweils ein **fließender Übergang** zwischen Strategien und dem Geschäftsmodell.

7.2 Entscheidungen über existierende Geschäftsfelder

Unternehmen bieten in der Regel mehrere Produkte oder Dienstleistungen auf mehr oder weniger unterschiedlichen Märkten an. Da die Umweltbedingungen und Marktgegebenheiten, aber auch die Bedingungen im Unternehmen Veränderungen im Zeitablauf unterliegen, stellt sich regelmäßig die Frage, welche Geschäftsfelder ausgebaut oder aufgegeben werden sollen. Bilden Branchen weit gefasste Konstrukte (z. B. Automobil-, Versicherungsbranche), können sie recht heterogene Märkte und Wettbewerbsbedingungen aufweisen, sodass für strategische Überlegungen eine weitere Segmentierung in Geschäftsfelder erforderlich ist.

7.2.1 Strategische Geschäftsfelder und Portfoliokonzepte

Strategische Geschäftsfelder werden anhand von drei Dimensionen gebildet: (1) Kunden(-gruppen), die klar definierte Bedürfnisse aufweisen, (2) Produkte oder Dienstleistungen, die die Bedürfnisse der Kunden(-gruppe) befriedigen, sowie (3) Wettbewerber, die diese Bedürfnisse ebenfalls befriedigen. Die Abgrenzung der Geschäftsfelder bzw. der relevanten Märkte stellt für Unternehmen eine schwierige Aufgabe dar. Sie sollten zum einen nicht zu eng abgegrenzt werden, da die Gefahr besteht, relevante Aspekte in den Dimensionen zu übersehen, zum anderen auch nicht zu weit gefasst werden, damit sie nicht Teilmärkte mit divergierenden Anforderungen enthalten, denen strategisch nicht mehr eindeutig entsprochen werden kann. Aufgrund der Dynamik des Marktes ist die Abgrenzung regelmäßig zu überprüfen. Bei dieser Segmentierung geht es vor allem um die eigenständige Marktbearbeitung, die sich aufgrund der spezifischen Bedingungen in den Geschäftsfeldern unterscheidet.

Schlagen sich diese strategischen Geschäftsfelder im Unternehmen organisatorisch nieder, spricht man von **strategischen Geschäftseinheiten,** die nicht mit Geschäftsbereichen gleichgesetzt werden dürfen. Geschäftsbereiche sind in der Regel größer und umfassen mehrere dieser strategischen Geschäftseinheiten (vgl. Hahn 2006, S. 215–216; auch 8.3.3). Die Einheiten können strategisch eindeutig ausgerichtet werden. Im günstigen Fall lassen sich auch die dafür benötigten Ressourcen eindeutig bestimmen, wodurch eine zentrale Voraussetzung für das eigenständige Agieren gegeben ist. Greifen dagegen mehrere Geschäftseinheiten auf gemeinsame Ressourcen zurück, erschwert das die Erfolgszurechnung und schränkt die Eigenständigkeit ein.

Welche Bedeutung die segmentierten Marktaktivitäten eines Unternehmens haben und welche Ausrichtung sie erfahren sollen, wird üblicherweise im Rahmen der **Portfolioplanung** entschieden. Ziel ist dabei, über ein ausgewogenes Spektrum von Geschäftsfeldern zu verfügen. Diese werden anhand zweier Dimensionen bewertet, die weitgehend unabhängig voneinander sein sollen und daher die Darstellung in Form einer **Matrix** erlauben. Die Positionierung der Geschäftsfelder in der Matrix erfolgt entsprechend der gemessenen Ausprägungen je Dimension; dargestellt werden sie in Form von Kreisen, deren Fläche die Bedeutung der Geschäftsfelder für das Unternehmen, gemessen in Umsatz, Deckungsbeitrag oder ähnlichem, zum Ausdruck bringt. Die Unterschiede zwischen den Portfolio-Konzepten ergeben sich im Wesentlichen aus der Wahl unterschiedlicher Dimensionen, aber auch aus der Verwendung unterschiedlicher Kriterien zur Messung der (gleichen) Dimensionen.

7.2.2 Marktorientierte Portfolios

Als bekanntestes Konzept kann das **Marktwachstum-Marktanteil-Portfolio** der Boston Consulting Group (BCG) aus den 1960er Jahren gelten. Die vertikale, durch das Unternehmen nicht beeinflussbare externe Dimension bildet die Wachstumsrate des Marktes, in dem sich das jeweilige Geschäftsfeld bewegt, die horizontale, beeinflussbare interne Dimension bildet der relative Marktanteil gemessen als das Verhältnis des eigenen Marktanteils zu dem Marktanteil des stärksten Konkurrenten (vgl. Hedley 1977; auch Hax/Majluf 1991, S. 152–179).

Den Ausgangspunkt des Konzepts stellt die sogenannte **Erfahrungskurve** dar (vgl. Welge/Al-Laham/Eulerich 2017, S. 257–265); diese bringt zum Ausdruck, dass sich die realen Stückkosten eines Produktes jeweils um einen relativ konstanten Prozentsatz (meist 20 bis 30 %) reduzieren (lassen), wenn sich die kumulierte Produktmenge verdoppelt. Die wichtigsten Ursachen dafür liegen in Lern-, Spezialisierungs- und Kostendegressionseffekten sowie Innovationen, die sich in Produkt und Produktionsverfahren auswirken. Auch wenn die Kurve empirisch bestätigt werden konnte, liegt ihr kein deterministischer Ursache-Wirkungs-Zusammenhang zugrunde; Kostensenkungen treten nur dann ein, wenn die richtigen Maßnahmen ergriffen werden. Wer die prognostizierten Kostensenkungen nicht erzielt, hat folglich nicht die richtigen Maßnahmen ergriffen, sodass das Konzept der Erfahrungskurve ähnlich tautologisch ist wie die Definition der strategisch relevanten Ressourcen und Kompetenzen im RBV (vgl. Nicolai 2003, S. 273; auch 3.2.5).

Um Kostenvorteile zu erlangen, ist es notwendig, Marktanteile zu gewinnen und so die kumulierte Menge schneller als die Wettbewerber zu erhöhen. Ein hoher relativer Marktanteil lässt sich vor allem dann erringen, wenn der Markt stark wächst, wobei im Sinne des **Branchenlebenszyklus** unterstellt wird, dass hohe Wachstumsraten in jungen und niedrige in reifen Märkten auftreten (vgl. Homburg 2017, S. 452–459). Daher werden der relative Marktanteil und das Marktwachstum als die zentralen Einflussfaktoren des Erfolgs angesehen.

In der grafischen Darstellung wird der relative Marktanteil als Ausdruck der Wettbewerbsstärke (horizontale Achse) z. B. an dem Wert 1.5, bei niedrigem Wachstum gegebenenfalls an dem Wert 1, in zwei Segmente (niedrig, hoch) geteilt. Damit weist das Geschäftsfeld den eineinhalbfachen oder den gleichen Anteil wie der stärkste Wettbewerber auf. Die Trennlinie an der vertikalen Achse ist nicht festgelegt, sie kann z. B. an der (gewichteten) durchschnittlichen Wachstumsrate aller Märkte des Unternehmens angelegt werden und dadurch ein niedriges bzw. hohes Wachstum definieren. Die sich daraus ergebenden vier Felder charakterisieren **typische Geschäftsfelder** (vgl. Abbildung 7.1):

- Stars,
- Fragezeichen,
- arme Hunde und
- Cash-Kühe.

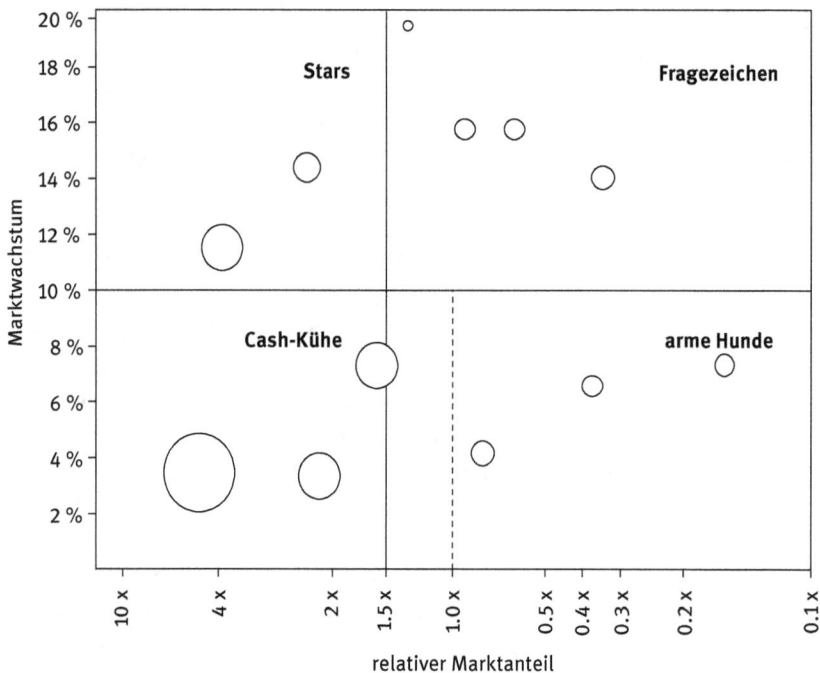

Abb. 7.1: Marktwachstum-Marktanteil-Matrix (eigene Darstellung in Anlehnung an Hedley 1977, S. 12).

Stars (hoher Marktanteil/hohes Marktwachstum) sind sehr profitabel, erfordern aber hohe Investitionen, um den Marktanteil zu halten oder auszubauen. **Fragezeichen** (niedriger Marktanteil/hohes Marktwachstum) haben (noch) eine geringe Profitabilität, aber im rasch wachsenden Markt hohen Investitionsbedarf. Deshalb ist eine Entscheidung notwendig, ob diese mit Investitionen zu Stars gemacht werden sollen. Andernfalls ist der Rückzug aus dem Markt angezeigt, da nachlassendes Marktwachstum sie schnell zu armen Hunden machen kann. **Arme Hunde** (niedriger Marktanteil/geringes oder negatives Marktwachstum) brauchen laufend Finanzmittel, um sich behaupten zu können. Das erfordert die Minimierung des Kapitalbedarfs verbunden mit dem langsamen Rückzug oder der Beschränkung auf eine Nischenposition. **Cash-Kühe** (hoher Marktanteil/geringes Marktwachstum) stellen durch ihre starke Position einen hohen Kapitalzufluss sicher, benötigen aber aufgrund des schwach wachsenden Markts keine hohen Investitionen und sind deshalb wichtige Kapitalquellen für die Sicherung der Stars und den Ausbau der Fragezeichen.

Die Matrix gibt einen Überblick über das Unternehmensportfolio und ermöglicht eine grobe Einschätzung des Risikos und des Bedarfs oder Überschusses an Finanzmitteln der Geschäftsfelder. Die mit der Matrix verbundenen sogenannten Normstrategien, die auf den Ausbau oder Abbau, das Sichern oder Abschöpfen gerichtet sind, dürfen allerdings nicht überbewertet werden, sondern sind im Einzelfall sehr genau zu prüfen.

Kritisiert wurde, dass das Wachstum nicht allein die Attraktivität eines Marktes bestimmt und ein hoher Marktanteil nicht die einzige Voraussetzung für den Erfolg darstellt. Das haben nachfolgende Konzepte aufgegriffen, die davon ausgehen, dass sowohl die Attraktivität des Marktes als auch die (relative) Wettbewerbsstärke im Geschäftsfeld mithilfe mehrerer Kriterien beurteilt werden muss. Ein Beispiel dafür ist das **Marktattraktivität-Wettbewerbsstärke-Portfolio**, das von McKinsey zusammen mit General Electric Anfang der 1970er Jahre entwickelt wurde (vgl. Gluck 1986; Hax/Majluf 1991, S. 180–204).

Zur Bestimmung der **Marktattraktivität** können unterschiedliche Kriterien des Marktes und der globalen Umwelt herangezogen werden, z. B. Marktgröße, Marktwachstum, Wettbewerbssituation, Markteintrittsbarrieren, aber auch Konjunkturlage, Rohstoff- bzw. Arbeitsmarktsituation, Steuern, Subventionen, demografische Veränderungen oder ähnliches. Für die Ermittlung der **Wettbewerbsstärke** wird auf die relative Bewertung verschiedener Merkmale des Produkts, aber auch des Unternehmens zurückgegriffen, z. B. Produktqualität, Vertriebsstärke, Finanzkraft, technische Kompetenz und ähnliches sowie ergänzend der relative Marktanteil. Die unterschiedlich skalierten Kriterien werden mit Punkten bewertet, gegebenenfalls gewichtet und dann aggregiert; die sich so ergebenden Punktwerte für die Marktattraktivität und die Wettbewerbsstärke bestimmen die Positionierung des Geschäftsfelds in der Matrix.

	Selektives Vorgehen	Selektives Wachstum	Investition und Wachstum
hoch	• Spezialisierung • Nischen suchen • Akquisition erwägen ④	• Potenzial für Markt- führung durch Segmen- tierung abschätzen • Schwächen identifizieren • Stärken aufbauen ②	• wachsen • Marktführerschaft anstreben • Investitionen maximieren ①
mittel	**Abschöpfen/ Liquidieren** • Spezialisierung • Nischen suchen • Rückzug erwägen ⑦	**Selektives Vorgehen** • Wachstumsbereiche identifizieren • Spezialisierung • selektiv investieren ⑤	**Selektives Wachstum** • Wachstumsbereiche identifizieren • stark investieren • ansonsten Position halten ③
niedrig	**Abschöpfen/ Liquidieren** • Rückzug planen • desinvestieren ⑨	**Abschöpfen/ Liquidieren** • Produktprogramm straffen • Investitionen minimieren • Desinvestition ⑧ vorbereiten	**Selektives Vorgehen** • Gesamtposition halten • Cash Flow anstreben • Investitionen zur Instandhaltung ⑥

Marktattraktivität (vertikale Achse)

gering　　　　　　　mittel　　　　　　　hoch

Wettbewerbsstärke

Abb. 7.2: Marktattraktivität-Wettbewerbsstärke-Matrix (eigene Darstellung in Anlehnung an Hax/Majluf 1991, S. 181 und 199).

Da die beiden Dimensionen hier in drei Bereiche (niedrig, mittel, hoch) unterteilt werden, ergibt sich eine Matrix mit neun Feldern (vgl. Abbildung 7.2). Für diese werden **drei Zonen** definiert und entsprechende Normstrategien formuliert. Während für den selektiven Bereich auf der Diagonale (von links oben nach rechts unten) keine generelle Empfehlung gegeben wird, sondern die konkrete Situation ausschlaggebend ist, gibt es für den Bereich rechts von der Diagonale die Empfehlung zur Investition, um die Wettbewerbsposition zu halten oder auszubauen, während sich Investitionen im linken Bereich nicht mehr lohnen und deshalb Abschöpfung und Desinvestition ins Auge zu fassen sind.

Die differenziertere Betrachtung der beiden Erfolgsdimensionen darf nicht darüber hinwegtäuschen, dass die Auswahl, Bewertung und Gewichtung der Einflussfaktoren einen erheblichen Spielraum für individuelle, subjektive Einschätzungen bieten und nicht unproblematisch sind. Die Geschäftsfelder werden zwar vergleichend anhand einheitlicher Kriterien beurteilt, mit der Aggregation zu einem Punktwert bleibt von der ursprünglich differenzierten Sicht aber nicht mehr viel übrig. Die Normstrategien sind ähnlich vorsichtig zu handhaben wie bei der BCG-Matrix.

Durch die noch stärkere Unterteilung der externen Dimension (vier Lebenszyklus-phasen) und der internen Dimension (fünf Ausprägungen der Wettbewerbsposition) gelangt das analog aufgebaute Portfolio der Unternehmensberatung Arthur D. Little zu einer Matrix mit zwanzig Feldern. Als ausgewogen wird ein **Produktlebenszyklus-Wettbewerbsposition-Portfolio** angesehen, in dem einer ausreichenden Zahl junger Geschäftsfelder ausreichend Geschäftsfelder in reifen Märkten gegenüberstehen, um diese zu finanzieren. Die Strategieempfehlungen fallen damit zwar differenzierter, aber nicht grundsätzlich anders und angesichts des schwer zu prognostizierenden Lebenszyklus auch nicht konkreter oder verlässlicher aus als bei den bekannteren Konzepten (vgl. Hax/Majluf 1991, S. 205–225).

Die **Kritik** an diesen Konzepten setzt an den Prämissen und damit an der Frage an, ob die ausgewählten Faktoren tatsächlich in dem unterstellten Maße eine generelle Erfolgsrelevanz haben und ob angesichts der Möglichkeiten einer Außenfinanzierung das Portfolio der Geschäftsfelder eines Unternehmens den Finanzmittelbedarf intern sicherstellen muss. Außerdem erzielt man durch die Berücsichtigung mehrerer Faktoren eher Pseudogenauigkeit und scheinbare Sicherheit als höhere Aussagefähigkeit der Ergebnisse. Trotz dieser Einschränkungen bieten die Konzepte einen nachvollziehbaren Überblick über die Geschäfte eines Unternehmens und dienen damit als Grundlage, um Schlussfolgerungen zu ziehen sowie über Maßnahmen nachzudenken und zu reden. Dabei darf man nicht außer Acht lassen, dass es sich um stark aggregierte und subjektive Beurteilungen handelt, auch wenn im Vorfeld eine differenzierte Analyse stattgefunden hat. Außerdem werden generalisierte Empfehlungen gegeben, die vor der Entscheidung über ein Geschäftsfeld sorgfältig zu hinterfragen sind. Insbesondere gilt es dabei zu beachten, ob Verflechtungen mit anderen Geschäftsfeldern bestehen und welche Auswirkungen eine Entscheidung auf diese hat (vgl. Kapitel 7.5).

7.2.3 Wertorientierte Portfoliokonzepte und Desinvestition

Mit der zunehmenden Bedeutung des Shareholder Value für das (strategische) Management wurde die Cashflow-Orientierung der Portfolioüberlegungen durch eine Wertorientierung ersetzt; Empfehlungen, die aus Portfoliokonzepten abgeleitet werden, sollen nicht nur für eine ausgeglichene Finanzmittelsituation sorgen, sondern zur Erhöhung des Shareholder Value beitragen. Dazu wurde eine Reihe von Konzepten entwickelt, die erhebliche Unterschiede hinsichtlich der Dimensionen und Kennzahlen aufweisen (ausführlich Günther 1997, S. 341–380).

Hier soll nur auf die **grundsätzliche Form** eingegangen werden, das Wertbeitrag-Portfolio der Boston Consulting Group und als Variante das Profitabilität-Wachstum-Portfolio (vgl. Günther 1997, S. 360–362; Hungenberg 2014, S. 445–454). Diese kombinieren in der bekannten Matrixform **zwei Werttreiber**, die als zentrale Faktoren für die Erhöhung des Unternehmenswerts gelten; anders als bei den marktorientierten Konzepten wird keine Umweltdimension einbezogen.

Zunächst gilt es, den Wertbeitrag zu messen; zum Einsatz kommen je Konzept unterschiedliche Kennzahlen, die die Ertragskraft (Rentabilität) zum Ausdruck bringen (z. B. **C**ash **F**low **R**eturn **o**n **I**nvestment, **R**eturn **o**n **C**apital **E**mployed). Auf der vertikalen Achse wird dann die Differenz (Spread) zwischen der erzielten Rendite (CFROI oder ROCE) und der geforderten Rendite (durchschnittliche Kapitalkosten, **W**eighted **A**verage **C**ost of **C**apital) abgetragen, auf der horizontalen Achse das Wachstum der Geschäftsfelder oder die Veränderung des investierten Kapitals. Ein Geschäftsfeld dient somit nur dann der Wertsteigerung, wenn die erwartete Rendite die Kapitalkosten übersteigt, und dieser Effekt ist umso größer, je stärker es wächst. Sinken bei wachsenden Geschäftsfeldern die Renditen unter die Kapitalkosten, handelt es sich um Wertvernichter (vgl. Abbildung 7.3).

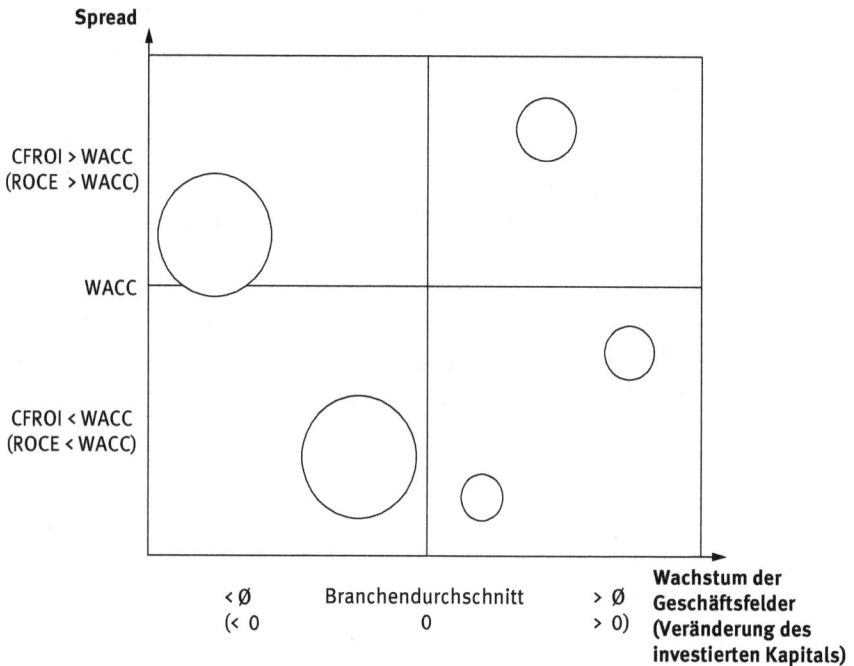

Abb. 7.3: Wertbeitrag-Portfolio (und Profitabilität-Wachstum-Portfolio) (eigene Darstellung in Anlehnung an Günther 1997, S. 361; Hungenberg 2014, S. 449).

Die vier Felder der Matrix entstehen durch die Trennlinie bei den gewichteten oder realen Kapitalkosten (vertikal) und bei einem durchschnittlichen Branchenwachstum oder unveränderten investierten Kapital (horizontal), sodass unterdurchschnittlich wachsende von überdurchschnittlich wachsenden bzw. schrumpfende von wachsenden Geschäftsfeldern getrennt werden. Möglichst viele der Geschäftsfelder, deren Kreisfläche das investierte Kapital bzw. das gebundene Vermögen zum Ausdruck bringt, sollen in dem oberen rechten Quadranten liegen; sie sind dorthin zu entwickeln und durch Investieren dort zu halten. Die (überdurchschnittlich) wachsenden Geschäftsfelder sind nur interessant, wenn sie Aussicht auf eine Rentabilität über den Kapitalkosten bieten. Für schrumpfende oder unterdurchschnittlich wachsende Geschäfte muss, wenn die Rendite noch stimmt, überlegt werden, wie Wachstum erzielt oder ob verkauft werden kann. Stimmt die Rendite nicht mehr, sind die Geschäfte zu schrumpfen oder aufzugeben.

Die Portfolios liefern eine **Diskussionsgrundlage** für wertorientierte Entscheidungen über Geschäftsfelder, aber auch hier sind die generalisierten, sehr groben Empfehlungen im Einzelfall genau zu prüfen. Zu klären ist dabei vor allem die strategische Bedeutung eines Geschäftsfelds für andere Geschäftsfelder oder das Unternehmen aufgrund von Verflechtungen oder besonderen Kompetenzen. Außerdem können sehr hohe Austrittskosten (z. B. durch Sozialplan, Konventionalstrafen, Beseitigung von Umweltschäden auf dem Werksgelände) oder eine nur vorübergehende Problemlage (z. B. Konjunktureinbruch) das Weiterführen des Geschäfts nahelegen. Die Umsetzung der strategischen Empfehlungen ist bei allen diesen Konzepten jedoch nicht Gegenstand der Betrachtung.

Auch wenn im Rahmen der Portfolio-Konzepte nicht nur von der Investition in die Geschäftsfelder die Rede ist, wird wirtschaftlicher Erfolg meist mit Wachstum in Verbindung gebracht. Rückzug und Desinvestition haftet dagegen nicht selten der Geruch des Misserfolgs, Versagens oder Fehlverhaltens an, obwohl die Anpassung des Unternehmensportfolios an Marktveränderungen beides erfordert. Das zeigen die verschiedenen Wellenbewegungen der Akquisitionen und Desinvestitionen in den letzten gut hundert Jahren (vgl. Matthiessen 2013, S. 70–73).

Die Sicht auf die **Desinvestition** als strategische Konsequenz hat sich vor allem infolge zweier Entwicklungen grundsätzlich geändert: zum einen mit der Bedeutung des Shareholder Value, aus dem die separate Bewertung der strategischen Geschäftseinheiten abgeleitet und deshalb die Quersubventionierung zwischen diesen als Problem gesehen wird, zum anderen mit der stärkeren Fokussierung der Unternehmen auf das Kerngeschäft. Desinvestition kann aufgrund unzureichender Rendite(-aussichten), der Konzentration auf zentrale Kompetenzen oder des Abbaus von Kapazitäten bzw. fehlender Synergien erforderlich sein, aber auch Liquidität für erfolgversprechendere Optionen oder in Situationen finanzieller Engpässe schaffen. Es kann sich außerdem lediglich eine günstige Situation ergeben, wenn ein gutes Angebot für einen Unternehmensbereich vorliegt, der Probleme verursacht. Teilweise wird in die proaktive und reaktive Desinvestition unterschieden; eine Abgrenzung ist jedoch nicht immer eindeutig möglich und hier auch nicht von Bedeutung (vgl. Ostrowski 2007, S. 26–31).

Im Zuge der Desinvestition können **Barrieren** bestehen, die zu beachten sind und gegebenenfalls überwunden werden müssen. Dazu gehören einerseits strategische Barrieren aufgrund bestehender Verbundvorteile, der Gefahr des Knowhow-Verlusts oder negativer Imageeffekte, andererseits können Veräußerungsverluste, hohe Kosten (z. B. Sozialplan, Garantie- und Serviceverpflichtungen) oder Steuerbelastungen (z. B. Aufdeckung stiller Reserven) auftreten. Ignoriert werden dürfen auch nicht traditionelle und persönliche Bindungen, Effekte mangelnder Loyalität gegenüber Mitarbeitern oder ähnliche nichtökonomische Aspekte (vgl. Matthiessen 2013, S. 97–110).

Desinvestitionsentscheidungen unterscheiden sich dahingehend, ob eine Geschäftseinheit aufgegeben wird oder als solche erhalten bleiben soll (vgl. Matthiessen 2013, S. 110–117). Zur Aufgabe kommt es, wenn für ein Geschäftsfeld keine Erfolgsaussicht mehr besteht; in der Folge bedeutet das Stilllegung und gegebenenfalls anschließende Liquidation von Unternehmensteilen. Die Fortführung eines Bereichs ist dann möglich, wenn ihn ein anderes Unternehmen (Sell-off), das Management (Management-Buyout) oder auch Mitarbeiter (Employee-Buyout) kaufen.

Bei einem Spin-off wird ein Unternehmensteil rechtlich verselbstständigt und die Aktien des neuen Unternehmens werden den bisherigen Aktionären zugeteilt, die diese auch veräußern können; dem Unternehmen fließt dabei kein neues Kapital zu. Von Equity Carve-out wird gesprochen, wenn die Aktien nicht den bisherigen Eigentümern angeboten werden, sondern neue Eigentümer für einen Kapitalzufluss sorgen. Die verschiedenen Formen, die nicht alle in jedem Fall möglich sind, weisen unterschiedliche Vor- und Nachteile auf, die sich nur im Einzelfall bewerten lassen (vgl. Sievers 2006, S. 131–156).

7.3 Entscheidungen über neue Geschäftsfelder

Für das langfristige Überleben eines Unternehmens ist von zentraler Bedeutung, dass es Produkte oder Dienstleistungen anbietet, die am Markt auf Nachfrage stoßen. Die Frage nach den Produkten oder Dienstleistungen, die angeboten werden sollen, erfordert daher ebenso eine Antwort wie die eng damit verbundene Frage nach den Märkten, auf denen angeboten werden soll. Beide **Fragen** stellen sich nicht nur bei der Gründung des Unternehmens oder in großen Zeitabständen, sondern stehen gewissermaßen ständig im Raum. Während bestehende Produkt-Markt-Kombinationen dahingehend zu hinterfragen sind, ob sie weiter aufrechterhalten oder aufgegeben werden, stehen Entscheidungen für neue Produkte oder Märkte vor allem dann an, wenn sich Gelegenheiten bieten, Schwierigkeiten ergeben oder Ziele verändern. Dabei spielt nicht nur die Anzahl der Produkte oder Dienstleistungen, die angeboten werden sollen, sondern auch der Grad der Verwandtschaft, der zwischen ihnen bestehen soll, eine Rolle. Ähnlich stellt sich das auf Seiten der Märkte dar; hier sind ebenfalls Entscheidungen erforderlich hinsichtlich der Zahl und Ausdehnung der Märkte sowie deren Verwandtschaft bzw. Ähnlichkeit. Aber auch das grundsätzliche Vorgehen bei der Umsetzung dieser Entscheidungen für bestimmte strategische Geschäftsfelder wird im Folgenden betrachtet.

7.3.1 Diversifikation des Unternehmens

Diversifikation und Spezialisierung beschreiben zwei gegensätzliche Orientierungen, die das Produkt-Markt-Portfolio eines Unternehmens kennzeichnen können. Im Zeitablauf haben sich für beide Orientierungen jeweils mehr oder weniger erfolgreiche Beispiele ergeben. Heute denkt selbst General Electric als Paradebeispiel des erfolgreichen Mischkonzerns über eine Aufspaltung nach und könnte mit dieser Entscheidung dem Rivalen Siemens folgen (vgl. Hielscher u. a. 2018). Eine generelle Überlegenheit gibt es nicht, vielmehr lassen sich für die Diversifikation ebenso wie für den Verzicht auf Diversifikation verschiedene Gründe nennen; während für den Verzicht beispielsweise die Konzentration der Ressourcen, die vertiefte Geschäftskenntnis, die klare Ausrichtung und gezielte Marktbearbeitung sprechen, bietet Diversifikation die Chance auf neue Wachstumsfelder, die Verringerung zyklischer Schwankungen oder bessere Kapazitätsauslastung (vgl. Müller-Stewens/Lechner 2016, S. 276).

Die Ausdehnung geschäftlicher Aktivitäten lässt sich einfach und grundlegend systematisieren durch die strategischen Ausrichtungen, die sich aus der Produkt-Markt-Matrix Ansoffs ableiten (vgl. 1957). Ausgehend von den bestehenden Geschäftsfeldern, über die hinsichtlich der Erhöhung des Marktanteils ohne Erweiterung der Produktpalette und der Märkte im Rahmen der Portfolio-Konzepte entschieden wird, bestehen drei Möglichkeiten: Es können (1) neue Produkte für bestehende Märkte entwickelt oder (2) bestehende Produkte auf neuen Märkten angeboten werden. Den größten Schritt bildet (3) die vollständige Diversifikation, bei der neue Märkte mit neuen Produkten erschlossen werden.

Abweichend davon wird heute unter (verbundener) **Diversifikation** nicht selten ganz allgemein die Ausdehnung der bisherigen Unternehmensaktivitäten auf einen neuen Tätigkeitsbereich verstanden, auch wenn nur einer der beiden Bereiche Produkt oder Markt neu ist. Somit werden die drei von Ansoff noch differenzierten (Wachstums-)Strategien unter dem Stichwort Diversifikation diskutiert (vgl. Gehrmann 2013, S. 21–24). Unabhängig davon stellt sich die Frage, ab wann ein Tätigkeitsbereich neu ist. Diese lässt sich jedoch nicht generell beantworten. Was als neu gilt, ist nur im konkreten Fall für das jeweilige Geschäft zu bestimmen und bietet Raum für subjektive Ermessensspielräume und Beurteilungsprobleme. Die Kriterien sind im Grunde die gleichen, die zur Abgrenzung der Geschäftsfelder herangezogen werden (v. a. Produkt, Markt, Nutzen, Technologie, Region).

Neben der (marktorientierten) Diversifikation aus der Sicht des Kunden gibt es die ressourcenorientierte Diversifikation aus Sicht des Unternehmens, die sich für den Kunden als solche nicht immer erkennen lässt. Sie liegt vor, wenn ein Unternehmen in Geschäftsfeldern tätig ist, die unterschiedliche Managementkompetenzen, Ressourcen oder Technologien erfordern (vgl. Rumelt 1986, S. 9–11). Heute werden zur Beurteilung, ob ein Unternehmen als diversifiziert anzusehen ist, die interne und externe Sicht herangezogen.

7.3.2 Formen der Diversifikation

Um die vielfältigen Diversifikationsformen zu systematisieren, wird vor allem auf drei Kriterien abgestellt: (1) die Stellung im Wertschöpfungsprozess, (2) den Verwandtschaftsgrad zu dem bisherigen Geschäft sowie (3) die Art der Realisation.

Je nach der **Stellung im Wertschöpfungsprozess** werden horizontale, vertikale und laterale Diversifikation unterschieden, wobei man letztere noch in die konzentrische und konglomerate Diversifikation differenzieren kann (vgl. Gehrmann 2013, S. 24–28). Bei der horizontalen Diversifikation wird das bisherige Produktprogramm auf gleicher Wertschöpfungsstufe ergänzt, es verändert sich somit in der Breite, nicht in der Tiefe (z. B. elegante Schuhe bei einem Sportschuhhersteller oder SUV bei einem Sportwagenhersteller). Im Rahmen einer vertikalen Diversifikation werden Produkte oder Leistungen bzw. Geschäftsfelder aufgenommen, die zu einer vor- oder nachgelagerten Produktionsstufe gehören. Vorgelagert sind z. B. Rohmaterial, Zulieferteile, Ausrüstungen, zu nachgelagerten Stufen gehören Vertriebs-, Serviceorganisation, Werbeagenturen etc. Die Integration nachgelagerter Bereiche schafft einen tendenziell besseren Zugang zum Kunden, vorgelagerte Bereiche ermöglichen vor allem Zugang zu Technologien oder Rohstoffen. Die laterale Diversifikation ist dadurch gekennzeichnet, dass zwischen den alten und neuen Produkt-Markt-Kombinationen kein unmittelbarer Zusammenhang besteht. Können bestehende Kompetenzen oder Technologien genutzt werden, spricht man von konzentrischer Diversifikation, gibt es keinerlei Synergien, liegt eine konglomerate Diversifikation vor, wobei aber die Begriffsverwendung hier recht unterschiedlich ist.

Die Abgrenzung verwandter von unverwandter Diversifikation basiert auf dem **Grad der Verwandtschaft** mit dem bisherigen Geschäft. Sie erfordert eine nicht zuletzt subjektive Bewertung des Ausmaßes an Verflechtungen mit dem bisherigen Leistungsprogramm. Neben Produktverwandtschaften kann hier die gemeinsame Nutzung von Ressourcen als Kriterium verwendet werden. Zu prüfen ist zudem, inwieweit die Leistungen auf der Grundlage gleicher Kompetenzen erbracht werden. In dieser erweiterten Perspektive können nicht nur horizontale, sondern auch vertikale und konzentrische Diversifikationen als verwandt eingestuft werden.

Die Einteilung in interne und externe Diversifikation weist auf unterschiedliche **Arten der Realisation** hin. Dabei spricht man von interner Diversifikation, wenn die Ausweitung des Leistungsprogramms mithilfe unternehmenseigener Ressourcen erfolgt, z. B. das bestehende Knowhow des Unternehmens zur Erschließung neuer Geschäftsfelder genutzt wird. Mögliche Formen dafür sind die Eigenentwicklung oder der Kauf einer Lizenz, die dem Unternehmen neue Produkte ohne eigene Entwicklung ermöglicht, aber auch der Zukauf von Handelsware, um z. B. Kunden durch ein breiteres Angebot zu binden. Eigene Entwicklung bietet sich dann an, wenn aufgrund von Ressourcen oder Kompetenzen diversifiziert wird oder das mit dem Markteintritt verbundene Risiko einen schrittweisen Entscheidungs- und Aufbauprozess nahelegt, weil man dann flexibel agieren und Entscheidungen leichter rückgängig machen kann. Der dadurch längere Entwicklungszeitraum und spätere Markteintritt können sich ebenso nachteilig erweisen wie der hohe Ressourcenbedarf (vgl. Müller-Stewens/ Lechner 2016, S. 294–296).

Bei einer externen Diversifikation erfolgt der Markteintritt durch ein bereits in diesem Markt tätiges Unternehmen, das entweder (teilweise) erworben wird (Akquisition, Fusion, Beteiligung) oder mit dem eine Zusammenarbeit erfolgt (Kooperation). Der Erwerb bietet den direkten Zugriff auf die Ressourcen und das Knowhow des Unternehmens sowie die schnelle Positionierung im Geschäftsfeld; häufig werden horizontal Synergien etwa in Form gemeinsamer Logistik oder bestehender Kundenbeziehungen für weitere Produkte genutzt, vertikal dagegen Einfluss- und Kontrollmöglichkeiten in der Wertschöpfungskette geschaffen. Dem stehen der hohe finanzielle Einsatz und die Gefahr von Fehleinschätzungen gegenüber, gegebenenfalls können (kartell-)rechtliche Probleme auftreten. Zudem zeigt die Praxis, dass die Integrationsprobleme bei Akquisitionen beträchtlich sind (vgl. Müller-Stewens/Lechner 2016, S. 299–302).

Kooperationen ermöglichen schnellen Markteintritt, kurze Entwicklungszeit und geteilte Risiken, aber auch den Zugang zu Technologien, Produkten und Märkten (vgl. Kapitel 8.3.5). Es bietet sich die Chance zur komplementären Kooperation, wenn jeder seine speziellen Kompetenzen einbringt, und spart Ressourcen sowie den Integrationsaufwand. Demgegenüber bergen divergierende Ziele der ansonsten eigenständigen Unternehmen ein Konfliktpotenzial, insbesondere wenn die Kooperation für die Partner unterschiedlichen Stellenwert hat. Außerdem gilt es, ungewollten Knowhow-Transfer (z. B. Geschäftsgeheimnisse) zu verhindern. Dadurch entsteht ein hoher Bedarf an Koordination und Kontrolle, während die Möglichkeiten dazu nur begrenzt sind; an die Stelle der Hierarchie muss deshalb Vertrauen treten, das funktioniert aber nicht immer ohne weiteres und ist auch nicht ohne Risiko. Die alternativen Realisationsformen eignen sich angesichts ihrer Vor- und Nachteile nicht in jedem Fall; sie lassen sich auch nicht generell, sondern nur für den Einzelfall bewerten.

7.3.3 Ziele der Diversifikation

Mit einer Diversifikation werden, wie die verschiedenen Formen bereits erkennen lassen, unterschiedliche **Ziele** verfolgt. Im Vordergrund stehen häufig absatzorientierte Ziele, wie z. B. die Erweiterung der Produktlinie(n) oder die Erschließung neuer Absatzgebiete mit höheren Gewinnmargen bzw. Wachstumsraten. Daneben spielen die Reinvestition von Gewinnen, das Erreichen einer Mindestgröße, die Reduzierung von Abhängigkeiten, die Risikoreduktion und nicht zuletzt die Nutzung von Synergievorteilen eine Rolle; Synergien können z. B. durch die gemeinsame Nutzung von Produktionsanlagen, Vertriebsnetzen, Knowhow oder anderen Ressourcen, aber auch Kompetenzen erzielt werden und sind damit nicht ausschließlich mit horizontaler Diversifikation verbunden. Hinzu kommen Motive der Manager (z. B. Macht, Prestige, Sicherheit), die aber nicht immer unabhängig von der Rentabilitätssteigerung oder

der Risikoreduktion gesehen werden können. Wachstum per se sollte jedoch kein Ziel darstellen, sondern als Mittel zur Erreichung von z. B. Größen- oder Verbundeffekten dienen (vgl. Burr/Stephan/Werkmeister 2011, S. 343–350).

Verlässliche Aussagen zum **Erfolg** der Diversifikation bzw. zur erfolgversprechenden Ausgestaltung können trotz umfangreicher Forschung nicht gemacht werden (ausführlich dazu Wulf 2007). Die Frage, ob Fokussierung auf verwandte Geschäftsfelder oder konglomerate Diversifizierung die bessere Entscheidung ist, wurde im Zeitablauf unterschiedlich beantwortet, sodass auch von Modewellen gesprochen werden kann; in den 1950er bis 1980er Jahren wurde die Diversifikation verfolgt, während man sich in den 1990er bis Anfang der 2000er Jahre auf eine stärkere Fokussierung, das sogenannte Kerngeschäft, besann (vgl. Grant 2014, S. 390–391). Die Spezialisierung im Bankensektor wurde dann aber gerade als eine wesentliche Ursache der Bankenkrise 2008 gesehen. Skepsis gegenüber konglomerater Diversifikation besteht nach vielfach wenig erfolgreichen Beispielen noch immer, insbesondere wenn dahinter die Reduktion des individuellen Risikos der Manager vermutet wird (vgl. Müller-Stewens/Lechner 2016, S. 296). Es gibt jedoch durchaus erfolgreiche Konglomerate, von Alphabet (Google) bis zum indischen Tata-Konzern.

Betrachtet man den Unternehmenswert, ist in diesem Zusammenhang häufig von Wertabschlägen auf Konglomerate die Rede; in diesen kommt zum Ausdruck, dass die Kosten der Zentrale als hoch oder der Wertbeitrag der Zentrale als gering angesehen werden (vgl. Hungenberg 2014, S. 475–479). Geht es im Sinne eines wertorientierten Managements auf der Ebene der Geschäftsfelder darum, deren Wert zu maximieren, stellt sich bei der Betrachtung des gesamten diversifizierten Unternehmens konsequenterweise die Frage nach dem Wertbeitrag der Unternehmenszentrale. Der Gesamtwert eines Unternehmens sollte größer sein als die Summe der Werte der Geschäftsfelder; mit anderen Worten sollte der Nutzen der Zentrale, der durch ihre Einflussnahme auf die Geschäftsfelder entsteht, die Kosten übersteigen. In diesem Fall liegt ein sogenannter **Parenting Advantage** vor. Ist die Differenz zudem größer als in einem potenziellen anderen Unternehmen, erweist sich das Unternehmen als sogenannter Best Owner (vgl. Goold/Campbell/Alexander 1994, S. 12–15).

Die Bandbreite der Einflussnahme der Zentrale reicht von Zielvorgaben für die Geschäftsfelder über die Initiierung von Kooperationen zwischen den Geschäftsfeldern zur Nutzung von Synergievorteilen bis hin zu dem Angebot von Dienstleistungen für diese unter der Nutzung von Größenvorteilen, wodurch ein eigener Wertschöpfungsbeitrag erbracht wird. Darüber hinaus können Akquisitionen oder externe Kooperationen sowie die interne Entwicklung neuer Geschäftsfelder verfolgt werden, um die vorhandenen Geschäftsfelder zu stärken (vgl. Hungenberg 2014, S. 378–383; Johnson u. a. 2016, S. 338–349). Da die Geschäftsfelder im Zeitablauf einem Wandel unterliegen (z. B. Lebenszyklus), verändern sich auch Anforderungen an das Unternehmen bzw. die Zentrale, sodass es notwendig ist, regelmäßig zu reflektieren, ob man in jedem Fall noch der Best Owner ist (vgl. Dobbs/Huyett/Koller 2010).

Aggressive, weltweit tätige Finanzinvestoren, die das Ziel schneller, hoher Renditen anstreben, verstärken diese Notwendigkeit noch, wie der überraschende Rücktritt des ThyssenKrupp-Chefs Hiesinger im Zuge einer solchen Auseinandersetzung mit „aktivistischen" Investoren bzw. „Wut-Aktionären" zeigt – nur ein Beispiel vor dem Hintergrund der in den Jahren 2014 bis 2017 von 20 auf 58 gestiegenen Angriffe solcher Aktivisten auf europäische Unternehmen (vgl. Zschäpitz 2018).

7.3.4 Diversifikation und Innovation

Angesichts der Härte und Dynamik des Wettbewerbs in vielen Geschäftsfeldern hat das proaktive Suchen von Gelegenheiten im Markt einen hohen Stellenwert erlangt; Innovationen sind hier von besonderem Interesse. Brachte man früher Innovation in erster Linie mit Produkten oder Dienstleistungen in Verbindung, wird davon inzwischen häufig in Verbindung mit dem Geschäftsmodell gesprochen. Dabei blickt man stärker über die Branchengrenzen hinaus, nicht zuletzt aufgrund der Überzeugung, dass sich überdurchschnittliche Erfolge immer weniger auf die Aktivitäten in einer Branche zurückführen lassen; es kommt zur Vernetzung der Wirtschaft und Auflösung traditioneller Branchengrenzen. Erfolgsgeschichten wie beispielsweise die von Apple, Amazon, Google oder eBay werden zur Bestätigung ebenso angeführt wie Misserfolge, wenn Unternehmen zu lang an ihrem Geschäftsmodell festhalten (z. B. Quelle, AEG, Kodak, Polaroid) (vgl. Csik/Gassmann 2015, S. 302–303).

Zwischen den Entscheidungen zur Diversifikation und zur Innovation besteht daher ein enger **Zusammenhang**. Jedes Element des Geschäftsmodells kann den Ausgang der Innovation bilden, daher überrascht es nicht, wenn unzählige innovative Geschäftsmodelle existieren. Gassmann/Frankenberger/Csik haben beispielsweise 55 verschiedene Muster zusammengestellt (vgl. 2013, S. 73–254), die sich in allen Branchen finden. Die Bandbreite reicht von der separaten Verrechnung von Extraleistungen und der Eliminierung von Zwischenhändlern über Flatrates, Franchising und Mass Customization bis hin zu Self Service, User Designed oder der seit langem bekannten Eigenmarke. In der Regel führen aber nur tiefgreifende Veränderungen zur Erschließung neuer Märkte bzw. Kunden und damit zur Diversifikation.

Als bekanntes Beispiel kann man die Wert- oder Nutzeninnovation (value innovation) sehen, die Kim/Mauborgne mit dem Begriff des blauen Ozeans verbinden; im Kern geht es darum, ein **Produkt** zu generieren, das sich durch eine andere Kombination der für den Kunden (kauf-)entscheidungsrelevanten Merkmale von den bekannten Angeboten (rote Ozeane) deutlich unterscheidet und den Kunden dadurch höheren Nutzen bringt (vgl. 2016; auch Kapitel 6.4.6 und 7.7.5). Während hierbei das Produkt bzw. die Leistung und nicht zuletzt langfristige Wettbewerbsvorteile im Vordergrund stehen, verändern die Dekonstruktion der Wertkette sowie die Nutzung der Informationstechnologien die **Wertschöpfungsstruktur** (vgl. Heuskel 1999; auch Kapitel 6.4.5). In der Folge können sich neue Geschäftsfelder eröffnen, aber auch Produkte und Leistungen ändern, z. B. wenn die Spezialisierung auf eine Wertschöpfungsstufe (Schichtenspezialist) oder die Übernahme einer Brokerfunktion (Market Maker, z. B. eBay) erfolgen bzw. gleiche Produkte ihren Weg zum Kunden anders finden (z. B. Versandapotheken, Online-Banking). Nicht zuletzt können Änderungen des **Erlösmodells** (z. B. Miete statt Kauf) zu neuen Kunden und damit veränderten Geschäftsfeldern führen; ein weitreichendes Beispiel dafür bildet der sich aktuell abzeichnende Trend weg vom Besitz eines Autos hin zu der reinen Nutzung eines solchen.

Die einzelnen Elemente des Geschäftsmodells ändern sich dabei nicht unabhängig voneinander, sondern führen aufgrund der Interdependenzen zu mehr oder weniger großen Veränderungen bei allen Elementen. Christensen macht in diesem Zusammenhang auf die Notwendigkeit der Erschließung vernachlässigter Marktsegmente am unteren Ende des Marktes (geringere Leistung bzw. eingeschränkte Funktionalität bei niedrigerem Preis) sowie den Aufbau neuer Märkte im Rahmen von disruptiven Innovationen aufmerksam (vgl. Christensen/Matzler/von den Eichen 2013; auch 6.4.6).

7.4 Entscheidungen über Ressourcen und Kompetenzen

Strategieentscheidungen haben nicht nur traditionell, sondern bis heute eine starke Fokussierung des Absatzmarktes zum Gegenstand. Schließlich hängt der Erfolg des Unternehmens von ausreichender Nachfrage nach den Produkten und Leistungen am Markt ab. Trotzdem machen praktische Erfahrungen deutlich, dass die Kundennachfrage zwar eine wichtige, aber nicht hinreichende Voraussetzung für den Erfolg darstellt.

Vor allem durch die Ölkrise in den 1970er Jahren wurde die Rohstoffabhängigkeit drastisch bewusst gemacht, wobei es nicht mehr (nur) das Öl ist; die Bandbreite reicht von den seltenen Erden, man spricht auch vom Öl der Zukunft, bis hin zu qualifizierten Arbeitskräften. Der **Beschaffungsmarkt** rückte zu Recht neben den Absatzmarkt in den Blick. Ebenfalls bereits in den 1970er Jahren hat man die Erkenntnis gewonnen, dass Entwicklungen zunehmend diskontinuierlich verlaufen und dabei neue **Technologien** im Zentrum stehen (vgl. Kapitel 2.1). Es war daher nur konsequent, auch diesen Einflussfaktor bewusst in den Blick zu nehmen.

Mit dem durch den ressourcenorientierten Ansatz geförderten Bewusstsein dafür, dass die Quellen möglicher Wettbewerbsvorteile im Unternehmen liegen, gewannen zudem die **Ressourcen- und Kompetenzausstattung** des Unternehmens an Bedeutung. Ungeachtet der Kritik an den Portfoliokonzepten wurde das populäre Instrument der Entscheidungsunterstützung für diese Bereiche adaptiert, wobei man nicht verkennen darf, dass bei jedem dieser Konzepte die Hauptarbeit mit allen ihren Schwierigkeiten in der Gewinnung der notwendigen Informationsgrundlage, d. h. der Analyse, Prognose und Bewertung, gegebenenfalls auch Gewichtung der Informationen liegt. Außerdem gilt hier die generelle Kritik an Portfoliokonzepten, die bereits bei den marktorientierten Varianten behandelt wurde (vgl. Kapitel 7.2.2).

7.4.1 Ressourcenorientierte Portfolios

Ressourcenorientierte Portfolios lenken den Blick auf die Risiken der Beschaffungs-
seite eines Unternehmens. Das Geschäftsfeld-Ressourcen-Portfolio kann als typisches
Beispiel dafür gelten. Es kombiniert eine Produktmatrix mit einer Ressourcenmatrix. Die **Produktmatrix** ergibt sich aus der Kombination von Produktlebenszyklus
und Marktattraktivität, die **Ressourcenmatrix** aus der Kombination der Verfügbarkeit von Ressourcen und der Kostenentwicklung für das Unternehmen. Werden die
Ausprägungen der Dimensionen in jeweils drei Stufen differenziert, ergeben sich
zwei Neun-Felder-Matrizen, in denen jeweils in der bekannten Weise drei Bereiche
(unkritisch – mittel – kritisch) unterschieden werden (vgl. Kapitel 7.2.2). Kombiniert
man die Einschätzung der Produkte bzw. Geschäftsfelder einerseits und die Einschätzung der Ressourcen andererseits in einer weiteren Matrix, lassen sich in den neun
Feldern dieses **Geschäftsfeld-Ressourcen-Portfolios** auch drei Bereiche und darin Geschäftsfelder erkennen, die als gefährdet oder ungefährdet angesehen werden
können oder deren Einschätzung noch offen bleiben muss (vgl. Abbildung 7.4).

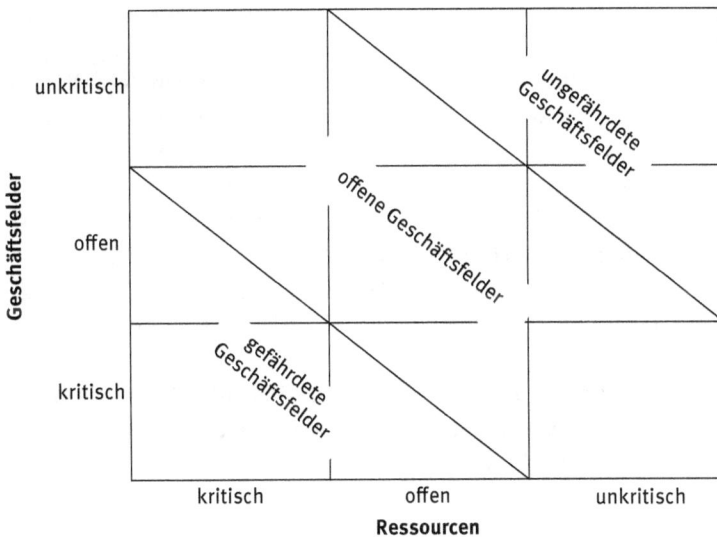

Abb. 7.4: Geschäftsfeld-Ressourcen-Portfolio (eigene Darstellung in Anlehnung an Albach 1978,
S. 709).

Ungefährdet sind Geschäftsfelder, die auf der Absatzseite und der Ressourcenseite als
unkritisch bewertet werden; die Märkte sind dabei höchstens in der Reifephase und
weisen mindestens eine mittlere Attraktivität auf, die Ressourcen sind gesichert oder
zumindest Substitute vorhanden und es besteht keine ungünstige Kostenentwicklung.
Geschäftsfeldern außerhalb dieses Bereiches gilt besonderes Interesse, sie sollten nur
einen (kleineren) Teil der Unternehmensportfolios ausmachen. Die Kombination die-

ser beiden Perspektiven zielt darauf, im Rahmen der Portfoliooptimierung die Ressourcenseite nicht auszublenden und nicht zu viele Geschäftsfelder Beschaffungsrisiken auszusetzen (vgl. Albach 1978, S. 709–710). Mehr als eine Sensibilisierung für potenzielle Risiken in diesem Bereich und die Visualisierung einer Entscheidungsgrundlage darf darin jedoch nicht gesehen werden.

7.4.2 Technologie-Portfolio

Mit dem Technologie-Portfolio wurde der Portfoliogedanke auf die Analyse technologischer Potenziale übertragen. Es sollten einerseits die zukünftigen Aussichten einer Technologie im Wettbewerb, andererseits die unternehmensspezifische Position hinsichtlich dieser Technologie beschrieben und bewertet werden, um Handlungsempfehlungen für die Forschung und Entwicklung bzw. die Investitionen in diesen Bereich zu geben. Ziel war eine Abstimmung zwischen den Marktpotenzialen auf der einen und den technologischen Potenzialen auf der anderen Seite. Hierfür wurden verschiedene Konzepte entwickelt, von denen exemplarisch das von Pfeiffer und Kollegen entwickelte Technologie-Portfolio herausgegriffen wird (vgl. Pfeiffer u. a. 1989, S. 77–131; Pfeiffer/Dögl 1999).

Dieses **Technologie-Portfolio** bildet nicht Geschäftsfelder ab, sondern die strategischen Positionen der in den Geschäftsfeldern enthaltenen Produkt- und Prozesstechnologien (vgl. Abbildung 7.5). Dabei stellt sich die stufenweise Analyse, um von den Produkten zu den dahinter liegenden Technologien zu kommen, als zentrales Problem dar. In der weitgehend nicht beeinflussbaren unternehmensexternen, vertikalen Dimension der Matrix kommt die **Technologieattraktivität** zum Ausdruck; sie steht für die technisch-ökonomischen Vorteile, die durch Anwendungen der Technologie errungen werden können, und bestimmt sich durch drei Indikatoren: (1) das Potenzial der technischen Weiterentwicklung, (2) die Breite des Einsatzes der Technologie und (3) die Kompatibilität mit anderen Technologien. Die beeinflussbare horizontale Dimension bildet die **Stärke der Technologieressource** in Relation zur Konkurrenz; sie wird bestimmt durch (1) die technisch-qualitative Beherrschung, (2) die (Re-)Aktionsgeschwindigkeit bei der Ausschöpfung des Weiterentwicklungspotenzials und (3) die (finanziellen, personellen, sachlichen) Ressourcen, die dafür zur Verfügung stehen.

Die damit verbundene Technologiebewertung ist stärker zukunftsorientiert und längerfristiger ausgerichtet als die marktorientierten Portfolios, jedoch hinsichtlich der Auswahl, Bewertung und Gewichtung der Erfolgsfaktoren bzw. der herangezogenen Indikatoren der gleichen Kritik ausgesetzt, auch wenn die Informationen sorgfältig beschafft werden. Die für Produkte und Prozesse bzw. deren Technologien abgeleiteten Investitions-, Desinvestitions- und Selektionsempfehlungen ähneln denen der marktorientierten Portfolios, sie sind sehr global formuliert und nur als grobe Orientierung zu verstehen.

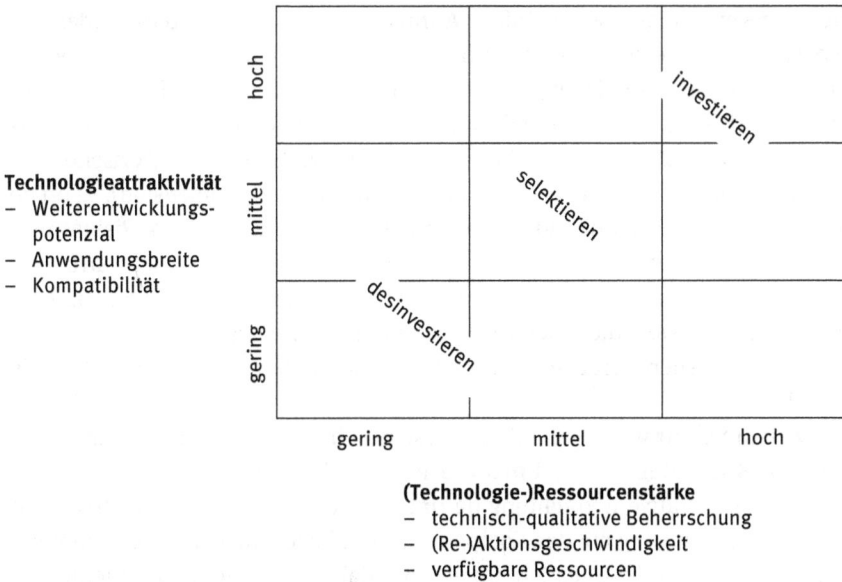

Technologieattraktivität
- Weiterentwicklungs-
  potenzial
- Anwendungsbreite
- Kompatibilität

(Technologie-)Ressourcenstärke
- technisch-qualitative Beherrschung
- (Re-)Aktionsgeschwindigkeit
- verfügbare Ressourcen

Abb. 7.5: Technologie-Portfolio (eigene Darstellung in Anlehnung an Pfeiffer u. a. 1989, S. 99).

Auf der Grundlage des Portfolios kann z. B. über Eigenfertigung vs. Fremdbezug oder den innerbetrieblichen Technologietransfer nachgedacht werden (vgl. Kapitel 7.6.1). Der Vorteil dieser Portfolios liegt damit ebenfalls in der systematischen Auseinandersetzung mit wichtigen internen und externen Einflussfaktoren und der eingängigen Darstellung einer weiteren erfolgsrelevanten Perspektive.

7.4.3 Kompetenzorientierte Portfolios

Kompetenzorientierte Portfoliokonzepte zielen auf die Identifikation und Analyse von geschäftsfeldübergreifenden Kompetenzen, um diese gegebenenfalls auszubauen und unternehmensweit zu nutzen. Auch sie ähneln sich in ihrem grundsätzlichen Aufbau; so bringt die externe Dimension die Bewertung der Kompetenzen hinsichtlich des Wettbewerbs zum Ausdruck, die interne Dimension die Stärken bzw. Schwächen der betrachteten Kompetenzfelder. Vor allem zur Operationalisierung der externen Dimension bedienen sich die Konzepte unterschiedlicher Konstrukte, z. B. der Marktattraktivität (vgl. Krüger/Homp 1997, S. 105) oder des Kundenwerts (vgl. Hinterhuber 2015, S. 144–145).

Krüger/Homp verbinden die Marktperspektive mit der Kompetenzperspektive und erstellen im ersten Schritt eine Marktmatrix und eine Kompetenzmatrix (vgl. 1997, S. 101–106). Die **Marktmatrix** mit ihren neun Feldern bildet sich aus den beiden Dimensionen gegenwärtige und zukünftige Attraktivität der Märkte und es werden wieder in bekannter Weise drei Bereiche (attraktiv – mittel – unattraktiv) unterschieden. Entsprechend dieser Einschätzung ergibt sich die Priorität der Geschäftsfelder für das Unternehmen. Die **Kompetenzmatrix** wird in mehreren Schritten erstellt. Zunächst sind ausgehend von den Kundenbedürfnissen und einer Analyse der Wertschöpfung die Kompetenzen des Unternehmens zu erfassen (horizontale Dimension), dann deren Zukunftsperspektiven anhand des Bedarfs und des Aufwands bzw. Risikos ihrer Entwicklung abzuschätzen (vertikale Dimension); die neun Felder dieser Matrix ergeben hinsichtlich der Stärke der Kompetenz drei Bereiche (zukunftsträchtig – mittel – nachlassend). Dabei stellt die Prognose der zukünftig notwendigen Kompetenzen und der damit verbundenen Herausforderungen den wichtigsten, aber auch den schwierigsten Teil dar.

Im zweiten Schritt werden die (Ergebnisse der) beiden Matrizen zu dem **Marktattraktivität-Kompetenzstärke-Portfolio** mit vier Feldern integriert (vgl. Abbildung 7.6). Die integrative Betrachtung der internen und externen Position soll Entscheidungen zum Umgang mit den Kompetenzen ermöglichen, wobei die Empfehlungen den bekannten Normstrategien ähneln und daher nur eine grobe Orientierung geben (vgl. Krüger/Homp 1997, S. 109–144):

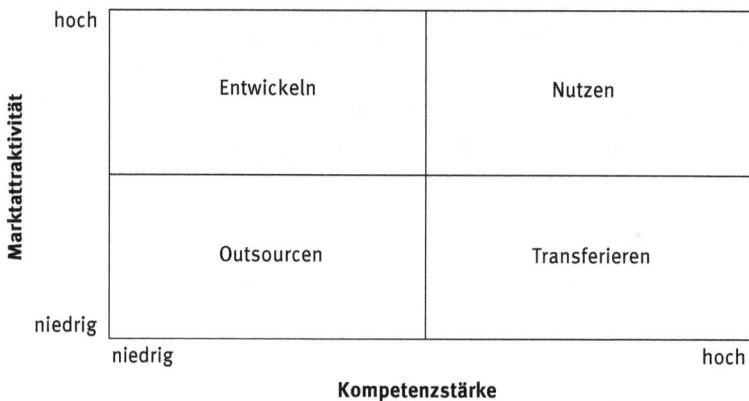

Abb. 7.6: Marktattraktivität-Kompetenzstärke-Portfolio (eigene Darstellung in Anlehnung an Krüger/Homp 1997, S. 105).

Erweisen sich Marktattraktivität und Kompetenzstärke als niedrig, sollte ein **Outsourcing** oder Abbau der Kompetenz in Betracht gezogen werden, um nicht weitere finanzielle Mittel für deren Nutzung aufwenden zu müssen. Für die Wettbewerbsfähigkeit des Unternehmens ist die Kompetenz nicht relevant, damit verbundene Leistungen können von anderen Unternehmen bezogen werden.

Weisen beide Dimensionen eine hohe Ausprägung auf, sind die entwickelten Kompetenzen zu **nutzen**, solange sie auf dem Markt eingesetzt werden können. Dabei geht es nicht um ein Abschöpfen, sondern die Sicherung und Weiterentwicklung der Kompetenzen, um darauf basierend die Marktposition langfristig ausbauen zu können. Der Erfolg der Kompetenz hängt von der Dauer ihrer Nutzung und gegebenenfalls Übertragung auf weitere Geschäftsfelder ab.

Für eine Kompetenz mit hoher Stärke ist bei geringer oder zurückgehender Marktattraktivität zu prüfen, ob sie sich für die Verteidigung bestehender und den Aufbau neuer Geschäftsfelder eignet. Im Idealfall können auf Basis der Kompetenz Produkte für neue Märkte kreiert werden. Dem **Transfer** von Kompetenzen in andere Geschäftsfelder sind jedoch enge Grenzen gesteckt; weder das Herauslösen von Knowhow oder organisationalen Routinen aus dem bisherigen Leistungskontext noch das Integrieren in einen anderen Leistungsprozess sind ohne weiteres vorstellbar.

Reichen die bestehenden Kompetenzen nicht mehr aus, den notwendigen Kundennutzen zu erzielen, sollte deren **Entwicklung** nur bei langfristig attraktiven Märkten und der Aussicht auf längerfristige Verbesserung der Kompetenzbasis ins Auge gefasst werden. Denn der dafür notwendige organisatorische Lernprozess ist kosten- und zeitintensiv.

Dieses marktorientierte Kompetenz-Portfolio soll verdeutlichen, dass Wettbewerb bereits vor dem Markteintritt stattfindet. Außerdem lässt sich die Analogie zum Produktlebenszyklus erkennen; zunächst gilt es, die Kompetenzen früher zu identifizieren und schneller zu entwickeln als die Konkurrenz, um sie dann im Wettbewerb am Markt nutzen zu können, was der Einführungs- und Wachstumsphase entspricht. In der Reifephase ist dann der Transfer ins Auge zu fassen, um mit dem Rückgang erfolgreich umzugehen.

Demgegenüber konzipiert Hinterhuber das **Kundenwert-Kompetenzstärke-Portfolio**; es bildet horizontal die relative Kompetenzstärke im Vergleich zu den stärksten Wettbewerbern und vertikal den aktuellen und zukünftigen Kundenwert der Kompetenzen ab (vgl. 2015, S. 140–149; Abbildung 7.7). Die relative **Stärke der Kompetenzen** wird zunächst unabhängig von Markt- und Umweltgegebenheiten ermittelt. Im Zuge einer Analyse sowohl der Wertschöpfungsketten als auch der Produkte und Leistungen des Unternehmens gilt es daher zu untersuchen, inwieweit sie sich als Grundlage für strategische Entscheidungen eignen. Dabei geht es um die grundlegenden Kompetenzen, die nicht von den Kunden wahrgenommen werden (müssen). Sie kommen in produktübergreifenden Prozessen zum Ausdruck (z. B. Produktentwicklung, Montage/Fertigung, Auftragsabwicklung, Distribution). Die ermittelten Ergebnisse werden mit den Ergebnissen der Konkurrentenanalyse und etwa Erkenntnissen im Zuge eines Benchmarkings verglichen sowie in der Folge bewertet.

Der **Kundenwert** wird in einem mehrstufigen Vorgehen ermittelt. Zunächst gilt es, die Anforderungen der Kunden an die Leistungen des Unternehmens zu identifizieren, um zu sogenannten kritischen Erfolgsfaktoren aus Kundensicht zu kommen. Dann wird mithilfe einer Matrix der Zusammenhang zwischen kritischen Erfolgsfaktoren wie Preis, Qualität oder Service (vertikale Dimension) und gewünschten Leistungsmerkmalen wie Kosten, Innovation oder Flexibilität (horizontale Dimension) bewertet, um anschließend in einer zweiten Matrix den Zusammenhang der Leistungsmerkmale (vertikale Dimension) und der Kompetenzen wie Produktentwicklung, Fertigung oder Distribution (horizontale Dimension) zu bewerten und so zu einem Ranking der Kompetenzen aus Sicht des Kunden zu kommen. Dabei ist zu erkennen, welche Leistungsmerkmale von welchen bzw. wie vielen Kompetenzen beeinflusst sind.

Die verschiedenen Kompetenzen lassen sich anhand der ermittelten Werte in der Matrix positionieren; für die Quadranten gibt es dann die typischen Handlungsempfehlungen (vgl. Hinterhuber 2015, S. 145–149):

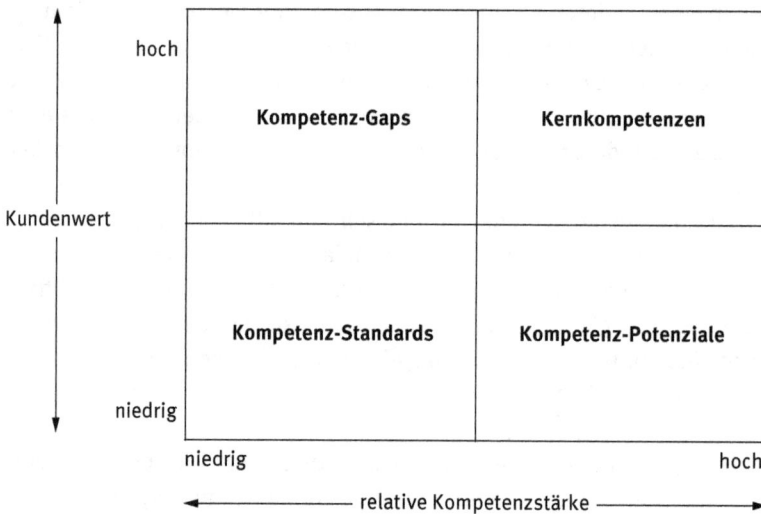

Abb. 7.7: Kundenwert-Kompetenzstärke-Portfolio (eigene Darstellung in Anlehnung an Hinterhuber 2015, S. 145).

Kompetenz-Standards mit niedrigem Kundenwert und niedriger relativer Kompetenzstärke dienen der Aufrechterhaltung des Geschäftsbetriebs oder werden von Konkurrenten besser beherrscht. Da sie für die (potenziellen) Kunden des Unternehmens keine große Relevanz aufweisen, lassen sich damit keine Wettbewerbsvorteile erzielen. Deshalb bietet es sich an, solche Standardkompetenzen möglicherweise günstiger und ohne großen Koordinationsaufwand von spezialisierten Lieferanten zu beziehen (Outsourcing), um dadurch frei gesetzte Ressourcen in andere Kompetenzen investieren zu können.

Haben Kompetenzen aus Sicht der Kunden hohe Bedeutung und sind einem die Wettbewerber diesbezüglich überlegen, liegen **Kompetenz-Gaps** vor. Man kann versuchen, sie durch Unternehmenskauf, Fusion, Akquisition, gegebenenfalls durch Kooperation oder eigene Kompetenzentwicklung zu schließen. Denkbar ist auch ein Outsourcing, wenn andere Unternehmen notwendige Leistungen kostengünstiger erbringen, aber sichergestellt werden kann, dass wichtige Prozesse weiterhin kontrolliert werden.

Bei einer führenden Position hinsichtlich einer Kompetenz, deren Bedeutung aus Sicht des Kunden allerdings gering ist, liegen **Kompetenz-Potenziale** vor. Ursachen können ein Overengineering des Produkts, d. h. eine technische Ausstattung, für die der Kunde keine Verwendung hat, Verschiebungen der Kundenpräferenzen oder der Eintritt des Marktes in die Reife- oder Rückgangsphase sein. Zu entscheiden ist dann, ob in die bestehenden Kompetenzen weiter investiert und versucht wird, sie an die Markterfordernisse anzupassen, oder ob ein gezielter Knowhow-Transfer (Outsourcing) vorzuziehen ist.

Sind sowohl die relative Kompetenzstärke als auch der aktuelle und zukünftige Kundenwert hoch, liegt eine sogenannte **Kernkompetenz** vor (vgl. Kapitel 3.2.3). Diese birgt ein hohes Differenzierungspotenzial, das sich aufgrund relativer Schwächen der Konkurrenten in diesem Bereich nur schwer imitieren lässt. Da auf dieser Grundlage Wettbewerbsvorteile in Geschäftsfeldern aufgebaut werden können, ist in die Pflege und Weiterentwicklung dieser Kompetenzen zu investieren.

Die Strategieempfehlungen der beiden Kompetenz-Portfolios machen deutlich, dass neben der Zuweisung finanzieller Ressourcen zu prüfen ist, ob sich mit den Kompetenzen in den Geschäftsfeldern ein Vorteil erzielen lässt, der in keiner anderen organisatorischen Konstellation erreicht wird, um andernfalls Outsourcingüberlegungen anstellen zu können. Trotz des mehrstufigen Aufbaus dieser Portfolios und einer sorgfältigen Einschätzung der Dimensionsausprägungen wird nur eine scheinbare Objektivierung erreicht (vgl. Welge/Al-Laham/Eulerich 2017, S. 507). Die Einschätzungen sind subjektiv und mit hoher Unsicherheit belastet, insbesondere die Prognosen der weiteren Nutzungsmöglichkeit, der Entwicklungsnotwendigkeit und des Entwicklungspotenzials von Kompetenzen stellen schwierige Aufgaben dar (vgl. Krüger/Homp 1997, S. 103–104).

7.5 Entscheidungen über die Nutzung von Synergien

Synergieeffekte wurden bereits von Ansoff in den 1960er Jahren untersucht (vgl. 1965, S. 75–102). Seine Überlegungen dominierten über zwei Jahrzehnte hinweg die Synergieforschung. Allerdings sind sie deutlich geprägt von dem kontinuierlichen Wirtschaftswachstum und der damit einhergehenden Expansion und Diversifikation der Unternehmen in den USA zu dieser Zeit (vgl. Steidl 1999, S. 20). Im Vordergrund steht das Unternehmenswachstum durch Akquisition oder den eigenen Aufbau neuer Geschäftsfelder und weniger die Nutzung von Synergiepotenzialen zwischen bestehenden Geschäftsfeldern.

In den 1970er Jahren nahm vor allem bedingt durch den Erfolg der Portfoliokonzepte das Interesse an Synergieeffekten in Forschung und Praxis wieder deutlich ab.

An die Stelle der Synergie trat die Dezentralisierung und die wesentliche Aufgabe wurde in dem Management des Portfolios gesehen. Erst Porter greift das Thema Synergie wieder auf, wobei es nicht mehr um das Wachstum des Gesamtunternehmens, sondern die Generierung von Wettbewerbsvorteilen geht. **Horizontale Strategien** sollen nicht die Geschäftsfeldstrategien ersetzen, sondern diese koordinieren, sodass ein Mehrwert entsteht, ohne den es kein überzeugendes Argument für ein diversifiziertes Unternehmen gibt (Parenting Advantage – vgl. Kapitel 7.3.3). Den Kerngedanken dieser Strategien bilden Verflechtungen, die es zu identifizieren und zu nutzen gilt, wozu gegebenenfalls Barrieren überwunden werden müssen, die der Nutzung entgegenstehen. Für Porter geht es dabei in erster Linie um Möglichkeiten, die Kosten zu senken oder die Produkte stärker zu differenzieren (vgl. 2014, S. 411–413).

Besondere Bedeutung erlangt die Nutzung von Synergien aufgrund von Verflechtungen im Rahmen der Diversifikation, bei eingeschränktem Marktwachstum, technologischem Wandel, der Verflechtungen schafft und erleichtert, sowie der Zunahme des Mehrpunktwettbewerbs, bei dem diversifizierte Unternehmen in vielen Geschäftsfeldern miteinander konkurrieren. Es lassen sich drei Arten von **Verflechtungen** unterscheiden (vgl. Porter 2014, S. 414–466):
– materielle Verflechtungen,
– immaterielle Verflechtungen und
– Konkurrentenverflechtungen.

Materielle Verflechtungen entstehen, wenn Wertschöpfungsaktivitäten aus getrennten Wertketten verschiedener Unternehmenseinheiten gemeinsam ausgeführt werden, z. B. aufgrund gemeinsamer Abnehmer, Vertriebskanäle, Technologien. **Immaterielle Verflechtungen** basieren auf dem Transfer spezifischen (Management-) Knowhows zwischen den Wertketten aufgrund von Ähnlichkeiten z. B. der Kunden, Fertigungsprozesse oder Stakeholder-Kontakte, ohne dass dabei gemeinsame Wertschöpfungsaktivitäten erfolgen. **Konkurrentenverflechtungen** liegen vor, wenn das Unternehmen in mehreren Geschäftsfeldern auf dieselben tatsächlichen oder potenziellen (Mehrpunkt-)Konkurrenten trifft; Aktivitäten in einem Geschäftsfeld können somit Auswirkungen auf andere Geschäftsfelder haben, in denen diese Konkurrenten tätig sind.

Die drei Verflechtungen können, müssen aber nicht gemeinsam auftreten. Beispielsweise treten Konkurrentenverflechtungen vor allem dann zusammen mit (im-) materiellen Verflechtungen auf, wenn diese Basis der Diversifikationsentscheidung waren. Ausgehend von den Verflechtungen resultieren ganz unterschiedliche Synergieeffekte, die auf verschiedene Weise zu Wettbewerbsvorteilen führen können.

Die Analyse materieller Verflechtungen orientiert sich an der Wertkette. Grundsätzlich ist in allen Wertaktivitäten eine gemeinsame Durchführung möglich, die zu potenziellen Kostenvorteilen durch Kostendegression, Lernen und Kapazitätsauslastung oder Differenzierungsvorteilen durch z. B. gemeinsamen Außen- und Kundendienst, Systemlösungen oder ähnlichem führt. Gleichzeitig entstehen Kosten dadurch, dass die Koordination der Aktivitäten erfolgen muss und nicht zuletzt immer wieder Kompromisse erforderlich sind. Hinzu kommen Kosten durch die Einschränkung der Flexibilität, da in den einzelnen Unternehmenseinheiten nicht frei über die Wettbewerbsmaßnahmen entschieden werden kann und sich die Marktaustrittsbarrieren erhöhen.

Der Transfer von Knowhow kann ebenfalls in der gesamten Wertkette stattfinden, wobei immaterielle Verflechtungen sowohl kosten- als auch differenzierungsbezogene Wettbewerbsvorteile bringen können. Selbst wenn dieses Knowhow nicht erworben bzw. neu aufgebaut werden muss, entstehen bei dem Transfer z. B. durch das erforderliche Personal, die Anpassung der Rahmenbedingungen oder die Integration bzw. Umsetzung des Knowhows Kosten. Diese dürfen nicht außer Acht gelassen werden, soll der Transfer kein reiner Selbstzweck sein.

In verwandten und nicht verwandten Branchen können Verflechtungen mit Mehrpunktkonkurrenten bestehen, wobei es nicht darum geht, dass Synergien entstehen, sondern dass (Maßnahmen der) Geschäftsfelder nicht isoliert betrachtet werden. Es ist zu prüfen, welche Folgen einzelne Maßnahmen gegen diese Konkurrenten in einem Geschäftsfeld auf andere Geschäftsfelder haben. Ziel ist es, mögliche Reaktionen in gemeinsamen Branchen vorherzusehen, auch kleine Konkurrenzpositionen in Schlüsselbranchen rechtzeitig zu beachten, die Unternehmensposition gegenüber dem Konkurrenten zu nutzen oder Positionen in Schlüsselbranchen der Konkurrenten aufzubauen.

Das Ziel, Synergien zu nutzen bzw. dysfunktionale Effekte in Folge von Konkurrentenverflechtungen zu vermeiden, wird in der Regel nicht automatisch von den für die Geschäftsfelder Verantwortlichen verfolgt. Diesen fehlt einerseits der Überblick über andere Geschäftsfelder und damit die Möglichkeit, Verflechtungen zu schaffen und zu nutzen. Andererseits bewerten sie Verflechtungen häufig unterschiedlich und tendieren zur Autonomie. Das führt dazu, dass man nicht bereit ist, bewährtes Knowhow auszutauschen, ganz im Gegenteil Verflechtungen noch verringern will. Außerdem besteht bei ihnen selten hinreichende Transparenz darüber, welche Konkurrenten außerhalb der Branche aus Unternehmenssicht von Bedeutung sind und welche Auswirkungen eigene Entscheidungen auf das Unternehmen haben (vgl. Porter 2014, S. 467–488).

Daher ist nicht nur eine explizite Horizontalstrategie zu formulieren, sie muss nicht selten auch gegen **Widerstände** implementiert werden. Diese resultieren daraus, dass die jeweiligen Unternehmenseinheiten erhebliche Unterschiede aufweisen und somit aus den Verflechtungen unterschiedlichen Nutzen ziehen. Außerdem geht Autonomie verloren, während gleichzeitig die Kontrolle und die Schwierigkeiten der Beurteilung der Leistung der Unternehmenseinheiten zunehmen. Die Geschichte des Unternehmens, Pfadabhängigkeiten, die Zusammensetzung der Geschäftsfelder, die Aufbauorganisation und die bisherige Unternehmenspolitik können Ursachen für eine Grundhaltung sein, die der Verschiebung der Gewichte zwischen dem jeweiligen Erfolg im Geschäftsfeld und den Verflechtungen, die eher die Gesamtunternehmensposition betonen, entgegenstehen (vgl. Kapitel 8.3.4). Dies tritt vor allem auf, wenn ein Unternehmen stark dezentralisiert ist, viele Geschäftseinheiten bestehen, deren Autonomie Tradition hat, und der Unternehmensidentität bisher keine große Bedeutung beigemessen wurde (vgl. Porter 2014, S. 492–502).

Im Rahmen der **Implementierung** spielen daher die Veränderungen der Organisationsstruktur eine wichtige Rolle, wobei im Einzelfall zu entscheiden ist, ob diese die Primärstruktur des Unternehmens verändern oder eher überlagernde Sekundärstrukturen geschaffen werden sollen (vgl. Kapitel 8.3.3). Hinzu kommen in jedem Fall die Anpassung der Planungs- und Kontrollsysteme, aber auch der Leistungsbeurteilung und Vergütung sowie nicht zuletzt Verfahren der Konfliktlösung (vgl. Porter 2014, S. 503–531). Das macht deutlich, dass der mit Synergien häufig in Verbindung gebrachte 2 + 2 = 5-Effekt Ansoffs (1965, S. 75) nicht automatisch eintritt. Durch das Bestreben, Synergieeffekte zu erzielen, entstehen vielmehr Kosten, die beträchtlich sein können. Jedoch lassen sich die entstehenden direkten und indirekten Kosten sowie die zukünftigen positiven Effekte der Synergien nur schwer abschätzen.

7.6 Entscheidungen über Unternehmensgrenzen

Die Gestaltung der Unternehmensgrenzen als Gegenstand strategischer Entscheidungen ist die Folge vielfältiger Veränderungen der Wettbewerbssituation, der Entwicklung der (Informations- und Kommunikations-)Technologie und des gesellschaftlichen Wandels. Diese Veränderungen haben sich zudem beschleunigt und fordern von den Unternehmen Flexibilität und gleichzeitig hohe Investitionen, die das Risiko erhöhen, sowie Knowhow und Kompetenzen, die in diesem Umfang in einem Unternehmen gar nicht vorhanden sein können. Vor diesem Hintergrund sind sowohl hinsichtlich der vertikalen Integration als auch der horizontalen Breite der Aktivitäten am Markt neben der unternehmensinternen Lösung externe – marktförmige oder kooperative – Lösungen als Alternativen in Betracht zu ziehen.

7.6.1 Grad der vertikalen Integration

Bei der Bestimmung des optimalen Grads der vertikalen Integration bzw. der Fertigungs- oder Leistungstiefe gilt es zu entscheiden, welche Teilleistungen im Rahmen der Leistungserstellung im Unternehmen selbst erbracht oder auf dem Markt beschafft werden. Ausgehend von der Frage Eigenfertigung oder Fremdbezug bzw. make or buy diskutiert man diese Entscheidung schon lange, viel länger als der Begriff Outsourcing in diesem Zusammenhang Verwendung findet. Seit den 1980er Jahren geht es jedoch vor allem um die Auslagerung von bislang unternehmensinternen Aufgaben, Funktionen oder Prozessen und diese Diskussion wird vornehmlich unter dem Begriff **Outsourcing** geführt.

Wurden Vorwärts- und Rückwärtsintegrationen, d. h. Integration der bisherigen Wertschöpfungskette nachgelagerter oder vorgelagerter Stufen, in der Vergangenheit aus Wachstums- und Sicherheitsüberlegungen vorgenommen, erfolgt die gegenläufige Bewegung im Zuge des Outsourcings vorwiegend aus Flexibilitäts- und Kostenüberlegungen. Im Einzelnen lassen sich drei **Ziele** des Outsourcings unterscheiden: (1) Reduzierung der Finanzierungs-, Personal- und Produktionskosten, (2) Ertragssteigerung durch die Verbesserung der Leistungsqualität, Lieferfähigkeit und Knowhow-Grundlage, die Erhöhung der Flexibilität und die Reduktion der Entwicklungszeiten sowie (3) Verringerung des Risikos durch die Sicherung des Inputs, die Verteidigung der Wettbewerbsposition und die Vermeidung einseitiger Abhängigkeit.

Demgegenüber birgt ein Outsourcing auch **Risiken**; zu ihnen zählen insbesondere opportunistisches Verhalten des Outsourcingpartners, Demotivation und Verunsicherung der betroffenen Mitarbeiter, Knowhow- und Qualitätsverlust in den ausgelagerten Bereichen, falsche Dienstleisterwahl aufgrund des intransparenten Outsourcingmarkts, hoher administrativer Aufwand in Relation zu den erzielten Kosteneinsparungen, unklare arbeitsrechtliche Gesetzgebung sowie Auslagerung von wichtigen (Kern-)Kompetenzen (vgl. Matiaske/Mellewigt 2002).

Die Reduktion des Grads der vertikalen Integration hat nicht nur langfristige, sondern innerhalb des Unternehmens meist auch weitreichende Auswirkungen. Es werden zum einen (materielle und immaterielle) Verflechtungen zwischen den Geschäftsfeldern oder Funktionsbereichen und damit Synergiepotenziale berührt, zum anderen Strategien in den Geschäftsfeldern beeinflusst, da sich die Kosten(-struktur) und/oder die Differenzierungspotenziale verändern.

Bei der Veränderung der Fertigungstiefe handelt es sich weder um eine einfache noch eine Entweder-oder-Entscheidung. Komplexität entsteht durch oftmals konkurrierende Ziele, die zu berücksichtigen und situationsadäquat zu gewichten sind, den meist fehlenden Überblick über die Alternativen am Markt und die Schwierigkeiten, die sich bei der Bewertung der Alternativen ergeben. Diese Schwierigkeiten hängen damit zusammen, dass sich zwischen den beiden extremen Alternativen, der vollständigen Integration einerseits und der reinen Marktbeziehung mit freier Partnerwahl andererseits, ein breites Spektrum kooperativer Formen der Zusammenarbeit mit dem Outsourcingpartner auftut und diese Formen differenziert auszugestalten sind. Die Entscheidung erfordert daher **drei Schritte** (vgl. Scherm 1996):

Erstens ist festzulegen, inwieweit eine Aufgabe bzw. Funktion oder ein Prozess als wesentliche Kompetenz des Unternehmens oder Teil einer solchen angesehen werden muss und daher nicht zur Disposition steht. Darüber hinaus müssen alle Verflechtungen aufgedeckt und die Synergieeffekte abgeschätzt werden, um im Fall der Auslagerung den potenziellen Vorteilen die entstehenden Nachteile gegenüberstellen zu können.

Zweitens sind die Eigenfertigungsalternative (Make) und die (reine) Marktbeziehung (Buy) zu vergleichen. Dazu gehört die Gegenüberstellung der vergleichsweise einfach zu bestimmenden Fremdbezugskosten und der entscheidungsrelevanten Kosten der integrierten Funktion. Intern ergeben sich in der Regel erhebliche Probleme der Abgrenzung und Zurechnung der relevanten Kosten. Außerdem müssen die langfristig variablen Kosten ermittelt, gegebenenfalls sogar Investitionen berücksichtigt werden. Darüber hinaus sind die beiden Alternativen hinsichtlich ihrer Transaktionskosten zu bewerten, das sind die Kosten, die für die Anbahnung, Vereinbarung, Kontrolle und Anpassung anfallen, in der Kostenrechnung nicht enthalten sind und sich nicht präzise ermitteln, sondern lediglich der Größenordnung nach abschätzen lassen (vgl. Ebers/Gotsch 2014, S. 225). Da nicht nur Kostenziele verfolgt werden, sind auch aus nichtmonetären Zielen abgeleitete Kriterien heranzuziehen und Risiken abzuschätzen (einseitige Abhängigkeit, Knowhow-Verlust, reduzierte Entwicklungszeiten etc.) und so Vor- und Nachteile der Alternativen gegenüberzustellen.

Resultiert aus dieser mehrdimensionalen Bewertung keine eindeutige Überlegenheit einer der beiden gegensätzlichen Alternativen oder ist es nicht möglich, die auszulagernde Leistung auf dem Markt zu beschaffen, sind drittens Formen der Kooperation in Betracht zu ziehen (vgl. Kapitel 8.3.5). Hierbei handelt es sich um rechtlich selbstständige Unternehmen mit zumindest teilweise divergierenden Interessen, deren Kooperationsbeziehung vorab nicht vollständig geregelt werden kann. Vielmehr muss Handlungsspielraum verbleiben, sodass zahlreiche Probleme bei der Zusammenarbeit und der Bewältigung unvermeidlicher Konflikte vor allem an den Schnittstellen entstehen können. Dafür müssen auf beiden Seiten Kooperationsvoraussetzungen erfüllt sein. Es geht dabei nicht nur um die Fähigkeiten der jeweiligen Mitarbeiter, sondern auch um deren Bereitschaft zur Zusammenarbeit, die nicht zuletzt die Akzeptanz der Entscheidung im Unternehmen erfordert. Erst wenn diese notwendigen Voraussetzungen erfüllt sind, stellt die Kooperation eine Alternative dar, die dann, gegebenenfalls in verschiedenen Ausgestaltungsformen, mit der Eigenfertigung anhand mehrerer Dimensionen, wie im zweiten Schritt beschrieben, verglichen werden kann.

In Abgrenzung zum Outsourcing wird die Verlagerung betrieblicher Bereiche ins Ausland als **Offshoring** bezeichnet. Während Outsourcing eine organisatorische Verlagerung von Leistungen zum Ausdruck bringt, bezeichnet Offshoring eine geografische Verlagerung. Bei Offshoring-Vorhaben handelt es sich um die Verlagerung meist einfacher Tätigkeiten vor allem im Bereich der IT-Dienstleistungen wie Dateneingabe und -verarbeitung, Call Center oder Support-Dienstleistungen. Es finden sich im Offshoring-Bereich aber auch anspruchsvolle Aufgaben wie Softwareentwicklung und -instandhaltung oder z. B. die Auswertung von Computer-Tomografien. Gründe des Offshoring sind geringere Lohnkosten im Zielland, eine verbesserte Servicequalität (z. B. die ständige Verfügbarkeit einer Dienstleistung) oder der Zugang zu kritischem Knowhow (z. B. im IT-Bereich). Teilweise wird noch stärker differenziert und von Offshoring bei einer Verlagerung betrieblicher Bereiche auf einen anderen Kontinent, von Nearshoring bei Verlagerung in ein anderes Land auf dem gleichen Kontinent und von Onshoring bei Verlagerung in eine andere Region im gleichen Land gesprochen (vgl. Dressler 2007, S. 122–126; Ortner 2015, S. 1–9).

Der Begriff **Reshoring** beschreibt in jüngster Zeit die Umkehr dieser Verlagerung ins Ausland; die Gründe dafür sind vielfältig, z. B. Verringerung des Lohngefälles, Erhöhung der Transportkosten und -risiken, Umweltrisiken, Naturkatastrophen, Knappheit qualifizierter Arbeitskräfte, aber auch die technologische Entwicklung, die eine Massenfertigung bei einer Losgröße von 1 möglich erscheinen lässt (vgl. De Backer 2016; Vecchi 2017). Ob von der kostengünstigen Fertigung der Losgröße 1 Hochlohnstandorte wie Deutschland in großem Stil profitieren werden, lässt z. B. die Unternehmensbefragung zum Industrie 4.0-Index nicht erkennen (vgl. Staufen AG 2017, S. 39).

Werden Leistungen nicht auf andere Unternehmen ausgelagert, sondern aus den Geschäftsbereichen (Tochtergesellschaften) ausgegliedert und im Konzern, gegebenenfalls in einer eigenen Tochtergesellschaft zentralisiert, spricht man von Shared Services oder organisatorisch von einem **Shared-Service-Center** (vgl. Keuper/Oecking 2008; auch 8.3.4). Diese Zusammenlegung von (Dienst-)Leistungen, die an verschiedenen Standorten oder in mehreren Geschäftseinheiten in gleicher oder ähnlicher Form erbracht werden, schafft bewusst Verflechtungen, um Synergieeffekte zu erzielen (vgl. Kapitel 7.5).

7.6.2 Kooperationen als Veränderung der Unternehmensgrenzen

Kooperationsüberlegungen werden im Zuge der Umsetzung einer Outsourcingentscheidung ebenso angestellt wie im Rahmen der Diversifikationsentscheidung. Sie können sich aber auch als Alternative zur Integration einer Leistung, dem Insourcing, oder weiteren z. B. ressourcen- oder kompetenzorientierten strategischen Erwägungen anbieten. Die Ausgestaltung der jeweiligen Kooperation kann recht unterschiedlich ausfallen (vgl. Kapitel 8.3.5), in jedem Fall berührt die Kooperationsentscheidung die Grenzziehung zwischen Unternehmen und Umwelt.

Konkrete **Gründe**, Kooperationen einzugehen, gibt es vielfältige (vgl. Hungenberg/Wulf 2015, S. 117–118). Beispiele sind ein möglicher Zeitgewinn bei der Produktentwicklung oder dem Marktzugang, bessere Voraussetzungen für die Realisierung von Economies of Scale, erhöhte Versorgungs- und Absatzsicherheit, größere Flexibilität im Vergleich zu einer Akquisition oder Eigenfertigung, Risikoteilung bzw. -reduzierung, der Transfer eigener Kompetenzen und der Zugang zu den Kompetenzen des Partners, aber auch das Einbinden eines Wettbewerbers. Ganz allgemein gehen die Überlegungen dahin, über die Leistungsfähigkeit des eigenen Unternehmens hinaus Vorteile durch die Möglichkeit zu erlangen, die Potenziale des Kooperationspartners zu nutzen. Dabei darf man nicht außer Acht lassen, dass dieser Partner analoge Beweggründe hat, sich auf die Kooperation einzulassen.

Sogenannte **strategische Allianzen** sind insbesondere durch die Kooperation großer Luftverkehrsunternehmen bekannt geworden (vgl. www.star-alliance.com). Die Anforderungen der Kunden, vor allem der Geschäftsreisenden, nach möglichst großer Vielfalt und Flexibilität bei der Flugbuchung, gepaart mit dem anhaltenden

Kostendruck in dieser Branche sind die Hauptgründe dafür, dass die Unternehmen mit ihren Konkurrenten kooperieren. Solche Allianzen finden sich aber auch in anderen Branchen wie z. B. der Automobilindustrie, wenn gemeinsam Modelle (z. B. Van, SUV) für bestimmte Marktsegmente entwickelt werden. Selbst mittelständische Unternehmen sammelten inzwischen reichlich Erfahrung, bewerten Allianzen positiv und sehen Vorteile gegenüber Akquisitionen oder Fusionen. Strategische Allianzen werden sowohl gegen die Internet-Konkurrenz (z. B. MediaMarktSaturn mit der französischen Kette Fnac Darty) als auch zwischen Internet-Größen (z. B. die weltgrößte Reiseplattform Booking.com und der chinesische Fahrdienstleister Didi Chuxing) geschlossen (vgl. Hecking 2018a; 2018b), sodass der positive Trend noch weiterbestehen wird (vgl. Ebner Stolz 2015).

Allerdings besitzen Kooperationen nicht nur Vorteile. **Probleme** ergeben sich daraus, dass die kooperierenden Unternehmen zumindest teilweise konkurrierende Ziele verfolgen und rechtlich selbstständig sind. Die Aufgaben müssen möglichst eindeutig verteilt, Grundsätze für den Informationsaustausch vereinbart sowie Regelungen für die Entscheidungsfindung, die laufende Kontrolle und die Handhabung unvermeidlicher Konflikte getroffen werden. Inwieweit es gelingt, diese Probleme für die Beteiligten zufriedenstellend zu lösen, auch wenn vorab vieles vertraglich vereinbart wird, ist im Vorfeld nicht abschätzbar. Da nicht alle Eventualitäten zu regeln sind und sich die Rahmenbedingungen im Zeitablauf ändern, muss stets die Gefahr des Scheiterns einer Kooperation in Betracht gezogen werden; die Automobilbranche liefert dafür bekannte Beispiele (BMW und Rover, Daimler und Chrysler, VW und Suzuki).

7.7 Strategische Entscheidungen in den Geschäftsfeldern

Für die einzelnen Geschäftsfelder stellt sich grundsätzlich die Frage, wie sie im Wettbewerb erfolgreich bestehen oder, mit anderen Worten, wie sie einen Wettbewerbsvorteil erzielen und diesen möglichst lange erhalten können (vgl. Hungenberg 2014, S. 194–198). Dabei ist für den Kauf eines Produktes oder einer Leistung entscheidend, dass sich ein Wert bzw. Nutzen für den Kunden ergibt, der höher ausfällt als bei den Konkurrenten, wobei allein die subjektive Wahrnehmung des Kunden den Ausschlag gibt. Weiterhin muss der Preis, den der Kunde für das Produkt oder die Leistung zu zahlen bereit ist, die Kosten des Unternehmens übersteigen, damit Gewinn erzielt wird. Verfolgt das Unternehmen eine (unternehmens-)wertorientierte Zielsetzung, stehen auf der Ebene des Geschäftsfelds der jeweilige Wertbeitrag und dessen Maximierung im Vordergrund. Gleichgültig, ob der Gewinn oder Wertbeitrag das Ziel bildet, es muss gelingen, einen **Wettbewerbsvorteil** gegenüber den Konkurrenten zu erzielen und zu verteidigen. Die Quellen solcher Vorteile können vielfältig sein, das Spektrum der theoretischen Erklärungsansätze macht das deutlich (vgl. Kapitel 3).

Vereinfacht bedeutet das aus Kundensicht, dass sich hinsichtlich der Nutzenstiftung durch ein Produkt oder eine Leistung entweder ein Preisunterschied, d. h. niedrigerer Preis bei gleicher Leistung, oder ein Unterschied hinsichtlich der Produkt- bzw. Leistungsmerkmale besteht, d. h. eine bessere Leistung bei gleichem Preis geboten wird. An dieser Unterscheidung knüpft die bekannteste Auseinandersetzung mit dem Erzielen und Erhalten von Wettbewerbsvorteilen an.

In diesem Zusammenhang ist es üblich geworden, von Wettbewerbsstrategien zu sprechen; es geht dabei um die (grundsätzliche) Entscheidung, wie Nutzen für den Kunden geschaffen werden soll und wie man sich von den Wettbewerbern abheben will. Diese Entscheidung bleibt nicht ohne Auswirkungen auf die Wertschöpfungsstruktur und ist auch nicht unabhängig von dieser sowie den Ressourcen und Kompetenzen zu treffen.

7.7.1 Wettbewerbsstrategien

Es gibt eine Reihe von Autoren, die sich mit Geschäftsfeld- bzw. Wettbewerbsstrategien auseinander gesetzt haben (vgl. Fleck 1995, S. 9), jedoch ist keine Typologie so bekannt und so weit verbreitet worden, wie die Porters aus dem Jahre 1980 (vgl. 12. Aufl. 2013). An dieser Stelle soll nicht über die Ursachen des Erfolgs dieser in Wissenschaft und Praxis oder der geringe(re)n Verbreitung anderer Typologien spekuliert werden. Vielmehr geht es um ein Verständnis notwendiger Entscheidungen und der damit verbundenen Probleme.

Porters Überlegungen, sich durch seine sogenannten generischen Wettbewerbsstrategien den Wettbewerbskräften entgegenzustellen oder deren Wirkungen abzuschwächen, stellt gewissermaßen die Umkehr der Industrieökonomik dar, die den vollkommenen Wettbewerb als erstrebenswerten Zustand ansieht. Unternehmen sollen machtvolle Marktpositionen aufbauen, indem sie Unvollkommenheiten am Markt ausnutzen oder schaffen (vgl. Bresser 2010, S. 45–46; auch 3.1).

Der Begriff **Wettbewerbsstrategie** muss als Bezeichnung für eine ganze Reihe strategischer Entscheidungen verstanden werden, die notwendig sind, um einen strategischen Vorteil bzw. Wettbewerbsvorteil zu erlangen. Diese Strategien stellen konsistente Maßnahmenbündel zur Positionierung im Wettbewerb am Markt dar. Anders als Porter, der zwar in seinen Büchern auch diese Umsetzungsentscheidungen behandelt, fassen andere Autoren wie z. B. Miles/Snow (2003) oder Hax/Wilde (2001) bereits ihre (generischen) Strategien weiter. Die Zahl der Kombinationen möglicher Strategieelemente bzw. strategischer (Teil-)Entscheidungen ist beträchtlich, auch wenn nicht alle Kombinationsmöglichkeiten für ein Unternehmen oder ein Geschäftsfeld geeignet sind. **Strategietypen** zeigen eine Grundrichtung auf bzw. schaffen (mehr oder weniger) stimmige Grundmuster, auch wenn man heute nicht mehr davon ausgehen kann, dass sie generisch, also unabhängig von Unternehmen und Branche sind. Das zeigen im Folgenden die hybriden Strategien ebenso wie verschiedene Konzepte, die sich bewusst von der langfristigen Positionierung am Markt differenzieren.

7.7.2 Porters generische Strategien und deren Unvereinbarkeit

Porters Wettbewerbsstrategien werden meist den generischen Strategien zugerechnet, die Unternehmen unabhängig von der Branche erlauben sollen, Wettbewerbsvorteile zu erzielen. Porter will sie aber nicht als Normstrategien verstanden wissen, sondern betont die Abhängigkeit von der Branchensituation und dem jeweiligen Unternehmen.

Die drei **Wettbewerbsstrategien**
- der Kostenführerschaft,
- der Differenzierung und
- der Konzentration

ergeben sich aus einer Matrix, die vertikal das strategische Zielobjekt (Branche oder Branchensegment) und horizontal den strategischen Vorteil (Singularität aus Käufersicht oder Kostenvorsprung) unterscheidet (vgl. Abbildung 7.8). Porter sieht darin die Wege, sich den fünf Wettbewerbskräften zu stellen, die aus seiner Sicht die Branchenstruktur bestimmen (vgl. 2013, S. 73–83; auch 6.4.1).

Abb. 7.8: Wettbewerbsstrategien Porters (eigene Darstellung in Anlehnung an Porter 2013, S. 79; 2014, S. 34).

Die Grundidee der **Kostenführerschaft** liegt darin, durch geringere Kosten als die Wettbewerber einen Vorteil zu erzielen. Der Wettbewerbsvorteil ergibt sich dabei aus dem Vorteil für den Kunden, d. h. aufgrund des möglichen niedrigeren Preises, nicht schon aus der günstigen Kostensituation des Unternehmens. Die Weitergabe der Kostenvorteile führt zur Preisführerschaft. Die Strategie baut auf der Gültigkeit des Erfahrungskurvenkonzepts auf, das ein Kostensenkungspotenzial infolge eines hohen Marktanteil impliziert. Zum kostengünstigsten Anbieter einer Branche wird, wer breit am Markt auftritt und sich nicht auf einzelne Segmente (Nischen) konzentriert. Nur so werden die großen Stückzahlen erreicht, die zu den Kostensenkungseffekten führen. Kostenführer verkaufen in der Regel Standardprodukte oder -leistungen durchschnittlicher Qualität und sind aufgrund ihrer günstigen Kostenposition in der Lage, auch bei einem niedrigeren Preis hohe Erträge zu erzielen.

Bei der Kostenreduzierung darf man sich nicht ausschließlich auf die Fertigungskosten konzentrieren, alle Funktionen und Bereiche müssen der Kostenanalyse unterzogen werden. Deren Ausgangspunkt bildet die kostenorientierte Definition der Wertkette (Kostenstruktur jeder Wertaktivität), an die sich eine Analyse der sogenannten Kostenantriebskräfte, d. h. der Faktoren, von denen das Verhalten der Kosten abhängt, anschließen muss (vgl. Kapitel 6.6.1). Solche Faktoren können sein (vgl. Porter 2014, S. 104–127): betriebsgrößenbedingte Kostendegression, Lerneffekte, die Auslastung der Kapazität, Verknüpfungen sowohl zwischen Aktivitäten innerhalb der Wertkette als auch mit den Wertaktivitäten vor- und nachgelagerter Unternehmen (Lieferanten, Kunden), Verflechtungen mit anderen Geschäftsfeldern z. B. aufgrund von Interdependenzen oder gemeinsamer Ressourcennutzung, der Grad der vertikalen Integration, der Zeitpunkt strategischer Entscheidungen (früher oder später Markteintritt), strategisch relevante, unternehmenspolitische Grundsatzentscheidungen, der (geografische) Standort einer Wertaktivität sowie institutionelle Faktoren, wie z. B. Steuern und Abgaben oder staatliche Regulierungen. Ein Kostenvorsprung kann im Wesentlichen auf zwei Wegen erreicht werden, die sich nicht gegenseitig ausschließen (vgl. Porter 2014, S. 141–142): Zum einen durch Kontrolle (und Beeinflussung) der Kostenantriebskräfte bei unveränderter Wertkette, zum anderen durch eine grundsätzliche Umstrukturierung der Wertkette.

Die Strategie der Kostenführerschaft ist nur dann geeignet, einen Wettbewerbsvorteil zu erlangen, wenn der Preis und damit die Kosten wettbewerbsrelevant sind und die Kunden nicht vorrangig andere Eigenschaften wie Qualität oder hohes technologisches Niveau präferieren. Außerdem darf es keinen systematischen Kostennachteil geben, wie er sich z. B. am Standort Deutschland aus den Personalkosten ergibt, und es muss ein ausreichendes Kostensenkungspotenzial in den einzelnen Funktionsbereichen vorhanden sein (effiziente Kostenkontrollsysteme, gesicherte Finanzierungsquellen, gesicherter Ressourcenzugang, effizientes Distributionssystem etc.). Die Strategie birgt Gefahren, wenn durch die Fokussierung auf die Kosten die Bereitschaft bzw. die Fähigkeit zur Anpassung an veränderte Marktbedingungen verloren gehen oder sogar eine Verengung auf die Fertigungskosten erfolgt und andere Wertaktivitäten unbeachtet bleiben (vgl. Porter 2014, S. 162–165). Aufgrund des (schnellen) Wandels der Technologie und der Kundenanforderungen kann es sich jeweils nur um einen temporären Wettbewerbsvorteil handeln, der durch laufende Investitionen aufrechterhalten werden muss. Außerdem darf notwendigen Innovationen nicht das Bestreben entgegenstehen, einen einmal erworbenen Kostenvorteil zu erhalten.

Die Strategie der **Differenzierung** unterscheidet sich von der Kostenführerschaft grundlegend. Hier steht im Vordergrund, dass sich Produkte oder Dienstleistungen am Markt durch einzigartige Eigenschaften auszeichnen, die Kunden besonders wertschätzen. Wenn bei den Kunden die Bereitschaft gegeben ist, für diese Eigenschaften, die sie bei Konkurrenten nicht erhalten, einen höheren Preis zu bezahlen, resultiert daraus ein Wettbewerbsvorteil. Dabei müssen die Eigenschaften nicht faktisch vorhanden sein; es kann ausreichen, dass Kunden diese dem Produkt oder der Leistung zuschreiben.

Differenzierung entsteht aus verschiedenen Aktivitäten eines Unternehmens und deren Auswirkungen auf die Kunden. Grundsätzlich ist jede primäre oder unterstützende Aktivität der Wertkette geeignet, einen Differenzierungsbeitrag zu leisten (vgl. Porter 2014, S. 169). Orientiert man sich an dem Produkt, lassen sich folgende Differenzierungsquellen unterscheiden (vgl. Porter 2014, S. 170–175): physikalische Produkteigenschaften (z. B. Qualität der verwendeten Materialien, technische Konstruktion), die Ästhetik der äußeren Produktgestaltung (z. B. Design und Farbe des Produkts oder der Verpackung), Zusatzleistungen (z. B. Service in Form von Kundendienst oder Beratung, Art des verwendeten Distributionskanals), symbolische Eigenschaften (z. B. Markenname), Produkt- und Service-Mix (z. B. „Alles aus einer Hand"-Service) sowie die Marketingintensität.

Die Vorteile der Differenzierung werden vor allem in der Anpassungsfähigkeit an geänderte Marktbedürfnisse und Konkurrenzsituationen sowie der höheren Innovationsneigung gesehen. Gefahren ergeben sich dann, wenn die Kosten aus den Augen verloren werden und der Nutzenvorteil des Kunden die höheren Preise nicht mehr aufwiegt oder eine ständige Anpassung an die veränderten Wettbewerbsbedingungen nicht mehr stattfindet und der ursprüngliche temporäre Differenzierungsvorteil erodiert.

Grundidee der **Konzentrationsstrategie** ist, nicht die gesamte Branche mit einer allgemeinen Strategie, sondern lediglich ein(e) (Gruppe von) Branchensegment(en) zu bedienen und dabei optimal auf die speziellen Bedingungen innerhalb dieses Segments zugeschnitten zu sein (vgl. Porter 2014, S. 41–44, 305–355). Die Bedienung der Segmentkunden kann so bedarfsgerechter erfolgen, als dies mithilfe einer am Branchendurchschnitt orientierten, allgemeinen (Kostenführerschafts- oder Differenzierungs-)Strategie möglich wäre. Porter unterscheidet Produkt-, Abnehmer-, Vertriebskanal- und geografische Segmente, innerhalb derer die Wettbewerbskräfte unterschiedlich ausgeprägt sind. Die Konzentration ist nicht von der Ausschließlichkeit der beiden Ziele geprägt; es geht hier eher darum, einen bestimmten strategischen Vorteil vorrangig zu verfolgen.

Ob ein Segment tatsächlich für eine Konzentrationsstrategie geeignet ist und die hieraus resultierenden Fokussierungsvorteile dauerhaft gesichert werden können, hängt nicht nur von der strukturellen Attraktivität und den hieraus resultierenden Mobilitätsbarrieren (z. B. Kostendegressioneneffekte), sondern auch von dessen Größe und Wachstum ab. Die Attraktivität eines Segments wird zudem von dessen Verflechtungen mit anderen Branchensegmenten beeinflusst. Außerdem muss die Wertkette auf mögliche Kostensenkungs- oder Differenzierungspotenziale hin ausgerichtet werden.

Eine zentrale Rolle in Zusammenhang mit der Typologie Porters spielt die **Unvereinbarkeitshypothese,** nach der Geschäftsfelder lediglich aufgrund eines Kostenvorsprungs oder der Einmaligkeit ihrer Leistung, nicht jedoch durch deren Verbindung dauerhaft erfolgreich sein können. Unternehmen, denen es nicht gelingt, ihre Strategie in eine dieser Richtungen zu entwickeln, und die deshalb gleichzeitig mehr als einen strategischen Vorteil verfolgen, sitzen nach Porter „zwischen den Stühlen" (stuck in the middle) und erzielen deshalb ein schlechteres Ergebnis als diejenigen, die sich für eine Strategie entscheiden (2013, S. 81–84). Diese Alternativ- oder Unvereinbarkeitshypothese basiert auf verschiedenen **Annahmen** (vgl. Fleck 1995, S. 13–16).

So wird angenommen, dass sich Kostenführerschaft nur mit einem hohen Marktanteil erzielen lässt, während bei der Differenzierung der exklusive Ruf und die höheren Kosten einem hohen Marktanteil entgegenstehen. Da nur die Verfolgung jeweils eines strategischen Vorteils überdurchschnittlichen Erfolg verspricht, ergibt sich der bekannte Zusammenhang zwischen Rentabilität und Marktanteil (vgl. Abbildung 7.9). Auch wenn der konvexe Zusammenhang (zwischen Return on Investment und Marktanteil) nicht für alle Branchen bzw. Geschäftsfelder Gültigkeit hat, ergibt sich bereits aus der Annahme der unterschiedlichen Marktanteile, auf denen die Strategien aufbauen, deren Unvereinbarkeit.

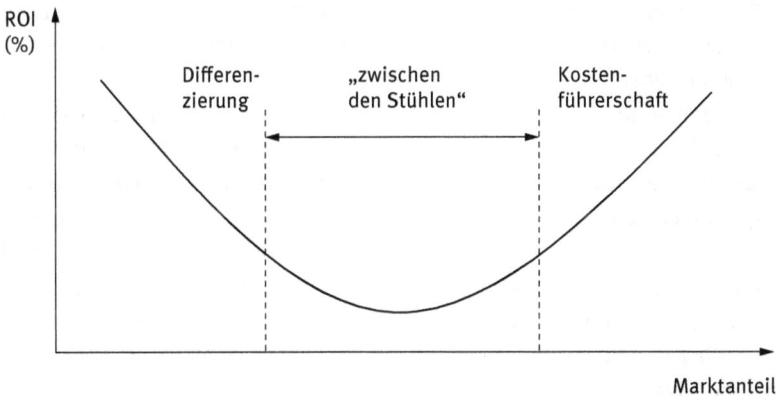

Abb. 7.9: Zusammenhang von Marktanteil und Rentabilität (eigene Darstellung in Anlehnung an Porter 2013, S. 83).

Daneben wird betont, dass die beiden Strategien unterschiedliche Konsequenzen in ihrer Umsetzung zur Folge haben. Strukturen, Systeme, Ressourcen und die Kultur sind unterschiedlich, sodass es unumgänglich ist, sich auf ein Ziel zu konzentrieren (vgl. Porter 2013, S. 80). Dies gilt insbesondere, da ab einem bestimmten Punkt beide Ziele nicht mehr gleichzeitig verfolgt werden können, z. B. eine Kostensenkung nicht mehr möglich ist, ohne Differenzierungseinbußen hinzunehmen. Dabei wird von einer recht statischen Branchenstruktur ausgegangen, während heute ein schneller Wandel der Kundenbedürfnisse und der Technologie eher die Regel ist.

Da die Kostenführerschaft im Gesamtmarkt ohnehin nur von einem oder wenigen angestrebt werden kann, ist die Zahl derer begrenzt, die sich dieses Ziel setzen (können). Dann muss man sich in Märkten, in denen Kunden weitgehend homogene Bedürfnisse haben und Produkte begrenzte Ansatzpunkte zur Differenzierung bieten, von der Vorstellung der generischen Strategie lösen.

Neben der Konzentration auf Schwerpunkte sieht Porter noch **Ausnahmen** hinsichtlich der Unvereinbarkeit, wenn alle Wettbewerber „zwischen den Stühlen sitzen", die (Skalen- oder Verbund-)Vorteile des Marktführers so groß sind, dass er ohne Gefahr Differenzierungsmaßnahmen vornehmen kann, oder eine Innovation vorliegt, die nicht nur Kosten senkt, sondern auch Differenzierungsvorteile birgt. Er betont aber den temporären Charakter dieser Situationen. Nicht zuletzt sind Zufälle möglich: „Gelegentlich kann ein Unternehmen Erfolg dabei haben, mehr als einen Ansatz als Hauptziel zu verfolgen, wenngleich dies selten möglich ist" (Porter 2013, S. 74).

Da Porter selbst darauf hinweist, dass bei starker Kostenorientierung die Qualität und vom Markt geforderte Differenzierungsmerkmale oder umgekehrt bei Differenzierung die Kosten nicht aus dem Blick geraten dürfen, stellt sich der Übergang zu **Kombinationen der strategischen Vorteile**, d. h. hybriden Strategien fließend dar. So besteht heute breiter Konsens darüber, dass die sogenannten generischen Strategien keine Wettbewerbsvorteile mehr garantieren, die Märkte vielmehr ein differenzierteres Vorgehen erfordern.

Die beiden generischen Strategien Porters haben genau betrachtet verschiedene Ausgangspunkte. Während Differenzierung einen absatzpolitischen Fokus aufweist, baut die Kosten- und Preisführerschaft stärker auf der vorgelagerten Wertschöpfungskette des Unternehmens auf. Die beiden strategischen Vorteile, die relative Kostenposition und der relative Differenzierungsgrad, können daher durchaus als zwei voneinander unabhängige Dimensionen betrachtet werden. Außerdem ist das strategische Zielobjekt eher als ein Kontinuum zu verstehen, das von der Gesamtbranche über unterschiedlich große Branchensegmente reicht (vgl. Fleck 1995, S. 19). Porter verkennt nicht nur, dass niedrige Kosten und Differenzierung **unabhängige Dimensionen** sind und gemeinsam verfolgt werden können, er berücksichtigt auch nicht die Möglichkeit der **Segmentdifferenzierung**, d. h. die Verfolgung verschiedener Vorteile in unterschiedlichen Segmenten einer Branche (vgl. Fleck 1995, S. 58).

Ebenso erscheint naheliegend, davon auszugehen, dass es nicht nur einen Kostenführer, sondern mehrere Unternehmen mit ähnlicher Kostenposition geben kann; vor allem in reifen, stagnierenden Märkten ist an Verdopplung des kumulierten Produktionsvolumens und damit die Erringung absoluter Kostenvorteile nicht zu denken. Zudem ist das sogenannte Standardprodukt vielfach verschwunden, stattdessen haben viele Produkte ein Differenzierungsniveau erreicht, bei dem die Kostenposition in Relation zum jeweiligen Grad der Differenzierung zu sehen ist (vgl. Fleck 1995, S. 24).

In der Regel können Kunden zwischen mehreren Produkten wählen und lassen sich von dem **Preis-Leistungs-Verhältnis** leiten, sodass den Ansprüchen an Preis, Qualität und ergänzende Leistungsmerkmale genügt werden muss. Der Wettbewerb zwingt dann, gleichzeitig Kosten zu senken und die Differenzierung zu erhöhen. Wer die Wettbewerbsposition nicht gefährden will, darf sich daher nicht auf einen Vorteil konzentrieren.

Veränderungen der Wettbewerbsstrukturen und technologische Veränderungen begünstigen hybride Strategien (vgl. Fleck 1995, S. 42–57). Produkte mit langen Lebenszyklen, für die die Erfahrungskurve gilt, spielen nicht mehr die Rolle wie früher. Mit den **kürzeren Lebenszyklen** und der infolge technologischer Entwicklungen deutlich verringerten optimalen Betriebsgröße in vielen Branchen verliert die Kostensenkung an Bedeutung und die Kostenstrukturen der Wettbewerber ähneln sich.

Die veränderten Marktstrukturen fördern hybride Strategien, für die Preissensitivität und die Differenzierungsfähigkeit des Leistungsbündels Voraussetzung sind. Ebenso eröffnen die Entwicklungen in der Produktionstechnologie sowie der Informations- und Kommunikationstechnologie (Roboter, 3D-Drucker, vernetzte Maschinen) neue Produktivitätsperspektiven und fördern neben hybriden Strategien bereits vereinzelt die Rückkehr ehemals ins Ausland verlagerter Produktion; so fertigt beispielsweise Adidas wieder Sportschuhe nach Kundenwunsch in Deutschland (vgl. Menn/ Steinkirchner 2016). Der lange Zeit bestehende Widerspruch zwischen Flexibilität und Produktivität durch Automatisierung hat an Bedeutung verloren. Technologien ermöglichen die Verstärkung der Differenzierung und die Senkung der Kosten.

7.7.3 Hybride Strategien

Untersuchungen zeigen schon seit längerem nicht nur, dass einige Unternehmen in der Praxis durchaus hybride Strategien verfolgen, sondern dass sie gegenüber Unternehmen mit einer klar abgegrenzten Wettbewerbsstrategie auch überdurchschnittliche Erfolge aufweisen können (vgl. Fleck 1995, S. 36–39; Jenner 1999, S. 137–145; 2000, S. 10). Dies liegt in den jeweiligen Branchen zum einen an den hybriden Verbraucherwünschen, den verkürzten Produktlebenszyklen und der Globalisierung mit ihrem hohen Wettbewerbsdruck. Zum anderen haben insbesondere Entwicklungen der IuK-, Produktions- und Logistiktechnologien die Handhabung hoher Variantenzahlen bei gleichzeitiger absoluter Kostensenkung ermöglicht. Ihre Verbreitung in den einzelnen Branchen macht aber auch deutlich, dass der Erfolg von den jeweiligen Umwelt- bzw. Branchenbedingungen abhängt und sie folglich nicht als generische Strategien angesehen werden können (vgl. Fleck 1995, S. 29–42).

Die Verfolgung hybrider Strategien bedingt letztlich die Kompetenz eines Unternehmens, die hieraus resultierende organisatorische Komplexität zu beherrschen. Diese erhöht sich durch die zunächst widersprüchlich erscheinenden, notwendigen

Anpassungen der Wertkette oder, wenn die hybride Strategie mithilfe einer Kooperation realisiert werden soll, durch die Anpassungsnotwendigkeiten der verschiedenen Wertketten bei den kooperierenden Unternehmen. Die Kompetenz, komplexe Strukturen aufzubauen und die damit einhergehenden Prozesse zu steuern, kann zentrale strategische Bedeutung für ein Unternehmen erlangen.

Hybride Strategien kann man grundsätzlich dahingehend unterscheiden, ob der Kostenvorteil und der Differenzierungsvorteil nacheinander, an verschiedenen Orten oder gleichzeitig erreicht werden sollen; man spricht von sequenziell, multilokal und simultan hybriden Wettbewerbsstrategien.

Den Ausgangspunkt für die dynamische Betrachtung der Wettbewerbsstrategien, d. h. die sequenzielle Verfolgung von Kosten- bzw. Preisführerschaft und Differenzierung, bildet die **Outpacing-Strategie** (Gilbert/Strebel 1987). Es geht dabei um den Wechsel von einer Strategie zur anderen in bestimmten Fällen des Wettbewerbs, ohne den bis dahin erreichten Wettbewerbsvorteil aufzugeben (vgl. Fleck 1995, S. 62–63). Grundsätzlich sind zwei Ausgangssituationen bzw. Anfangsstrategien möglich.

Im Falle einer Innovation ergibt sich ein höherer Kundennutzen und damit fast automatisch die Differenzierungsstrategie mit hoher Produktqualität und gutem Image. Das hohe Preisniveau zieht Konkurrenten (Folger) an, die eine Massenproduktion anstreben und kostengünstiger anbieten. In der Folge kommt es zu einer Standardisierung des Produkts bzw. der Leistung, sodass sich Wettbewerbsvorteile aufgrund niedrigerer Kosten erzielen lassen. Damit erreicht der Wettbewerbsverlauf in der Reifephase für den Innovator den Punkt, an dem die strategische Ausrichtung wechselt und er sich bei sinkendem Preisniveau bemüht, den Differenzierungsvorteil zu erhalten, aber die Kosten zu senken.

Im anderen Fall beginnt der Folger, der zwar einen Kostenvorteil hat, aber seine Kostenposition nicht wesentlich senken kann, sein Angebot zu differenzieren, um den Nutzen der Kunden und auch den Preis zu erhöhen. In der fortgeschrittenen Phase des Wettbewerbs geht es für beide darum, einen hybriden Vorteil zu erringen, da der Kunde bei recht ähnlichen Produkten einen Nutzenzuwachs nicht um jeden Preis akzeptiert. Der Weg dahin ist für beide aber grundsätzlich verschieden. Ergebnis der beiden Entwicklungspfade ist eine hybride Wettbewerbsposition, in der Kosten- und Differenzierungsvorteile erzielt werden.

Bei diesem Konzept handelt es sich um keinen hybriden Strategieansatz, da der zweite Wettbewerbsvorteil sich als Reaktion im Wettbewerb ergibt. Die generischen Strategien werden nicht infrage gestellt, vielmehr wird auf die begrenzte Lebensdauer von Produkten und damit dieser Strategien und die Notwendigkeit der dynamischen Betrachtung hingewiesen. Es lässt sich zwar nicht ohne weiteres bestimmen, wann der Wechsel stattfinden soll, und es bieten sich auch andere Optionen, z. B. für den Innovator der Marktaustritt bzw. ein neuer Innovationszyklus (vgl. Kleinaltenkamp 1987, S. 43–46), jedoch werden Optionen aufgezeigt und ex post Erklärungen geboten. Zudem wird deutlich, dass die Realisierung einer hybriden Strategie die Fähigkeit voraussetzt, die Strategie unterschiedlichen Branchenbedingungen anzupassen, da auch bei der zeitlichen Entkopplung Konflikte bestehen. Das gilt vor allem dann, wenn der Strategiewechsel von Anfang an nicht eingeplant ist oder nicht klar terminiert werden kann (vgl. Fleck 1995, S. 64–65).

Multilokale hybride Strategien sind eigentlich internationale Strategien. Zum einen gibt es verschiedene Entwicklungen, die eine weltweit orientierte Unternehmenstätigkeit (Globalisierung) und die Nutzung der mit Standardisierung verbundenen Vorteile ermöglichen, zum anderen liegen länderspezifische Gegebenheiten vor, deren Berücksichtigung nicht nur zweckmäßig, sondern häufig unumgänglich ist (Lokalisierung). Bildet man die beiden strategischen Überlegungen als unabhängige Dimensionen der Nutzung von Globalisierungs- bzw. Standardisierungsvorteilen vertikal und der Nutzung von Lokalisierungs- bzw. Differenzierungsvorteilen horizontal in einer Vier-Felder-Matrix ab, ergeben sich vor allem drei relevante Strategietypen.

Die globale Strategie basiert auf einer weltweiten Standardisierung von Produkten und Prozessen, wodurch Skalen- und Synergieeffekte genutzt und Kostenvorteile erzielt werden können. Demgegenüber sollen bei der lokalen Strategie durch die Ausrichtung auf die regional unterschiedlichen Kundenbedürfnisse Differenzierungsvorteile ermöglicht werden, die höhere Preise rechtfertigen. Der hybride Strategietyp (rechts oben in der Matrix) wird je nach Autor als transnational, dual, opportunistisch, multifokal oder glocal bezeichnet, auch wenn man die Unabhängigkeit der beiden Dimensionen und damit die Matrixdarstellung kritisch sehen kann (vgl. Scherm/Süß 2001, S. 127–133). Die Praxis zeigt, dass die globale und die lokale Strategie ebenso wie die hybride Kombination erfolgreich sein können; die Wahl hängt letztlich von den Bedingungen des Marktes und des Unternehmens ab (vgl. Winkler/Slamanig 2009, S. 549–551).

Die kombinierten Vorteile werden dadurch erreicht, dass marktnahe Aktivitäten eine lokale Anpassung erfahren, während für alle übrigen ein möglichst hoher Konzentrations- und Standardisierungsgrad angestrebt wird, wobei kostengünstige Standorte gewählt werden (vgl. Fleck 1995, S. 71–80; auch Kaluza/Winkler 2008). Der Fokus liegt hier weniger auf dem Produkt bzw. der Leistung als der räumlichen Verteilung der Wertschöpfungsaktivitäten. Die hinter den beiden strategischen Vorteilen (Kostenführerschaft und Differenzierung) stehenden Wertschöpfungsaktivitäten sind lokal zu entkoppeln und global zu verbinden. Ermöglicht wird das durch moderne, internetbasierte IuK-Technologien, eine leistungsfähige Logistik und netzwerkartige Organisationsstrukturen.

Insbesondere die simultane Verfolgung hybrider Strategien wird seit Anfang der 1990er Jahre eingehend unter den Stichworten kundenindividuelle bzw. maßgeschneiderte Massenproduktion oder **Mass Customization**, zusammengesetzt aus „Mass Production" und „Customization", diskutiert. Erstmals Ende der 1980er Jahre von Davis (1987) geprägt und ausführlicher von Pine (1994) untersucht, ist der Begriff bis heute nicht eindeutig definiert (für einen Überblick vgl. Piller 2006, S. 159–162). Es soll gleichzeitig möglichst kostengünstig für den Massenmarkt produziert und versucht werden, dem zunehmenden Wunsch der Kunden nach individualisierten

Produkten Rechnung zu tragen. Mass Customization ist als Antwort auf die deutlich zunehmende Heterogenisierung und Individualisierung der Nachfrage zu sehen.

Dies geschieht, indem zum einen die Vorteile der Massenproduktion (z. B. Skaleneffekte, Erfahrungskurvenvorteile) genutzt und zum anderen voneinander abweichende Kundenwünsche durch Variation weniger, aus Kundensicht jedoch entscheidender Merkmale individuell bedient werden. Die Kosten bleiben auf diese Weise mehr oder weniger auf dem Niveau eines vergleichbaren massengefertigten Produkts. Da die Preise langfristig ähnlich niedrig gehalten werden wie bei Produkten für den Massenmarkt, impliziert die Individualisierung keinen Wechsel des Marktsegments in exklusive Nischen, wie dies bei der klassischen Einzelfertigung der Fall ist.

Dass die Leistungserstellung trotz der Individualisierung effizient bleibt, wird in der Regel durch Modularisierung und die Festlegung des optimalen Vorfertigungsgrads gewährleistet. **Modularisierung** gilt als Schlüssel für Mass Customization (vgl. Piller 2006, S. 196). Module sind austauschbare Teile, deren Vormontageumfang deutlich größer ist als ihr Einbauumfang in übergeordnete Baugruppen. Modulare Komponenten werden (in Verbindung mit entsprechenden Dienstleistungen) in verschiedenen Stadien der Wertkette zu einem individuellen Endprodukt verbunden; Voraussetzung ist ihre Kompatibilität. Dadurch wird eine Systemarchitektur geschaffen, die eine bestimmte Anzahl verschiedener Kombinationen zulässt. Somit können aus einer begrenzten Anzahl standardisierter und untereinander kompatibler Module verschiedene kundenspezifische Endleistungen erstellt werden (vgl. Piller 2006, S. 197).

Der Kunde stellt dabei immer weniger den passiven Empfänger der Produkte und Dienstleistungen dar. Er bestimmt die Kombination von Modulen und nimmt eine aktive Rolle in der Wertschöpfung ein. Die von Unternehmen dominierte Wertschöpfung entwickelt sich auf diese Weise in eine interaktive Wertschöpfung (vgl. Reichwald/Piller 2009, S. 219). Das Potenzial der Individualisierung hängt wesentlich von der Intensität der Kundeneinbindung und damit von dem Punkt der Auftragserteilung im Leistungserstellungsprozess ab. Für eine schnelle Abwicklung müssen die kundenanonymen Leistungen, die vor dem Kundenauftragsentkopplungspunkt liegen, vorgehalten werden; seine Lage bestimmt den Grad der Planungssicherheit, die Komplexität des Leistungserstellungsprozesses und die Einflussnahme des Kunden. Die Bandbreite der Mass Customization liegt zwischen der Auftragsfertigung (z. B. Automobilproduktion) und einer Kombination aus Lager- und Auftragsfertigung (z. B. Müslimischung aus einer Auswahl von Zutaten).

Während die Kostenvorteile der Massenproduktion aus Größen-, Verbund- und Lerneffekten stammen, bieten sich im Rahmen der Mass Customization **Kostensenkungspotenziale** durch Modularisierung von Produkten und Prozessen, auftragsorientierte Fertigung statt Produktion auf Lager, bessere Informationen über den Kunden aufgrund seiner Einbindung in den Konfigurationsprozess und zusätzliche Möglichkeiten der Kundenbindung (vgl. Piller 2006, S. 203–214; von der Oelsnitz/Lorenz/Menken 2012, S. 104–105).

Der Unterschied zum Einbezug externer Akteure in die Neuproduktentwicklung (Open Innovation) besteht darin, dass ein vorgegebenes Leistungsspektrum besteht und nicht marktfähige Produkte bzw. Leistungen mit den Kunden entwickelt werden. Da die Leistungserstellung kundenbezogen erfolgt, ergibt sich zudem ein deutlicher Unterschied zur Variantenfertigung, bei der keine Interaktion mit dem Abnehmer stattfindet.

In der Vergangenheit erschien die Individualisierung aufgrund hoher (zusätzlicher) Kosten vor allem für margenträchtige Industriegüter sinnvoll und blieb im Konsumgüterbereich eher eine Randerscheinung. Möglich wurde die Verfolgung simultaner hybrider Strategien auch in diesem Bereich aufgrund moderner IuK-Technologien, mit denen die Interaktionskosten drastisch gesenkt werden konnten. Das Internet ermöglicht zudem, differenzierte Produkte weltweit anzubieten und gleichzeitig mit niedrigen Kosten (z. B. an abgelegenen Standorten) zu operieren.

Beispiele für die hybride Strategie der kundenindividuellen Massenproduktion sind mannigfaltig. So bietet die Firma Dell schon seit langem PC und Notebooks an, die individuell aus verschiedenen Bausteinen zusammengestellt werden können, aber dennoch vergleichsweise günstig sind. In der Bekleidungsindustrie offerieren neben Marken wie Adidas, Puma und Levi's viele andere Unternehmen individuell anpassbare Ware. Auch in anderen Branchen hat Mass Customization Einzug gehalten. Beispielsweise stellt die Sovital Life & Nutri-Science GmbH individualisierte Vitaminpräparate zusammen und unter www.personalnovel.de können individualisierte Bücher bestellt werden.

Nach einer euphorischen Diskussion in den 1990er Jahren ist die Auseinandersetzung mit dem Thema kritischer geworden. Mass Customization verlangt hohe Sachinvestitionen für den Aufbau flexibler Fertigungssysteme und des Informationsnetzes; außerdem steigen in der Regel die Arbeitskosten (vgl. Piller 1997, S. 23; Piller/Ihl 2002, S. 27). Damit erhöhen sich die **Preisuntergrenze** und der Spielraum für gegebenenfalls notwendige Rabatte, woran zahlreiche Unternehmen gescheitert sind. Deshalb sollten weder hybride Strategien noch Mass Customization im Besonderen als generell überlegen und für sämtliche Unternehmen als geeignet angesehen werden. Gelingt es nicht, die verschiedenen Kostensenkungspotenziale auszuschöpfen, besteht die Gefahr einer Preisgestaltung, die über die Aufschläge hinausgeht, die Kunden für eine solche Individualisierung zu zahlen bereit sind. Außerdem muss die Komplexität, die durch die Variantenvielfalt entsteht, handhabbar bleiben.

7.7.4 Wettbewerbsstrategien als Anpassungsmuster

Miles/Snow gehen davon aus, dass Strategietypen zu Unternehmensformen führen, die über einen längeren Zeitraum stabil sind. Sie werden vom Management entsprechend gestaltet, um im Branchenwettbewerb erfolgreich zu sein. Die Umwelt ist dabei zwar nicht ohne Bedeutung, aber es gibt eine dominante Gruppe von Managern, die großen Einfluss haben und Verantwortung für die Problemfindung und Problemlösung tragen. Dieses Finden und Lösen der Probleme ist von der Wahrnehmung und Interpretation der Akteure geprägt, wobei den (Anpassungs-)Entscheidungen durch vorangegangene Entscheidungen Grenzen gesteckt werden. Diese Grenzen können zwar verändert und teilweise auch aufgehoben werden, jedoch schaffen die neuen Entscheidungen erneute Zwänge (2003, S. 14, 20–21). Ein Wechsel des Strategietyps fällt nicht zuletzt deshalb schwer, weil die Manager an ihren Entscheidungen hängen.

Folglich verstehen Miles/Snow unter Wettbewerbsstrategien **Anpassungsmuster** an spezifische Kontextsituationen für die einzelnen strategischen Geschäftsfelder und gehen dabei von drei Grundannahmen aus (vgl. 2003, S. 5–8): (1) Unternehmerisches Handeln dient der Gestaltung der Umwelt, d. h., Unternehmen stehen dieser nicht passiv gegenüber, sondern beeinflussen sie aktiv. (2) Die strategischen Entscheidungen des Managements formen Strukturen und Prozesse des Unternehmens. (3) Strukturen und Prozesse engen die Strategie ein.

Darauf aufbauend entwickeln die Autoren einen sogenannten **Anpassungskreislauf** (adaptive circle), der sich mit drei Problemkreisen befasst. Diese treten mehr oder weniger simultan auf und sind miteinander verwoben. Daher müssen alle **drei Problemkreise** bei der strategischen Anpassung Berücksichtigung finden (vgl. Miles/Snow 2003, S. 21–25; Abbildung 7.10):

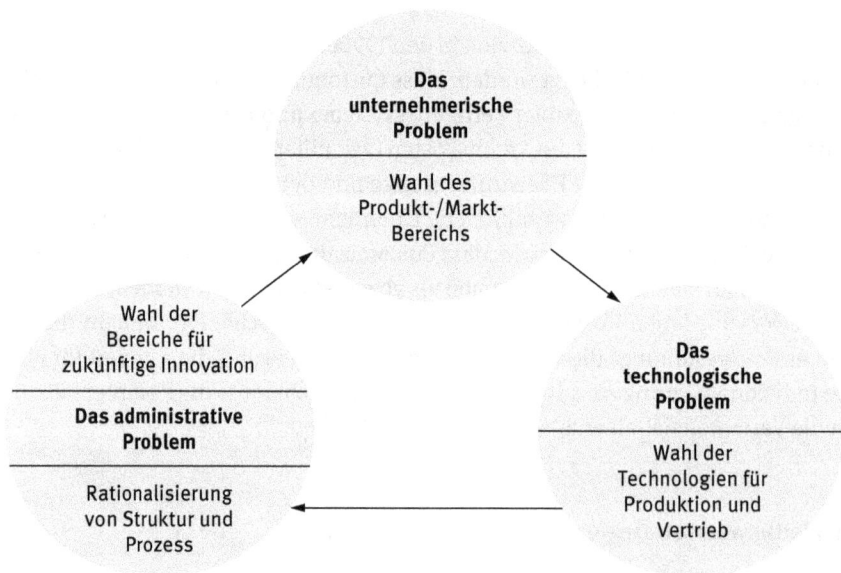

Abb. 7.10: Der Anpassungskreislauf nach Miles/Snow (eigene Darstellung in Anlehnung an Miles/Snow 2003, S. 24).

Das unternehmerische Problem liegt in der Entscheidung über Produkt-Markt-Bereiche bzw. Geschäftsfelder, in die Lösungen, die in der Vergangenheit für das technologische und das administrative Problem gefunden wurden, einbezogen werden müssen.

Das technologische Problem umfasst Entscheidungen für die technologische Umsetzung der für das unternehmerische Problem gefundenen Lösung, insbesondere in den Bereichen Produktion, Logistik, Information und Kommunikation.

Zum administrativen Problem gehören zwei Arten von Entscheidungen: Einerseits müssen Strukturen und Prozesse für die Umsetzung der Entscheidungen gestaltet werden, die für die Geschäftsfelder und die technologischen Systeme getroffen wurden. Andererseits sind die Voraussetzungen für die Weiterentwicklung des Unternehmens und die gegebenenfalls zukünftig notwendigen Veränderungen zu schaffen.

Der Anpassungsprozess, bei dem es insbesondere um die Abstimmung der Strategie mit dem externen und internen Kontext des Unternehmens geht, kann in verschiedener Weise erfolgen. Miles/Snow formulieren in diesem Zusammenhang **idealtypische Grundorientierungen**, die sich in der folgenden Typologie unternehmerischen Verhaltens niederschlagen. Allerdings besitzen nur drei der vier Typen eigene Strategien, auf die Umwelt zu reagieren, sowie spezifische Konfigurationen von Technologie, Struktur und Prozess, die mit den jeweiligen Strategien übereinstimmen (vgl. 2003, S. 28–93):

– Defender,
– Prospector,
– Analyzer und
– Reactor.

Der **Defender** agiert in engen Produkt-Markt-Bereichen, in denen er als ausgesprochener Experte gilt. Gegen Konkurrenten setzt er auf aggressive Preispolitik, Qualität und kontinuierliche Produktverbesserung. Er konzentriert sich im Wesentlichen auf die Optimierung seiner Effizienz in dem ihm bekannten Arbeitsfeld und neigt nicht dazu, außerhalb seiner Domäne nach neuen Möglichkeiten zu suchen. Aufgrund der geringen Innovationsorientierung ergibt sich für ihn selten die Notwendigkeit grundlegender Anpassungen. Tendenziell kann es zur vertikalen Integration, Zentralisierung und umfassenden Planung kommen.

Der **Prospector** ist sehr experimentierfreudig, innovationsorientiert und sucht proaktiv nach Marktchancen, wobei er auch hohe Risiken eingeht. Er erzeugt Veränderungen, auf die seine Konkurrenten reagieren müssen. Wichtig sind Flexibilität und Wandel, daher werden dezentrale Strukturen und geringe Formalisierung bevorzugt, Planung hat keinen großen Stellenwert. In der Folge ist er allerdings nicht immer effizient. In seinem Interesse liegen marktbezogene Aktivitäten sowie die Forschung und Entwicklung.

Der **Analyzer** operiert auf zwei Arten: Zum einen bewegt er sich in einem relativ stabilen Umfeld, in dem er bereits etabliert ist und entsprechend routiniert auftritt. Wie der Defender ist er dabei recht effektiv und effizient. Zum anderen investiert er in dynamische Produkt-Markt-Bereiche und adaptiert vielversprechende neue Ideen der Konkurrenten. Die Herausforderung dabei ist, die Balance zwischen Stabilität und Flexibilität bei der Lösung der technologischen und administrativen Probleme zu finden und zu erhalten. Das gestaltet sich insbesondere dann schwierig, wenn Probleme in den Geschäftsfeldern auftreten.

Der **Reactor** ist dadurch gekennzeichnet, dass er Strategie, Struktur und Prozesse nicht konsistent aufeinander abstimmt. Ihm fehlt ein charakteristisches konsistentes Reaktionsmuster auf Umweltbedingungen und daraus ergibt sich ein instabiler Unternehmenstyp. Umweltveränderungen werden zwar erkannt, das angemessene Reagieren fällt aber schwer.

Die Typologie verdeutlicht, dass Miles/Snow neben den beiden Extremtypen Defender und Prospector den Kombinationstyp Analyzer als dritte und gleichwertige Strategieoption unterscheiden. Dieser Typ versucht, die Vorteile der beiden anderen Typen zu vereinen, und kann als Äquivalent zu Porters „zwischen den Stühlen sitzenden" Unternehmen gesehen werden. Während für Porter aus der Kombination seiner generischen Strategien Instabilität, Mittelmäßigkeit und unterdurchschnittlicher Erfolg resultieren, sehen Miles/Snow derartige hybride Strategien als praktisch relevant an. Der Prozess der Unternehmensanpassung stellt weder ein unkontrolliertes Phänomen noch das Ergebnis einer vollkommen rationalen Wahl dar. Stabile und konsistente Typen entwickeln Mechanismen, die im Laufe der Zeit verfeinert werden, und bauen dadurch ihre Stärken aus, die als Basis für Reaktionen auf die Umwelt dienen.

Die Existenz der vier Strategie- bzw. Unternehmenstypen ist empirisch ebenso nachgewiesen wie der geringere Erfolg der Reactor-Unternehmen gegenüber den anderen, für die die Ergebnisse nicht eindeutig sind, sich aber eine Abhängigkeit von der Unternehmensgröße und dem makroökonomischen Umfeld erkennen lässt (vgl. Baum/Coenenberg/Günther 2013, S. 105–106; Schiffelholz 2014, S. 28–39). Erkenntnisse über die charakteristischen Unterschiede zwischen den Typen und das Auftreten in verschiedenen Branchen sowie die Ursachen eines Strategiewechsels sind begrenzt (vgl. Schiffelholz 2014, S. 52).

Für deutsche Aktiengesellschaften konnte Schiffelholz, der die beiden Extremtypen untersucht hat, einen Einfluss des Alters, nicht aber der Größe auf den Strategietyp feststellen, auch die Häufigkeit der Typen in unterschiedlichen Branchen variiert deutlich. Da andere Untersuchungen Performanceunterschiede in Abhängigkeit von der Branche zeigen, muss der generische Charakter bezweifelt werden; in innovativen, forschungsintensiven Branchen finden sich eher Prospectoren, in stabilen, regulierten Branchen eher Defender. Die Wahrscheinlichkeit des Typwechsels nimmt mit der Dauer der Zugehörigkeit zu einem Typ ab, während sie mit dem Unternehmensalter hinsichtlich eines Wechsels vom Prospector zum Defender zunimmt. Der Wechsel des Vorstandsvorsitzenden, die gesamtwirtschaftliche Situation und der Unternehmenserfolg scheinen ebenfalls nicht ohne Einfluss auf den Typwechsel zu sein (vgl. 2014, S. 173–178).

7.7.5 Strategische Überlegungen angesichts zunehmender Dynamik

Besondere Kritik haben Porters generische Strategien erfahren, da sie zeitliche Veränderungen im Wesentlichen unbeachtet lassen. Das Verfolgen einer nachhaltigen Branchenposition blendet aus, wie es zu den Gegebenheiten gekommen ist und wie sie sich in der Zukunft entwickeln. In der Folge gab es vielfältige strategische Überlegungen, die diese Kritik aufgreifen, aber unterschiedliche Schlüsse daraus ziehen. Hier soll nur exemplarisch darauf eingegangen werden.

Große Aufmerksamkeit hat D'Aveni mit seinem Konzept des **Hyperwettbewerbs** erlangt (vgl. 1995). Unter Rückgriff auf spieltheoretische Elemente wird veranschaulicht, dass Wettbewerbsvorteile immer kurzfristigerer Natur sind, da Aktionen umgehend Gegenaktionen eines Konkurrenten hervorrufen. Indem erlangte Wettbewerbsvorteile zerstört werden, eskaliert der Wettbewerb und die Unternehmen finden sich nach und nach auf Wettbewerbsebenen wieder, die durch zunehmende Aggressivität des Verhaltens der Marktteilnehmer charakterisiert sind. Der Wettbewerb wird nicht mehr als Zustand, sondern als Prozess betrachtet und die Erschütterung des Status quo zum strategischen Ziel erhoben. Wettbewerbsvorteile werden aufgebaut, genutzt und auch bewusst selbst zerstört, um den Wettbewerb in eine für Konkurrenten nicht absehbare Richtung zu lenken. Diese Zerstörung ist die Voraussetzung für den Aufbau neuer Wettbewerbsvorteile.

Der Hyperwettbewerb folgt bei aller Unberechenbarkeit D'Aveni zufolge Regeln und durchläuft eine sogenannte **Eskalationsleiter**, wobei jede Maßnahme eine Gegenmaßnahme herausfordert, die wiederum eine Reaktion auslöst (vgl. 1995, S. 47–49).

- Auf der ersten Stufe findet der Wettbewerb auf Basis von Kosten und Qualität statt. In diesem Zusammenhang geht D'Aveni noch von Porters drei Strategietypen aus.
- Im Zeitablauf egalisieren sich die Vorteile einzelner Unternehmen und der Wettbewerb gelangt auf die zweite Stufe, auf der es darum geht, einzigartige Vermögenswerte oder Kenntnisse durch Innovationen zu erlangen.
- Sind die Wettbewerbsvorteile der Innovation in Folge von Imitationen nicht mehr zu halten, versuchen Unternehmen auf der dritten Stufe, die Wettbewerber durch die Errichtung von Eintrittsbarrieren vom Markt abzuhalten.
- Auf der vierten Stufe spielt die finanzielle Stärke der Unternehmen die zentrale Rolle; sie wird zum Aufbau von Wettbewerbsvorteilen eingesetzt, kleinere Unternehmen bleiben auf der Strecke.

Dass die Nachhaltigkeit der Wettbewerbsvorteile nur begrenzt gegeben ist, steht außer Frage. Mit hoher Dynamik in den Branchen, die zu häufigen, großen und kaum mehr vorhersehbaren Änderungen führt, geht es nicht mehr nur darum, Wettbewerbsvorteile zu erringen und sie möglichst lange zu erhalten, indem z. B. Markteintrittsbarrieren aufgebaut oder Ressourcen gegen Imitation oder Substitution geschützt werden. Vielmehr ist es notwendig, den Wettbewerbsvorteil immer wieder zu erneuern. Wenn Wettbewerbsvorteile nicht langfristig zu bewahren sind, können diese auch selbst zerstört werden, um sie durch größere neue Vorteile zu ersetzen. Damit ist nicht der Wettbewerbsvorteil als nachhaltig anzusehen, sondern letztlich die Fähigkeit, mithilfe der die Wettbewerbsvorteile geschaffen werden. Die implizite Annahme, dass langfristige Strategien zu durchschauen und zu imitieren sind, demgegenüber überraschendes Handeln, Flexibilität und Improvisation Erfolg versprechen, wird jedoch äußerst **kontrovers diskutiert**.

Der Wettbewerb kann zwar auf verschiedenen Stufen stattfinden, deren Grenzen lassen sich aber nicht scharf ziehen. Außerdem müssen die Auseinandersetzungen nicht in dieser Reihenfolge stattfinden, sie können sogar gleichzeitig auf den unterschiedlichen Stufen erfolgen. Während es zunächst noch um Preis und Qualität geht, gewinnen im Folgenden die eigenen Kompetenzen und der Zeitpunkt für Innovationssprünge und neue Märkte oder den Wechsel der Wettbewerbsstrategie z. B. in Form des Outpacing an Bedeutung. Der Aufbau von Eintrittsbarrieren verschafft einem Zeit, letztlich bildet aber die Finanzkraft die Grundlage, nicht jedoch die Garantie für einen Wettbewerbsvorteil, der früher oder später auch wieder zerstört wird. Strategie verliert den Charakter des Positionierens, es geht vielmehr um ein **geschicktes Manövrieren**, teils Agieren, teils Reagieren in der Branche. Voraussetzung dafür sind ein Lernen in der und der Organisation sowie deutlich mehr das Entwickeln als das Formulieren der Strategie (vgl. D'Aveni/Dagnino/Smith 2010, S. 1372–1373).

Dazu sind Kompetenzen notwendig, die Chancen erkennen lassen und es ermöglichen, diese zu nutzen, oder das Unternehmen in die Lage versetzen, die Spielregeln des Marktes zu verändern. Die starke Betonung der Flexibilität und Kurzfristigkeit und das Ausblenden der Vorteile bzw. der Notwendigkeit stabiler Elemente und gewisser Kontinuität müssen aber kritisch gesehen werden; nicht unberechtigt ist von einem agressiven Inkrementalismus die Rede (vgl. Lüdeke 2005, S. 103–108, 255–263).

Das Konzept des **Blauen Ozeans** (Kim/Mauborgne 2016) bricht ebenfalls mit der Logik, dass Vorteile über die Analyse der Branche und die bessere Positionierung gegenüber den Konkurrenten erzielt werden (vgl. auch Kapitel 6.4.6 und 7.3.4). Es geht den Autoren darum, aus den Denkstrukturen in bestehenden Märkten (rote Ozeane) auszubrechen und stattdessen neue Märkte (blaue Ozeane) zu schaffen. Dabei soll der Kundennutzen nicht in inkrementaler Form verbessert werden, vielmehr gilt es, ihn durch eine **echte Innovation** grundlegend zu steigern.

In einem Blauen Ozean orientiert man sich strikt an den Produkteigenschaften, die allein der Kunde wünscht, und nicht wie in bestehenden Märkten an solchen, die aufgrund von Konkurrenzprodukten erforderlich sind. Dadurch wird es als möglich erachtet, gleichzeitig das Kosten- und Differenzierungsziel zu verfolgen. Da das Denken außerhalb der Branchenlogik an mentale Barrieren der Entscheidungsträger stößt, müssen diese gezielt überwunden werden. Kim/Mauborgne geht es dabei jedoch anders als D'Aveni wieder um den Aufbau einer nachhaltigen Wettbewerbspositition in einem neuen Markt, die es dann zu verteidigen gilt.

Auch Hax/Wilde haben erkannt, dass Wettbewerbsvorteile schneller verschwinden, als das ursprünglich einmal angenommen wurde (vgl. 2001). Die Macht der Kunden nimmt aufgrund der Transparenz und der häufig nur einen Mausklick entfernten Konkurrenz zu, ihre Loyalität dagegen ab, woraus vielfach ein starker Preiswettbewerb resultiert. Es geht daher stärker um die Bindung der Kunden durch eine Individualisierung auch in den Massenmärkten. Damit stehen nicht mehr die Produkteigenschaften, sondern die Kundenbedürfnisse im Vordergrund. Aus strategischer Sicht gewinnen positive **Netzeffekte** und **Lock-in-Effekte** neben der bisher so wichtigen Marktnähe an Bedeutung. In den Fokus gerät die Konzentration auf die Ressourcen und Kompetenzen des Unternehmens verbunden mit der Notwendigkeit, Kooperationen mit anderen Unternehmen einzugehen und Netzwerke zu bilden.

Während marktorientierte Strategieüberlegungen die Gestaltung der Wertschöpfung aus den Marktgegebenheiten ableiten, liegen aus ressourcen- und kompetenzorientierter Sicht die Voraussetzungen für die Positionierung am Markt in der Wertschöpfungskonfiguration. Das sogenannte **Delta-Modell** baut auf der Verbindung dieser Überlegungen auf und versucht, der gestiegenen Bedeutung der Informationstechnologie einerseits und der Kunden andererseits Rechnung zu tragen (vgl. Hax/ Wilde 2001).

Bei Porter gilt es, zunächst durch (beste) Produkte die Kunden an das Unternehmen zu binden und dann die gewonnene Marktposition gegenüber der Konkurrenz zu verteidigen. Dafür eignen sich die von ihm propagierten Wettbewerbsstrategien. Darüber hinaus entwickeln Hax/Wilde zwei weitere Optionen, zum einen die umfassenden Kundenlösungen mit Fokus Kunde, zum anderen das System Lock-in mit einem Netzwerkfokus, die sie neben die klassischen Wettbewerbsstrategien stellen (vgl. 2001, S. 9–13). Die drei **Strategieoptionen** lassen sich durch das Ausmaß der Einbindung von Kunden und Komplementoren unterscheiden.

– **Bestes Produkt:** Es wird versucht, durch die Produkteigenschaften oder den Preis einen Wettbewerbsvorteil zu erringen und sich von der Konkurrenz zu unterscheiden.
– **Umfassende Kundenlösungen:** Auf Kunden zugeschnittene Produkte oder Leistungen, die gegebenenfalls auch in enger Kooperation mit diesen entstehen, sollen hohen Nutzen bringen; dazu müssen viele Informationen über den Kunden vorliegen. Die Zusammenarbeit mit anderen Unternehmen und Komplementoren spielt dabei schon eine Rolle.
– **System Lock-in:** Dabei geht es nicht mehr um überlegene Produkte, sondern die bestmögliche Produktnutzung, d. h. um ein Systemangebot aus eigenen und komplementären Leistungen. Kunden und Komplementoren sollen gebunden und zu

einem Netzwerk geformt werden, bei dem hohe Austritts- und Eintrittsbarrieren bestehen. Dadurch können Netzeffekte und eine hohe Bindung an das System (Lock-in) entstehen.

Wie bei Porter wird hier davon ausgegangen, dass eine klare Entscheidung für eine Option zu treffen ist, da die Voraussetzungen für die Strategien sehr unterschiedlich sind. Jedoch liegt die erweiterte Sicht der Branchenstruktur von Brandenburger/Nalebuff zugrunde (vgl. Kapitel 6.4.3); es geht folglich nicht darum, die Struktur als gegeben zu nehmen, sondern in den Wettbewerbskräften einen Weg für sich und potenzielle Partner auf Seiten der Kunden, Lieferanten und Komplementoren zu suchen, um die – gegebenenfalls gemeinsame – Position zu festigen (vgl. Hax/Wilde 2001, S. 42–49).

Auch konzeptionelle Entwicklungen, die um die Jahrtausendwende unter dem Begriff des **Market Driving** entstanden, weisen darauf hin, dass es nicht das einzige Ziel sein kann, Strategien an den Markterfordernissen oder Kundenbedürfnissen auszurichten, vielmehr im Gegensatz dazu die Marktstruktur proaktiv zu verändern ist (vgl. Stolper 2007, S. 19–40; Düerkop 2015, S. 6–18, 71–97). Die verschiedenen Ansätze basieren auf der gemeinsamen Grundannahme, dass neben den Kundenpräferenzen auch das Verhalten der Konkurrenten, Lieferanten und Stakeholder gestaltbar ist und folglich die Spielregeln im Markt verändert werden müssen, wenn Wettbewerbsvorteile erzielt werden sollen.

In diesem Zusammenhang spielen Innovationen die zentrale Rolle; das Spektrum dieser reicht von Produkten, die Kundenpräferenzen verändern, bis zu neuen Formen der Distribution, Kommunikation oder Preisgestaltung. Letztlich handelt es sich um einen fließenden Übergang von einem marktorientierten zu einem markttreibenden Verhalten, das sich aus dem Einsatz dieser Innovationen am Markt ergibt. Aus den Ansätzen lassen sich jedoch keine konkreten Aussagen zu Maßnahmen oder Strategien ableiten (vgl. Stolper 2007, S. 182). Dies gilt auch für die Ansätze, die aufgrund einer Nähe zum ressourcenorientierten Ansatz eine interne Perspektive auf die Fähigkeit zum Market Driving haben. Die Bedeutung situativer Einflussfaktoren und verschiedener Unternehmensmerkmale bleibt weitgehend unklar (vgl. Stolper 2007, S. 183–186).

Gegenüber D'Avenis Überlegungen wird im Rahmen des Market Driving nach langfristigen Wettbewerbsvorteilen gestrebt. Anders als die Blue-Ocean-Strategie löst es sich auch von der Ausrichtung an Kosten- oder Differenzierungsvorteilen und fokussiert den Kundennutzen, der anderweitig entstehen kann. Im Unterschied zu beiden ist die Betrachtung nicht auf Konkurrenten und Kunden beschränkt. Der unübersehbare Zusammenhang mit der breiten Diskussion der Geschäftsmodellinnovationen (vgl. Schallmo 2013; auch 6.4.6) macht die enge Verbindung zwischen der strategischen Entscheidung und der Gestaltung des Geschäftsmodells deutlich; die Abgrenzung fällt vor allem dann schwer, wenn die Strategie nicht ausschließlich die Branche, die zudem erheblicher Dynamik unterliegt, oder die Ressourcen und Kompetenzen fokussiert (vgl. Kapitel 7.1).

7.8 Entscheidungen mit funktionalem Schwerpunkt

Entscheidungen auf strategischer Ebene, die primär eine Funktion im Unternehmen zum Gegenstand haben, d. h. sich etwa auf die Beschaffung, Produktion, Marketing, aber auch Forschung und Entwicklung, Personal oder Finanzierung beziehen, werden teilweise als **funktionale Strategien** bezeichnet (vgl. z. B. Müller-Stewens/Lechner 2016, S. 408–410; Welge/Al-Laham/Eulerich 2017, S. 568–571). Es wird in diesem Zusammenhang auch von **Funktionsbereichsstrategien** gesprochen (vgl. z. B. Macharzina/Wolf 2018, S. 306). Dabei besteht die Gefahr, die Funktionsbereiche als Entscheidungsträger und als organisatorischen Geltungsbereich zu sehen, was beides so nicht generell unterstellt werden kann.

Der Bedeutung der strategischen Entscheidungen mit primär funktionalem Bezug wird man auch nicht gerecht, wenn sie auf der untersten Ebene einer Strategiehierarchie verortet und als Schnittstelle zur Strategieimplementierung gesehen werden (vgl. Bea/Haas 2017, S. 202). In dieser zu engen Sicht dienen sie der Umsetzung der Unternehmens- und Geschäftsfeldstrategien, die aber nicht generell als vorgelagert betrachtet werden können. Sie weisen dann keine originären Aspekte auf, sondern bilden rein abgeleitete Strategien, deren Aufgabe es ist, die strategischen Vorgaben zu konkretisieren, die Funktionsbereiche entsprechend auszurichten und sie miteinander abzustimmen.

Die Betrachtung der funktionalen Strategien als abgeleitete Strategien trägt jedoch der **Abgrenzungsproblematik** nicht Rechnung. Es sind verschiedene typische Relationen zwischen den strategischen Entscheidungen möglich. So ziehen Entscheidungen über Geschäftsfelder insbesondere dann, wenn ihnen eine marktorientierte Sicht auf Wettbewerbsvorteile zugrunde liegt, Entscheidungen über funktionale Aktivitäten nach sich, die tendenziell ihrer Umsetzung dienen. Diese haben dann nicht ausschließlich operativen, sondern durchaus auch strategischen Charakter und Bezug zu Erfolgspotenzialen; sie können auf das gesamte Unternehmen oder große Teile davon bezogen, komplexer und langfristiger Natur sowie mit erheblichen Investitionen verbunden sein. Der bereits skizzierte Zusammenhang zwischen den verschiedenen Stufen der Wertkette oder anderen Wertschöpfungskonfigurationen und den Wettbewerbsstrategien macht das unmittelbar deutlich.

Demgegenüber lassen sich Entscheidungen über Ressourcen und Kompetenzen oder Synergien nicht von den funktionalen Strategien trennen, vielmehr umfassen sie in der Regel mehrere Funktionen und ziehen eine funktionsübergreifende Umsetzung nach sich. Diese Nähe ist vor allem dann gegeben, wenn nicht zum Erhalt, sondern zum längerfristigen Aufbau von Erfolgspotenzialen noch ohne konkreten Wettbewerbsbezug beispielsweise Personalentwicklung ohne aktuellen Anwendungsbezug oder organisatorische Veränderungen zur Förderung des organisatorischen Lernens initiiert werden.

Darüber hinaus gibt es Entscheidungen über funktionale Aktivitäten, die nicht unmittelbar mit markt- oder ressourcenorientierten Entscheidungen zusammenhängen, sondern aus der Funktion heraus kommen und strategische Bedeutung haben; Beispiele dafür sind die Entwicklung umfassender Qualifizierungsmaßnahmen, stärkere Automatisierung und Veränderungen der Arbeitsorganisation, wenn notwendige Arbeitskräfte am Markt fehlen, oder die Einführung neuer Technologien infolge des technischen Fortschritts, aber auch strategische Entscheidungen aufgrund operativer Schwierigkeiten z. B. mit Lieferanten oder Kooperationspartnern.

In jedem Fall stecken strategische Entscheidungen über funktionale Aktivitäten den **Rahmen für nachfolgende Entscheidungen** über Geschäftsfelder, Kompetenzen oder Synergien ab und schränken die grundsätzliche strategische Ausrichtung und den Handlungsspielraum mehr oder weniger ein. Dabei können gleiche Entscheidungen z. B. für (oder gegen) den Ausbau der Forschung und Entwicklung, den Aufbau von Personalpotenzialen oder die Nutzung einer bestimmten Technologie unterschiedliche Ausgangspunkte haben und entweder als originäre oder als abgeleitete funktionale Strategien angesehen werden. Am Beispiel der Entscheidung zur Fertigungstiefe lässt sich das verdeutlichen: So kann eine Outsourcingentscheidung (1) aus wettbewerbsstrategischen Überlegungen (Kostenführerschaft), (2) aus kompetenzorientierten Überlegungen (Konzentration auf Stärken des Unternehmens) oder (3) aus funktionalen Überlegungen (fehlende Spezialisten, Unterschreitung kritischer Mengen, Schwierigkeiten der Qualitätssicherung) erfolgen.

Funktionale Aktivitäten werden in direkte Leistungsbereiche (z. B. Beschaffung, Produktion, Marketing) und indirekte Leistungsbereiche (z. B. Personal, Forschung und Entwicklung, Finanzierung und Investition) unterschieden, wobei der Übergang von der strategischen zur operativen Ebene fließend erfolgt und höchstens analytisch festzulegen ist. Die Bereiche haben sich aufgrund ihrer hohen spezifischen Anforderungen stark ausdifferenziert und werden in der Literatur in dieser funktionalen Spezialisierung, z. B. zu Beschaffungs-, Produktions-, Markting- oder Personalplanung, -strategie oder -management, ausführlich behandelt; ein erster Überblick findet sich beispielsweise bei Welge/Al-Laham/Eulerich (vgl. 2017, S. 571–602). Darauf ausführlicher einzugehen, würde hier zu weit führen. Inhalte funktionaler Strategien sind beispielsweise im Rahmen der Beschaffung die Zahl und die räumliche Lage der Lieferanten (z. B. single sourcing, global sourcing) sowie die Zusammenarbeit mit anderen Unternehmen oder im Rahmen der Produktion, die Fertigungstiefe, die Fertigungstechnologie, die Standorte und Anzahl der Produktionsstätten. Im Marketing handelt es sich um Vertriebswege, Preisbildung oder Kundenbindung, in der Forschung und Entwicklung um Standorte, Kooperationen oder die Einstellung zur Grundlagenforschung, im Personal um die Arbeitgebermarke, Mitarbeiterbindung und Anreiz- bzw. Vergütungsstrukturen.

Bei diesen Entscheidungen geht es nicht um die hierarchische Über- oder Unterordnung der einen oder anderen, sondern darum, die **Interdependenzen** und die daraus resultierenden Abhängigkeiten zu sehen. Entscheidungen sind nicht nur in Kenntnis wettbewerbsrelevanter Bedingungen zu treffen, da funktionale Gegebenheiten die schärferen Restriktionen setzen können, aber auch umgekehrt Voraussetzungen schaffen können, um wettbewerbliche Restriktionen aufzubrechen.

8 Implementierung der Strategieentscheidungen

Zwischen den Strategieentscheidungen und deren Implementierung zu differenzieren, geht von verschiedenen, teils impliziten **Prämissen** aus. Dabei handelt es sich um Vorstellungen davon, was Strategien sind, wie sie zustande kommen, wirksam werden und zu strategischem Erfolg führen (sollen). Schon Mintzbergs fünf Grundpfeiler der Strategie lassen das erkennen (vgl. Kapitel 2.3.1). Bei dem Phänomen der Emergenz bzw. dem theoretischen Konstrukt der emergenten Strategie spielt selbst die rein logische Unterscheidung verschiedener Prozessphasen keine Rolle; es geht darum, Muster (pattern) zu erkennen, die bewusst oder unbewusst entstanden sind und nachträglich als Strategie gesehen werden können. Mit zunehmender Intentionalität strategischen Handelns gewinnt die Formulierung von Strategien an Bedeutung. Auch wenn man das strategische Planen als gedankliche Vorwegnahme sehr eng mit der Realisierung der Strategien gekoppelt sieht, entsteht damit die (analytische) Differenzierung in zwei Phasen.

In welchem Maße diese beiden Phasen eine zeitliche Differenz aufweisen oder parallel laufen und Interdependenzen zwischen der gedanklichen Ebene im Sinne des Planens am Reißbrett und den praktischen Überlegungen der Implementierung bestehen, hängt nicht zuletzt davon ab, worin die Quellen der Wettbewerbsvorteile gesehen werden. Geht es eher im Sinne eines Inside-out um das Unternehmen, dessen Ressourcen und Kompetenzen und darauf aufbauend um das, was möglich ist (perspective), steht die rein analytische Differenzierung im Vordergrund. Je stärker man in die Zukunft blickt und im Sinne eines Plans zunächst beschreibt, wie ein vorgegebenes Ziel erreicht werden soll, oder festlegt, welche unverwechselbare Positionierung am Markt (position) man einnehmen möchte, um sich von anderen Unternehmen zu unterscheiden, fallen die Phasen auch zeitlich auseinander, ohne dass die Interdependenzen an Bedeutung verlieren.

Verstärkt wird diese Tendenz noch, wenn an der Strategieformulierung nur ein kleiner Personenkreis beteiligt ist oder im Zuge des Planungsprozesses die Vorstellungen verschiedener Unternehmensbereiche und Hierarchieebenen zusammengeführt und die Entscheidungen letztlich formal getroffen werden (müssen). Erst im Anschluss daran kann es zu der Implementierung kommen. Jedoch gilt auch in diesem Fall, dass die rein sequenzielle Abfolge der beiden Phasen, bei der relevante Restriktionen und Hindernisse erst nach der Strategieentscheidung aufgedeckt werden, kontraproduktiv ist. In hoch dynamischen Märkten ist es zudem oft nicht möglich, die Phasen sequenziell abzuarbeiten, vielmehr gewinnt das Improvisieren gegenüber dem Planen an Bedeutung und die formale Entscheidung dient eher der (nachträglichen) Legitimierung als dem Auslösen der Implementierung.

Zur **Strategieimplementierung** finden sich in der Literatur verschiedene Studien und konzeptionelle Überlegungen, die alle von der Vorstellung eines präskriptiv-synoptischen Planungsmodells geprägt sind und auch Implementierung als einen

https://doi.org/10.1515/9783110540482-008

zunächst geplanten und am Ende kontrollierten Prozess der Umsetzung verstehen (vgl. Raps 2017, S. 27–75; auch 2.3.2). Dabei gibt es Unterschiede hinsichtlich des Verständnisses der Implementierung und des Ablaufs, aber auch der Schwerpunkte, Träger und Detaillierung der Planung. Mit der Operationalisierung der Strategie, der notwendigen Stimmigkeit dieser mit dem internen Kontext sowie dem Bekanntmachen und Akzeptanzschaffen im Unternehmen geht es aber im Kern um **drei Aufgaben(-gruppen)**. Außerdem lässt sich erkennen, dass die Implementierung von den internen und externen Rahmenbedingungen sowie dem verfolgten strategischen Ziel abhängig ist. Es handelt sich um einen komplexen, mehrstufigen Veränderungsprozess, bei dem explizit von einer entwickelten Strategie ausgegangen wird, die es sachorientiert umzusetzen und verhaltensorientiert durchzusetzen gilt (vgl. Raps 2017, S. 76–87). Dazu passt auch das Implementierungsdefizit in der Unternehmenspraxis, das Befragungen deutlich machen, in denen zum Ausdruck kommt, dass Strategien nicht hinreichend verstanden und konkretisiert werden (vgl. Leinwand/Mainardi 2016, S. 1)

Im Folgenden soll jedoch kein systematisches Vorgehen zur Strategieimplementierung vorgestellt, sondern zunächst aufgezeigt werden, welche Überlegungen im Sinne einer Bewertung verschiedener Optionen angestellt werden müssen. Im Anschluss wird die Operationalisierung der Strategie betrachtet und dabei auf den Zusammenhang zwischen strategischer und operativer Planung eingegangen. Versteht man Strategie als das, was möglich ist, rückt ohnehin das Ermöglichen und nicht das Umsetzen in den Vordergrund. Daher geht es im Weiteren um strategische Entscheidungen im Rahmen der übrigen Managementfunktionen. Diese sind nicht nur als Implementierung, sondern als interdependent mit der Strategie anzusehen und sollen gemeinsam mit dieser strategisches Handeln gewährleisten. Abschließend soll deutlich werden, dass Änderungen einer Strategie organisatorischen Wandel darstellen, der mehr oder weniger tiefgreifend sein kann. Diesem stehen immer Barrieren gegenüber, die im Einzelfall unterschiedlich hoch sind und nicht ignoriert werden dürfen.

8.1 Bewertung strategischer Alternativen

Mit zunehmender Formalisierung der Planung und des Planungsprozesses, die auch mit einer expliziten, in der Regel hierarchischen Entscheidung verbunden ist, gewinnen die nachvollziehbare Bewertung und Auswahl von Strategiealternativen an Bedeutung. Diese bilden den formalen Abschluss der Strategieformulierung, können aber auch im Falle einer eher intuitiven Entscheidung der nachträglichen Rationalisierung dienen. Die ausgewählte Strategie gilt es dann zu implementieren, wobei ungeachtet der formalen Trennung Interdependenzen zwischen der Formulierung, Bewertung und Implementierung einer Strategie auftreten. Zum einen stehen antizipierte, nicht überwindbare Implementierungsbarrieren der Wahl einer Alternative entgegen, zum anderen führen nicht antizipierte Probleme zu Modifikationen oder sogar zur vollständigen Aufgabe der zunächst gewählten Strategie.

Im Zuge der Bewertung wird versucht, die Auswirkungen der verschiedenen Alternativen und deren **Zielbeitrag** zu bestimmen, aber auch die Adäquanz bei den gegebenen Rahmenbedingungen und die Kompatibilität mit anderen Strategien zu prüfen. Grundsätzlich soll eine Strategie einen Beitrag zu den Unternehmenszielen erbringen, jedoch bereitet es aufgrund des tendenziell längerfristigen Planungshorizonts und der komplexen Wirkungszusammenhänge erhebliche Schwierigkeiten, die Zielerreichung zu prognostizieren. Hinzu kommt, dass eine Strategie zahlreiche operative Entscheidungen nach sich zieht, die Unwägbarkeiten bergen, und von situativen Einflussfaktoren abhängt, die ebenfalls nur bedingt prognostizierbar sind. Deshalb wird vorgeschlagen, Strategien hinsichtlich ihrer grundsätzlichen Eignung und ihres **Beitrags zum Erfolgspotenzial** zu beurteilen (vgl. Wilde 1989).

Es ist jedoch schwierig, einzelne Einflussfaktoren zu ermitteln, die das Erfolgspotenzial bestimmen. Zum einen kann eine Wirkung von mehreren Faktoren ausgelöst werden oder ein Faktor mehrere Wirkungen haben, zum anderen sind Interdependenzen sowohl zwischen den Einflussfaktoren als auch zwischen Strategiewirkung und Umwelt zu berücksichtigen. Hinzu kommt, dass Einflussfaktoren in verschiedenen Geschäftsfeldern unterschiedliche Wirkungen haben und im Zeitablauf einem Wandel unterliegen. Nicht zuletzt lassen sich Strategiealternativen nicht unabhängig voneinander bewerten, wenn Ressourceninterdependenzen und andere Verflechtungen bestehen. Darüber hinaus ergeben sich Probleme, wenn es aus unterschiedlichen Perspektiven zu widersprüchlichen Einschätzungen kommt, z. B. aus marktorientierten Überlegungen der Rückzug aus einem Geschäftsfeld notwendig erscheint, während dieser aus der kompetenzorientierten Perspektive nicht angeraten ist.

Über die **Bewertungskriterien** herrscht in der Literatur wenig Konsens. Es steht jedoch außer Frage, dass die Bewertung nicht allein an quantitativen Zielkriterien ansetzen darf, sondern sich quantitative und qualitative Kriterien ergänzen sollen. Neben dem Ziel- bzw. Erfolgspotenzialbeitrag einer Strategie kommt der Durchführbarkeit, Stimmigkeit, Robustheit und Flexibilität der Strategie wesentliche Bedeutung zu (vgl. Al-Laham 1997, S. 150–152; auch Welge/Al-Laham/Eulerich 2017, S. 738–739):

Die **Durchführbarkeit** hängt davon ab, ob die Ressourcen und Kompetenzen des Unternehmens für die Umsetzung ausreichen oder zumindest rechtzeitig beschafft bzw. aufgebaut werden können. In engem Zusammenhang damit steht die **Stimmigkeit**, bei der es um die Kompatibilität mit anderen Strategien und den internen Rahmenbedingungen geht; Unstimmigkeiten führen häufig zu Reibungsverlusten oder ineffizienter Ressourcennutzung, können jedoch intendiert sein, um bewusst Veränderungen herbeizuführen, oder wirtschaftlich sein, wenn deren Beseitigung unverhältnismäßig hohe Kosten verursacht.

Die **Robustheit** zeigt sich darin, dass eine Strategie auch bei (leicht) veränderten Rahmenbedingungen geeignet ist; mithilfe einer (qualitativen) Sensitivitätsanalyse, bei der systematisch die Annahmen variiert werden, lässt sich feststellen, welche Aspekte von Veränderungen betroffen sind, um dann den Gültigkeitsbereich der Strategie abzuschätzen. Ähnliche Überlegungen stehen hinter der **Flexibilität** einer Strategie; sie erlaubt, Teilentscheidungen in die Zukunft zu verschieben, und ermöglicht so sukzessive Anpassungen an veränderte Bedingungen. Da jedoch auch hier Festlegungen erfolgen müssen, ist der Spielraum begrenzt. In der Regel gehen Robustheit und Flexibilität mit geringeren Zielbeiträgen und/oder höheren Kosten einher, sodass ein Kompromiss zwischen breiterer Eignung und höherem erwarteten Erfolg gefunden werden muss.

Für systematische und nachvollziehbare Entscheidungen auf der Basis mehrerer Kriterien bieten sich verschiedene Instrumente an (vgl. Wilde 1989, S. 161–301). In **Checklisten** wird die Erfüllung bzw. Nichterfüllung der Kriterien festgestellt, die eine notwendige Bedingung darstellen und zwischen denen es keine Kompensationsmöglichkeiten geben darf, da sonst interessante Alternativen irrtümlich ausgesondert werden. Die Auswahl einer Strategie durch Abzählen der erfüllten Kriterien unterstellt gleiche Gewichtung dieser. **Strategieprofile** ermöglichen darüber hinaus, die Erfüllung der Anforderungskriterien in mehreren Stufen (z. B. sehr gut, gut, mittel, schlecht, sehr schlecht) zu erfassen. Die Erfüllungsgrade können grafisch miteinander verbunden werden, sodass eine Profildarstellung entsteht. Über Mindestausprägungen je Merkmal (Minimalprofil) kann eine Negativselektion erfolgen. Werden verschiedene Strategieprofile miteinander verglichen, ist nur dann eindeutig zu entscheiden, wenn es eine dominante Alternative gibt, die hinsichtlich aller Kriterien überlegen ist. Checklisten und Strategieprofile strukturieren die Diskussion bei mehreren Entscheidern, auch wenn sie die unterschiedliche Bedeutung bzw. Abhängigkeiten der Kriterien nicht berücksichtigen und der Eindruck entstehen kann, dass es sich um ein leicht zu handhabendes Entscheidungsproblem handelt.

Will man die isolierte Betrachtung der einzelnen Kriterien überwinden, bietet sich der Einsatz der **Nutzwertanalyse** (Scoringmodell) an, bei der man die Kriterien gewichtet, die Ausprägungen der Kriterien in Punktwerte umwandelt und anschließend aggregiert (vgl. Zangemeister 2014). Sie ermöglicht dadurch die Reihung verschiedener Strategiealternativen anhand mehrerer Kriterien entsprechend den Präferenzen des Entscheiders und insoweit eine hinsichtlich des Zustandekommens rationale, intersubjektiv nachvollziehbare Entscheidung; die Subjektivität dieser Entscheidung kann durch die Beteiligung mehrerer Personen zumindest gemildert werden. Da man die Eigenschaften und Konsequenzen einer Alternative zu einer einzigen Zahl verdichtet, wird jedoch eine Genauigkeit und Objektivität der Entscheidung suggeriert, die nicht gegeben ist.

Zudem muss stets berücksichtigt werden, dass in realen Entscheidungssituationen erhebliche Informationsdefizite verbleiben und es sich bei der Strategiebewertung um ein komplexes, nicht abschließend lösbares Problem handelt. Dessen Definition hängt aufgrund der unvollständigen und zum Teil inkonsistenten Informationsgrundlage von subjektiven Einschätzungen der Betroffenen ab. Da eine Bewertung

zum überwiegenden Teil nur plausibel erfolgen kann, ist diese intersubjektiv nachvollziehbar und aus unterschiedlichen (Entscheidungs-)Perspektiven durchzuführen.

Keines der aufgeführten Instrumente erlaubt es, Strategien umfassend zu bewerten. Auch Wirkungszusammenhänge innerhalb und zwischen verschiedenen Strate-
gieebenen bleiben außer Acht. **Simulationsmodelle**, die es ermöglichen, verschiedene Situationen mithilfe veränderter Parameterwerte durchzuspielen, können diese
Zusammenhänge zwar gezielt untersuchen. Problematisch ist dabei jedoch, dass das
vorliegende Entscheidungsproblem scharf definiert werden muss. Die Qualität der Si-
mulationsergebnisse hängt davon ab, inwieweit die Einflussfaktoren, deren Wirkungen und die Interdependenzen richtig erfasst und mathematisch abgebildet werden.
Das ist einerseits bei strategischen Problemen kaum vorstellbar, andererseits werden
nicht quantifizierbare Aspekte ausgeblendet, sodass Simulationsmodelle nur in Ein-
zelfällen und zur Ergänzung herangezogen werden sollten.

Wird jede Strategiealternative als eine Investition interpretiert und ihr Einfluss auf
den Unternehmenswert mithilfe **investitionstheoretischer Modelle** erfasst (vgl. Götze 2014), sind die zukünftigen Ein- und Auszahlungsströme sowie die Kapitalkosten
abzuschätzen. Durch die Reduktion der Betrachtung auf den Unternehmenswert ist
es möglich, unterschiedliche Strategien direkt miteinander zu vergleichen, es erfolgt
jedoch eine (zu) starke Komplexitätsreduktion. Die Probleme der Erfassung der Einflussfaktoren, Wirkungsrelationen und Kausalbeziehungen werden zwar im Rahmen
solcher Modelle nicht explizit behandelt, sie müssen aber gelöst werden. Außerdem
handelt es sich bei den scheinbar genauen Einzahlungs- und Auszahlungsströmen
lediglich um Prognosewerte. Gerade dann, wenn man Strategie nicht als eine idea-
le Vorstellung versteht, sondern sie abhängig von dem Verlauf der Implementierung
oder als Ergebnis eines strategischen Wandels sieht, erscheint diese Pseudogenauigkeit fragwürdig.

8.2 Operationalisierung der Strategie

Im Zuge der Operationalisierung gilt es, die mehr oder weniger vage und abstrakt ge-
haltenen Vorstellungen der Strategie zu konkretisieren und so schrittweise von der
Planung zum konkreten Handeln im Unternehmen zu gelangen. In diesem Zusammenhang ist die Rede von (mittelfristigen) Maßnahmen oder Programmen, aber auch
von Projekten; letztere gewinnen vor allem an Bedeutung, wenn mit einer Strategie
größere Veränderungen verbunden sind. In einem weiteren Schritt geht es dann um
(kurzfristige) Aktivitäten und damit verbundene Aufgaben, die von Organisationseinheiten wie Funktionsbereichen oder Projektgruppen zu erfüllen sind. Dadurch werden notwendige Voraussetzungen für die Realisierung der Strategie geschaffen und
der von der Strategie vorgegebene Rahmen kann von den betroffenen Bereichen ausgefüllt werden.

8.2.1 Strategische vs. operative Planung

Es reicht jedoch nicht aus, die Konkretisierung in Unternehmen von oben nach unten vorzunehmen, da Strategieentscheidungen in der Regel nicht isoliert von den bestehenden, weiterhin verfolgten Strategien anderer Geschäftsfelder oder Funktionsbereiche umgesetzt werden können. Die Konkretisierung in vertikaler und horizontaler Richtung ist notwendig, um die Kluft zwischen dem strategischen und operativen Planen zu überbrücken, das jeweils unterschiedlichen Charakter hat.

Wo strategisches Planen endet und operatives beginnt, lässt sich selbst im Einzelfall so genau nicht sagen. Der auf den ersten Blick naheliegende Versuch, das eine als langfristiges, das andere als kurzfristiges Planen zu charakterisieren, scheitert schon daran festzulegen, was lang- bzw. kurzfristig ist. Das variiert nicht nur von Branche zu Branche, sondern auch abhängig von der Dynamik der Umweltbedingungen innerhalb der Branche und sogar des Unternehmens. Der Übergang erscheint genauer betrachtet eher fließend, man kann aber tendenziell davon ausgehen, dass auf der operativen Ebene der Planungsgegenstand besser zu strukturieren und die Planung sicherer, detaillierter und kurzfristiger vorzunehmen ist. Auch der Handlungsspielraum wird tendenziell geringer und der organisatorische Geltungsbereich eingeschränkter. Während die **strategische Planung** auf den Aufbau vergleichsweise abstrakter Erfolgspotenziale abzielt, werden die (Sach- und Formal-)Ziele im Zuge der Operationalisierung zwangsläufig immer konkreter, sodass sich die beiden Planungskontexte grundsätzlich unterscheiden, aber in engem Bezug zueinander stehen und die Trennung eher analytisch erfolgt.

In dem Verhältnis der beiden Ebenen zueinander besteht ein **Spannungsfeld**. Einerseits muss eine Strategie soweit konkretisiert werden, dass es auf der operativen Ebene möglich ist, sie zu verfolgen und ihren Erfolg nicht grundsätzlich zu gefährden. Andererseits darf diese strategische Vorsteuerung nicht zu weit gehen und der operativen Ebene den Spielraum nehmen. Dieser ist erforderlich, um sowohl die Strategie bei (unvorhergesehenen) Veränderungen zu realisieren als auch den operativen Aufgaben (des Tagesgeschäfts) gerecht zu werden (operative Flexibilität) (vgl. Steinmann/Schreyögg/Koch 2013, S. 275–281).

Die **operative Planung** lässt sich somit unterschiedlich kennzeichnen. Zum einen sind strategische Pläne zu konkretisieren, wobei ein unmittelbarer Ziel-Mittel-Bezug zwischen strategischer und operativer Planung nicht immer vorliegt; kurzfristige Ausfälle von Mitarbeitern, Maschinen oder Servern sind nur Beispiele für operative Planungsobjekte, die sich nicht unmittelbar aus Strategien ableiten lassen. Zudem können sich von der operativen Ebene Rückwirkungen ergeben, die eine Modifikation, im Extremfall sogar das grundsätzliche Überdenken der strategischen Entscheidung zur Folge haben, sodass sich die Einflussrichtung umkehrt. Zum anderen gibt es unabhängig von neuen Strategien operative Planungsaufgaben, die aus dem laufenden Geschäft bzw. den aktuell verfolgten Strategien resultieren. Außerdem kann nicht nur die Strategieumsetzung Projektcharakter auf der operativen Ebene haben, es gibt auch originär operative Projekte (z. B. Ersatz von Produktionsanlagen, Werbekampagnen).

Das normale oder reguläre operative Planen umfasst einerseits die realen bzw. sachlichen Konsequenzen (Realgüterprozess), andererseits die monetären Konsequenzen (Wertumlaufprozess) des Produktprogramms in den verschiedenen Funktionsbereichen des Unternehmens. Neben der funktionsbezogenen wird eine faktorbezogene Planung, d. h. eine Planung der Faktorarten (z. B. Betriebsmittel, Personal) über die Funktionsbereiche hinweg betrieben. Diese operative Planung im Rahmen bestehender Strategien zielt auf deren effiziente Realisierung.

Orientiert man sich primär an den Funktionen, lassen sich die wichtigsten operativen Planungsfelder in direkte Leistungsbereiche (Beschaffung, Produktion, Marketing) und indirekte Leistungsbereiche (Personal, Forschung und Entwicklung, Finanzierung und Investition) unterscheiden, wobei institutionalisierte Querschnittsfunktionen wie Logistik oder Qualitätssicherung hinzukommen können. Letztlich ist die organisatorische Ausgestaltung des jeweiligen Unternehmens ausschlaggebend. Zwischen diesen Bereichen bestehen vielfältige sachliche und zeitliche Interdependenzen, denen prinzipiell durch eine simultane Planung Rechnung getragen werden müsste. In der Praxis erweist sich das jedoch als zu komplex, sodass in sukzessiver Form geplant wird und die Teilpläne aufeinander aufbauen. Dabei geht man häufig von der Absatzplanung aus und übernimmt daraus die Eckpunkte für die Planung der Produktion, der Beschaffung und der übrigen Bereiche (Gutenberg 1983, S. 163–165); grundsätzlich könnten sich Engpässe auch in der Beschaffung, dem Personal oder den Finanzen ergeben, sodass darauf aufbauend geplant wird.

Die operative Planung (in-)direkter Leistungsbereiche steht in engem Zusammenhang mit funktionalen Strategien; das wurde für diese bereits ausgeführt und soll daher hier nicht weiter betrachtet werden. Stattdessen verweisen wir auf die umfangreiche Literatur, die dazu vorliegt – für eine erste Orientierung beispielsweise zur Produktion (vgl. Claus/Herrmann/Manitz 2015), zum Marketing (vgl. Tomczak/Kuß/Reinecke 2014) oder zum Personal (vgl. Kettler 2017).

Im Folgenden sollen grundsätzliche Überlegungen im Vordergrund stehen, die für alle Leistungsbereiche Geltung haben und notwendig sind, damit aus der Absichtserklärung und dem Handlungsrahmen einer intendierten Strategie Ziele und Maßnahmen werden, die in einem weiteren Schritt zu Aufgaben auf den unterschiedlichen Hierarchieebenen führen. Die Erfüllung dieser Aufgaben stellt dann das notwendige strategisch ausgerichtete Handeln dar bzw. kann als solches interpretiert werden.

8.2.2 Ziel- und Kennzahlensystem

Die Operationalisierung einer Strategie schlägt sich in dem Zielsystem des Unternehmens, den Zielen der Organisationseinheiten (z. B. Funktionsbereiche) und letztlich den (vereinbarten) Zielen der Mitarbeiter nieder (vgl. Macharzina/Wolf 2015,

S. 214–220; auch 5.3). Das **Zielsystem** setzt sich aus diesen einzelnen Zielen zusammen und kann seine handlungssteuernde Funktion letztlich nur erfüllen, wenn bekannt ist, ob und in welcher Weise die Realisierung eines Ziels die Realisierung der anderen (auf gleicher Ebene) beeinflusst (vgl. Kapitel 5.3).

Außerdem ist eine Hierarchie zwischen den Zielen herzustellen; wird darauf geachtet, dass in vertikaler Richtung Ursache-Wirkungs-Zusammenhänge bestehen, so ergeben sich **Wirkungsketten.** Die Beziehung zwischen einem Oberziel (Wirkung) und zugehörigen Unterzielen (Mittel) kann funktional-analytischer Natur oder auch nur plausibel zu begründen sein. In der Regel lösen aber mehrere Ursachen (Mittel) zusammen eine bestimmte Wirkung aus bzw. induziert eine Ursache (Mittel) unterschiedliche Wirkungen. Hinzu kommt, dass fokussierte Wirkungsketten zu dem Ausblenden anderer, gegebenenfalls wichtiger Wirkungen eines Mittels führen.

In engem Zusammenhang mit der Operationalisierung strategischer Entscheidungen und den daraus resultierenden Zielsystemen stehen **Kennzahlen** (vgl. Gladen 2014, S. 9–103; auch 9.3.3). Sie lassen sich unterscheiden in absolute Zahlen (Bestandsgrößen, Summen, Differenzen, Mittelwerte) und Verhältniszahlen, die Größen zueinander in Beziehung setzen (vgl. Kapitel 9.3.3). Kennzahlen können direkt Ausdruck eines (Grads der Erreichung des) Ziels sein oder als Indikator fungieren, der den Schluss auf das Ziel erlaubt, ohne dass ein gesicherter Zusammenhang vorliegt. Setzt man Kennzahlen sachlich sinnvoll zueinander in Beziehung und bringt sie so in eine Ordnung, erhält man analog dem Zielsystem ein **Kennzahlensystem.** Darin erklären die unteren Kennzahlen, wie übergeordnete Kennzahlen zustande kommen. Ein Kennzahlensystem stößt allerdings an Grenzen, wenn sich aufgrund unbekannter Wirkungszusammenhänge die Beziehungen zwischen den einzelnen Einflussgrößen nicht eindeutig bestimmen lassen.

Sind die Kennzahlen über mathematische Funktionen miteinander verknüpft, spricht man von **Rechensystemen.** Durch (mathematische) Zerlegung einer Spitzenkennzahl werden stufenweise weitere Kennzahlen gebildet, es entsteht eine hierarchisch aufgebaute Kennzahlenpyramide; gegebenenfalls sind auch mehrere Spitzenkennzahlen möglich. In **Ordnungssystemen** sind die Kennzahlen nicht mathematisch, sondern sachlogisch miteinander verknüpft und nicht unbedingt hierarchisch aufgebaut, sodass im Falle einer Spitzenkennzahl diese nicht durch stufenweise Verdichtung entstehen muss.

Die **Balanced Scorecard** (BSC) stellt ein solches Ordnungssystem dar. Kaplan/ Norton (1997) untertitelten ihren Bestseller aber mit „Translating Strategy into Action" bzw. deutsch „Strategien erfolgreich umsetzen" und machen deutlich, dass sie darin nicht nur ein Kennzahlensystem sehen, sondern einen Handlungsrahmen für die Übersetzung von Strategien in Ziele, Kennzahlen und Maßnahmen. Die BSC hat große Bekanntheit erreicht und breiten Niederschlag in der Management- und Lehrbuchliteratur gefunden (vgl. Matlachowsky 2008). Sie steht zum einen für die Abkehr von einer eindimensionalen finanziellen Sicht; neben die finanzielle Perspektive treten drei weitere Perspektiven, jedoch wird aufgezeigt, wie Strategien zum finanziellen Ergebnis beitragen. Dabei werden aus der Perspektive des Kunden relevante Aspekte ebenso in den Blick genommen wie die für die Befriedigungen der Kunden erforderlichen internen Voraussetzungen in Form von Geschäftsprozessen, aber auch die Fähigkeit zu lernen, sich zu entwickeln und zu Innovationen zu kommen. Zum anderen macht die BSC aufgrund der Kombination finanzieller Kennzahlen mit nicht-finanziellen Kennzahlen, die zeitlich vorlaufende Wirkungen bzw. Leistungstreiber darstellen, besonders die Ursache-Wirkungs-Zusammenhänge deutlich, auch wenn kein rechnerischer Zusammenhang besteht. Die BSC soll die Kommunikation der Strategie sowie die Anpassung der Ziele in den Bereichen und auf verschiedenen Hierarchieebenen unterstützen, aber auch Anknüpfungspunkte für die Zielvereinbarung, die Anreizgestaltung und die Reflexion im Rahmen des Controllings einschließlich der damit verbundenen Lerneffekte bieten (vgl. Kapitel 9.2).

8.2.3 Budgetierung

Im Zusammenhang mit der Konkretisierung von Strategien tauchen die Begriffe Budget und Budgetierung auf (vgl. Horváth/Gleich/Seiter 2015, S. 119–130). Ein **Budget** stellt einen Plan dar, der sich am Formalziel orientiert und in monetären Größen formuliert ist. Es wird einer Organisationseinheit (z. B. Funktionsbereich, Abteilung, Kostenstelle) vorgegeben und bezieht sich meist auf ein Jahr; zusammengefasst ergeben diese Einzelbudgets das Unternehmensgesamtbudget. Ob unter **Budgetierung** nur die Budgetaufstellung verstanden wird oder auch die Kontrolle und Anpassung der Budgets noch darunter gefasst werden, darüber gibt es keine Einigkeit. Diese fehlt ebenso hinsichtlich des Verhältnisses von (sachzielorientierter) Planung und (formalzielorientierter) Budgetierung, denn das Budget muss nicht zwingend am Ende der Planung stehen, man kann auch ausgehend davon die Maßnahmen bzw. Aktivitäten planen.

In der Regel werden Budgets als ein Instrument gesehen, um Pläne in den verschiedenen Bereichen des Unternehmens in entsprechendes Handeln zu überführen. Sie sollen durch die Zuteilung monetärer Ressourcen und die Ausrichtung der einzelnen Entscheidungseinheiten auf das monetäre Gesamtziel **koordinierend** wirken. Da die Ziele in der Regel nicht vorgegeben, sondern vereinbart und die Maßnahmen zur Zielerreichung dann in der Organisationseinheit frei gewählt werden, besteht ein Handlungsspielraum, dem eine **motivierende** Wirkung unterstellt wird, die aber nicht in jedem Fall eintreten muss.

Budgets lassen sich auf horizontaler Ebene nach Leistungsbereichen bzw. Funktionen, Produkten, Regionen oder Prozessen bilden. Vertikal kann entlang der Unternehmenshierarchie budgetiert werden, wobei die Kostenstelle die kleinste budgetierbare Einheit bildet. Man kann unter anderem Kosten-, Ausgaben-, Umsatz- und Erfolgsbudgets bilden und zudem strategische und operative Budgets unterscheiden, die als Monats-, Quartals-, Jahres- und Mehrjahresbudgets formuliert werden. Flexible Budgets variieren mit dem Beschäftigungsniveau, für starre Budgets wird ein bestimmtes Beschäftigungsniveau vorgegeben.

Die Budgetierung in den **(direkten) Leistungsbereichen** des Unternehmens erfolgt in der Regel auf der Basis von Grobplänen, die für die nächste Budgetperiode konkretisiert werden. Für die direkten Leistungsbereiche sollten nur die proportionalen Einzel- und Gemeinkosten als kurzfristig entscheidungsrelevante Größen Berücksichtigung finden und die im Budgetzeitraum beschäftigungsfixen Kosten unberücksichtigt bleiben. Den Ausgangspunkt für die Budgetierung bildet der Unternehmensbereich, in dem ein Engpass vorliegt; in der Regel ist das auch hier der Absatzbereich, für den die Erlöse prognostiziert und budgetiert werden. Die im Absatzbudget festgelegten Absatzmengen gehen in das Produktionsbudget ein, aus den dort geplanten Produktionsmengen wird das Beschaffungsbudget abgeleitet und so weiter (vgl. Welge/Al-Laham/Eulerich 2017, S. 890).

Der in den Unternehmen stark gestiegene Gemeinkostenblock wird vor allem von den **indirekten Leistungsbereichen** verursacht. Die Budgetierung dieser bereitet jedoch erhebliche Schwierigkeiten, da deren Output nicht ohne weiteres zu messen ist. Hilfsweise basiert das Budget des Folgejahres auf dem des laufenden Jahres zuzüglich eines Zuschlags z. B. zur Inflationsanpassung. Die Annahmen, dass die zukünftigen Verhältnisse denen der Vergangenheit entsprechen und die Budgets richtig dimensioniert waren, sind jedoch nur selten gültig. Deshalb kommen in Unternehmen Instrumente wie die Gemeinkostenwertanalyse oder das Zero-Base-Budgeting (ZBB) zum Einsatz, mit deren Hilfe man versucht, auch für die indirekten Leistungsbereiche begründete Budgets aufzustellen (vgl. Horváth/Gleich/Seiter 2015, S. 137–142).

Im Zuge der **Gemeinkostenwertanalyse** wird der Nutzen der Leistungen der Gemeinkostenbereiche von den direkten Leistungsbereichen eingeschätzt, um diese in der erforderlichen Qualität und Zuverlässigkeit, jedoch mit den niedrigsten Kosten zu erstellen. Während es dabei um das Erkennen und Abbauen nicht unbedingt benötigter indirekter Leistungen und somit die Senkung der Gemeinkosten geht, steht bei dem **Zero-Base-Budgeting** deren Reallokation im Vordergrund; es gilt, gewachsene Kostenstrukturen zu entschlacken, die durch die Budgetfortschreibung entstanden sind. Dazu werden Budgets ausgehend von der Nullkostenbasis erstellt, indem Aktivitäten von jedem Budgetverantwortlichen völlig neu zu begründen sind und der jeweilige Leistungsbereich gedanklich neu errichtet wird. Die Konsequenzen, die sich daraus ergeben, erfordern in der Regel eine mehrjährige Umsetzung, da beispielsweise in Deutschland die Reduzierung von Personalkosten durch Tarifverträge und Kündigungsschutz eingeschränkt ist.

Um die Konsequenzen der Einzelbudgets auf Unternehmenserfolg und -liquidität abschätzen zu können, müssen sie zu einem Unternehmensgesamtbudget verdichtet und die Wirkungen auf die Unternehmensbilanz prognostiziert werden. Einzelbudgets und Unternehmensgesamtbudget zusammen machen das **Budgetsystem** aus.

Da in Unternehmen **Zielkonflikte** existieren und Informationen zwischen Zentrale und Leistungsbereichen ungleich verteilt sind, kommt es zu einem Ausnutzen der

Spielräume und des Informationsvorsprungs. So lässt sich der Handlungsspielraum erweitern, indem stille Reserven in das Budget (budgetary slack) eingebaut, d. h. Kostenbudgets großzügiger und Erlösbudgets eher niedriger ausgehandelt werden. Durch den Auf- und Abbau dieser Reserven im Zeitablauf wird versucht, eine Glättung zu erreichen und der Erhöhung des Anspruchsniveaus bei Leistungsspitzen bzw. einer Sanktionierung bei Leistungstälern entgegenzuwirken. Das muss nicht generell negativ sein, sondern kann durchaus funktionale Effekte haben, wenn mit den Reserven Störungen ohne Budgetänderungen kompensiert werden können (vgl. Schwering 2016, S. 22–24).

Die operative Budgetierung mit Budgetperioden von bis zu einem Jahr kann kurzfristiges, bereichsbezogenes Periodendenken fördern, sodass Maßnahmen für den Aufbau längerfristiger Erfolgspotenziale nicht ergriffen werden. Ebenso führt die Fortschreibung von Kostenbudgets zu einem Ausschöpfen dieser, um nichts zu verschenken und der Kürzung des Budgets der Folgeperiode vorzubeugen. Da Budgets auch zur Leistungsbeurteilung eingesetzt werden, kann der Versuch ihrer Einhaltung opportunistisches Verhalten fördern; Mitarbeiter manipulieren beispielsweise relevante Daten, umgehen bestehende Regeln oder verfolgen rücksichtslos Zielvorgaben (vgl. Player/Fraser/Hope 2012, S. 147).

Neben diesen Problemen infolge starken Bereichsdenkens ist die klassische Budgetierung (zeit-)aufwändig. Außerdem weisen Budgets keine Verbindung zu den Strategien auf und sie lassen sich nicht schnell und flexibel an veränderte Rahmenbedingungen anpassen. Obwohl es seit langem Kritik an der Budgetierung gibt, findet sie wegen der ergebnisorientierten Koordination noch immer Anwendung. Jedoch fehlt es nicht an Entwicklungen zur Verbesserung der Budgetierung und der Forderung nach dem Verzicht auf Budgetierung in Verbindung mit der Nutzung anderer Instrumente. Verbesserungen zielen vor allem auf die Vereinfachung und die Konzentration auf erfolgskritische Prozesse, die Berücksichtigung strategischer Inhalte sowie die Verbindung mit anderen Steuerungsinstrumenten, z. B. der BSC oder dem Benchmarking (vgl. Horváth/Gleich/Seiter 2015, S. 131–135).

8.3 Organisation und Strategie

Aus der Notwendigkeit organisatorischer Umsetzung lässt sich nicht folgern, dass die (Organisations-)Struktur in jedem Fall der Strategie folgt. Vielmehr können in einem Unternehmen bei gegebener Organisationsstruktur und Ressourcenausstattung bei weitem nicht alle grundsätzlich möglichen strategischen Alternativen (in effizienter Form und angemessener Zeit) umgesetzt werden. Ganz abgesehen davon, prägen die strukturellen zusammen mit den personellen und kulturellen Gegebenheiten im Unternehmen bereits die Entwicklung strategischer Alternativen, indem sie die Wahrnehmung, Bewertung und Interpretation der Chancen und Risiken bzw. der Stärken und Schwächen beeinflussen. Organisationsentscheidungen und die damit eng verbundenen Personalentscheidungen sind somit nicht weniger strategisch als Strategieentscheidungen, sondern müssen auf einer Ebene mit diesen gesehen werden. Zudem sind alle Managemententscheidungen, auf die noch eingegangen wird, vielfach miteinander verwoben und von zentraler Bedeutung für den Erfolg einer Strategie. Aus ihnen ergeben sich die (zukünftigen) Rahmenbedingungen für weitere Entscheidungen.

Grundsätzlich gilt jedoch, dass für die im Rahmen einer Strategie formulierten Maßnahmen nur dann der Schritt von der Absichtserklärung zum Handeln vollzogen wird, wenn daraus Aufgaben abgeleitet, diese Aufgaben Stellen zugewiesen und sie dann von den Stelleninhabern (Mitarbeiter) erfüllt werden. Im Folgenden wird zunächst auf typische Grundformen der Organisation von Unternehmen eingegangen, um die grundsätzliche Eignung und die jeweiligen Restriktionen aufzuzeigen. Danach werden organisatorische Entscheidungen behandelt, die einen engen Zusammenhang mit Strategien aufweisen. Obwohl keine allgemeingültigen Aussagen möglich sind, da organisatorische Entscheidungen von den situativen Bedingungen innerhalb und außerhalb des Unternehmens abhängen, lassen sich grundsätzliche Überlegungen anstellen.

8.3.1 Grundlagen organisatorischer Gestaltung

In der Regel geht es bei organisatorischen Entscheidungen nicht darum, bestehenden Unternehmen eine von Grund auf neue Struktur zu geben, sondern um eine Reorganisation im Sinne einer Anpassung vorhandener Strukturen an veränderte Anforderungen. Gravierende Veränderungen, z. B. erhebliches Unternehmenswachstum, technologische Veränderungen oder Veränderungen des Leistungsprogramms bzw. der Marktbedingungen, können jedoch auch eine Neuorganisation erforderlich machen. Bei der **Organisationsgestaltung** geht es in jedem Fall um formale, längerfristig gültige Regeln, die den Handlungsspielraum der Mitarbeiter beschränken und die Zielerreichung des Unternehmens unterstützen. Die Existenz informeller Regeln soll jedoch keinesfalls negiert oder als störend angesehen werden, vielmehr kann man darauf gar nicht verzichten. Sie dienen dazu, den trotz formaler Regeln verbleibenden Spielraum auszufüllen, auf Unerwartetes zu reagieren oder ganz generell die Organisation funktionsfähig zu erhalten.

Im Zuge der Organisationsgestaltung sind zwei **Basisaufgaben** zu erfüllen: Erstens müssen die gesamten Aufgaben des Unternehmens so aufgeteilt werden, dass entstehende Teilaufgaben durch die Mitarbeiter zu bewältigen sind. Aus dieser Arbeitsteilung resultiert zweitens die Notwendigkeit der Koordination; das arbeitsteilige Handeln der Mitarbeiter gilt es, aufeinander abzustimmen und auf das Gesamtziel bzw. die Erfüllung der Unternehmensaufgabe auszurichten (vgl. Bach u. a. 2017, S. 62–99).

Ergebnis der **Arbeitsteilung** sind am Ende Stellen, die in unterschiedlicher Form zu Organisationseinheiten zusammengefasst werden (müssen). Diese sind hierarchisch miteinander verbunden und bilden die Primärorganisation, die im Organigramm zu sehen ist. Sie kann überlagert werden von hierarchieergänzenden und hierarchieübergreifenden sekundären Strukturen, wie sie beispielsweise Projekte oder strategische Geschäftsfelder erfordern (vgl. Scherm/Pietsch 2007, S. 150–155).

Der **Koordinationsbedarf** ist besonders groß, wenn zahlreiche Schnittstellen und eine starke Arbeitsteilung mit gegenseitigen Abhängigkeiten vorliegen und komplexe Probleme gelöst werden müssen. Für den Umgang damit bieten sich grundsätzlich zwei Möglichkeiten: Man kann zum einen den Koordinationsbedarf reduzieren, indem die Arbeitsteilung und damit die Interdependenzen verringert werden, zum anderen den (aufgrund der gewünschten Arbeitsteilung) gegebenen Bedarf durch Koordination decken; dafür stehen hierarchische oder marktorientierte Instrumente zur Verfügung, es ist aber auch möglich, die Selbstorganisation der Mitarbeiter zu fördern (vgl. Bach u. a. 2017, S. 80–84).

Von zentraler Bedeutung für die Aufgabenerfüllung in Unternehmen sind die Art der Arbeitsteilung und die Verteilung der Entscheidungskompetenzen. Dadurch werden die Aufgaben und der Handlungsspielraum der Mitarbeiter bzw. Organisationseinheiten festgelegt sowie die Prozesse definiert. Organisatorische Entscheidungen müssen unterschiedlichen, teils konfliktären Anforderungen und Erwartungen gerecht werden. Die Bandbreite reicht von der Ausschöpfung der vorhandenen Ressourcen und effizienter bzw. kostengünstiger Produktion über eine hohe Flexibilität, Marktorientierung und Innovationsfähigkeit des Unternehmens bis hin zur zufriedenstellenden und motivierenden Arbeit für die Mitarbeiter (vgl. Scherm/Pietsch 2007, S. 127–147).

Regelmäßig tauchen in der Diskussion mit immer wieder neuen Bezeichnungen sogenannte **moderne Organisationsformen** auf. Diese betonen flache Hierarchien bzw. Selbstorganisation und rücken insbesondere die Flexibilität, die Markt- bzw. Kundenorientierung und die Innovation in den Vordergrund, vielfach ohne zu thematisieren, dass mit den wiederkehrenden Aufgaben ein vergleichsweise großer Teil der Unternehmensaufgaben Stabilität, Standardisierung und Formalisierung erfordert. Die Gestaltung einer Organisationsstruktur erfordert daher und angesichts der heterogenen Ziele eines Unternehmens Kompromisse bei der Berücksichtigung der verschiedenen Anforderungen; gegebenenfalls sind die Unternehmensbereiche an unterschiedlichen Anforderungen auszurichten. Dies wird bei genauerer Betrachtung dieser z. B. modularen, fraktalen, holokratischen oder agilen Organisationsformen ebenso deutlich wie die Tatsache, dass sich die grundsätzlichen Entscheidungen bei der Organisationsgestaltung nicht verändert haben (vgl. Scheller 2017; Nicolai 2018, S. 265–281).

8.3.2 Grundformen der Aufbauorganisation

Verschiedene Grundformen der Aufbauorganisation lassen sich anhand des Kriteriums der Arbeitsteilung bzw. Spezialisierung (Funktion oder Objekt) und der Verteilung der Weisungsbefugnisse (einfache oder mehrfache Unterstellung) charakterisieren. Daraus ergeben sich im Wesentlichen drei typische Grundformen: die funktionale, die divisionale sowie die Matrixorganisation (vgl. Scherm/Pietsch 2007, S. 174–186; Bach u. a. 2017, S. 278–304).

Eine **funktionale Organisation** ergibt sich durch die Spezialisierung nach Funktionen (Verrichtungen) auf der zweiten Hierarchieebene, sodass Organisationseinheiten z. B. für Beschaffung, Produktion, Vertrieb, aber auch Finanzierung, Personal oder Controlling verantwortlich sind, wobei eine eindeutige Unterstellung vorliegt (Einliniensystem). Da die Wertschöpfung im Unternehmen von den Bereichen gemeinsam erbracht und nur durch Zusammenarbeit der Bereiche den Markterfordernissen entsprochen wird, bestehen vielfältige Interdependenzen zwischen den Organisationseinheiten. Das erfordert auf der ersten Hierarchieebene einen Gesamtüberblick und verursacht dort erheblichen Koordinationsaufwand. Es besteht die Tendenz zur Zentralisation von Entscheidungen.

Eine **divisionale Organisation** (Geschäftsbereichs-, Spartenorganisation) resultiert aus der Spezialisierung nach Objekten auf der zweiten Ebene, d. h. nach Produkten, aber auch Kunden(-gruppen) oder bei internationaler Geschäftstätigkeit nach Regionen, und einer eindeutigen Unterstellung (Einliniensystem). Gibt es erhebliche Unterschiede bei den Markterfordernissen zwischen den verschiedenen Produkten, den Regionen oder den Kunden(-gruppen), kann es nahe liegen, das jeweilige Objekt zur Spezialisierung heranzuziehen und so den Fokus der Geschäftsbereiche darauf zu legen. Diese erbringen tendenziell vollständige Marktleistungen und mit zunehmender Größe können sie weitgehend unabhängig voneinander gestaltet werden. Mit dem Verzicht auf Verflechtungen zwischen ihnen sinkt der Koordinationsbedarf an der Unternehmensspitze. Es kann damit eine Delegation von Entscheidungen auf die Geschäftsbereiche erfolgen und so deren Autonomie erhöht werden, um den jeweiligen Besonderheiten der Produkte, Regionen oder Kunden Rechnung tragen zu können. Setzt sich diese Delegation in den Bereichen fort, kommt es zu einer (starken) Dezentralisierung der Entscheidungen.

Zieht man zur Spezialisierung auf der zweiten Hierarchieebene die Kriterien Funktion und Objekt gleichrangig heran, entsteht eine **Matrixorganisation** mit einer zweifachen Unterstellung der Organisationseinheiten (Zweiliniensystem). Dadurch soll gewährleistet sein, dass die funktionale und die produktbezogene (oder regionale) Perspektive sich gleichberechtigt in Entscheidungen niederschlagen. Das schafft Konfliktpotenziale, die der produktiven Lösung bedürfen, damit sie nicht die erwarteten (Steuerungs-)Vorteile zunichtemachen. Um der Gefahr zu begegnen, die gleichberechtigte, aber meist unzureichend abgegrenzte Weisungsbefugnisse bergen (Kompetenzkonflikte, Machtkämpfe, unbefriedigende Kompromisse, lange Entscheidungsfindung), wird häufig einer Dimension Vorrang gewährt und der anderen nur noch die Querschnittskoordination übertragen. Dieser Schritt reduziert tendenziell die Dezentralisierung der Entscheidungen und führt in Richtung eines Einliniensystems verbunden mit sekundären Strukturen oder begrenzt weisungsbefugten Zentralbereichen, worauf noch eingegangen wird (vgl. Kapitel 8.3.3 und 8.3.4). Es kann aber auch eine Reduzierung der Matrixstruktur auf ausgewählte Objekte und Funktionen im Unternehmen erfolgen.

Bei international tätigen Unternehmen können die Organisationseinheiten der zweiten Hierarchieebene gleichrangig nach Funktionen, Produkten und Regionen gebildet und gleichberechtigt mit Weisungsbefugnis ausgestattet werden (Dreiliniensystem). Dem potenziellen Steuerungsvorteil der sogenannten **Tensororganisation** steht ein (noch) höheres Konfliktpotenzial entgegen, sodass diese Struktur häufig mehr (Abstimmungs-)Probleme mit sich bringt, als sie zu lösen verspricht. Daher hat sie meist nur vorübergehend Bestand, bevor analog der Matrixorganisation zumindest die gleichberechtigten Weisungsbefugnisse aufgegeben werden oder man zu einem Einliniensystem zurückkehrt.

Keine dieser Organisationsformen ist den anderen grundsätzlich überlegen und auch die jeweiligen Vor- und Nachteile lassen sich nicht in genereller Form benennen. Die Eignung einer Organisationsstruktur kann nur im Einzelfall vor dem Hintergrund der Anforderungen, die aus den Gegebenheiten im Unternehmen und den externen Rahmenbedingungen resultieren, bestimmt werden; außerdem vergleicht man dazu Strukturalternativen. Zentrale Anforderungen sind in diesem Zusammenhang die Umwelt-, insbesondere Marktorientierung und damit eng zusammenhängend die Flexibilität, die ihrerseits geeignete Entscheidungs-, Kommunikations- und Informationsstrukturen voraussetzt, sowie die effiziente Nutzung der Ressourcen bzw. die sich aus begrenzten Ressourcen ergebenden Restriktionen. Da die Vorteile der einen Alternative meist die Nachteile der anderen darstellen, müssen die Kriterien im Einzelfall gewichtet werden. In der Unternehmenspraxis führen die vielfältigen Anforderungen an Unternehmen zu **hybriden Strukturen**, die kein einheitliches Gliederungskriterium aufweisen, sondern die Grundtypen kombinieren, aber auch zu unterschiedlichen Ausgestaltungen auf den unteren Hierarchieebenen führen.

Die funktionale Organisation begünstigt durch das Zusammenfassen gleicher Verrichtungen in Funktionsbereichen **Spezialisierungsvorteile**, insbesondere durch Erfahrungs- und Größeneffekte und erhöht dadurch die Effizienz, die aber durch Probleme in bereichsübergreifenden Prozessen negativ beeinflusst sein kann. Die effiziente Nutzung der Ressourcen macht sie zur dominanten Struktur kleiner und mittlerer Unternehmen, da bei diesen auch Probleme der auf den Absatzbereich beschränkten Umwelt- und Marktorientierung solange nicht zum Tragen kommen, wie die Unternehmensleitung die unternehmerische Gesamtsicht behält. Mit der Größe und dem Leistungsprogramm nehmen jedoch die Schwierigkeiten zu, sich diese Gesamtsicht zu bewahren, schnelle Entscheidungen zu treffen und so die Flexibilität des Unternehmens zu gewährleisten.

Die divisionale Organisation entlastet die Unternehmensleitung, da der Koordinationsbedarf, der aus den Schnittstellen und Interdependenzen der Funktionsbereiche im Zuge der Leistungserstellung entsteht, in den (meist produktorientierten)
Geschäftsbereichen gedeckt wird. Dort kann man sich **stärker am Markt orientieren**, Entwicklungen werden früher erkannt und die Autonomie der Bereiche erlaubt
es, schneller darauf zu reagieren. Diese Autonomie ist jedoch nicht umsonst zu haben; Voraussetzung dafür ist der Aufbau gleichartiger Funktionsbereiche in den Geschäftsbereichen, wodurch nicht nur Spezialisierungsvorteile aufgegeben und Mehr-
facharbeiten in Kauf genommen werden. Die zusätzliche Hierarchieebene zwischen
Unternehmensleitung und Funktionsbereichen sowie die mehrfach geschaffenen
Funktionsbereiche erhöhen die Zahl der Führungspositionen und dadurch gerade in
mittleren Unternehmen, in denen nicht ausreichend Führungskräfte vorhanden sind,
die Personalkosten.

Die funktionale oder divisionale Struktur wählt man vor allem dann, wenn Spezialisierungsvorteile oder die Marktorientierung als erfolgskritisch angesehen werden
und die Voraussetzungen dafür existieren, d. h., die Unternehmensleitung dem Koordinationsbedarf gerecht wird oder die (Personal-)Ressourcen für die zusätzlichen Führungspositionen der Geschäftsbereiche ausreichen. Spielen beide Gliederungskriteri-
en für den Erfolg eine wichtige Rolle, kann man nicht einfach davon ausgehen, dass
ihre Kombination in Form der Matrixorganisation die jeweiligen Vorteile kombiniert
und die Schwächen vermeidet, auch wenn das häufig so dargestellt und dann lediglich das Konfliktpotenzial hervorgehoben wird, das sich aus den gleichberechtigten
Weisungsbefugnissen und damit der doppelten Unterstellung der Organisationseinheiten ergibt (vgl. z. B. Hungenberg 2014, S. 338–339).

Da wesentliche Vorteile der divisionalen Struktur dezentrale Funktionsbereiche, die Spezialisierungsvorteile aber zentrale Funktionsbereiche voraussetzen, wird
schnell deutlich, dass im Einzelfall Vor- und Nachteile abgewogen werden müssen.
Damit geht es nicht um ein Maximieren der Vorteile, sondern einen Kompromiss
aus Vor- und Nachteilen, wobei noch hinzukommt, dass das institutionalisierte Konfliktpotenzial häufig nicht zu produktiven Konflikten führt, sondern die Entscheidungsfindung erschwert. Das gilt analog für die Tensororganisation, bei der sich die
Konfliktproblematik noch verschärft und die optimale Kombination aus Vor- und
Nachteilen noch schwieriger zu finden ist.

8.3.3 Strategisch relevante Strukturergänzungen

Die **Primärorganisation** ist in erster Linie auf die effiziente Lösung von Routineauf-
gaben hin ausgelegt und führt aufgrund der hierarchischen Kommunikationsbeziehungen zu verschiedenen Schwierigkeiten, z. B. bei der Lösung schlecht definierter,
komplexer Probleme oder der Generierung innovativer Ideen. Es treten Abstimmungs-
probleme zwischen Organisationseinheiten auf, da vielfach Interdependenzen nicht

hinreichend berücksichtigt sind (z. B. Marktinterdependenzen in der Produktorganisation oder bereichsübergreifende Prozesse bei der Funktionalorganisation). Um die Berücksichtigung der vernachlässigten Aspekte sicherzustellen, werden ergänzende Organisationseinheiten gebildet (vgl. Scherm/Pietsch 2007, S. 186–189; Schulte-Zurhausen 2014, S. 306–336). Solche sekundärorganisatorischen Strukturen sind nicht weniger wichtig, sondern kommen zur Primärstruktur hinzu und es entsteht tendenziell ein Mehrliniensystem. In Unternehmen finden sich vor allem vier **Formen der Sekundärorganisation**, die strategische Bedeutung haben:

- Produktmanagement,
- Kundenmanagement,
- strategische Geschäftseinheiten und
- Projekte.

Das **Produktmanagement** hat die Aufgabe der funktionsbereichsübergreifenden Koordination aller produktbezogenen Aktivitäten in einer funktionalen Organisation oder einem (großen) Geschäftsbereich, wenn ein vielfältiges Leistungsprogramm und komplexe, dynamische Märkte vorliegen (vgl. Kieser/Walgenbach 2010, S. 142–147). Der Produktmanager ist vor allem für das produktspezifische Marketing, die produktbezogene Planung und die Unterstützung der technischen Bereiche bei der Produktentwicklung zuständig; er nimmt aber nur indirekt Einfluss, auch wenn dieser informale Einfluss erheblich sein kann. Zunehmende Kompetenzausstattung führt zu einer matrixähnlichen Struktur.

Kundenmanagement (Key-Account-Manager) wird eingesetzt, wenn ein Unternehmen einigen wichtigen (Schlüssel-)Kunden gegenübersteht (vgl. Kieser/Walgenbach 2010, S. 147–148). Es übernimmt das kundenorientierte Marketing, die Kontaktpflege, Verhandlung und Betreuung auch im Problemfall. Der Kunde hat auf Unternehmensseite nur einen Ansprechpartner, das Unternehmen dadurch ein differenzierteres Kundenprofil. Zur Förderung der Akzeptanz des Kundenmanagers seitens des Kunden und für eine schnelle Entscheidung sind entsprechende Entscheidungskompetenzen notwendig und eine matrixähnliche Struktur die Folge.

Strategische Geschäftseinheiten sind zuständig für die Entwicklung und Umsetzung der Geschäftsfeldstrategien und spiegeln das Geschäftsfeld organisatorisch wider (vgl. Schulte-Zurhausen 2014, S. 328–330; auch 7.2.1). Anpassungen in Folge veränderter Geschäftsfeldabgrenzungen erfordern damit nicht zwingend Änderungen der Primärorganisation. Die strategische Geschäftseinheit kann mit der Primärorganisation übereinstimmen, sich aber auch aus mehreren primären Organisationseinheiten zusammensetzen oder mit anderen strategischen Geschäftseinheiten eine primäre Organisationseinheit, z. B. einen Geschäftsbereich, bilden. Es besteht Ähnlichkeit mit dem Produktmanagement sowohl hinsichtlich der Aufgaben als auch der organisatorischen Konsequenzen.

Projekte sind neuartige, komplexe und zeitlich befristete Vorhaben, für die innerhalb einer bestehenden Organisationsstruktur keine hinreichende Koordination der Einzelaktivitäten gewährleistet werden kann. Sie treten bei der Leistungserstellung im Rahmen bestehender Strategien ebenso auf wie bei (der Implementierung) einer neuen Strategie. Zur Lösung der Koordinationsproblematik werden Kompetenzen und Verantwortung für das Projekt zentralisiert und eine Stelle oder mehrere mit der Aufgabe der Projektabwicklung betraut, die nach Projektabschluss wieder aufgelöst werden; man spricht in diesem Zusammenhang von Projektmanagement (vgl. Schulte-Zurhausen 2014, S. 332–336).

Mit zunehmender Kompetenzausstattung können auch die projektbezogenen Kompetenzen im Sinne einer Matrix die Primärorganisation überlagern. Die Projektleitung übernimmt volle Verantwortung für das Projekt und delegiert Aufgaben und Verantwortung an die am Projekt beteiligten Organisationseinheiten. In diesen können einzelne Mitarbeiter vollständig oder teilweise dem Projekt zugeordnet sein. Sie unterstehen dann fachlich dem Projektleiter, disziplinarisch dem jeweiligen Abteilungsleiter oder auch dem Projektleiter. Gegebenenfalls werden die notwendigen personellen und materiellen Ressourcen für die Dauer des Projekts aus der Primärorganisation ausgegliedert und ausschließlich der Projektaufgabe zugeordnet; mitunter erfolgt eine Ergänzung des Projektteams um externe Mitarbeiter. Dadurch wird insbesondere bei großen Projekten befristet eine Organisationseinheit geschaffen, in der hierarchische Strukturen bestehen und der Projektleiter über Kompetenzen verfügt, die mit einer Linieninstanz vergleichbar sind. Dies verhindert Probleme mit den Einheiten der Primärorganisation, erschwert jedoch die Koordination bei mehreren Projekten.

8.3.4 Zentralbereiche: Autonomie vs. Synergie

Die Vorteile, die daraus resultieren, dass Geschäftseinheiten weitgehend autonom über große Teile ihrer Wertschöpfung und der unterstützenden Bereiche entscheiden können, stehen Nachteilen gegenüber, da Synergieeffekte fehlen, die aus Verflechtungen resultieren und sich nicht nur in geringeren Kosten niederschlagen würden. Auf die strategische Bedeutung dieser Synergieeffekte als Folge der Schaffung und Nutzung von Verflechtungen wird an anderer Stelle eingegangen (vgl. Kapitel 7.5). Strategische Entscheidungen erfordern eine Abwägung dieser entgegengesetzten Vor- und Nachteile, die sich nur durch entsprechende organisatorische Gestaltungen erzielen lassen. So gilt es, für materielle Verflechtungen Wertschöpfungsaktivitäten verschiedener Unternehmenseinheiten gemeinsam auszuführen, wenn z. B. gleiche Abnehmer, Vertriebskanäle oder Technologien bestehen, oder für immaterielle Verflechtungen (Management-)Knowhow zwischen ihnen zu transferieren, wenn sich z. B. Kunden, Fertigungsprozesse oder Stakeholder ähneln.

Ein bekanntes Beispiel in diesem Zusammenhang ist die **Organisation der Zentralbereiche**, die seit langem kontrovers diskutiert wird (vgl. Scherm/Pietsch 2007, S. 177–178; Schulte-Zurhausen 2014, S. 273–274). Selbst wenn Geschäftsbereiche so autonom wie möglich agieren und sie deshalb alle für das operative Geschäft notwendigen Funktionen umfassen sollen, kann die Ergänzung um funktional gegliederte Zentralbereiche (auf der zweiten Hierarchieebene) Vorteile bieten. Eine zentrale Aufgabe bildet die geschäftsbereichsübergreifende Koordination, wodurch ein Handeln dieser im Gesamtunternehmensinteresse sichergestellt werden soll; Beispiele für solche Zentralbereiche sind die strategische Unternehmensplanung, das (zentrale) Controlling und die Finanzwirtschaft. Daneben gibt es Aufgaben, die nur für das Gesamtunternehmen erbracht werden können oder Dienstleistungen für die Geschäftsbereiche darstellen (z. B. Recht, Patente und Lizenzen, Rechnungslegung, Steuern und Versicherung, Öffentlichkeitsarbeit). Ein Zentralbereich Personal wird in mitbestimmungspflichtigen Unternehmen durch die Position des Arbeitsdirektors gesetzlich vorgeschrieben (vgl. § 33 Mitbestimmungs- bzw. § 13 Montanmitbestimmungsgesetz).

Zentralbereiche werden auch gebildet, um Spezialisierungsvorteile, Größendegressions- und Synergieeffekte zu erzielen oder unteilbare Ressourcen zu nutzen. Diese können in den Unternehmen unterschiedlich ausgeprägt sein; typische Beispiele sind Beschaffung und Materialwirtschaft, Forschung und Entwicklung, Datenverarbeitung, nicht zuletzt die Koordination der Produktion bei Kuppelprodukten oder des Absatzes bei konkurrierenden Geschäftsbereichen auf Marktsegmenten. In jedem Fall ist bei der Zentralisierung solcher Aufgaben abzuwägen, in welchem Maße der Entscheidungsspielraum der Geschäftsbereiche eingeschränkt wird und ob das als erfolgsrelevant anzusehen ist. Da Zentralbereiche über begrenzte Weisungsbefugnisse gegenüber den Geschäftsbereichen verfügen, ergibt sich stellenweise ein Mehrliniensystem.

Bei der konkreten Verteilung der Entscheidungskompetenzen (und Verantwortung) zwischen Geschäfts- und Zentralbereichen versucht man schon seit längerer Zeit, den marktlichen Koordinationsmechanismus, der zu einer Übereinstimmung von Angebot und Nachfrage führt, auch innerhalb des Unternehmens zu nutzen. Zunächst standen dabei unterschiedliche **Entscheidungsspielräume der Geschäftsbereiche** im Vordergrund, die als sogenannte Cost Center, Profit Center oder Investment Center konzipiert sein können.

Das Cost Center lässt sich mit einer (großen) Kostenstelle vergleichen, Entscheidungskompetenzen bestehen innerhalb eines festgelegten und einzuhaltenden Kostenbudgets. Der Geschäftsbereich trifft in diesem Rahmen die Entscheidung, ob Vorprodukte oder Dienstleistungen von anderen Geschäftsbereichen oder am Markt beschafft werden. Als Profit Center tragen Geschäftsbereiche Verantwortung für den zurechenbaren Erfolg und können (weitgehend) autonom über alle für den Geschäftserfolg relevanten Bereiche entscheiden. Dazu gehören in der Regel zumindest die Produktion, der Absatz sowie die das Endprodukt direkt betreffende Entwicklung.

Das Investment Center hat gegenüber dem Profit Center zusätzlich die Kompetenz, über seine Investitionen und damit über die Verwendung des erzielten Gewinns zu entscheiden, wobei die Unternehmensleitung ein Mitspracherecht haben kann, um geschäftsbereichsübergreifenden Interessen Rechnung zu tragen.

Inzwischen werden auch Leistungen, die im Unternehmen zentral erbracht werden (können), marktähnlich bereitgestellt und der Preismechanismus zur Koordination genutzt; man spricht von Shared Services und bezeichnet die Organisationseinheit als **Shared-Service-Center** (vgl. Truijens/Neumann-Giesen/Weber 2012; auch 7.6.1); Beispiele in Deutschland sind Daimler Group Services Berlin, der Finanz- und Personaldienstleister der Daimler AG, oder Global Shared Services, der Dienstleister für IT, Immobilienmanagement, Personal- und Rechnungswesen von ThyssenKrupp, aber auch die Bayer Business Services GmbH oder Beiersdorf Shared Services GmbH. Die Einrichtung von Shared-Service-Centern wird in Betracht gezogen, wenn sich vergleichbare Verwaltungs- und Unterstützungsfunktionen in verschiedenen Unternehmenseinheiten finden, die weitgehend unabhängig voneinander sind. Die Zusammenlegung reduziert Redundanzen und ermöglicht Skaleneffekte.

Durch die organisatorische Eigenständigkeit stellt ein Shared-Service-Center auch eine wirtschaftlich selbstständige Einheit dar, die andere Organisationseinheiten mit Leistungen beliefert; innerhalb eines Konzerns kann es zudem rechtlich selbständig sein. Für die Bewertung der Leistungen sind Verrechnungspreise zu bilden. Diese werden häufig mangels vergleichbarer Leistungen am Markt auf dem Wege der Verhandlung mit den Abnehmern erzielt. Im Gegensatz zu budgetorientierten Zentraleinheiten wird dem Shared-Service-Center daher unterstellt, dass es kunden- und wertschöpfungsorientiert ist. Die Hauptziele bei der Einrichtung solcher Center sind Kostensenkung, Qualitätssteigerung, Fokussierung auf wichtige Kompetenzen sowie eine unternehmensweite Standardisierung (vgl. Westerhoff 2008, S. 56–61). Diese werden jedoch nur erreicht, wenn es gelingt, adäquate Preise zu vereinbaren.

Eine Befragung zeigt die überwiegend positive Beurteilung der Shared-Service-Center auch in mittelständischen Unternehmen, sodass dort mit einer entsprechenden Entwicklung zu rechnen ist. Etwas mehr als bei den großen Unternehmen stehen die Qualität und die Kontroll- und Steuerungsfähigkeit der Prozesse im Vordergrund. Schwerpunkte der Center liegen hier im Finanz- und Rechnungswesen und der IT, erst mit Abstand folgen Personal und Controlling (vgl. Reimann/Wolff 2014).

Bilden die Geschäftsbereiche rechtlich selbständige Einheiten, liegt eine Weiterentwicklung der divisionalen Organisation zur **Holding** vor. Übernimmt dabei die Obergesellschaft die Leitung der Holding und die gesamtunternehmensbezogenen strategischen Aufgaben, während die bereichsspezifische strategische Entwicklung den Geschäftsbereichen (Tochtergesellschaften) obliegt, spricht man von einer Managementholding (Schulte-Zurhausen 2014, S. 284–290). Zentralbereiche werden dann ausschließlich für Aufgaben gebildet, die für die einheitliche Führung und Entwicklung des Gesamtunternehmens von entscheidender Bedeutung sind, um die

Vorteile großer Unternehmenseinheiten (Kapitalkraft, Marktmacht, Größendegression) mit denen kleinerer Einheiten (Flexibilität, Kooperationsfähigkeit, Marktnähe) zu verbinden.

Wird das Ziel der Unternehmenswertmaximierung verfolgt (vgl. Kapitel 5.4), steht neben den Werten der einzelnen Geschäftsbereiche auch der Wertbeitrag der Unternehmenszentrale als Ausdruck ihrer Einflussnahme auf die Geschäftsbereiche bzw. die Maximierung dessen im Sinne des Parenting Advantage im Fokus (vgl. Hungenberg 2014, S. 379–384; auch 7.3.3). Da die konkrete Bewertung dieses Vorteils scheitert, fehlt letztlich ein operationaler Maßstab für die Aufgabenverteilung zwischen Geschäfts- und Zentralbereichen und es bleibt viel Raum für interessengeleitete Interpretationen oder aufwändige (Organisations-)Experimente. Am Beispiel Siemens wird das unmittelbar deutlich, wenn der Vorstandsvorsitzende Joe Kaeser nach seinem Amtsantritt 2013 den Konzern stark zentralisiert und die Zentrale aufbläht, dann bereits 2018 viele der vorher zentralisierten Funktionen wieder in die operativen Bereiche zurückverlagert (vgl. Maier 2018, S. 14).

8.3.5 Kooperation als Organisationsalternative

Im Rahmen einer **Kooperation** arbeiten zwei oder mehrere Unternehmen zusammen, um bestimmte Aufgaben zu erfüllen. Die Unternehmen bleiben dabei rechtlich selbstständig und geben ihre wirtschaftliche Selbstständigkeit nur in den Bereichen, die die Kooperation betreffen, und nur für die Dauer des Zusammenarbeitens auf (vgl. z. B. Zentes/Swoboda/Morschett 2005, S. 5; auch 7.6.2). Die Zusammenarbeit ist in der Regel langfristiger Natur und eignet sich für die Umsetzung einer Diversifikationsentscheidung anstelle des Zukaufs, der Fusion oder Beteiligung bzw. der Entwicklung mit eigenen Ressourcen. Sie kann aber auch die Alternative zu der vollständigen Integration oder dem Outsourcing mit anschließendem Zukauf von Leistungen darstellen.

Es gibt verschiedene Möglichkeiten der Systematisierung von Kooperationen; häufig unterscheidet man sie nach der Stellung der Partner in der Wertschöpfungskette in vertikale, horizontale und laterale bzw. konglomerate Kooperationen (vgl. Wrona/Schell 2005; Morschett 2005):

Bei **vertikalen Kooperationen** wird in unterschiedlichen, meist unmittelbar aufeinander folgenden Wertschöpfungsstufen kooperiert (vgl. Gerybadze 2005, S. 461), weshalb hier auch die Rede von Wertschöpfungspartnerschaften ist, die etwa in der Automobilindustrie häufig anzutreffen sind (vgl. Pöck 2002; auch Becker u. a. 2017).

Horizontale Kooperationen bezeichnen die Zusammenarbeit von Unternehmen gleicher Branche und Wertschöpfungsstufe, d. h. zwischen (ansonsten) konkurrierenden Unternehmen, wobei unterschiedlichste Unternehmensbereiche betroffen sein können. Man spricht in diesem Zusammenhang auch von strategischen Allianzen, wobei der Begriff mitunter undifferenziert für alle Arten von Kooperationen Verwendung findet.

Arbeiten Unternehmen unterschiedlicher Branchen zusammen, die auch in den jeweiligen Wertschöpfungsketten in keinem unmittelbaren Zusammenhang stehen, liegt eine **laterale bzw. konglomerate Kooperation** vor.

Grundsätzlich können zwei oder mehrere Unternehmen zusammenarbeiten, ohne dass dafür Verträge geschlossen werden müssen. Vertragslose Absprachen weisen jedoch nur geringe Bindungswirkung auf, sind daher zwar einfach einzugehen, häufig aber nicht stabil. Man kann davon ausgehen, dass Kooperationen, die auf längere Sicht und entsprechende Stabilität ausgelegt sind, in der Regel vertragliche Regelungen zugrunde liegen. Mit wechselseitigen Kapitalbeteiligungen werden erhöhte Kontrollmöglichkeiten, aber auch die gegenseitige Bindung angestrebt. Vergleichsweise hohe Investitionen der beiden Partner bei der Gründung eines Gemeinschaftsunternehmens (Joint Venture) entwickeln tendenziell die höchste Bindungswirkung (vgl. Voeth/Rabe 2005).

Das Entstehen der zahlreichen Kooperationen lässt sich auf verschiedene Vorteile für die beteiligten Unternehmen zurückzuführen, die vor allem in der Erweiterung der gemeinsamen und der individuellen Leistungsfähigkeit liegen. Die erwarteten Vorteile können dabei so attraktiv erscheinen, dass selbst jahrzehntelang zerstrittene Unternehmen wie Aldi Süd und Aldi Nord vom Einkauf bis zum Marketing kooperieren wollen (vgl. Kolf 2018). Probleme der Kooperationen kommen nicht zuletzt daher, dass die Unternehmen rechtlich selbstständig sind und (teilweise) konkurrierende Ziele verfolgen. Das erfordert recht weitgehende (vertragliche) Vorabregelungen, ohne allerdings die Flexibilität der Kooperationspartner zu gefährden.

8.4 Personal und Strategie

Geht es bisher in erster Linie um das formale Regelwerk zur Umsetzung der Strategie, liegt nun der Fokus auf dem Personal oder genauer den Personen bzw. den Individuen, ohne die es nicht zu einem Handeln gemäß den Absichten der Strategie und den organisatorischen Regeln kommt. Für die Strategieumsetzung werden auf allen Hierarchieebenen Mitarbeiter benötigt, die in der Lage sind, die Aufgaben zu erfüllen, die aus einer (neuen) Strategie abgeleitet werden, und dabei den Regeln entsprechend zu handeln. Diese stehen nicht automatisch dort, wo man sie braucht, zur Verfügung, sondern müssen in ausreichender Zahl und Qualifikation bereitgestellt werden.

Organisatorische Regeln der Aufgabenerfüllung und Zusammenarbeit, die tendenziell längerfristig gültig und nicht am jeweiligen Stelleninhaber orientiert sind, schaffen zudem nur eine Voraussetzung für die Realisierung einer Strategie. Da Mitarbeiter ihr Verhalten nicht immer in erforderlichem Maße an diesen Regeln ausrichten, wird auch Führung notwendig. Dabei darf man nicht der Illusion erliegen, dass eine Veränderung der Führung verordnet werden kann, auch wenn offizielle Verlautbarungen von Unternehmen das so nahelegen (z. B. Leadership 2020 der Daimler AG).

8.4.1 Bereitstellung von Personal

Die Personalbereitstellung zielt darauf, Mitarbeiter in der Menge und der Qualifikation im Unternehmen verfügbar zu haben, wie sie für die Leistungserstellung erforderlich sind (vgl. Scherm/Süß 2016, S. 23–30). Aufgrund der Arbeitsmarktsituation und der eingeschränkten Mobilität der Arbeitskräfte ist das nicht ohne weiteres zu jedem Zeitpunkt und an jedem Ort möglich. Deshalb muss eine frühzeitige Personalplanung erfolgen. Die **Personalbedarfsermittlung** bildet dabei das Bindeglied zwischen der Unternehmensplanung bzw. der Strategie und der (Planung der) Personalbereitstellung. Sie gibt die Antwort darauf, wie viele Mitarbeiter welcher Qualifikation zu welchen Zeitpunkten an welchen Orten im Unternehmen benötigt werden. Erfolgt diese gleichzeitig mit der Planung anderer Bereiche und Faktoren, macht das personelle Restriktionen frühzeitig deutlich und ermöglicht, sie in der weiteren Planung zu berücksichtigen.

Der Personalbedarf wird nicht nur durch die unterschiedlichen strategischen Entscheidungen, das Leistungsprogramm oder die organisatorischen und technologischen Bedingungen bestimmt. Weitere unternehmensinterne Einflussfaktoren sind z. B. Fehlzeiten, Fluktuation und die individuelle Leistung. Unternehmensextern haben vor allem die Entwicklung der Gesamtwirtschaft bzw. der Branche, rechtliche und politische Rahmenbedingungen, Tarifverträge sowie technologische Veränderungen Bedeutung.

Im **qualitativen Personalbedarf**, den Kenntnissen und Fähigkeiten, über die Mitarbeiter im Unternehmen verfügen sollen, spiegeln sich die Anforderungsprofile der Stellen wider. Deshalb erfolgt zunächst die Prognose der zukünftigen Aufgaben und der daraus abgeleiteten Anforderungen, die umso größere Schwierigkeiten mit sich bringt, je neuartiger die Aufgaben sind, z. B. in Folge grundlegender Änderungen der Strategie. Bei erheblichen Anforderungsänderungen müssen die Aufgaben neu zu Stellen zusammengefasst werden, wobei darauf zu achten ist, dass Mitarbeiter den (Stellen-)Anforderungen gerecht werden können und die Stellen damit grundsätzlich besetzbar sind.

Die Schätzung der Arbeitsmenge bildet die Schnittstelle zur Ermittlung des **quantitativen Personalbedarfs**, d. h. der Zahl der benötigten Mitarbeiter in den Stellenkategorien, die sich aus der Zusammenfassung ähnlicher Stellen ergeben. Resultiert aus dem Vergleich des ermittelten Personalbedarfs mit dem Personalbestand im Unternehmen ein Nettobedarf in einer Stellenkategorie, ist die Beschaffung von Personal notwendig. Übersteigt umgekehrt der Personalbestand den Bedarf, liegt ein Personalüberhang vor, der die Freisetzung zur Folge hat.

Personal kann innerhalb oder außerhalb des Unternehmens beschafft werden, wobei es keine generelle Überlegenheit der **internen oder externen Bedarfsdeckung** gibt; beide Wege weisen Vor- und Nachteile auf (vgl. Scherm/Süß 2016, S. 31–40). Innerhalb des Unternehmens geht die Beschaffung mit der Versetzung oder Beförderung aus anderen Personalkategorien einher. Das erfordert Personalentwicklung, um Qualifikationsdefizite der Mitarbeiter zu beseitigen und sie auf den neuen Stellen einzuarbeiten. Geplante interne Beschaffung setzt eine längerfristige Laufbahn- oder Karriereplanung für die Mitarbeiter voraus.

Die Personalbeschaffung muss außerhalb des Unternehmens erfolgen, wenn die benötigte Qualifikation im Unternehmen nicht vorhanden bzw. nicht (fristgerecht) zu entwickeln oder die interne Beschaffung nicht gewollt ist. Dabei lassen sich zwei Vorgehensweisen unterscheiden. Vor allem bei einem positiven Arbeitgeberimage kann ein Unternehmen auf eigene Rekrutierungsaktivitäten verzichten und den Bedarf aus Bewerbungen decken, die auf Eigeninitiative der Bewerber hin erfolgen. Ist das nicht der Fall oder die Arbeitsmarktsituation nicht so günstig, müssen Unternehmen um Arbeitskräfte werben. Dazu gibt es verschiedene Möglichkeiten, die von der Direktansprache über den Einsatz verschiedener Institutionen oder Medien bis hin zu der Nutzung sozialer Netzwerke der eigenen Mitarbeiter reichen. Dabei gilt es, durch Personalmarketing den Arbeitsplatz für Arbeitskräfte attraktiv zu machen oder durch sogenanntes Employer Branding eine Arbeitgebermarke aufzubauen (vgl. Kanning 2017).

Liegt in einer Stellenkategorie ein Personalüberhang vor, stellt die Kündigung nur eine Verwendungsalternative für freigesetzte Mitarbeiter dar, da es für sie im Unternehmen insbesondere dann weitere Verwendung geben kann, wenn ausreichend Zeit bleibt, um sie entsprechend zu entwickeln (vgl. Scherm/Süß 2016, S. 41–47; Lippold 2017). Da **Personalfreisetzung**, wenn sie in eine Kündigung mündet, die Gefahr birgt, zukünftig wichtige Personalpotenziale abzubauen, dürfen kurzfristige Kosteneffekte nicht zu Lasten längerfristiger und strategischer Ziele in den Vordergrund gerückt werden. Die Berücksichtigung sozialer Ziele ist unumgänglich, da es die Motivation sowohl der freigesetzten als auch der verbleibenden Mitarbeiter zu erhalten gilt und Freisetzung nicht ohne Beteiligung der Mitbestimmungsorgane erfolgen kann.

Änderungen des qualitativen Personalbedarfs sind unabhängig davon, ob neue Strategien verfolgt oder Personal beschafft bzw. freigesetzt werden. Bereits der technische Fortschritt oder Umstrukturierungen führen dazu, dass die Qualifikation der Mitarbeiter von den Anforderungen abweicht und Qualifizierungsbedarf entsteht. Es wird **Personalentwicklung** notwendig, damit die Mitarbeiter in der Lage sind, ihre Aufgaben im Unternehmen zu erfüllen (vgl. Scherm/Süß 2016, S. 116–130). Da der Entwicklungserfolg Motivation und Lernbereitschaft voraussetzt, sollten individuelle Zielsetzungen nicht unberücksichtigt bleiben. Mitarbeiter verbinden mit Entwicklung in der Regel Aufstiegs- und Bildungsbedürfnisse, aber auch eine höhere Vergütung und mehr Ansehen.

Personalentwicklung kostet Geld und verursacht Opportunitätskosten, da Mitarbeiter in dieser Zeit nicht produktiv tätig sind. Deshalb ist es unumgänglich, eine klare Vorstellung von dem jeweiligen Entwicklungsbedarf zu haben. Dieser wird durch die Deckungslücke, unternehmenspolitische Zielsetzungen und individuelle Entwicklungsziele bestimmt. Die Deckungslücke ergibt sich aus dem Abgleich der Qualifikation der Mitarbeiter mit den gegenwärtigen und zukünftigen Anforderungen. Unternehmenspolitische Zielsetzungen sind längerfristiger und grundsätzlicher Natur, haben noch keinen strategischen Bezug oder gehen über aktuelle strategische Festlegungen hinaus. Zu den individuellen Entwicklungszielen sind letztlich die Mitarbeiter zu befragen.

Strategien lassen sich nur dann realisieren, wenn Personal in ausreichender Menge und Qualifikation vorhanden ist oder zumindest in der erforderlichen Zeit entwickelt bzw. beschafft werden kann. Je nach Größe des Qualifikationsdefizits oder der Arbeitsmarktsituation nimmt jede dieser Personalmaßnahmen längere Zeit in Anspruch. Hinzu kommt, dass Personalabbau in Deutschland mit erheblichen Abfindungen, z. B. im Rahmen des Sozialplans, verbunden sein kann. Beides führt möglicherweise dazu, dass sich die Bewertung von Strategien umkehrt, wenn der Aufbau notwendiger Personalpotenziale (zu) lange dauert oder die (Freisetzungs-)Kosten (zu) hoch sind.

Generell erhöhen sowohl die adäquate Qualifikation als auch ein schonender Personalabbau die Akzeptanz einer Strategie bei den (verbleibenden) Mitarbeitern. Da die Mitarbeiter bereits zu einem frühen Zeitpunkt im Strategieprozess die personellen Konsequenzen zumindest der Tendenz nach erkennen, kann nicht davon ausgegangen werden, dass der Implementierung vorangehende Schritte davon unberührt bleiben. Vielmehr beeinflussen diese Erwartungen vorgelagerte individuelle und kollektive Entscheidungen und lösen politische Prozesse und Akzeptanzbarrieren aus.

8.4.2 Strukturelle vs. interaktive Führung

Die Formulierung organisatorischer Regeln schafft nur einen Rahmen für die Realisierung einer Strategie in Unternehmen, der durch Führung ausgefüllt werden muss (vgl. Weibler 2016, S. 84–93). Es ist weder möglich noch erstrebenswert, alles explizit zu regeln, da sich die mehrdeutige Realität nicht verlustfrei über Regeln vorsteuern lässt und Handlungsspielräume notwendig sind, um situationsadäquat agieren zu können. Darüber hinaus wird unterstellt, dass ein individueller Handlungsspielraum motivierende Wirkung aufweist. Da Mitarbeiter zudem individuelle Ziele verfolgen, die nicht zwingend mit den Zielen des Unternehmens im Einklang stehen, muss durch Führung gewährleistet werden, dass in jedem Fall hinreichende Motivation für die Aufgabenerfüllung gegeben ist. Damit sind die beiden zentralen **Führungsaufgaben** beschrieben; es geht um das Koordinieren und Kontrollieren des arbeitsteiligen Handelns sowie das Motivieren zu diesem Handeln durch Anreize zur Befriedigung von Bedürfnissen.

Führung darf dabei nicht auf eine einseitige Verhaltensbeeinflussung reduziert werden, sie erfolgt vielmehr wechselseitig. Mit dem Führen ist das Geführtwerden verbunden, da der Geführte nicht unerheblichen Einfluss auf den Führer ausübt. Einen wesentlichen Teil der Führung macht die direkte, interaktive Einflussbeziehung zwischen Führer und Geführtem aus. Einflussnahme erfolgt jedoch nicht nur über Personen und würde diese auch überlasten. Es gibt daneben die strukturelle Dimension der Führung, die in generalisierten Regelungen zum Ausdruck kommt. Anknüpfend an den organisatorischen Regeln sind zentrale Ansatzpunkte die Unternehmenskultur, die eng damit verbundenen Unternehmensgrundsätze, aber auch Anreize, die in Verbindung mit Zielvereinbarungen und aufbauend auf der Leistungsbeurteilung gewährt werden.

In der Führungspraxis stellt sich nicht die Frage nach struktureller oder interaktiver Führung; vielmehr hängen diese beiden **Dimensionen der Führung** voneinander ab und haben in konkreten Führungssituationen unterschiedliche Bedeutung. Organisation liefert für die Führung den strukturierten Raum durch Zuteilung von Aufgaben, Ressourcen, Weisungsbefugnissen und Verantwortung. Demgegenüber bedürfen organisatorische Regeln der situationsgerechten Interpretation sowie der Umsetzung in der hierarchischen Führungsbeziehung. Damit relativieren sich die mit ihnen in Verbindung gebrachten Probleme: Während Organisation und mit ihr die strukturelle Führung die Gefahr der Bürokratisierung und Generalisierung bergen, stößt interaktive Führung an Grenzen hinsichtlich der Fähigkeit und Motivation vieler Vorgesetzter zu einer situativ und individuell angepassten Führung.

Da Führung als wechselseitige Verhaltensbeeinflussung verstanden werden muss, ist es notwendig, den Führer und den Geführten, vor allem deren individuelle Ziele, Eigenschaften und Verhaltensweisen, zu betrachten. Diese prägen die Interaktion zwischen beiden und bestimmen maßgeblich die **Führungssituation**. Auf Seiten des Geführten kann das zu Akzeptanz oder Ablehnung der Führung führen und sehr unterschiedliche Konsequenzen auf Motivation und Leistung haben. Das zukünftige Führungshandeln des Führers wird hingegen durch den Erfolg oder Misserfolg seiner Führung beeinflusst. Neben den Akteuren wird die Situation vor allem durch die Klarheit und Strukturiertheit der Aufgabe, die Ressourcenausstattung, die Freiheitsgrade bei der Aufgabenerfüllung und den Zeitdruck beeinflusst (vgl. Weibler 2016, S. 55–83). Da Strategieentscheidungen diese Einflussfaktoren gravierend verändern können, steht Führung in der Folge neuen Herausforderungen gegenüber. Bei der Gestaltung der Führung spielen Führungsgrundsätze, Zielvereinbarungen, Anreizsystem sowie der Führungsstil bzw. das Führungsverhalten eine zentrale Rolle.

8.4.3 Führungsgrundsätze

Führungsgrundsätze sind allgemeine **Verhaltensempfehlungen** für die Zusammenarbeit von Führer und Geführten (vgl. Weibler 2016, S. 414–417). Sie stellen Normen und Regeln dar, die in Form von ungeschriebenen, nicht formalisierten und daher häufig auch individualisierten Erwartungen bestehen können, hauptsächlich aber als generalisierte, formal festgeschriebene und unternehmensweit gültige Verhaltensrichtlinien existieren. Sie sollen den Handlungsspielraum der Vorgesetzten begrenzen, Führungsverhalten legitimieren und so die Akzeptanz der Führung erhöhen. Dazu müssen die Grundsätze transparent, verständlich und prägnant sein, gleichzeitig aber unabhängig von der jeweiligen Situation gelten. Daher können sie lediglich als abstrakte, generelle Richtlinien formuliert werden, die dann situationsbezogen zu interpretieren sind.

Die **Schwerpunkte** solcher Führungsgrundsätze bilden Grundwerte der Führung, der Grad der Entscheidungsbeteiligung und die Auswahl bzw. Gestaltung der Führungsinstrumente. So werden Mitarbeiter zu Initiative, neuen Ideen, Mut und ähnlichem, Vorgesetzte dagegen z. B. zu Kommunikation, Feedback, Vertrauen, Mitarbeiterförderung aufgefordert. Teilweise beinhalten Führungsgrundsätze auch die Ausrichtung des Unternehmens, z. B. an Ertrag, Wachstum, Qualität oder Unternehmenswert, das gewünschte Verhalten gegenüber Kunden, Lieferanten oder Stakeholdern. Sie stehen dadurch in einem interdependenten Verhältnis zum gesamten normativen Rahmen (vgl. Kapitel 5). Die Unternehmenskultur kann einerseits ihre Formulierung prägen, andererseits ist sie von den in den Führungsgrundsätzen ausgedrückten Werten und Verhaltensweisen beeinflusst (vgl. Kapitel 4.3). Steht eine neue Strategie (teilweise) im Widerspruch zu dieser, muss auch über eine Veränderung der Führungsgrundsätze versucht werden, den notwendigen kulturellen Wandel anzustoßen.

8.4.4 Führung durch Zielvereinbarung

Zielvereinbarungen im Rahmen der Führung haben große Verbreitung gefunden. Während man ursprünglich mit Zielvorgaben führte, hat sich im Laufe der Zeit die **partizipative Vereinbarung** von Zielen etabliert, die regelmäßig überprüft und angepasst werden sollen (vgl. Weibler 2016, S. 409–414; Watzka 2017). Zielvereinbarungen können nicht unabhängig von dem Zielsystem des Unternehmens getroffen werden, sie dienen vielmehr der weiteren Operationalisierung der Ziele und verbinden die Stellenebene bzw. den Stelleninhaber mit den Zielen der jeweiligen Organisationseinheit (vgl. Kapitel 5.3). Auch hier muss gewährleistet sein, dass die individuelle Zielerreichung zu den Bereichszielen beiträgt und die Mitarbeiter untereinander keine konfliktären Ziele verfolgen. Strategieänderungen erfordern daher in jedem Fall die Überprüfung, gegebenenfalls Anpassung der individuellen Zielvereinbarungen.

Erfolgreiche Führung durch Zielvereinbarung setzt **Ziele** voraus, die realistische Herausforderungen darstellen, eindeutige Vorgaben hinsichtlich des Zeitpunkts der Zielerreichung machen und den Fähigkeiten der Stelleninhaber Rechnung tragen. Einerseits sollen sie Entwicklungsmöglichkeiten bieten, um Motivationsdefizite durch Unterforderung zu vermeiden, andererseits kann Leistungsdruck durch überfordernde Ziele schädlich sein. Daneben lassen sich Ziele beispielsweise hinsichtlich der persönlichen Entwicklung des Mitarbeiters vereinbaren. Nicht zuletzt ist darauf zu achten, durch die Vorgabe langfristiger und eindeutiger Ziele den Handlungsspielraum der Mitarbeiter nicht einzuengen und die Flexibilität des Unternehmens nicht zu gefährden. Ein dynamisches Umfeld erfordert einen (kontinuierlichen) Prozess der Zielanpassung, obwohl Zielvereinbarungen in jedem Fall erheblichen Zeitaufwand verursachen.

Zielvereinbarungen erfolgen auf jeder Hierarchieebene und in festgelegten Zeitabständen, sie setzen eine entsprechende **Leistungsbeurteilung** voraus. Diese erfolgt durch Gegenüberstellung der Sollvorgaben und der (Ist-)Zielerreichung am Ende der jeweiligen Beurteilungsperiode (vgl. Becker 2009, S. 363–366). Man konzentriert sich auf die Arbeitsleistung und beachtet nicht die sonstigen Eigenschaften der Beurteilten, die Beurteilungsgrundlage ist somit vergleichsweise transparent. Probleme ergeben sich in erster Linie aus der Formulierung der Ziele, deren Operationalisierung vor allem bei höherrangigen und strategischen Zielen sowie starken Interdependenzen mit anderen Zielen schwierig ist. Häufig sind die unscharfe Formulierung der Sollausprägungen und die Vernachlässigung nicht quantifizierbarer Aspekte die Folge. Außerdem bereitet die Zurechnung individueller Leistung auf die Zielerreichung nicht nur bei Gruppenarbeit erhebliche Schwierigkeiten. Eine zielorientierte Beurteilung liefert daher nur aussagefähige Ergebnisse, wenn für die Mitarbeiter jeweils eigenständige Verantwortungsbereiche gegeben sind.

8.4.5 Anreizsystem

Aufeinander abgestimmte Anreize, die im Wirkungsverbund bestimmte Verhaltensweisen auslösen oder verstärken sollen, bezeichnet man als **Anreizsystem** (vgl. Scherm/Süß 2016, S. 141–145, 174–175). Eintrittsanreize sollen vor allem bei angespannter Arbeitsmarktsituation die Akquisition qualifizierter Mitarbeiter erleichtern, Bleibeanreize verfolgen das Ziel der Bindung qualifizierter Mitarbeiter an das Unternehmen. Außerdem soll durch eine emotionale Bindung Absentismus verhindert werden. Leistungsanreize sanktionieren das Mitarbeiterverhalten positiv oder negativ und vermitteln dadurch, welches Verhalten im Unternehmen erwünscht bzw. welche Leistung gefordert ist.

Anreizsysteme entfalten ihre Wirkung dann, wenn sie drei grundsätzlichen **Anforderungen** genügen: In erster Linie soll die Gewährung der Anreize als gerecht empfunden werden. Das ist vor allem der Fall, wenn die Stellenanforderungen und die individuelle Mitarbeiterleistung Berücksichtigung finden. Jedoch besteht kein objektiver Maßstab für Gerechtigkeit und Mitarbeiter sind in ihrem Gerechtigkeitsempfinden stark von subjektiven Kriterien geleitet. Zudem sind bei vergleichbaren Anforderungen und gleicher Leistung Anreize auf gleichem Niveau zu gewähren. Nicht zuletzt ist Transparenz notwendig, damit die Anreize wahrgenommen werden, sich die erhoffte verhaltenssteuernde Wirkung bei den Mitarbeitern einstellen kann und der durchaus motivierende soziale Vergleich gefördert wird.

Bei der **Gestaltung** eines Anreizsystems ist festzulegen, welche materiellen und immateriellen Anreize grundsätzlich gewährt werden sollen. Zu den materiellen Anreizen rechnet man in erster Linie die Leistungsvergütung, aber auch Bonuszahlungen und Firmenwagen bis hin zu Incentive-Reisen oder ähnlichem. Immaterielle Anreizwirkung entfalten Arbeitsinhalte, Anerkennung, Entscheidungspartizipation,

Autonomie, Arbeitszeitgestaltung oder Weiterbildungsmöglichkeiten. Dann ist die Frage der Bemessungsgrundlage zu klären und die funktionale Beziehung zwischen Ausprägungen der Bemessungsgrundlage und der jeweiligen Anreizgewährung zu definieren. Damit sollte hinreichend transparent sein, bei welcher Leistung welches Anreizniveau, aber auch welche konkreten Anreize gewährt werden. Der Nutzen, den Anreize individuell stiften, kann durch Wahlmöglichkeiten zwischen verschiedenen Anreizen im Rahmen eines sogenannten Cafeteria-Systems gesteigert werden.

Strategische Bedeutung im Rahmen des Anreizsystems hat vor allem die Festlegung der **Bemessungsgrundlage.** Seit insbesondere börsennotierte Unternehmen sich verbreitet an Formalzielen orientieren, die auf dem Shareholder Value basieren, finden sich daraus abgeleitete Bewertungskriterien im Bereich der Führungskräftevergütung (vgl. Tuschke 2013, S. 306–307). Da (zu) kurzfristige Ziele bzw. Kriterien als krisentreibend kritisiert werden, versucht man zunehmend, diese Systeme teilweise längerfristig auszulegen. Es können aber auch Kriterien gewählt werden, die sich an den Sachzielen orientieren, z. B. Marktanteil, Marktposition, Innovationsrate, Qualität, Kundenorientierung oder Einsparungen. Die Messung der Kriterien und die Zurechenbarkeit der Leistung müssen in jedem Fall gewährleistet sein.

Keinesfalls darf übersehen werden, dass ein Anreizsystem, das allen Anforderungen gerecht wird und die intendierte motivierende und lenkende Wirkung entfaltet, darüber hinausgehende Wirkungen hat. Es beeinflusst die Problemsicht und die Wahrnehmung der Situation, wodurch (zukünftige) Strategieentscheidungen in erheblichem Umfang mitbestimmt werden. Die Diskussion der Managervergütung seit der Finanzkrise 2008 führt das der Öffentlichkeit vor Augen. Unklar ist, inwieweit in Unternehmen ein Bewusstsein besteht, dass analoge Effekte auf allen Ebenen auftreten und Anreizsysteme eine potenziell dysfunktionale Wirkung aufweisen, wenn sich der strategische Rahmen verändert.

8.4.6 Führungsstil und Führungsverhalten

Führungsgrundsätze, Zielvereinbarungen und das Anreizsystem schaffen einen Rahmen, innerhalb dessen durch die einzelne Führungskraft interaktiv zu führen ist. Der individuelle **Führungsstil** ist dabei durch die persönliche Grundeinstellung geprägt, langfristig relativ stabil und nur begrenzt variabel. Er schränkt das individuelle **Führungsverhalten** ein, mit dem zielorientiert Einfluss genommen wird (vgl. Wunderer 2011, S. 204). Von dem beobachtbaren Verhalten kann man auf den Führungsstil schließen.

In der Literatur findet sich eine Vielzahl an Führungsstilen (vgl. Weibler 2016, S. 309–347). Besondere Bekanntheit und Verbreitung hat die Differenzierung der Führungsstile nach dem gewährten **Grad der Partizipation** an Entscheidungen erlangt: Während der Vorgesetze bei einem autoritären Führungsstil die Entscheidung allein trifft, koordiniert er im Rahmen der demokratischen Führung die Gruppenentscheidung. Zwischen diesen gegensätzlichen Ausprägungen gibt es verschiedene Führungsstile mit graduellen Unterschieden in der Entscheidungsbeteiligung.

Darüber hinaus gibt es populäre Konzepte, die Führungsstile durch Ausprägungen in den zwei Dimensionen **Aufgabenorientierung und Mitarbeiterorientierung** charakterisieren. Ein mitarbeiterorientierter Führer achtet auf das Wohlergehen seiner Mitarbeiter, ist um ein gutes Verhältnis zu ihnen bemüht, unterstützt sie und setzt sich für sie ein. Demgegenüber legt ein aufgabenorientierter Vorgesetzter Wert auf die Arbeitsleistung, übt Druck auf seine Mitarbeiter aus und tadelt schlechte Leistungen. Es ist weitgehend unbestritten, dass es den in jeder Situation optimalen Führungsstil nicht gibt, jedoch zeigt die Forschung, dass Mitarbeiterorientierung den Führungserfolg deutlich stärker beeinflusst als Aufgabenorientierung.

Große Aufmerksamkeit hat in den letzten Jahren die transformationale Führung in Zusammenhang mit dem Full Range of Leadership-Konzept (Avolio/Bass 1991) erlangt, dessen Kern die **transaktionale und transformationale Führung** bilden. Transaktionale Führung ist gekennzeichnet durch eine Austauschbeziehung zwischen Führer und Geführten auf der Basis klarer Ziele, deren Erreichung belohnt wird. Für die Zielerreichung und die notwendige Kontrolle trägt der Führer Sorge. Hieraus resultiert eine vornehmlich auf kurzfristige individuelle Ziele ausgerichtete extrinsische Motivation der Geführten.

Ein transformationaler Führer hingegen entwickelt eine attraktive und motivierende Vision für die Zukunft und formuliert herausfordernde Ziele, die Mitarbeiter anregen und es ihnen ermöglichen, sich mit ihm zu identifizieren. Voraussetzung dabei ist, dass er sich selbst entsprechend der formulierten Werte und Prinzipien verhält. Die Mitarbeiter werden ermutigt, eigene Entscheidungen zu treffen, neue Wege zu gehen und eingefahrene Problemlösungsprozesse zu überdenken. Die Führungskraft nimmt die Mitarbeiter als Individuen wahr, tritt ihnen unterstützend als Coach oder Mentor gegenüber, delegiert Aufgaben und gibt jedem die Chance zu lernen. Das ermöglicht den Mitarbeitern, nach und nach höhere Leistungen zu erbringen, und berücksichtigt die Bedürfnisse (z. B. Ermutigung, Strukturierung oder Autonomie) und die Fähigkeiten des Einzelnen. Es erfordert Aufmerksamkeit für die Sorgen der Mitarbeiter und Wertschätzung der erbrachten Leistung. Dadurch können Werte und Einstellungen der Geführten nachhaltig so verändert werden, dass kurzfristige individuelle Ziele übergeordneten langfristigen Werten und Idealen weichen; Selbstwertgefühl, Selbstwirksamkeit und Einsatzbereitschaft steigen.

Führung gilt als optimal, wenn transformationales Führen häufiger auftritt als transaktionales und nicht völlig auf das Führen der Mitarbeiter verzichtet wird. Auch wenn bezweifelt werden darf, dass jede Führungskraft in der Lage ist, transformational zu führen, wird die Relevanz des normativen Managements (vgl. Kapitel 5) unmittelbar deutlich. Keinesfalls sollte der (normative) Rahmen, den man damit absteckt, mit Strategieänderungen inkompatibel sein bzw. längerfristig bleiben. Nur so ist eine notwendige Voraussetzung erfolgreichen Führens gegeben.

8.5 Strategieimplementierung als organisatorischer Wandel

Betrachtet man Unternehmen aus der organisationstheoretischen Perspektive, steht außer Frage, dass Veränderungen des Marktes, der gesellschaftlichen Rahmenbedingungen oder der rechtlichen Regelungen, genauso wie technologische oder strategische Änderungen einen Wandel (in) der Organisation auslösen, der besondere Aufmerksamkeit erfordert (vgl. Scherm/Pietsch 2007, S. 229–231). Wird dagegen aus der Perspektive der strategischen Planung darauf geblickt, steht nicht selten das Implementieren einer formulierten Strategie im Vordergrund. Dabei stellt die Strategieentscheidung, die organisatorische, personelle, systembezogene und technologische Konsequenzen nach sich zieht, eine zentrale Ursache organisatorischen Wandels und in allen Unternehmen ein nahezu regelmäßiges Phänomen dar.

8.5.1 Wandel und organisationale Trägheit

In einem frühen Stadium des Abwägens strategischer Optionen können grundlegende Veränderungen noch höchst attraktiv erscheinen, mit Blick auf den dadurch initiierten organisatorischen Wandel darf jedoch nicht unterstellt werden, dass sich ein Unternehmen jederzeit und uneingeschränkt entsprechend der (neuen) Ziele oder Strategien gestalten lässt. Es ist zwar durchaus möglich, Unternehmen intentional zu beeinflussen und in ihrer Entwicklung zu steuern, jedoch sind dem Grenzen gesteckt. Die Akteure unterliegen sowohl eigenen Restriktionen (z. B. aufgrund kognitiver Verzerrungen, Verhaltensroutinen und subjektiver Wirklichkeitskonstruktion) als auch Begrenzungen durch die organisationale Eigendynamik, die Stakeholder und andere Kontextfaktoren. Das Ausmaß der Veränderbarkeit und die Wahl der Mittel hängen dabei stark von den Bedingungen des jeweiligen Einzelfalls ab.

Organisatorischer Wandel findet statt in einem **Spannungsfeld** von Kräften, die zur Veränderung drängen, und Kräften, die zur Beharrung tendieren und als organisationale Trägheit bezeichnet werden können (vgl. Bamberger/Wrona 2012, S. 509). Diese Beharrungskräfte bringen das Bedürfnis nach Kontinuität, Identität und Sicherheit zum Ausdruck und erstrecken sich auf Strukturen und Abläufe, aber auch auf Verhaltensweisen, Strategien und Leitbilder, die einem Wandel entgegenstehen. Es gibt unterschiedliche Wirkungen einer solchen Trägheit: Der Wandel wird gar nicht ausgelöst oder nicht in dem notwendigen Maß vollzogen, da er von relevanten Entscheidungsträgern nicht akzeptiert wird oder zwar geplant wurde, aber die Widerstände groß sind. Daher darf man sich mit dem organisatorischen Wandel nicht erst dann beschäftigen, wenn neue Strategien schon wirksam werden sollen. Bereits die Entwicklung strategischer Optionen ist von Sichtweisen, Wahrnehmungs- und Interpretationsmustern der Akteure geprägt und muss gegebenenfalls beeinflusst werden (vgl. Kapitel 4).

Die **Ursachen organisationaler Trägheit** liegen innerhalb und außerhalb des Unternehmens (vgl. Kieser/Hegele 1998, S. 123–133; Scherm/Pietsch 2007, S. 240–242). Auf der Ebene der **Unternehmensmitglieder** lassen sich Widerstände im Sinne des Nichtwollens und Hemmnisse aufgrund des Nichtkönnens unterscheiden. Auch wenn es individuelle Unterschiede gibt, neigen Menschen allgemein dazu, Bekanntes zu bevorzugen und an Bewährtem festzuhalten (Status Quo Bias – vgl. Kapitel 4.1.4). Das beeinflusst die Wahrnehmung und verstärkt die Interpretationsmuster. Außerdem schürt Veränderung vielfältige Ängste; die Bandbreite reicht von der Angst, Arbeitsplatz, Status, Privilegien, soziale Beziehungen, Ansehen oder Autonomie zu verlieren, bis hin zur Angst, der neuen Aufgabe nicht gewachsen zu sein oder mit den neuen Kollegen nicht zurechtzukommen. Gerade im mittleren Management spielt bei der Umverteilung der Weisungsbefugnisse der damit verbundene Verlust von Position, Besitzstand, Karrieremöglichkeit, Einfluss und Macht eine wichtige Rolle und fördert den Widerstand, den ein starkes Zusammengehörigkeitsgefühl in der Gruppe der Betroffenen noch verstärkt.

Daneben kann Widerstand die Folge falscher bzw. unzureichender Information oder der Unzufriedenheit mit der Art sein, wie Veränderungen beschlossen wurden oder durchgeführt werden sollen. Unternehmensmitglieder können auch den Aufwand scheuen, der auf sie zukommt, oder Zweifel an dem haben, was man ihnen sagt. Nicht zuletzt sind, selbst wenn die Bereitschaft zur Veränderung gegeben ist, der Fähigkeit dazu Grenzen gesetzt. Das ist dann der Fall, wenn unbewusst an vertrauten Denkmustern und Interpretationsschemata festgehalten wird, die die Wahrnehmung von Problemen und die Generierung von Lösungsalternativen beeinflussen, innovative Ideen ausblenden und so inkrementelle Lösungen fördern.

Auch **Unternehmen**, nicht nur ihre Mitglieder, streben als soziale Systeme nach innerer Ordnung und Stabilität. Diese innere Logik ermöglicht es ihnen, mit der Komplexität und Turbulenz umzugehen, der sie ausgesetzt sind. Die Beharrungstendenzen und das Festhalten am Status quo werden zudem gefördert durch (1) die erfolgten Investitionen in Maschinen, Gebäude und Menschen, (2) implementierte und funktionierende Management-, Führungs- und Informationssysteme, (3) den Widerstand einflussreicher Akteure, (4) das gültige Werte- und Normensystem sowie (5) das Routinegeschäft, das bei begrenzten (z. B. zeitlichen) Ressourcen Veränderungen kaum zulässt oder als Vorwand dient, den Wandel nicht aktiv zu betreiben. Nicht zuletzt stellt (6) der Erfolg in Unternehmen ein großes Hindernis für Veränderungen dar; es wird an bisher Erfolgreichem festgehalten, ohne dessen Eignung für neue Herausforderungen zu hinterfragen.

Auch **außerhalb des Unternehmens** finden sich Ursachen organisationaler Trägheit; sie reichen von rechtlichen Regelungen, die beispielsweise die Flexibilität der Mitarbeitervergütung, der Arbeitszeit und der Arbeitsbedingungen begrenzen, über Informations-, Kommunikations-, Produktionstechnologien, die sich primär an aktuellen Anforderungen orientieren, bis hin zu den Kapitalgebern, die (Rendite-)

Erwartungen an Unternehmen haben und gerade dann zögern, wenn Kapital für Innovationen oder strategische Investitionen notwendig sind, oder generell institutionellen Erwartungen (vgl. Kapitel 4.4).

Auch wenn aus dieser Trägheit der Unternehmen Risiken erwachsen können, darf sie nicht pauschal als negativ oder ausschließlich dysfunktional angesehen werden. Das Zögern kann den zeitlichen Spielraum für weiter gehende Analysen bringen und die Gefahr reduzieren, dass man in (Bereichen der) Unternehmen Modeströmungen nachläuft. Selbst wenn dadurch eine Krise entstehen sollte, kann es sein, dass sich der Wandel dann insgesamt schneller vollziehen lässt. Jedoch wächst die Gefahr, den Handlungsspielraum zu verlieren und nur noch reagieren zu können oder einen großen Wurf mit erheblichem Risiko wagen zu müssen.

8.5.2 Change Management als komplexer Prozess

Es ist weit verbreitet, von Change Management zu sprechen, wenn Wandel in Unternehmen aktiv gehandhabt wird (vgl. Scherm/Pietsch 2007, S. 258–259). Dabei darf der Wandel nicht als ein vereinzeltes, eng begrenztes Ereignis gesehen werden, da (nicht nur) Managemententscheidungen regelmäßig Veränderungen induzieren. Diese können die Oberfläche eines Unternehmens berühren, sich aber auch in dessen Tiefe auswirken. Zur **Oberflächenstruktur** zählt man die Merkmale, die Außenstehende beobachten oder rekonstruieren können. Dazu gehören z. B. sichtbare Außenbeziehungen, die Struktur der Wertkette, (sichtbare) Ressourcen und Technologien, formalisierte organisatorische Regeln, Managementsysteme, Pläne und Leitbilder. Demgegenüber umfasst die **Tiefenstruktur** die Werte, Normen und Grundannahmen der Unternehmenskultur, die Machtverteilung und informale organisatorische Regelungen, die Kompetenzen und die organisationale Wissensbasis sowie die Ziele der Unternehmensmitglieder.

Beide Ebenen sind eng miteinander verknüpft, wobei nicht nur die Oberflächenstruktur in der Tiefenstruktur verankert ist, sondern auch Wechselwirkungen zwischen Komponenten beider Strukturen bestehen. Einerseits bildet die Tiefenstruktur die Basis für die Entwicklung von Strategien, Strukturen und Systemen, andererseits ergeben sich aus der Umsetzung dieser Rückwirkungen auf Routinen, Kompetenzen, Machtbeziehungen und die Kultur. Die Tiefenstruktur als relativ stabile, größtenteils implizite Muster und wiederkehrende Prozesse, die beobachtbaren Ereignissen und Handlungen zugrunde liegen und diese steuern, gibt einem Unternehmen dauerhaft Ordnung. Diese Tendenz zur Stabilisierung beschränkt jedoch den Wandel, sodass tiefgreifende Änderungen notwendig werden können, um die organisationale Trägheit zu überwinden. Insbesondere der Erfolg des Unternehmens bestätigt die Tiefenstruktur und fördert die strukturelle Rigidität. Mit zunehmender Tiefe der notwendigen Veränderungen ergeben sich unterschiedliche Schwerpunkte des Change Managements. Sie reichen von der Lösung einzelner Sachprobleme über das Aufbrechen von Machtstrukturen oder Verhaltensweisen bis hin zu Veränderungen der Werte und Normen und damit nicht zuletzt der Unternehmenskultur.

In der Literatur ist man sich weitgehend einig, dass Change Management als komplexer Prozess verstanden werden muss. Es wurden vielfältige **Phasenmodelle** entwickelt, in denen sich die Grundlogik widerspiegelt, die bereits Lewins Drei-Phasen-Modell (unfreezing – moving – refreezing) kennzeichnete (vgl. 1947). Es wird davon ausgegangen, dass sich ein Wandelprozess in mehrere Phasen gliedern lässt und ein expliziter Einstieg in den Wandel erforderlich ist. Da der (Einstieg in den) Wandel Widerstand erzeugt, gilt es, diesen zu überwinden und die erreichten Veränderungen am Ende zu verfestigen.

Je detaillierter die Modelle ausfallen, umso mehr handelt es sich um eine lediglich logische, keinesfalls aber chronologisch zu verstehende Phasenfolge, da die Phasen parallel ablaufen und Rückkopplungen stattfinden müssen. Ein Vorteil der Modelle liegt in der Systematisierung der anfallenden Aufgaben, wenn ein Prozess des Wandels initiiert und gesteuert werden soll. Das Phasenmodell Krügers unterscheidet beispielsweise **fünf Phasen mit jeweils zwei Aufgaben**; diese Aufgaben gilt es nach dem Verständnis des Autors, auf teilweise parallel laufende und sich überlappende Projekte zu verteilen, wobei wenig Skepsis hinsichtlich der Gestaltbarkeit und Steuerbarkeit des Wandels besteht und Grenzen nicht thematisiert werden (vgl. 2014, S. 39–52).

- Initialisierung: Wandelbedarf feststellen und Wandelträger aktivieren
- Konzipierung: Wandelziele festlegen und Maßnahmenprogramme entwickeln
- Mobilisierung: Wandelkonzept kommunizieren und Wandelbedingungen verbessern
- Umsetzung: prioritäre Vorhaben und Folgeprojekte durchführen
- Verstetigung: Wandelergebnisse verankern, Wandelbereitschaft und Wandelfähigkeit sichern

Der **Wandelbedarf** im Sinne notwendiger Veränderung des Unternehmens oder einzelner Teilbereiche und der jeweiligen Unternehmensmitglieder wird aus (aktuellen oder erwarteten) Veränderungen der internen und/oder externen Situation abgeleitet. Diesen gilt es, zu erkennen und hinsichtlich seiner Bedeutung und Auswirkungen zu bewerten; nicht zuletzt ist er zu akzeptieren. Der Wandelprozess wird in der Regel hierarchisch ausgelöst, Unterstützung durch interne oder externe Berater kann hilfreich sein. In diesem Zusammenhang sind die Kräfte, die den Wandel fördern können, zu identifizieren und entsprechend zu mobilisieren, da neben solchen Promotoren vor allem Opponenten und Unentschiedene zu erwarten sind. Die Promotoren bilden die eigentlichen **Träger des Wandels**; sie haben durch die Beeinflussung Unentschiedener maßgeblichen Einfluss auf Verlauf und Ergebnis des Wandels. In mitbestimmten Unternehmen darf die Rolle des Betriebsrats bereits in dieser Phase nicht unterschätzt werden (vgl. Scherm/Süß 2016, S. 230–238).

Nach dem Anstoß des Wandels sind klare **Ziele** zu formulieren und **Maßnahmen** für deren Erreichung zu entwickeln. Die dafür notwendigen Projekte bedürfen vor allem unterschiedlicher Spezialisten je nach Schwerpunkt. Da tiefgreifender Wandel unterschiedliche Objektbereiche umfasst und zahlreiche Projekte erfordert, entsteht zwischen diesen erheblicher Koordinationsbedarf. Im Rahmen des Projektmanagements ist die Arbeitsteilung zwischen den Einzelprojekten und deren Abstimmung untereinander zu regeln.

Je tiefgreifender der Wandel ausfallen soll, umso weniger kann dieser unmittelbar mit der Umsetzung starten. Es fehlt in der Regel nicht nur die **Bereitschaft** zum Wandel, die erzeugt werden muss, es mangelt auch an **Fähigkeiten**, die zu entwickeln sind. Mit der Bereitschaft zum Wandel ist erst dann zu rechnen, wenn dessen Notwendigkeit anerkannt wird. Fähigkeiten für die Erfüllung der sich aus dem Wandel ergebenden Aufgaben fehlen aber nicht nur auf der individuellen Ebene, sondern auch auf der Ebene des Unternehmens bzw. einzelner Unternehmensbereiche. Wesentliche Aufgabe in dieser Phase ist es, die Bereitschaft und die Fähigkeiten zum Wandel auf allen Ebenen mit den Anforderungen, die sich aus dem Wandel ergeben, in Übereinstimmung zu bringen.

Wandelbereitschaft bildet auch die Voraussetzung für Lernprozesse, ohne die notwendige Fähigkeiten nicht erworben werden. Dafür können umfangreiche (mikro-)politische, verhaltensorientierte und kulturbezogene Aktivitäten erforderlich sein, vor allem wenn ein großer Kreis von Beteiligten und Betroffenen auf die beabsichtigten Veränderungen einzustellen ist. Dieser Herausforderung muss man sich in einem sehr frühen Stadium stellen, da zu entscheiden ist, wer bereits zur Entwicklung der Strategie und zur Planung des Wandelprozesses herangezogen wird. In der Regel müssen auch **Koalitionen** gebildet, gegebenenfalls sogar externe Anspruchsgruppen einbezogen werden.

Da weder alle **Projekte** gleiche Bedeutung haben noch gleichzeitig ablaufen können, sind sie anhand verschiedener Kriterien zu **priorisieren**. Zu diesen zählen sachliche Abhängigkeiten, Dringlichkeit, Ressourcenverfügbarkeit, aber auch kurzfristige, für den weiteren Fortschritt des Wandelprozesses wichtige Erfolge; nicht zuletzt spielen Risikoüberlegungen eine Rolle. In dieser Phase zeigt sich bereits, ob die ersten Projekte erfolgreich sind und der Prozess planmäßig verläuft. **Folgeprojekte** können dann auf den Anfangsprojekten aufbauen, Knowhow nutzen, das in diesen erworben wurde, und nicht zuletzt sicherstellen, dass auch längerfristige Ziele erreicht werden. Die Projektergebnisse sind zu dokumentieren und auszuwerten. Begleitet wird das Ganze von dem Training der Mitarbeiter.

Da man inzwischen nicht mehr davon ausgehen kann, dass nach einem (grundlegenden) Wandel eine längere Phase der Stabilität folgt, muss nicht nur **das Erreichte verfestigt**, sondern auch die **Wandelbereitschaft** aufrechterhalten werden. Erworbene Fähigkeiten sollten für weiteren Wandel verfügbar sein, auch um zukünftig Änderungen proaktiv vorzunehmen. Es ist notwendig, dass das Neue und Projektmäßige zur Routine im Unternehmen wird, wobei diese Routinisierung und weitere Veränderungen der Routine in Zukunft Hand in Hand gehen.

Der Erfolg eines solchen Change-Management-Prozesses hängt davon ab, ob und inwieweit sich im Einzelfall die Wandelprozesse im Unternehmen gestalten lassen. Es ist nicht zu übersehen, dass die konzeptionellen Überlegungen und die Ausgestaltung eines solchen Prozesses Ausfluss einer ausgeprägt sozialtechnologischen Sicht des Erklärens sind (vgl.Kapitel 1.1). Diese unterstellt implizit, dass es situationsabhängig die richtige Strategie und die richtigen Maßnahmen für die jeweilige Veränderung gibt. Dabei darf jedoch nicht die realistische Sicht eingeschränkter Möglichkeiten verloren gehen, die eine eher **kritische Distanz zur Gestaltung des Wandels** nahelegt. Viele Interventionen müssen aufgrund der nicht vollständig durchdringbaren Komplexität des Unternehmens- und Umweltgeschehens ergebnisoffen erfolgen. Außerdem ist mit unerwarteten Effekten zu rechnen, denen nicht immer entsprechend begegnet werden kann.

Besteht ein übertriebener Steuerungsanspruch, führt das leicht zur Unterschätzung der Widerstände und des Beharrungsvermögens der Organisation. Außerdem sind die von Spezialisten und (hochrangigen) Führungskräften ausgelösten und durchgeführten Wandelprozesse keineswegs generell überlegen, sie bergen vielmehr die Gefahr, sachgerechte emergente Veränderungsprozesse zu übersehen oder zu ignorieren. Grundsätzlich sollte von einem begrenzten, einzelfallspezifischen Entscheidungs- und Handlungsspielraum ausgegangen und damit gerechnet werden, dass das Überschreiten dieser Grenzen erhebliche Widerstände hervorruft, die den Prozess gefährden können. Letztlich führt das nicht nur zur Überforderung des Managements, es besteht auch die Gefahr gravierender Fehlsteuerungen.

Vermutlich sehen Vorstände und Aufsichtsräte das ganz anders, wenn sie Konzernen aufgrund strategischer Erfordernisse regelmäßig neue Grobstrukturen verordnen. So wurde etwa bei der Daimler AG am 26.07.2018 der Plan verabschiedet, dem Konzern (rund 700 Gesellschaften in mehr als 60 Ländern) zwecks größerer Flexibilität bis Januar 2020 mit Kosten in Höhe von rund einer Milliarde Euro eine Struktur mit nunmehr drei statt fünf Geschäftsbereichen zu geben (vgl. Hubik 2018). Dass in der Milliarde über die direkten Kosten der Reorganisation hinaus bereits potenzielle Probleme des Wandelprozesses beziffert werden, ist jedoch zu bezweifeln. Inwieweit größere Geschäftsbereiche flexibler sind, wird sich zeigen.

8.5.3 Akteure und Ausgangspunkte des organisatorischen Wandels

Im Rahmen eines organisatorischen Wandels treten Akteure auf, die entweder aktiv tätig werden, indem sie den Prozess anstoßen und ihn vorantreiben, oder als Beteiligte bzw. lediglich Betroffene eher passiv, jedoch nicht ohne Einfluss auf den Prozess des Wandels sind (vgl. Scherm/Pietsch 2007, S. 265–266). Die internen Akteure bilden neben dem Top Management und den Führungskräften vor allem Organisations- und

Personalspezialisten, aber auch – wenn vorhanden – der Betriebsrat, der umfangreiche Beteiligungsrechte hat und bei den Einzelmaßnahmen mitentscheiden darf. Eher selten ist die Schaffung eines speziellen Vorstandsressorts (Chief Business Transformation Officer) für den Wandel wie z. B. bei der Allianz (vgl. Herz 2018). Von außen werden häufig Berater zur Unterstützung herangezogen und je nach Art der Strategieänderung können Kunden oder Lieferanten Betroffene sein, die aber in der Regel nicht aktiv tätig werden.

Für spezialisierte Aufgabenträger ist der wenig spezifische Begriff des **Change Agent** verbreitet, mit dem mehrere Rollen und Aufgaben verbunden werden, für die auch durchaus variierende Bezeichnungen Verwendung finden. Wurde Change Agent ursprünglich für externe Berater verwendet, hat sich der Gebrauch zunehmend auf interne Berater ausgedehnt (vgl. Ottaway 1983, S. 363–372). Das geht einher mit der Vorstellung, dass jeder (in-)direkt von der Veränderung Betroffene früher oder später zu einem Akteur werden muss, wenn dauernde Veränderungsbereitschaft gewährleistet sein soll. Es gilt daher, zu unterscheiden in Change Agents im weiteren Sinne, d. h. die vom Veränderungsprozess betroffenen oder irgendwie daran beteiligten Unternehmensmitglieder, und Change Agents im engeren Sinne, d. h. Berater, die unabhängig von ihrer Herkunft den Wandelprozess professionell unterstützen.

Change Agents i. w. S. identifizieren die Notwendigkeit des Wandels, entwickeln eine Vision und treffen die Entscheidung, wie die Veränderung durchzuführen ist. Hier finden sich neben der Unternehmensleitung, nicht selten in Verbindung mit (externen) Beratern, vor allem Manager der mittleren Ebene, die geplante Vorhaben umsetzen, auch wenn andere von dieser Rolle nicht ausgeschlossen sind. Sie können aufgrund ihres für den Wandel wichtigen Wissens einen bedeutenden Beitrag leisten, gehören aber häufig zu den Betroffenen und haben vielfach nicht die notwendige Autorität für die Umsetzung. Es ist daher unumgänglich, sie hierarchisch zu unterstützen und damit zu verhindern, dass sie zu Opponenten werden. Die meisten Unternehmensmitglieder sind individuell mehr oder weniger stark von dem Wandel betroffen, ohne ihn beeinflussen zu können. Ihre Akzeptanz entscheidet jedoch letztlich über den Erfolg der Veränderung.

Die Aufgaben der **Change Agents i. e. S.** verändern sich im Laufe des Wandelprozesses. Das Spektrum reicht von der Analyse der Ausgangssituation und dem Überzeugen des Klienten, dass Wandelbedarf besteht, über die Unterstützung des Veränderungsprozesses in instrumenteller bzw. technischer und sozio-emotionaler Hinsicht sowie die Überwindung von Änderungswiderständen bis hin zur Stabilisierung neuer Verhaltensweisen. Ob ein externer oder interner Berater vorzuziehen ist, lässt sich nicht generell beantworten. Externe bringen größere Problemdistanz und Objektivität sowie Erfahrung aus verschiedenen Organisationen mit; sie sind unabhängig von vorhandenen Strukturen und tendieren dadurch eher zu einschneidenden Maßnahmen. Nicht zuletzt ist die Akzeptanz externer Berater bei den Entscheidern über den Wandel an der Unternehmensspitze größer, was in der Regel den Ausschlag gibt. Mit zunehmender Unternehmensgröße verlieren diese Vorteile an Bedeutung. Interne Spezialisten sind zudem mit den Eigenheiten des Unternehmens vertraut, teilen die grundlegenden Werte und finden tendenziell leichter Anerkennung auf unteren Ebenen.

Mit Teams aus externen und internen Change Agents lassen sich die unterschiedlichen Vorteile kombinieren. Erfolg versprechen sogenannte **Promotorengespanne**, in denen die Akteure unterschiedliche Rollen übernehmen; sie wurden im Rahmen von Innovationen als besonders wirksam identifiziert (vgl. Hauschildt/Chakrabarti 1988). Während Fachpromotoren mit den neuen Strategien, Strukturen, Systemen und Verhaltensweisen vertraut sind, verfügen Machtpromotoren über die Autorität und die notwendigen Ressourcen für die Durchsetzung des Wandelprozesses. Prozesspromotoren sind aufgrund ihrer Kenntnis des Unternehmens und der Betroffenen in der Lage, diese zu überzeugen.

Da in ganzen Unternehmen bzw. großen Unternehmensbereichen die betroffenen Unternehmensmitglieder nicht gleichzeitig in Veränderungsprozesse einbezogen werden können, stellt sich neben der Frage nach den richtigen Akteuren auch die nach dem **Ausgangspunkt** für den Start einer Veränderung. Dieser ist grundsätzlich an verschiedenen Punkten denkbar, die sich kombinieren lassen (vgl. Vahs 2015, S. 359–363).

Der Start an der Unternehmensspitze verbunden mit einem Top-down-Vorgehen unterstellt die Steuerbarkeit des Prozesses und rationales Handeln. Es wird davon ausgegangen, dass die Betroffenen den Wandel akzeptieren, wenn man sie über dessen Vorteilhaftigkeit aufklärt. Werden Veränderungen den unteren Hierarchieebenen lediglich verordnet, besteht jedoch die Gefahr, dass das den Widerstand verstärkt.

Umgekehrt trägt der Start auf unteren Hierarchieebenen (bottom up) den Bedürfnissen und Erwartungen der Mitglieder in besonderer Weise Rechnung. Deren Heterogenität kann aber dazu führen, dass Veränderungen nur langsam in Gang kommen und nicht in die intendierte Richtung führen. Begrenzte Möglichkeiten der Koordination dieses Prozesses legen nahe, ein solches Vorgehen nur in kleinen, homogenen Unternehmenseinheiten und nur dann zu wählen, wenn zu erwarten ist, dass das Verhalten sich in anderer Form nicht nachhaltig ändern lässt.

Kombiniert man den Einstieg an der Spitze und der Basis, erhöht das die Akzeptanz des Ergebnisses in beiden Richtungen und kann den Prozess vor allem dann beschleunigen, wenn gerade von den mittleren Hierarchieebenen starker Widerstand zu erwarten ist. Diskrepanzen, Missverständnisse und in der Folge Konflikte und Blockaden lassen sich aber auch auf diese Weise nicht vermeiden.

Nicht zuletzt bietet sich das mittlere Management als Ausgangspunkt der Veränderung an, da es Impulse nach oben und nach unten geben kann. Insbesondere dann, wenn die Hierarchie in einem Unternehmen nicht stark ausgeprägt ist, können Veränderungen gleichzeitig auf verschiedenen Ebenen eingeleitet werden; sie zu koordinieren, birgt erhebliche Schwierigkeiten. Da die Situationen, die den strategischen Wandel auslösen, sehr unterschiedlich sein können, verbieten sich generelle Empfehlungen. In der Regel besteht aber Zeitdruck und dieser zwingt tendenziell zu einem hierarchischen Vorgehen, wobei der Wandel parallel auf allen Ebenen angestoßen werden muss.

8.5.4 Umgang mit Widerstand

Widerstand ist mit Veränderung untrennbar verbunden und tritt selbst dann auf, wenn Entscheidungen oder Maßnahmen als sinnvoll, logisch oder dringend notwendig anzusehen sind (vgl. Doppler/Lauterburg 2014, S. 354–359). Deshalb ist der gezielte und konstruktive Umgang mit Widerstand auch dann unabdingbar, wenn der organisatorische Wandel unter Zeitdruck erfolgen muss. Ansonsten besteht die Gefahr, dass der Veränderungsprozess in der Umsetzung unerwartet stecken bleibt. Es fällt jedoch nicht immer leicht, Widerstand zu erkennen; häufig besteht nur das (diffuse) Gefühl, dass irgendetwas nicht stimmt. Typische **Anzeichen für Widerstand** lassen sich danach systematisieren, ob sie aktiver oder passiver Natur sind und verbal oder nonverbal zum Ausdruck gebracht werden (vgl. Abbildung 8.1). Die Ausprägungen des Widerstands sind auch recht unterschiedlich zu erfassen. Nur wenn das Bewusstsein dafür vorhanden ist und genügend Sensibilität vorliegt, kann man diese rechtzeitig erkennen und sie gegebenenfalls im Gesamtzusammenhang als Veränderungswiderstand interpretieren.

	verbal (Reden)	nonverbal (Verhalten)
aktiv **(Angriff)**	**Widerspruch** Gegenargumentation Vorwürfe Drohungen Polemik sturer Formalismus	**Aufregung** Unruhe Streit Intrigen Gerücht Cliquenbildung
passiv **(Flucht)**	**Ausweichen** Schweigen Bagatellisieren Blödeln ins Lächerliche ziehen unwichtiges debattieren	**Lustlosigkeit** Unaufmerksamkeit Müdigkeit Fernbleiben innere Emigration Krankheit

Abb. 8.1: Anzeichen eines Widerstands (eigene Darstellung in Anlehnung an Doppler/Lauterburg 2014, S. 357).

Für die Überwindung des Widerstands ist jedoch nicht nur das Erkennen wichtig, vielmehr müssen auch die jeweiligen Ursachen auf der individuellen und der organisatorischen Ebene identifiziert werden. Ansatzpunkte für die Beeinflussung des Widerstands lassen sich aus dem idealtypischen **Verlauf eines Veränderungsprozesses** aus Sicht der Betroffenen ableiten. Streich beispielsweise unterscheidet sieben **Phasen**, in denen der Einzelne, die Gruppe oder die Organisation die jeweilige Kompetenz zur Steuerung der Veränderung unterschiedlich wahrnehmen (vgl. 1997, S. 240–247):

- Schock,
- Verneinung,
- Einsicht,
- Akzeptanz,
- Ausprobieren,
- Erkenntnis und
- Integration.

Kurz nach dem Eintritt des Veränderungsereignisses treten die Überraschung oder der **Schock** ein. Die Unternehmensmitglieder werden mit einer veränderten Situation konfrontiert, die sie so nicht erwartet haben. Sie haben das Gefühl, dass sie mit der neuen Situation nicht zurechtkommen und ihre Kompetenz verloren geht.

Auf den Schock folgt die **Verneinung**; aufgrund der verzerrten Wahrnehmung der Situation hat man das Gefühl, mit der neuen Lage fertig zu werden. Neue Problemlösungen oder ein verändertes Verhalten werden nicht als notwendig angesehen und die eigene Kompetenz wird in der Folge überschätzt. Da die ganze Energie in die Suche nach Gründen für die Verneinung fließt, statt sich mit den eigenen Defiziten zu beschäftigen, stellt das eine kritische Phase im Veränderungsprozess dar.

Erst wenn die Weigerung, die Notwendigkeit der persönlichen Veränderung einzusehen, und die damit verbundene Blockade überwunden werden, kommt es zu der **Einsicht**, dass die eigenen Fähigkeiten nicht im erforderlichen Umfang vorliegen. Das schafft Raum für Zweifel, ob nicht doch Veränderungsbedarf und in der Folge Personalentwicklungsbedarf bestehen.

Dann, wenn die neue Situation und der daraus resultierende Veränderungsbedarf **akzeptiert** werden, ist der Tiefpunkt in der Wahrnehmung der Kompetenz erreicht. Es entsteht die Bereitschaft, bisherige Verhaltensweisen und Problemlösungen aufzugeben. Damit sind die Voraussetzungen gegeben, die Fähigkeiten zu entwickeln, die für die Veränderung erforderlich sind.

Daran schließt die Phase des **Ausprobierens** an, in der es gilt, die Fähigkeitsdefizite zu beseitigen. Neben gezielter Personalentwicklung braucht es Raum für das Experimentieren und ausreichend Toleranz für anfängliche Fehler.

Mit der **Erkenntnis**, dass bestimmte Lösungsmuster und Verhaltensweisen erfolgreich sind oder nicht, wird der situationsgerechte Einsatz gelernt. In der Folge wachsen die Kompetenz und die Motivation für Veränderungen.

Werden die erfolgreichen Lösungsmuster und Verhaltensweisen in das aktive Handlungsrepertoire **integriert**, fühlen sich das Individuum, die Gruppe oder die Organisation kompetenter als zu Beginn des Veränderungsprozesses, womit ein wichtiges Ziel auf der psychologischen Ebene erreicht ist.

Der hier beschriebene idealtypische Prozess der Veränderung aus der Sicht Betroffener verdeutlicht, dass Unternehmen nicht als technologische Konstruktionen betrachtet werden dürfen. Sie stellen soziale Gebilde dar und bestehen nur deshalb, weil zwischen den Mitgliedern Interaktionen stattfinden. Daher haben bei der Überwindung von Widerständen die Information, Kommunikation und Partizipation, aber auch die Führung der Betroffenen eine besondere Bedeutung. Letztlich kommt Veränderung der Organisation nur durch Kommunikation der Veränderungen und veränderte Interaktionen der Unternehmensmitglieder zustande.

8.5.5 Führung und Kommunikation

Da Führung in dem Raum stattfindet, den die Ziele und Strategien des Unternehmens sowie formale organisatorische, aber auch informelle und normative Regeln abstecken, machen sich Veränderungen im Zuge eines organisatorischen Wandels deutlich bemerkbar. Je tiefgreifender diese sind, umso weniger hat von der bisherigen Struktur Bestand und umso größer sind die Herausforderungen für wechselseitige Verhaltensbeeinflussung von Führer und Geführten. Trotzdem soll (auch) durch **Führung** der Wandel in Gang gebracht und gehalten sowie nicht zuletzt gesteuert werden. Veränderungen reichen von veränderten Aufgaben, Ressourcen und Weisungsbefugnissen über veränderte Ziele bis hin zu Einstellungen, Werten und Normen, die an Bedeutung verlieren. Damit vergrößert sich nicht nur der unstrukturierte Raum, in dem Führung stattfindet, auch der Spielraum für die situationsabhängige Interpretation der sich verändernden Struktur und der infolge dieser erbrachten Führungsleistung nimmt deutlich zu.

Gleichzeitig verliert die Interaktion zwischen Führer und Geführten an Orientierung, da bisher gültige Ziele, Eigenschaften und Verhaltensweisen mehr oder weniger infrage gestellt werden. Das gefährdet auf der einen Seite die Akzeptanz der Führung, auf der anderen die situationsgerechte Führungsroutine bei gleichzeitig deutlich steigendem Bedarf an Interaktion und in der Regel erheblichem Zeitdruck. Hinzu kommt die weitere Differenzierung der Führungsaufgaben vor allem aufgrund veränderter Aufgaben, der Verunsicherung der Mitarbeiter und verschiedener Mitarbeitertypen, die von Gegnern bis Unterstützern des Wandels reichen. Nicht unbedeutend ist dabei, dass es Betroffenheit nicht nur auf Seiten der Geführten gibt, sondern auch auf Seiten der Führer vom Wandel recht unterschiedlich betroffene Typen auftreten.

Die Situation lässt sich zusammenfassen: In einer Phase, in der aufgrund der abnehmenden Wirkung struktureller Führung gerade die interaktive Führung für den erfolgreichen Wandel von zentraler Bedeutung ist, geht nicht nur die bisher gewonnene Führungsroutine verloren, es erweitern sich auch die Führungsaufgaben und das Spektrum der Erwartungen an die Führung. Gleichzeitig weisen die jeweiligen Führer nicht nur individuell unterschiedliche Fähigkeitsdefizite auf, sondern sind auch unterschiedlich von dem Wandel betroffen, sodass sich unter diesen nicht nur Unterstützer finden.

In jüngerer Zeit taucht in diesem Zusammenhang der Begriff Change Leadership auf, der jedoch bei näherer Betrachtung nicht an Klarheit gewinnt (vgl. Lehner 2015).

Vielmehr ergeben sich Abgrenzungsprobleme zum Change Management, auch wenn die Prämisse der Steuerbarkeit nicht ganz so uneingeschränkt aufrechterhalten wird und die (Emotionen der) Unternehmensmitglieder und die Interaktionen zwischen ihnen in den Vordergrund rücken.

Die häufigste Interaktion bildet die **Kommunikation,** bei der Informationen ausgetauscht werden. Sie erfolgt verbal (mündlich oder schriftlich) und nonverbal. Die wichtigste **Form** stellt die mündliche Kommunikation dar, sie kann schnell stattfinden und ermöglicht unmittelbares Feedback, birgt aber die Gefahr der Verzerrung, wenn Informationen nacheinander an viele Personen übermittelt werden. Schriftliche Kommunikation lässt sich nicht nur nachträglich belegen, mit ihr erhöht sich auch die Präzision, da sie zum Nachdenken über Formulierungen führt, jedoch dauert sie länger und das unmittelbare Feedback entfällt. Mimik, Gestik, Körperhaltung und Stimmlage bestimmen das Nonverbale in der Kommunikation; es kann bewusst gesendet und empfangen werden, wird aber nicht immer gleich interpretiert und kann zufällig bzw. nicht intendiert auftreten (vgl. Nerdinger 2014, S. 56–59). Die Kommunikation wirkt durch das Nonverbale echt, es werden Emotionen und Einstellungen gegenüber den Personen vermittelt und soziale Beeinflussung wird möglich. Zudem erleichtert das Nonverbale die Weitergabe mehrdeutiger Informationen, da sich über Gestik, Mimik und Tonfall vielfältige Eindrücke transportieren lassen, die bei der schriftlichen Kommunikation verloren gehen.

In Unternehmen hat die formale Kommunikation, die sich an den formalen Organisationsstrukturen orientiert, einen hohen Stellenwert. Man darf sich jedoch nicht der Illusion hingeben, dass deshalb die informelle Kommunikation, die sich nicht an die dafür vorgesehenen Kommunikationskanäle hält, spontan und weniger in offiziellen Räumen als in Randzonen stattfindet und nicht immer einer Quelle zugeordnet werden kann, unbedeutend wäre. Gerade im organisatorischen Wandel kann ihre Bedeutung dramatisch steigen, vor allem wenn die formale Kommunikation Defizite aufweist oder nicht situationsgerecht bzw. an die veränderten Aufgaben angepasst erfolgt. Sie wird dann unterschiedlich interpretiert und ruft recht unterschiedliche Reaktionen hervor. Ebenso ist zu bedenken, dass Kommunikation von oben nach unten durch die Hierarchieebenen Zeit braucht und Veränderungen des Sinngehalts auftreten können. Hingegen findet sie von unten nach oben nicht nur weitaus seltener statt, sie fällt auch kürzer aus und es besteht die Tendenz zu (intendierten) Verzerrungen.

Die Wahl des **Kommunikationskanals** hängt unter anderem davon ab, ob Routinenachrichten übermittelt werden sollen oder nicht. Wird die Routine verlassen, steigt die Gefahr der Fehlinterpretation und es sind Kanäle zu wählen, die eine reichhaltigere Kommunikation ermöglichen. Die Reichhaltigkeit steigt von formalen Berichten über Briefe, E-Mails, Online-Diskussionen und Telefongespräche bis zu Videokonferenzen oder schließlich der Face-to-face-Kommunikation an. Damit lassen sich die Menge der übertragbaren Informationen und die Individualität der Kommunikation erhöhen. Das ist nicht nur bei schlechten Nachrichten von Bedeutung, sondern muss auch bei organisatorischen Veränderungen berücksichtigt werden (vgl. Nerdinger 2014, S. 60–64). Durch reichhaltigere Kommunikation kann der Inhalt verstärkt werden und es ist möglich, ihm eine situativ differenziertere Bedeutung zu verleihen, die anhand der verbalen Inhalte allein nicht deutlich wird, sondern nonverbal zu kommunizieren ist (vgl. Sturm/Opterbeck/Gurt 2011, S. 77–78). Insbesondere bei der Kommunikation mehrdeutiger Informationen spielt die Reichhaltigkeit daher eine entscheidende Rolle.

In **Phasen des Wandels** kann man der **formalen Kommunikation** nicht genug Aufmerksamkeit schenken, da die informelle Kommunikation sehr effizient ist, wenn die Personen sich verstehen, Ereignisse ähnlich wahrnehmen und daraus ähnliche Schlussfolgerungen ziehen. Je mehr Raum die formale Kommunikation lässt, umso eher treten Gerüchte auf, die sich nicht kontrollieren lassen und mit offiziellen Informationen konkurrieren. Gerade in unsicheren und ambivalenten Situationen entstehen Angst und Stress, die die Suche nach Informationen und Erklärungen auslösen und das Entstehen und die Weitergabe von Gerüchten begünstigen. Je länger man sich zu den Veränderungen offiziell gegenüber den Betroffenen bedeckt hält, umso mehr entstehen Gerüchte, die sich schnell verbreiten und das Vertrauen in die offizielle Kommunikation zerstören. Dem kann nur durch offizielles, sowohl formales als auch informelles Kommunizieren begegnet werden, das Veränderungen frühzeitig, umfassend und glaubwürdig transparent macht und erläutert (vgl. Nerdinger 2014, S. 65–68). In Unternehmen reicht es dazu nicht aus, dass die technischen **Kommunikationssysteme** funktionieren, die Akteure des Wandels brauchen gerade bei größeren Veränderungen ausreichende **Kommunikationsfähigkeit**. Es geht insbesondere bei tiefergehenden Veränderungen nicht nur um Information, sondern um Verständigung. Nur so ist es möglich, neben der Sachebene auch die Beziehungsebene zu berühren und Konflikte zu vermeiden bzw. zu lösen (vgl. Kals/Gallenmüller-Roschmann 2017, S. 149–151).

Der Begriff Change Communication ist inzwischen durchaus geläufig, jedoch sind die Protagonisten analog dem Change Management von der Annahme der Gestaltbarkeit des Wandels geprägt. Meist wird sie daher als geplante, zeitlich befristete und strukturierte Kommunikation während des Veränderungsprozesses verstanden, die auf den veränderungsbezogenen Informationsaustausch, den Erhalt der Dialogfähigkeit und das Involvement aller Betroffenen und Beteiligten zielt (vgl. Deutinger 2017, S. 3–16). Darin jedoch vor allem eine Spezialistenaufgabe zu sehen, rückt Fragen nach der grundsätzlichen Teilbarkeit der vielfältigen Managementaufgaben, der optimalen Aufgabenteilung und dem jeweils geeigneten Aufgabenträger in den Vordergrund (vgl. Kapitel 1.2.2). Wenn der organisatorische Wandel nicht als in Abständen auftretendes, abgeschlossenes Ereignis zu sehen ist, er vielmehr zum Regelfall wird, entfallen auch die speziellen Kommunikationsaufgaben, die nur Spezialisten erfüllen können. Ausgewählte Medien und Methoden der Kommunikation, die dabei zum Einsatz kommen können (vgl. Deutinger 2017, S. 19–43, 101–124), gilt es daher, in die (normale) Unternehmenskommunikation zu integrieren.

8.5.6 Konflikte und Konflikthandhabung

Konflikte sind aus Organisationen nicht wegzudenken und entstehen, wenn Menschen aufeinandertreffen, von denen sich mindestens einer durch die unterschiedlichen Interessen oder Überzeugungen beeinträchtigt fühlt (vgl. Solga 2014, S. 120–122). Sie sind durch Personen und durch das Zusammenwirken dieser mit der Situation gekennzeichnet. Im organisatorischen Wandel werden die Konflikte nicht nur zahlreicher, sie verschärfen sich auch. Dies ist insbesondere dann der Fall, wenn auf weitreichende Partizipation von Anfang an verzichtet wird, da aufgrund eines gegebenen oder zu erwartenden hohen Konfliktpotenzials einvernehmliche Lösungen als unwahrscheinlich gelten. Stoßen auch (materielle) Anreize, die individuelle Ziele mit den Zielen des Unternehmens in Einklang bringen sollen, an Grenzen und wird deshalb der Wandel in direktiver Form (Bombenwurfstrategie) vollzogen, besteht der Umgang mit Widerständen vor allem in der Konflikthandhabung.

Es gibt unterschiedliche **Typen von Konflikten**. Aufgabenkonflikte liegen dann vor, wenn die Rahmenbedingungen unterschiedlich bewertet und in der Folge unterschiedliche Ziele präferiert bzw. verfolgt werden oder Einigkeit über die Ziele herrscht, aber Differenzen bestehen über die Wege zur Zielerreichung (z. B. Arbeitsteilung, Verantwortung, Ressourcen, Maßnahmen). Beziehungskonflikte haben dagegen nichts mit der Aufgabe zu tun, sondern sind persönlicher Natur. Verteilungskonflikte treten häufig auf, wenn aufgrund beschränkter Ressourcen, z. B. Finanzmittel, Aufstiegschancen, Statussymbole, Kompetenz- bzw. Verantwortungsbereiche, unterschiedlichen Ansprüchen nicht vollständig entsprochen werden kann, die Ziele der beiden Parteien unvereinbar sind und sich der Zugewinn der einen Partei durch einen Verlust der anderen ergibt (Nullsummenspiel). Rückt die Verteilungsgerechtigkeit in den Vordergrund, spricht man von Gerechtigkeitskonflikten.

Die Konflikttypen lassen sich in der Praxis nur schwer unterscheiden, da sachliche Auseinandersetzungen schnell eskalieren und emotional aufgeladen werden. Versucht man das anhand des **Konfliktverhaltens**, stehen sich zunächst grob gesprochen kooperatives und wettbewerbliches Verhalten gegenüber. Damit wird ein Spektrum aufgezeigt, das, wenn man es stärker differenziert, von dem kooperativ geprägten Warten, bis sich etwas von selbst erledigt, dem Nachgeben oder dem Kompromissfinden bis hin zu einem zunehmend wettbewerblichen passiven Widersetzen, dem Konfrontieren oder Attackieren der anderen Konfliktpartei reicht.

Haben voneinander abhängige Konfliktparteien gleichgerichtete Interessen oder Ziele, besteht eher die Aussicht, den Konflikt konstruktiv beilegen zu können, als bei gegensätzlichen Interessen oder Zielen, die häufig dazu führen, dass der Konflikt eskaliert und feindselig ausgetragen wird. Konflikte, bei denen gemeinsame Ziele verfolgt, aber unterschiedliche Vorgehensweisen favorisiert oder Rahmenbedingungen bzw. Informationen unterschiedlich interpretiert werden, treten in Wandelsituationen regelmäßig auf, bieten aber gute Chancen, sie einer Lösung zuzuführen. Verfehlt dagegen eine Partei ihre Ziele in dem Maße, wie die andere ihre Ziele erreicht, besteht eine hohe Wahrscheinlichkeit, dass dieser Verteilungskonflikt eskaliert (vgl. Solga 2014, S. 123–124). Solche Nullsummenspiele gilt es daher, im Wandelprozess möglichst zu vermeiden.

Das Konfliktverhalten der Parteien ist zum einen beeinflusst von dem Eigeninteresse bzw. dem Bedürfnis, die persönlichen Ziele und Interessen zu verwirklichen, sowie dem Interesse, dass die Gegenseite ihre Ziele erreicht. Dabei kann dieses (Fremd-)Interesse durchaus taktisch-instrumentell bedingt sein, wenn einem die Zielerreichung der Gegenseite Vorteile bringt. Zum anderen hängt das Konfliktverhalten von der Wahrnehmung und Interpretation des Konfliktgegenstands ab, die durch die Grundorientierung der Parteien bestimmt werden. Diese **Grundorientierung einer Konfliktpartei** lässt sich durch drei Dimensionen charakterisieren (vgl. Pinkley 1990): (1) steht die materielle Klärung oder die Beziehung zur Gegenseite im Vordergrund (sach- vs. beziehungsorientiert), (2) wird der beiderseitige Vorteil gesucht oder der Konflikt als Nullsummenspiel erlebt (kooperativ vs. kompetitiv) und (3) stehen Emotionen oder Verhalten und Verhaltenskonsequenzen im Vordergrund (emotional vs. intellektuell). Insbesondere das Erleben von Verteilungskonflikten und das Verhalten, das hierbei zu Tage tritt, sind von dieser Orientierung stark beeinflusst (vgl. Solga 2014, S. 125–126). Welche Auswirkungen Konflikte letztlich haben, hängt davon ab, ob mit ihnen konstruktiv oder destruktiv umgegangen wird oder, mit anderen Worten, in welchem Maße es den Konfliktparteien um die Durchsetzung der eigenen Interessen geht oder Bereitschaft zur Kooperation gegeben ist.

Da sich Konflikte nicht nur auf das Wohlbefinden und die Arbeitszufriedenheit, sondern auch auf die Leistung der Unternehmensmitglieder auswirken, sollten **Konfliktvermeidung** und **Konfliktbeilegung** im organisatorischen Wandel einen hohen Stellenwert haben. Verhandeln im Sinne eines Austauschs von Vorschlägen und Gegenvorschlägen spielt dabei eine wichtige Rolle. Während integrative Techniken darauf zielen, den aufteilbaren Pool an Ressourcen zu vergrößern und Win-win-Lösungen zu schaffen, dienen distributive Techniken dazu, einen möglichst großen Teil der Verhandlungsmasse abzubekommen (vgl. Solga 2014, S. 129–130). Bei Konflikten auf der emotionalen Ebene, wo Wandel Angst, Wut oder Trauer vor allem dann auslöst, wenn die Unternehmenskultur berührt wird, bietet die atmosphärische Führung differenzierte Handlungsempfehlungen, um ein geteiltes Verständnis für die neue Kultur zu etablieren (vgl. Bramlage/Julmi 2018, S. 49–51; auch 4.2.2).

Konfliktmanagement umfasst aber nicht nur die Bewältigung bereits bestehender Konflikte, es geht auch darum, unumgängliche Konflikte gezielt herbeizuführen und zu bewältigen sowie nicht zuletzt unnötigen Konflikten vorzubeugen. Wichtig ist in Unternehmen, dass weder die Konfliktfreudigkeit noch die Angst vor Konflikten zu groß sind, ohne aber das jeweils richtige Maß im Vorhinein klar bestimmen zu können (vgl. Schienle/Steinborn 2016, S. 3–6). Das hängt nicht zuletzt damit zusammen, dass es keine objektive Situation gibt, sondern nur jeweils diejenige, die beteiligte Unternehmensmitglieder geprägt von ihren Einstellungen, Erfahrungen und Erwartungen individuell wahrnehmen, interpretieren und bewerten. Diese individuellen Sichten der jeweiligen Situation können gar nicht identisch sein, sondern sich im Idealfall nur ähneln, wobei keinesfalls die eine als richtig und die andere als falsch anzusehen sind. Anzustreben ist im Laufe der Auseinandersetzung eine konvergierende Sicht, die nicht im Widerspruch zu dem intendierten Wandel steht, sondern im Idealfall dessen Notwendigkeit erkennen lässt.

8.6 Nach der Implementierung ist vor der Entscheidung

Zwischen einer Strategieentscheidung und dem strategischen Handeln liegt, wie deutlich geworden sein sollte, ein (unterschiedlich) weiter Weg, auf dem weitere strategische und operative Entscheidungen zu treffen sind. Auch diese sind von Unsicherheit und Mehrdeutigkeit geprägt, was letztlich bedeutet, dass nur – im Einzelfall mehr oder weniger stark – beschränkte Möglichkeiten der Gestaltung und Steuerung von Unternehmen bestehen.

Führt man sich Mintzbergs Strategietypologie vor Augen (vgl. Abbildung 2.1), haben die Akteure im Zuge der Strategieimplementierung **zwei Aufgaben**, die abschließend nochmals zu betonen sind. Zum einen soll hier nicht um jeden Preis eine intendierte Strategie umgesetzt werden. Vielmehr gilt es auch zu erkennen, wenn wesentliche Prämissen strategischer Entscheidungen falsch oder Einflussfaktoren nicht (ausreichend) berücksichtigt sind. Nur so kann eine Entscheidung noch zu einem relativ frühen Zeitpunkt revidiert und damit bewusst zur „unrealized strategy" werden, auch wenn das in großen Unternehmen mit langen öffentlichen Entscheidungsprozessen sicher nicht leicht fällt. So wird beispielsweise die im Juli 2018 von Aufsichtsrat und Vorstand beschlossene, strategisch bedingte Reorganisation der Daimler AG ab ihrer öffentlichen Ankündigung im August 2017 über die Zustimmung der Hauptversammlung im Mai 2019 bis zum Ende der geplanten Umsetzung Januar 2020 über zwei Jahre von den Medien aufmerksam begleitet (vgl. Hubik 2018).

Zum anderen gilt es, die notwendigen Implementierungsentscheidungen auch vor dem Hintergrund existierender emergenter Strategien zu treffen. Um zu einem erfolgreichen strategischen Handeln zu kommen, müssen diese nicht nur erkannt, sondern auch zusammen mit den intendierten Handlungen der strategischen Entscheidungen zu einem stimmigen Handlungsmuster kombiniert werden (vgl. Kapitel 2.3.4). Das mag angesichts der Entscheidungsprozesse in großen Unternehmen illusorisch wirken, vielleicht liegt hier aber der Kern sogenannter moderner, im Zeitablauf schnell wechselnder, aber grundsätzlich ähnliches zum Ausdruck bringender Adjektive, mit denen Organisation und Management kombiniert werden, z. B. modular, fraktal, lean, agil, ...

An dieser Stelle sollte man die Implementierung nicht als Realisierung einer Strategieentscheidung und damit als Abschluss dieser verstehen. Da sie zu weiteren strategischen Entscheidungen führt, muss strategisches Management eher als Strom strategischer Entscheidungen gesehen werden – in diesem Sinne ist nach der Implementierung gleichzeitig vor der nächsten strategischen Entscheidung. Erfolgreiches Management setzt dann aber laufend Lerneffekte voraus, die in neue Entscheidungen eingehen. Diese zu erzielen, bedingt eine umfassende Reflexion der Entscheidungen, d. h. ein Controlling jenseits der vielfach in der Unternehmenspraxis vorzufindenden Praktiken.

9 Reflexion strategischer Entscheidungen

Zum (strategischen) Management gehört es, Verantwortung zu übernehmen, Entscheidungen zu treffen und diese zu implementieren. Es stellt den Kern des Managements dar, regelmäßig aus der Vielzahl von Alternativen, die sich bei nahezu allen Entscheidungen bietet, eine Selektion vorzunehmen. Portfoliokonzepte erfordern beispielsweise die Auswahl von zwei Einflussfaktoren bzw. Dimensionen aus zahlreichen möglichen Faktoren, um die Auswahl strategischer Alternativen zu strukturieren (vgl. Kapitel 7.2.1). Ohne solche Selektionsleistungen wäre ein Unternehmen nicht handlungsfähig. Es ist aber keineswegs sichergestellt, dass diese Auswahl immer optimal erfolgt. Entscheidungen können sich jederzeit als falsch, ineffektiv oder ineffizient herausstellen. Um das zu erkennen und Fehlentscheidungen vorzubeugen, sind die Entscheidungen zu hinterfragen, d. h. die häufig unbewusst vorgenommenen Selektionen umfassend zu reflektieren.

Da sich die Gründe für Fehlentscheidungen während des gesamten Entscheidungsprozesses ergeben können, bezieht sich die Reflexion auf dessen sämtliche Phasen und beginnt bereits bei dem Setzen der zugrundeliegenden Prämissen. Strategische Entscheidungen erst nach dem Implementieren zu reflektieren, ist in vielen Fällen zu spät, da die getroffenen Entscheidungen nicht mehr bzw. nur mit beträchtlichem Aufwand wieder rückgängig gemacht werden können. Hinzu kommt, dass sich die Aufgaben des strategischen Managements nicht in eine logische Abfolge bringen lassen und zu einem großen Teil parallel erfüllt werden müssen, weshalb ohnehin alle Entscheidungsfelder von Beginn an einer integrativen Reflexion zuzuführen sind. So muss beispielsweise die (angenommene Möglichkeit der) Implementierung strategischer Entscheidungen schon sehr früh im Prozess der strategischen Planung reflektiert werden, da nicht jede Strategie in jedem Unternehmen realisierbar ist. Ein Controlling, das die Reflexion strategischer Entscheidungen in den Vordergrund stellt, spielt daher im strategischen Management eine zentrale Rolle.

Gerade in Verbindung mit dem Controlling ist festzustellen, dass als Aufgabenspektrum des Controllings das gesehen wird, was Controller in der Unternehmenspraxis tun (vgl. Horváth 2011, S. 67, 79; Berens u. a. 2013, S. 223). Daher soll nach den Aufgaben und Instrumenten anders als bei den übrigen Managementfunktionen explizit auf die institutionelle Gestaltung des Controllings eingegangen werden.

9.1 Ziele des reflexionsorientierten Controllings

Behält man auch hier die funktionale Betrachtung bei, ergibt sich für das Controlling als Managementfunktion die **Reflexion von Entscheidungen.** Es grenzt sich auf diese Weise von den übrigen Managementfunktionen ab und bildet gewissermaßen deren Gegenpart. Während die Entscheidungen in den Funktionen Planung, Organisation,

https://doi.org/10.1515/9783110540482-009

Personaleinsatz und Personalführung Selektionen darstellen, besteht das originäre Ziel der Managementfunktion Controlling darin, diese einer umfassenden Reflexion zu unterziehen. Dadurch soll nicht zuletzt eine Öffnung der den Entscheidungen bewusst oder unbewusst zugrunde liegenden Prämissen und Perspektiven bewirkt werden (vgl. Pietsch 2003, S. 20–22; Scherm/Pietsch 2009, S. 705). Da neben der Planung auch in anderen Managementfunktionen Entscheidungen mit erheblicher strategischer Relevanz getroffen werden (vgl. Kapitel 8), sind diese in eigenständiger Form zu hinterfragen. Abbildung 9.1 illustriert diesen Zusammenhang zwischen den Managementfunktionen und den Operationen der Komplexitätsbewältigung.

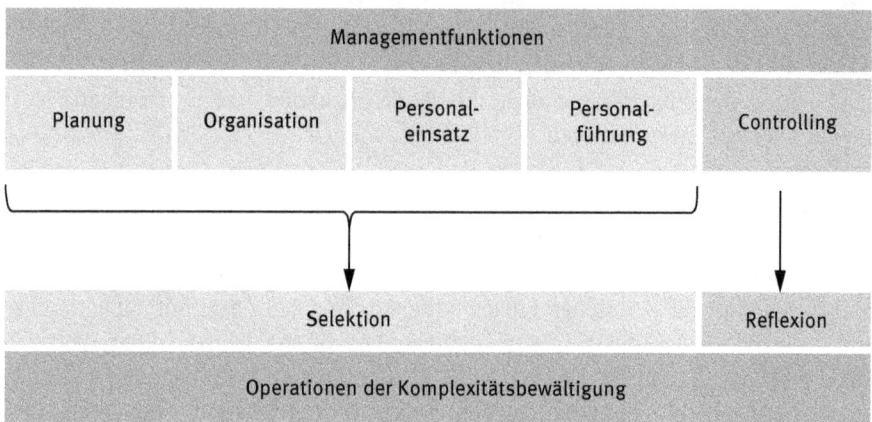

Abb. 9.1: Managementfunktionen und Operationen der Komplexitätsbewältigung (vgl. Scherm/ Pietsch 2009, S. 706).

Controlling allein auf die Managementfunktion und damit auf die Reflexion zu reduzieren, würde der Bedeutung in Wissenschaft und Praxis nicht gerecht. Die Reflexion von Entscheidungen ist ebenso wie die Entscheidungsfindung auf Informationen angewiesen, die beschafft, verarbeitet und aufbereitet werden müssen. Benötigt werden beispielsweise Informationen über die verfolgten Ziele, die geplante und faktische Realisierung, die prognostizierte und tatsächliche Entwicklung relevanter Variablen des Entscheidungsprozesses sowie die den Entscheidungen zugrundeliegenden und die sich alternativ dazu anbietenden (Gestaltungs-)Perspektiven. Unter Rückgriff auf Informationen wechselt die Reflexion durch Vergleich und kritische Prüfung laufend zwischen dem Erreichten und dem zu Erreichenden oder potenziell Erreichbaren (vgl. Pietsch 2003, S. 25). Die Entscheidungsreflexion im Rahmen der Managementfunktion des Controllings kann nur durch die gezielte Nutzung aktueller Informationen notwendige Korrekturbedarfe und innovative Handlungsoptionen aufzeigen.

Controlling umfasst daher auch eine Managementunterstützungsfunktion, die im Handlungsfeld Unternehmen durch ihren Fokus der **Informationsbereitstellung** gekennzeichnet wird (vgl. Kapitel 1.3). Die Reflexion von Entscheidungen bedarf einer funktionsübergreifenden, informatorischen Gesamtsicht sowie deren laufende Aktualisierung. Da sie sich auf sämtliche Phasen bezieht, sind während des gesamten Entscheidungsprozesses Informationen bereitzustellen. Dabei müssen die Informationen nicht ausschließlich dem Controlling zugutekommen, sondern können durchaus in den anderen Managementfunktionen Verwendung finden. Die Managementunterstützungsfunktion beinhaltet auch die Sicherung der durch die Reflexion gewonnenen Lerninformationen. Diese gilt es, für spätere Reflexionsbemühungen bzw. künftige Entscheidungen in den Managementfunktionen zu sichern.

Die Managementunterstützungsfunktion des Controllings lässt sich daher aus der Reflexionsfunktion ableiten (vgl. Pietsch 2003, S. 26–27; Scherm/Pietsch 2009, S. 707). Damit verweisen die Managementfunktion und deren Unterstützung wechselseitig aufeinander. Die Reflexion definiert den Informationsbedarf und ist damit maßgebend für die Ausrichtung der Managementunterstützungsfunktion, während sie gleichzeitig auf deren Informationsbereitstellung angewiesen ist. Aus dem umfassenden Reflexionsziel und dem hieraus abgeleiteten Ziel der Informationsbereitstellung lassen sich verschiedene Aufgaben ableiten (vgl. Pietsch 2003, S. 26).

9.2 Aufgaben des reflexionsorientierten Controllings

Als Reflexion von Entscheidungen beinhaltet Controlling zwar die traditionelle Kontrollfunktion, beschränkt sich aber nicht auf die Reflexion von Planungsentscheidungen, sondern steht darüber hinaus mit den anderen Managementfunktionen in einem wechselseitigen Bedingungsverhältnis. Gerade deshalb kann Controlling auch die Abstimmung der Entscheidungen funktionsübergreifend reflektieren. Selbst wenn man den äußerst engen Bezug der Kontrolle zur Planung verneint, ist die Menge der Reflexionshandlungen umfassender als die Menge der Kontrollhandlungen (vgl. Pietsch/Scherm 2004, S. 536–537). Um dies zu verdeutlichen, werden hier **drei Aufgaben** der Entscheidungsreflexion unterschieden: die Reflexion des Entscheidungsstils, der Entscheidungsrealisation und der Entscheidungsperspektive. Die an Abweichungen orientierte Reflexion bezieht sich im ersten Fall auf den Entscheidungsprozess, im zweiten Fall auf das Entscheidungsergebnis. Der Reflexion der Entscheidungsperspektive fehlt dagegen die Abweichungsorientierung. Sie zielt vielmehr auf die Aufdeckung neuer (Gestaltungs-)Perspektiven. Aus diesen Reflexionsaufgaben ergeben sich dann spezifische Aufgaben der Informationsversorgung des Controllings.

9.2.1 Reflexion des Entscheidungsstils

Die Reflexion von Entscheidungen beginnt nicht erst mit dem kritischen Hinterfragen deren Erfolgs oder Misserfolgs. Bereits vor dem Treffen einer Entscheidung muss die Frage gestellt werden, inwieweit die Art der Entscheidungsfindung, d. h. der Entscheidungsstil, in der gegebenen Entscheidungssituation angemessen ist (vgl. Julmi 2018, S. 39–40). Es lassen sich grundsätzlich **zwei Entscheidungsstile** differenzieren: Analyse und Intuition. Die Forschung belegt, dass eine intuitive Herangehensweise in bestimmten Kontexten zu besseren Ergebnissen führt und analytische Entscheidungen keineswegs per se überlegen sind. Um diesen Erkenntnissen Rechnung zu tragen und die Rationalität von Entscheidungen sicherzustellen, ist die **situative Stimmigkeit** des analytischen und des intuitiven Entscheidungsstils im Controlling zu prüfen. Als zentrales Kriterium zur Bestimmung der situativen Stimmigkeit des Entscheidungsstils erweist sich die Mehrdeutigkeit der Entscheidungssituation (vgl. Kapitel 4.1.3). Während eindeutige Situationen analytisch bewältigt werden sollten, lassen sich mehrdeutige Situationen nicht widerspruchsfrei in einzelne Komponenten zerlegen und bedürfen einer ganzheitlichen, d. h. intuitiven Herangehensweise. Je höher der Grad der Mehrdeutigkeit in einer Entscheidungssituation ist, desto stimmiger erweist sich ein intuitiver Entscheidungsstil. Passen Entscheidungsstil und -situation nicht zusammen, kann die Entscheidungsrationalität nicht sichergestellt werden; es besteht die Gefahr kognitiver Verzerrungen (vgl. Kapitel 4.1.4).

Die Reflexion des Entscheidungsstils erfordert die Erfassung der Mehrdeutigkeit der Entscheidungssituation, um den **Soll-Entscheidungsstil** abzuleiten: Analyse bei geringer Mehrdeutigkeit, Intuition bei hoher Mehrdeutigkeit. Durch die Gegenüberstellung von Soll und Ist lassen sich Soll-Ist-Abweichungen in der Art der Entscheidungsfindung und damit Ursachen von Fehlentscheidungen identifizieren, die ergebnisorientierte Kontrollen nicht identifizieren können (vgl. Scherm/Julmi/Lindner 2016, S. 315). Die Ergebnisse der Abweichungsanalyse können zur Einleitung von Korrekturmaßnahmen führen.

Grundsätzlich lassen sich zwei Fälle entscheidungsstilbezogener **Soll-Ist-Abweichungen** unterscheiden: Entweder wird (1) in einer eindeutigen Entscheidungssituation intuitiv entschieden (Ist), obwohl eine analytische Entscheidung stimmig wäre (Soll), oder es liegt (2) in einer mehrdeutigen Entscheidungssituation eine analytische Entscheidung vor (Ist), obwohl eine intuitive Entscheidung angebracht wäre (Soll). Die **Korrektur der Abweichung** besteht in beiden Fällen darin, den Entscheidungsstil an die Situation anzupassen. Da intuitive Entscheidungen im strategischen Management immer noch selten als adäquat angesehen werden (vgl. Schneider/Grieser 2016, S. 185), kann insbesondere die Korrektur im zweiten Fall erhebliche Probleme bereiten. Ob sich eine intuitive Herangehensweise in einem Unternehmen legitimieren lässt, ist nicht unabhängig von Kultur und Führung im Unternehmen zu beantworten, gegebenenfalls sind erst Ressentiments abzubauen (vgl. Julmi/Scherm 2014b, S. 18).

Im Rahmen der Reflexion der Stimmigkeit des Stils und der Situation einer Entscheidung spielen nicht zuletzt die **individuellen Fähigkeiten und Vorlieben** des Entscheiders eine Rolle. Intuition und Analyse sind eine Frage des Typs, des Talents und der Qualifikation der Entscheider. Manche neigen zu einem intuitiven, andere zu einem analytischen Entscheidungsstil, und nicht jeder kann für bestimmte Situationen gleichermaßen ein gutes intuitives Gespür oder eine analytische Lösung entwickeln. Es ist aber auch wichtig, dass ein Entscheider für bestimmte Entscheidungssituationen überhaupt qualifiziert ist (vgl. Julmi/Scherm 2013, S. 425; Julmi 2018, S. 44–45). Intuitive Fähigkeiten lassen sich z. B. durch On-the-job-Maßnahmen entwickeln, bei denen der Entscheider wiederholt in vergleichbaren Situationen agiert. Mentoring oder Coaching sind als unterstützende Maßnahmen denkbar. Ein Mentor kann die Situation einschätzen und die Vorgehensweise seines Protégés oder Mentees beobachten, um bei Bedarf einzugreifen. Die Aufgabe eines Coachs ist es, kognitive Verzerrungen zu erkennen oder das Vertrauen in die intuitiven Fähigkeiten zu stärken (vgl. Julmi/Scherm 2014b, S. 17–18). Die Entwicklung intuitiver Fähigkeiten setzt jedoch eine gewisse Risiko- bzw. Fehlertoleranz im Unternehmen voraus. Wer geringe Erfahrung hat, muss negative Erfahrungen machen dürfen, um die eigenen intuitiven Fähigkeiten weiterzuentwickeln. Analytische Fähigkeiten dagegen lassen sich durch die Vermittlung instrumentellen Wissens entwickeln, das es dem Entscheider erlaubt, in eindeutigen Situationen die optimale Entscheidung zu ermitteln. Hierfür eignen sich etwa Schulungen, in denen konkrete Instrumente zur Problemlösung vermittelt werden. Sind derartige Maßnahmen nicht erfolgversprechend, besteht die Abweichungskorrektur darin, einen passend(er)en Entscheider einzusetzen.

9.2.2 Reflexion der Entscheidungsrealisation

Die Reflexion der **Entscheidungsrealisation** stellt die Durchführung von Soll-Ist-Vergleichen und die Identifikation von Abweichungen in den Vordergrund und spiegelt die klassische Kontrollfunktion wider. Abweichungen und der sich aus ihnen ergebende Anpassungsbedarf sind sowohl auf der Realisations- als auch auf der Zielebene möglich. Auf der Realisationsebene werden bei Vorliegen von Abweichungsinformationen Entscheidungen hinsichtlich der Effektivität und Effizienz des Realisationsprozesses überprüft (Kontrolle erster Ordnung), auf der Zielebene dagegen die verfolgten Ziele selbst kritisch hinterfragt (Kontrolle zweiter Ordnung). Diese Reflexion stellt die kritische Erfolgsbeurteilung von Entscheidungen in den Vordergrund und kann in zwei sich ergänzende **Aufgabenbereiche** untergliedert werden (vgl. Scherm/Süß 2001, S. 368–370; 2016, S. 250):
- die Ex-ante- oder Feedforward-Reflexion sowie
- die Ex-post- oder Feedback-Reflexion.

Die **Ex-ante-Reflexion** ist darauf gerichtet, Störungen frühzeitig zu erkennen bzw. zu antizipieren, d. h. (gedanklich) vorwegzunehmen. Damit können Erkenntnisse aus dem Realisationsprozess nicht als Eingangsgrößen der Ex-ante-Reflexion verwendet werden. Vielmehr geht es darum, durch Beobachtung (von Veränderungen) der Inputgrößen Störungen in der Zielerreichung frühzeitig aufzudecken. Es sollen Feedforward-Informationen über noch nicht realisierte Planabweichungen gewonnen werden, um Möglichkeiten zur Gegensteuerung zu erschließen und Maßnahmen zur gezielten Störungsabwehr einleiten zu können. Sind diese Korrekturmaßnahmen nicht mehr möglich, kann es erforderlich werden, formulierte Ziele im Rahmen der Kontrolle zweiter Ordnung zu modifizieren oder sich von bestimmten Zielen zu verabschieden. Diese Aufgabe beginnt mit dem Setzen der Prämissen im Zuge einer Entscheidung und umfasst zwei Aspekte: Zum einen ist zu klären, ob Prämissen nicht nur zu Beginn, sondern auch im Zeitablauf als kritisch oder unkritisch anzusehen sind, zum anderen müssen Veränderungen der kritischen Prämissen erfasst werden, die die Zielerreichung gefährden (können).

Mithilfe der **Ex-post-Reflexion** wird ebenfalls versucht, bei Abweichungen Reaktionen auszulösen, die die Zielerreichung sicherstellen. Hier erfolgt dies aber durch die Überwachung der Ergebnisse des Realisationsprozesses. Korrekturen werden erst vorgenommen, wenn der Ist-Wert vom Soll-Wert abweicht. Auf diese Weise lassen sich Abweichungen zwar aufdecken, aber nicht mehr verhindern. Im Vordergrund steht deshalb die Analyse der Ursachen festgestellter Abweichungen, die zwei Arten von Reaktionen auslösen kann. Zum einen besteht die Möglichkeit, im Rahmen einer Kontrolle erster Ordnung Korrekturmaßnahmen zu ergreifen, um den Zielerreichungsgrad nachträglich zu verbessern. Zum anderen können durch eine Kontrolle zweiter Ordnung Zielsetzungen infrage gestellt und modifiziert oder sogar revidiert werden. Von Relevanz sind dabei nicht alleine quantitative oder monetäre Ziele, vielmehr ist das gesamte Spektrum von Zielen zu berücksichtigen, das für einen Manager handlungsleitend ist.

Die **abweichungsorientierte Reflexion** ist sowohl für die strategische als auch für die operative Ebene relevant, die sich ohnehin nicht streng voneinander trennen lassen. Die unterschiedlichen Fragestellungen „Tun wir die richtigen Dinge?" (strategisch) und „Tun wir die Dinge richtig" (operativ) sind in der Realität nicht unabhängig voneinander zu beantworten. An verschiedenen Stellen wird die enge Verknüpfung beider Ebenen deutlich. Das Controlling orientiert sich zwar analog der Planung auf der strategischen Ebene vor allem an dem Aufbau und dem Erhalt von Erfolgspotenzialen und weniger an den eher operativen Erfolgsgrößen, die primär quantitativ gemessen werden und der effizienten Ausschöpfung der Erfolgspotenziale dienen. Dennoch zeigen sich Verbindungen zwischen der strategischen und der operativen Ebene. Das gilt vor allem dann, wenn die Ex-ante- und die Ex-post-Perspektive kombiniert werden.

Der tendenziell längerfristige Planungszeitraum und die damit verbundene schlechte Prognostizierbarkeit der Einflussfaktoren machen es erforderlich, die Implementierung einer Strategie zu kontrollieren, um sich die Möglichkeit der Gegensteuerung vor der endgültigen Realisierung zu erhalten. Voraussetzung dafür ist eine Festlegung operationaler Zwischenziele (Meilensteine), die verschiedene Schritte der Implementierung kennzeichnen. Es muss sich dabei nicht ausschließlich um monetäre Ziele wie Kosten oder Budgetvorgaben handeln, auch messbare Kontrollgrößen wie der Projektfortschritt sind möglich. Weichen die Istergebnisse von den Sollvorgaben ab, wird auf Basis einer Ursachenanalyse die Zielerreichung bis zum Planungshorizont prognostiziert und mit den ursprünglich formulierten Sollgrößen verglichen. Darüber hinaus sind weitere potenzielle Abweichungen bis zum Planungshorizont zu ermitteln. Abhängig von dem Implementierungsfortschritt, den Ursachen und den erwarteten Soll-Ist-Abweichungen gibt es auch hier die Alternativen, entweder einzelne Maßnahmen im Rahmen der Strategie anzupassen oder die gesamte Strategie zu revidieren.

Das Controlling auf strategischer Ebene ist vor allem durch seine Feedforward-Ausrichtung gekennzeichnet, da Kontrollen vor und während der Umsetzung strategischer Maßnahmen durchgeführt und mit Prognosen kombiniert werden. Es dient in erster Line der Ex-ante-Reflexion strategischer Aktivitäten, auch wenn diese mitunter eine Art Ex-post-Kontrolle für einen zurückliegenden Zeitraum darstellen und Feedback-Informationen liefern. Hierdurch werden Lerneffekte ermöglicht, die zu einer Verbesserung des strategischen Managements in der Zukunft führen können.

9.2.3 Reflexion der Entscheidungsperspektive

Im Gegensatz zur abweichungsorientierten Reflexion des Stils und der Realisation von Entscheidungen geht es bei der Reflexion der **Entscheidungsperspektive** nicht um die Identifikation und Verringerung von Abweichungen, sondern um die Aufdeckung neuer (Gestaltungs-)Perspektiven mit dem Ziel, ein verändertes oder umfassenderes Verständnis der Entscheidungssituation herzustellen und so zu innovativen Gestaltungsvorschlägen zu gelangen (vgl. Pietsch/Scherm 2004, S. 537–538; Scherm/Pietsch 2009, S. 706–707). (Gestaltungs-)Perspektiven des (strategischen) Managements stellen Kombinationen von Selektionen dar, die sich in den mentalen Modellen der Entscheider niederschlagen, die Entscheidungsfindung in eine vorgegebene Richtung lenken und als stimmig erlebt werden (vgl. Kapitel 1.1 und 4.1.1). Perspektiven legen die Brillen fest, mit der man auf eine Entscheidungssituation blickt. Sie prägen die generalisierten Wahrnehmungs- und Handlungsmuster der Entscheidungsträger, sind jedoch keine vollständigen Beschreibungen der Realität, sondern lediglich **Konstruktionen.** In diesem Sinn werden Perspektiven nicht durch die Wirklichkeit, sondern durch die sprachlichen, psychischen oder sozialen Prozesse der Übermittlung, Verarbeitung und Interpretation von Informationen bestimmt. Sie gehen stets mit dem Risiko potenzieller Verzerrungen der Wirklichkeit einher, beispielsweise durch fehlerhafte Annahmen oder Vorurteile über entscheidungsrelevante Tatbestände. Jede Perspektive hebt zudem immer nur einige Aspekte von Entscheidungen hervor, während andere Aspekte ausgeblendet oder vernachlässigt werden, weshalb Menschen mit verschiedenen Perspektiven auf dieselbe Entscheidungssituation in der Regel zu verschiedenen Entscheidungen kommen. Auf diesen Umstand machte Mintzberg mit dem Elefantengleichnis und den zehn Denkschulen aufmerksam (vgl. Kapitel 2.2 und 2.3.5).

Strategische Entscheidungssituationen sind häufig mehrdeutig. Die Betrachtung aus lediglich einer Perspektive wird ihnen daher in der Regel nicht gerecht und kann zu folgenschweren Fehlentscheidungen führen. Perspektivenorientierte Reflexion zielt deshalb darauf ab, Entscheidungen aus unterschiedlichen Blickwinkeln zu analysieren. Dieser Perspektivenwechsel bewirkt eine umfassende Reflexion von Entscheidungen, bei der zunächst unerkannte Chancen und Risiken, aber auch neue Handlungsoptionen aufgedeckt werden können.

Perspektivenorientierte Reflexion ist in keiner Weise auf die Feststellung und Untersuchung von Abweichungen ausgerichtet. Die mechanistischen Zusammenhänge der Vorgabe von Soll-Werten sowie der Ermittlung und Gegenüberstellung von Ist-Werten fehlen. Sie kann zwar aufgrund des wiederholten Auftretens einer Abweichung in Gang gesetzt werden, ist darüber hinaus allerdings jederzeit ohne Vorliegen von Abweichungsinformationen möglich und löst sich völlig von einem Soll-Ist-Vergleich. Das Vorliegen von Abweichungsinformationen kann sogar selbst Quelle fehlerhafter Selektionen sein, wenn der Entscheider diese so (fehl-)interpretiert, dass sie die eigene Perspektive bestätigen (Confirmation Trap, vgl. Kapitel 4.1.4). Unabhängig von identifizierten Abweichungen kann es z. B. sinnvoll sein, die Validität der im Rahmen der Entscheidungsstilreflexion verwendeten Kriterien zur Beurteilung der Entscheidungssituation selbst einer perspektivenorientierten Reflexion zu unterziehen. Darüber hinaus sind latente Entwicklungen zu reflektieren, die sich zwar noch nicht in Abweichungsinformationen niederschlagen, jedoch für die zukünftige Entwicklung ungünstig sein können.

Die Schwierigkeit der perspektivenorientierten Reflexion liegt insbesondere in der **Veränderung von Perspektiven**. Die den mentalen Modellen zugrundeliegenden Erfahrungsmuster sind das Ergebnis persönlicher Erfahrungen eines Individuums im Laufe seines Lebens. Deren Entwicklung geht mit einer Tendenz zur Verfestigung einher (vgl. Kapitel 4.1.3). Die Gewohnheiten des Denkens erlauben es, die Mehrdeutigkeit der Wirklichkeit auf ein handhabbares Maß zu reduzieren und auf eine vertraute Weise in dieser – selbst konstruierten – Wirklichkeit zu interagieren. Gleichzeitig schränken diese Gewohnheiten die Möglichkeit des Perspektivenwechsels stark ein. Hinzu kommt, dass sich viele Menschen von dem, was ihren gewohnten Handlungs- und Wahrnehmungsmustern widerspricht, bedroht fühlen und diesem gegenüber unbewusst eine Abwehrhaltung einnehmen. Es ist daher festzuhalten, dass sich Perspektiven im Zeitablauf zunehmend verfestigen und eine hohe Persistenz aufweisen (vgl. Julmi/Lindner/Scherm 2013, S. 19–22). Dies verdeutlicht die Schwierigkeit, aber auch die Notwendigkeit der perspektivenorientierten Reflexion.

Während die abweichungsorientierte Reflexion vor allem darauf abzielt, die Stimmigkeit bzw. den Erfolg getroffener Entscheidungen kritisch zu beurteilen, steht bei der perspektivenorientierten Reflexion das **Gewinnen von Distanz** zu den getroffenen Entscheidungen und den damit verbundenen Perspektiven im Vordergrund. Insbesondere aufgrund dieses distanzierenden Aspekts geht die Reflexionsaufgabe des Controllings deutlich über die traditionelle Kontrollfunktion hinaus. Die perspektivenorientierte Reflexion kennt keine Soll- oder Ist-Perspektive. Perspektiven sind nicht eindeutig falsch oder richtig und können in diesem Sinne auch nicht kontrolliert werden. Im Gegenteil würde die Reflexion durch Vorstellungen von einer anzustrebenden Soll-Perspektive eher behindert, da man sich von dieser nicht mehr lösen kann.

9.2.4 Informatorische Unterstützung der Reflexion

Die Managementunterstützungsfunktion des Controllings umfasst im Wesentlichen **drei Aufgaben** (vgl. Scherm/Süß 2001, S. 389–392; Pietsch/Scherm 2004, S. 540–541):
– die permanente Informationsversorgung,
– die fallweise Informationsaufbereitung sowie
– die Förderung des organisationalen Lernens.

Da in Unternehmen laufend Entscheidungen getroffen werden (müssen) und es kontinuierlich ablaufende Prozesse gibt, entsteht für die Erfüllung der Reflexionsaufgabe ein **permanenter Informationsbedarf,** der gedeckt werden muss. Dieser ist so vielfältig wie die Entscheidungen und die verfolgten Ziele selbst. Zu seiner Deckung sind laufend Informationen zu sammeln, zu verarbeiten, aufzubereiten und in geeigneter Form den Entscheidern zur Verfügung zu stellen. Relevante Informationskategorien sind beispielsweise Kosten-, Erlös-, Kunden-, Produktions- und Personalinformationen, für die auch unterschiedliche Informationssysteme zur Verfügung stehen können. Umfang und konkrete Ausgestaltung dieser Informationen hängen von der Organisation des Controllings und damit dem Adressaten, d. h. dem Manager oder Controller, ab (vgl. Kapitel 9.4.1). Die Informationsversorgung sollte sich dabei nicht verselbstständigen und in großen Mengen unnötige Informationen produzieren, um die Gefahr der Informationsüberflutung zu vermeiden. Mehr Informationen bilden nicht per se die bessere Entscheidungsgrundlage. Zuviel davon kann zur Überforderung des Entscheiders führen und das Ziehen richtiger Schlüsse erschweren (vgl. Kühmayer 2016, S. 42). Die Orientierung an konkreten Entscheidungen sollte bei der Informationsversorgung stets erhalten bleiben.

Über diese permanente Informationsversorgung hinaus kann fallweise zusätzlicher Informationsbedarf auftreten, etwa wenn es ungewöhnliche oder dauernde Abweichungen gibt, größere Korrektureingriffe erforderlich werden oder sich neue situative Rahmenbedingungen ergeben. Dies kann zum Anlass genommen werden, besondere Analysen oder Auswertungen vorzunehmen. Eine solche **fallweise Informationsaufbereitung** orientiert sich analog der permanenten Informationsaufgabe neben dem konkreten Auslöser an dem jeweiligen Adressaten und konkreten Entscheidungen. Sie ist auch von der Organisation des Controllings, d. h. der hierarchischen und organisatorischen Einordnung des Entscheiders und/oder Controllers abhängig (vgl. Kapitel 9.4.2).

Die Entscheidungsreflexion im Rahmen des Controllings ermöglicht einen **permanenten Lernprozess**, der Voraussetzung dafür ist, Störungen in Zukunft besser vorhersagen zu können. Diese Lerneffekte entfalten aber nur dann ihren vollen Nutzen, wenn sie nicht nur auf die jeweils reflektierte Entscheidungssituation beschränkt bleiben, sondern im ganzen Unternehmen verwertet werden können. Hieraus resultiert die Aufgabe, durch Lerneffekte gewonnene Informationen für das Unternehmen verfügbar zu machen. Dazu bedarf es der Kopplung funktionsübergreifender Steuerungs- und Lernprozesse mit Mechanismen der Informationsverteilung. Das durch die Entscheidungsreflexion initiierte organisationale Lernen setzt aber voraus, dass das Controlling seine Informationsaufgabe effektiv erfüllt.

Die effektive Erfüllung der Informationsaufgabe des Controllings erfordert eine unterstützende, größtenteils formelle und unternehmensweite **Kommunikationsstruktur.** Besondere Bedeutung hat hier die Nutzung und zielgerichtete Ausgestaltung der Informations- und Kommunikationstechnik. Diese enthält einerseits die organisationale Wissensbasis, andererseits dient sie als Kommunikationsmedium. Ein Beispiel für den Einsatz aktueller Informations- und Kommunikationstechnik in diesem Bereich ist Self-Service Business Intelligence, das es dem Entscheider ermöglicht, über Apps oder ähnliche Formate weitgehend ortsungebunden und aktuell entscheidungsrelevante Informationen direkt aus dem System zu ziehen (vgl. Schäffer/Weber 2016a, S. 10). Letztlich liefert ein so verstandenes Controlling eine Voraussetzung für die Verbindung der individuellen und der organisationalen Ebene des Lernens, die noch immer zahlreiche offene Fragen birgt (vgl. Jenner 2018, S. 34–35).

Es können zwei **Formen des Lernens** unterschieden werden. Im Rahmen der Ex-ante-Reflexion findet insbesondere proaktives Lernen statt. Hierbei wird Wissen generiert, das relevante zukünftige Entwicklungen und flexible Reaktionsmöglichkeiten aufdeckt. Das auf der Ex-post-Reflexion basierende Lernen lässt sich am besten als ein Lernen über Versuch und Irrtum (trial and error) beschreiben. Bei dieser Form des Lernens, die auf operativer Ebene von großer Relevanz ist, weiß man erst im Nachhinein, ob richtig entschieden bzw. gehandelt wurde, und kann daraus Schlussfolgerungen für zukünftige Entscheidungen ziehen.

9.3 Instrumente des reflexionsorientierten Controllings

Unter Bezugnahme auf das reflexionsorientierte Controlling bezeichnen **Controlling-instrumente** alle systematischen Verfahren, d. h. Beschreibungen einer geregelten Folge von Schritten, die die Entscheidungsreflexion unterstützen können. Sie lassen sich danach differenzieren, ob sie die abweichungsorientierte Reflexion des Entscheidungsstils bzw. der Entscheidungsrealisation oder die Reflexion der Entscheidungsperspektive unterstützen (vgl. Pietsch/Scherm 2004, S. 548). Da die Informationen, die man zur Formulierung einer Strategie oder Entscheidung im Rahmen der übrigen Managementfunktionen heranzieht, sich nicht grundsätzlich von denen unterscheiden, die für die Reflexion benötigt werden, finden sich Instrumente in unterschiedlichen Verwendungen. Lediglich der Verwendungszweck der gewonnenen Informationen unterscheidet sich dann.

Instrumente, die (auch) im Rahmen der abweichungsorientierten Reflexion zum Einsatz kommen, zeichnen sich durch einen **kritischen Vergleich** aus. Dieser zielt auf die Ermittlung von Abweichungen und die Analyse ihrer Ursachen, um fehlerhafte Selektionen getroffener Entscheidungen aufzudecken. Während die FIRSt-Matrix die Reflexion des Entscheidungsstils unterstützt, stehen für die Reflexion der Entscheidungsrealisation zahlreiche Instrumente zur Verfügung. Um einen grundlegenden Eindruck zu vermitteln, wird auf Abweichungsanalysen und Kennzahlensysteme eingegangen. Die Gap-Analyse soll abschließend die Grundidee der Ex-ante-Reflexion verdeutlichen.

Instrumente der perspektivenorientierten Reflexion erleichtern den **Wechsel der Perspektive**, indem gewohnte Wahrnehmungs- und Handlungsmuster hinterfragt werden, ohne einen kritischen Vergleich zu implizieren. Das kann auf zwei Arten erfolgen. Zum einen wird überprüft, inwiefern vorgenommene Selektionen zu einer übermäßig verzerrten Sicht auf die Entscheidungssituation führen und gegebenenfalls durch andere Selektionen zu ersetzen sind. Dieses Bereinigen einer gegebenen Perspektive von fehlerhaften Selektionen lässt sich mit Debiasing-Techniken unterstützen. Zum anderen gilt es, sich gezielt von einer Perspektive zu lösen, um zu einer gänzlich neuen Perspektive auf die Entscheidungssituation zu gelangen. Hierbei können insbesondere intuitive Kreativitätstechniken, die den Wechsel zwischen verschiedenen Betrachtungsperspektiven methodisch erleichtern, Unterstützung bieten.

9.3.1 Die FIRSt-Matrix

Mit der FIRSt-Matrix lässt sich beurteilen, welche Art der Entscheidung zu welcher Situation passt (vgl. Julmi/Lindner/Scherm 2016; Scherm/Julmi/Lindner 2016; Julmi 2018). Sie bildet die Entscheidungssituation über die beiden Dimensionen Mehrdeutigkeit und Schwierigkeit ab. **Mehrdeutigkeit** bezieht sich auf den mit der Entscheidungssituation einhergehenden Interpretationsspielraum bezüglich der entscheidungsrelevanten Informationen. Geringe Mehrdeutigkeit weist höhere Stimmigkeit mit einer analytischen Entscheidungsfindung, hohe Mehrdeutigkeit dagegen mit einer intuitiven Entscheidungsfindung auf (vgl. Kapitel 4.1.3, 9.2.1). Die **Schwierigkeit** als zweite Dimension zeigt an, welches Maß an explizitem oder implizitem Wissen notwendig ist, um eine Entscheidungssituation erfolgreich zu bewältigen. Sie verweist auf den Informationsbedarf, der insbesondere an der Unsicherheit, also dem Fehlen von Informationen, festgemacht werden kann. Hohe Schwierigkeit liegt vor, wenn die Beschaffung und Verarbeitung von Informationen sehr voraussetzungsvoll ist, also wenn z. B. viel Erfahrung, Übung, Anstrengung oder Verständnis notwendig sind oder die Anhäufung von Informationen aufwendig ist. Bei hoher Schwierigkeit sind Entscheidungen stimmig, die diese durch entsprechende Vorbereitung oder Anstrengung berücksichtigen, während dafür bei geringer Schwierigkeit keine Notwendigkeit besteht.

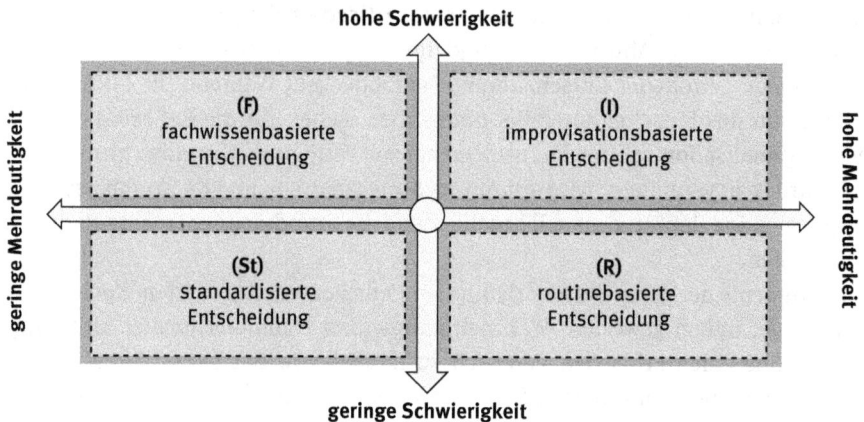

Abb. 9.2: Die FIRST-Matrix (vgl. Scherm/Julmi/Lindner 2016, S. 315).

Die Kombination beider Dimensionen in jeweils zwei Ausprägungen ergibt vier **Arten der Entscheidungsfindung**, die für Stimmigkeitsüberlegungen relevant sind und die Grundlage der FIRSt-Matrix bilden, deren Bezeichnung sich aus den Initialen der nachfolgend erläuterten Entscheidungstypen ableitet (vgl. Abbildung 9.2):
- **F**achwissenbasierte Entscheidungen,
- **I**mprovisationsbasierte Entscheidungen,
- **R**outinebasierte Entscheidungen und
- **St**andardisierte Entscheidungen.

Fachwissenbasierte Entscheidungen sind schwierig und analytisch, da eine Vielzahl an Regeln auf den jeweiligen Kontext angewendet wird. Hierzu gehören etwa rechtliche Entscheidungen, die auf explizitem und mühevoll zu erlernendem Fachwissen beruhen, das es jeweils produktiv auf den aktuellen Kontext anzuwenden gilt. **Improvisationsbasierte Entscheidungen** stellen ein intuitives Vorgehen hoher Schwierigkeit dar. Dieses basiert auf impliziter Erfahrung, die kreativ auf den aktuellen Kontext angewendet wird, beispielsweise bei der von einem erfahrenen Manager getroffenen Diversifikationsentscheidung (vgl. Kapitel 7.3), die er aufgrund seines ganzheitlichen Eindrucks über marktseitige Wachstumschancen und unternehmensseitige Kompetenzen trifft, ohne sie an vergangenen Erfahrungen oder eindeutigen Regeln festmachen zu können. Demgegenüber beruhen **routinebasierte Entscheidungen** zwar ebenfalls auf impliziter Erfahrung, weisen jedoch einen geringen Schwierigkeitsgrad auf. Sie basieren auf (impliziten) Routinen und sind für Außenstehende oft nicht nachvollziehbar, für den Entscheider jedoch reine Gewohnheit. Dies gilt etwa für den erfahrenen Einkäufer, der regelmäßig mit denselben Lieferanten verhandelt und die Konsequenzen seines Vorgehens präzise abschätzen kann, ohne explizite Regeln zugrunde zu legen. Eine routinebasierte Herangehensweise eignet sich entsprechend in mehrdeutigen, jedoch bekannten Situationen. Zuletzt sind **standardisierte Entscheidungen** zu differenzieren, die einer fest vorgegebenen Reihenfolge auszuführender Schritte folgen (z. B. Warenbestellung bei Mengenunterschreitung). Sie weisen eine geringe Komplexität auf und folgen einem expliziten Regelwerk. Diese Zuordnung von Situation und Entscheidung ergibt die FIRSt-Matrix.

Um die Mehrdeutigkeit und die Schwierigkeit einer Entscheidungssituation für eine entscheidungsstilbezogene Reflexion einzuschätzen, sind zunächst Situationsmerkmale zu definieren, die einzeln oder kombiniert als Muster Rückschlüsse auf deren Beschaffenheit erlauben. Da Entscheidungssituationen verschiedene Grade der Mehrdeutigkeit bzw. Schwierigkeit aufweisen können, sind dafür Checklisten, die nur eine nominale Erfüllung der Situationsmerkmale anzeigen, ungeeignet. Besser eignen sich **Situationsprofile**, mit denen die Ausprägung der Situationsmerkmale anhand einer mehrstufigen Skala ordinal gemessen wird. Die **Mehrdeutigkeit** einer Entscheidungssituation lässt sich beispielsweise anhand der Strukturiertheit und der Ganzheitlichkeit erfassen. Dabei ist die schlechte Strukturiertheit weder quantifizierbar noch durch allgemeine Entscheidungsregeln charakterisierbar. Ganzheitlichkeit bringt zum Ausdruck, dass Informationen nicht ohne weiteres zu formalisieren oder auf einzelne Sachverhalte zu reduzieren sind, weshalb die Problembewältigung einen Blick auf das Ganze benötigt. Weitere Merkmale mehrdeutiger Entscheidungssituationen, die in Tabelle 2.1 aufgeführt sind, lassen sich zur Bestimmung heranziehen.

Zur Einschätzung der **Schwierigkeit** lassen sich z. B. die Einmaligkeit oder der Informationsbedarf als Situationsmerkmale heranziehen. Schwierige Situationen haben meist einen einmaligen Charakter und treten in der vorliegenden Form zum ersten Mal auf, so dass nicht auf bestehende Standards und Routinen zurückgegriffen werden kann. Zudem ist der Informationsbedarf in schwierigen Situationen in der Regel sehr hoch, unabhängig davon, ob es sich um explizite oder implizite Informationen handelt. Aus dem Situationsprofil ergibt sich der **Soll-Entscheidungsstil**. In einer mehrdeutigen, jedoch einfachen Situation sollte beispielsweise routinebasiert entschieden werden. Dem Soll-Entscheidungsstil ist die Art der Ist-Entscheidung gegenüberzustellen. Folgt ein Manager etwa der Leitidee des evidenzbasierten Managements, bei der die Entscheidung auf der Grundlage wissenschaftlich belegter Ursache-Wirkungs-Zusammenhänge getroffen wird, trifft er eine fachwissenbasierte Entscheidung. Sie folgt einem analytischen Vorgehen und ist aufgrund der umfassenden Fundierung sehr voraussetzungsvoll. Ein solches Vorgehen wäre jedoch nur dann als stimmig zu beurteilen, wenn das erstellte Situationsprofil hohe Schwierigkeit und geringe Mehrdeutigkeit anzeigt (vgl. Julmi 2018, S. 42–44).

9.3.2 Abweichungsanalysen

Die aus der **Kosten- und Leistungsrechnung** stammenden Abweichungsanalysen verwenden als methodische Basis üblicherweise den Soll-Ist-Vergleich bei der Entscheidungsrealisation. Sie sind somit Ausdruck einer abweichungsorientierten Ex-post-Reflexion, die meist periodisch oder nach vollständiger Planumsetzung erfolgt. Als Ausdruck der traditionellen Feedbackkontrollen werden sie vor allem im Rahmen kurzfristiger, operativer Zusammenhänge angewendet. Durch die Bezugnahme auf verschiedene Rechengrößen können folgende zentrale **Arten der Abweichungsanalyse** unterschieden werden (vgl. Coenenberg/Fischer/Günther 2016, S. 465–498):

– Kostenabweichungsanalysen,
– Erlösabweichungsanalysen und
– Deckungsbeitrags- bzw. Erfolgsabweichungsanalysen.

Operative Abweichungsanalysen beziehen sich auf Größen der Kosten- und Leistungsrechnung. Deckungsbeiträge resultieren aus der Differenz zwischen Erlösen und variablen Kosten. Sie geben an, inwieweit die Erlöse zur Deckung der fixen Kosten beitragen. Die Betrachtung von Deckungsbeiträgen setzt eine Teilkostenrechnung voraus, die zwischen variablen und fixen Kosten differenziert. Für die Durchführung von Abweichungsanalysen ist deshalb eine flexible Plankostenrechnung auf Grenzkostenbasis (Grenzplankostenrechnung) besonders geeignet (vgl. Schildbach/Homburg 2009, S. 250–252; Coenenberg/Fischer/Günther 2016, S. 262–264).

Unabhängig davon, ob Kosten, Erlöse oder Deckungsbeiträge betrachtet werden, ist das **Procedere** bei Abweichungsanalysen grundsätzlich gleich. Aus diesem Grunde beziehen sich nachfolgende Darlegungen beispielhaft auf Kostenabweichungsanalysen. Sie basieren auf der Vorgabe eines Plan-Werts (geplanter Kostenwert bei Plan-Beschäftigung) und eines daraus abgeleiteten Soll-Werts (geplanter Kostenwert bei Ist-Beschäftigung). Plan- bzw. Soll-Wert werden dann mit dem zugehörigen Ist-Wert verglichen. Das **Ziel** ist es, die Differenz zwischen Plan- und Ist-Wert auf verschiedene Ursachen zurückzuführen. Als Basis für die Ursachenanalyse werden Kostenbestimmungsfaktoren (KBF) unterschieden. Durch die Betrachtung der KBF wird es möglich, die aufgetretene Gesamtabweichung in Teilabweichungen aufzuspalten, die dann als durch die KBF verursacht gelten (vgl. Schildbach/Homburg 2009, S. 271–280; Coenenberg/Fischer/Günther 2016, S. 265–289).

Ein zentrales **Problem** der Abweichungsanalyse stellen Abweichungsüberschneidungen (Abweichungen höheren Grades) dar. Hierbei handelt es sich um Teile der Gesamtabweichung, die sich nicht eindeutig einem einzelnen KBF zuordnen lassen, da sie letztlich durch die Variation mehrerer KBF bedingt werden. Für Teilabweichungen ergeben sich verzerrte Werte, wenn Abweichungsüberschneidungen enthalten sind. Zur Lösung dieses Problems wurden verschiedene Verfahren der Verrechnung von Abweichungsüberschneidungen entwickelt (vgl. Coenenberg/Fischer/Günther 2016, S. 268–289). Da die Überschneidungen je nach Verfahren teilweise unterschiedlichen KBF zugeordnet werden, handelt es sich im Wesentlichen um eine rechnerische Lösung des Problems. Diese ist zwar exakt, spiegelt die reale Verursachung aber nicht unbedingt präzise wider. Es können daher Scheingenauigkeiten entstehen, die bei der (realen) Zuweisung von Teilabweichungen gegebenenfalls zu relativieren sind.

Die Wirksamkeit der Abweichungsanalyse ist von der **Akzeptanz** der zugewiesenen Teilabweichungen bei den Verantwortlichen abhängig (vgl. Lange 2002, S. 62). Zentrale Voraussetzung hierfür ist die Willkürfreiheit der ermittelten Abweichungen. Sie ist nicht gegeben, wenn sich für die einzelnen Teilabweichungen keine eindeutige Ursache identifizieren lässt und Abweichungsüberschneidungen in die Teilabweichungen eingerechnet werden. Um Willkürfreiheit zu gewährleisten, müssen diese Abweichungsüberschneidungen herausgerechnet und gesondert ausgewiesen werden. Zudem kann davon ausgegangen werden, dass die Akzeptanz der Verantwortlichen steigt, wenn ihnen nur Teilabweichungen zugewiesen werden, die sie beeinflussen können.

Darüber hinaus sind bei der Abweichungsanalyse grundsätzlich **Kosten und Nutzen** der Kontrolle abzuwägen (vgl. Schildbach/Homburg 2009, S. 271), da es nicht effizient ist, jede festgestellte Abweichung auf ihre Ursachen hin zu untersuchen. Ausschlaggebend können etwa das Überschreiten bestimmter Größenordnungen oder Abweichungen in kritischen Bereiche sein.

Diese Analysen versuchen Abweichungen verursachungsgerecht zuzuordnen und unterstützen dadurch die Realisierung von Entscheidungen. Sie können als Anstoß für eine Ex-ante-Reflexion zukünftiger Realisationsprozesse dienen und organisationale Lernprozesse fördern. Diese Möglichkeiten dürfen nicht darüber hinwegtäuschen, dass Abweichungsanalysen aufgrund ihrer einseitigen Fokussierung auf monetäre Ziele sowie die Ex-post-Reflexion von Entscheidungen nur begrenzte Aussagekraft aufweisen. Ziele, die sich (noch) nicht monetär erfassen lassen, können mit der Abweichungsanalyse nicht reflektiert werden. Dies gilt analog für die Prämissen der Entscheidung. Selbst wenn die Abweichungsanalyse keinen Handlungsbedarf anzeigt, kann die Realisierung der Entscheidung gefährdet sein, wenn die dahinterstehenden Prämissen falsch oder nicht mehr gültig sind. Zudem erfolgt nicht selten eine pauschale Negativbewertung identifizierter Soll-Ist-Abweichungen, ohne deren strategischen Hintergründe bzw. Implikationen zu reflektieren (vgl. Welge/Al-Laham/Eulerich 2017, S. 964).

9.3.3 Kennzahlen und Kennzahlensysteme

Kennzahlen können **Ausdruck von Zielen** sein, wenn diese sich durch quantitative Messgrößen operationalisieren lassen. Sie dienen einerseits der Lösung von Entscheidungsproblemen, da diejenige Handlungsalternative mit dem höchsten Zielbeitrag zu wählen ist. Andererseits können sie als Vorgaben für Unternehmenseinheiten das Verhalten in diesen beeinflussen, wobei sie auch dort zur Bewertung von Handlungsalternativen herangezogen werden. Daneben liefern Kennzahlen handlungsrelevante Informationen, ohne dass sie unmittelbar zur Bewertung von Handlungsalternativen herangezogen werden (vgl. Küpper u. a. 2013, S. 476–478).

Kennzahlen können als Ziele sowohl im Rahmen der Ex-ante- als auch der Ex-post-Reflexion eingesetzt werden. Der Vergleich realisierter Ist-Werte mit vorgegebenen Plan-Werten ermöglicht Feedback im Sinne einer Zielerreichungskontrolle. Ebenso können Ist-Werte Auslöser einer Ex-ante-Reflexion sein und von der Anpassung der Plan-Werte bis hin zur Revision der Ziele führen (vgl. Baum/Coenenberg/Günther 2013, S. 414). Als reines Informationsinstrument sind sie primär der Ex-ante-Reflexion dienlich. Grundsätzlich können Kennzahlen bei einem Über- oder Unterschreiten festgelegter Schwellenwerte auf die Notwendigkeit des grundlegenden Überdenkens von Entscheidungen hinweisen und damit eine perspektivenorientierte Reflexion auslösen.

Kennzahlen übernehmen die **Rolle eines Indikators**, wenn von der Ausprägung der Kennzahl auf eine andere relevante Größe geschlossen wird, ohne dass ein eindeutiger und gesicherter Zusammenhang bekannt ist. Die Korrelation zwischen dem Indikator und der als wichtig erachteten Größe wird meist ohne theoretische Begründung oder empirische Überprüfung unterstellt. Indikatoren bieten so die Möglichkeit, nicht direkt erfassbare Tatbestände (z. B. den Erfolg strategischer Entscheidungen) als beobachtbare oder prognostizierbare Maßgrößen (z. B. Steigerung der Rentabilität) abzubilden (vgl. Küpper u. a. 2013, S. 477–478).

Bei dem **Einsatz von Kennzahlen** sind die Vergleichbarkeit der Kennzahlen, die Quantifizierbarkeit der Ziele sowie die Verhältnismäßigkeit der Ermittlung zu beachten (vgl. Scherm 1992, S. 523). Kennzahlenvergleiche (z. B. zwischen verschiedenen Produkten oder Branchen) setzen vergleichbare Definitionen, aktuelle Daten, eine analoge Vorgehensweise bei der Datenermittlung sowie ähnliche Rahmenbedingungen, wie beispielsweise vergleichbare Erhebungszeiträume, bei dem Zustandekommen der betrachteten Sachverhalte voraus. Andernfalls sind Fehlschlüsse die Regel. Kennzahlen bergen die Gefahr, die Ziele eines Unternehmens auf quantifizierbare zu reduzieren und bedeutsame qualitative zu vernachlässigen. Ihre Ermittlung sollte außerdem unter Wirtschaftlichkeitsaspekten erfolgen, d. h. der Ermittlungsaufwand in angemessenem Verhältnis zum Nutzen stehen. Kennzahlen sollten notwendig, konsistent und mit einer eindeutigen Zweckeignung verbunden sein, wobei sie lediglich eine Dokumentationsfunktion erfüllen, wenn sie nicht beeinflussbar sind.

Kennzahlensysteme setzen Kennzahlen sachlich sinnvoll zueinander in Beziehung und bringen sie so in eine Ordnung (vgl. Kapitel 8.2.2). Drei bekannte, in der Praxis verwendete Systeme sind (vgl. Gladen 2014, S. 86–96; Horváth/Gleich/Seiter 2015, S. 291–295):

–   das DuPont-Kennzahlensystem,
–   das ZVEI-Kennzahlensystem und
–   das RL-Kennzahlensystem.

Das älteste ist das erstmals 1919 eingeführte **DuPont-Kennzahlensystem**, an dessen Spitze als Basis- oder Leitkennzahl der Return on Investment (ROI) steht. Es dient der systematischen Analyse des Unternehmensergebnisses, aber auch als Planungsinstrument, wenn Unterziele für Teilbereiche aus einem Spitzenziel abgleitet werden. Verwendung findet es als Instrument der Jahresabschlussanalyse oder der internen Steuerung und Kontrolle, je nachdem ob die Zahlen aus der Bilanz und Gewinn- und Verlustrechnung oder aus dem internen Rechnungswesen stammen (vgl. Meyer 2011, S. 143). Der auf der obersten Ebene verwendete ROI wird über verschiedene Ebenen hinweg auf unterschiedliche Größen zurückgeführt (vgl. Abbildung 9.3).

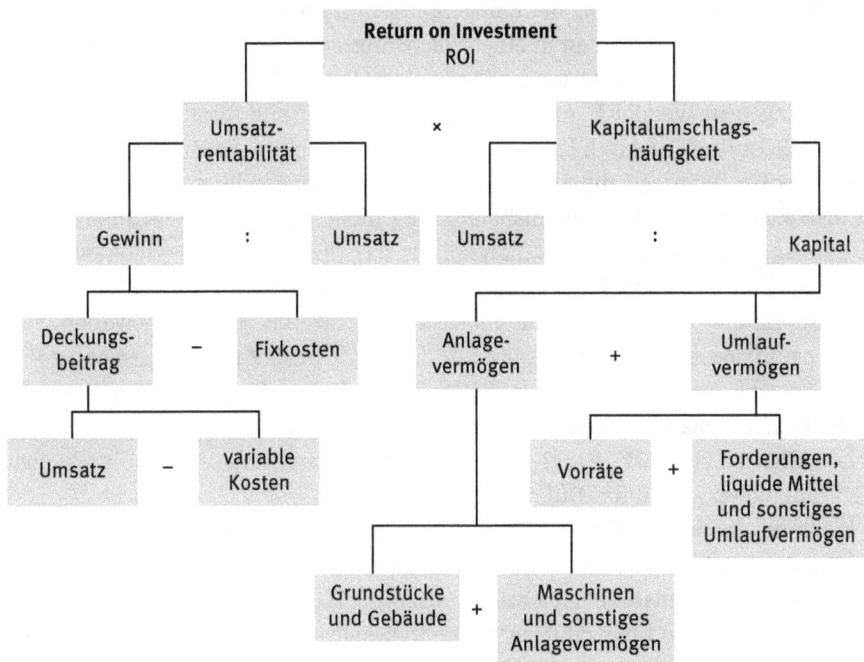

Abb. 9.3: Das DuPont-Kennzahlensystem (eigene Darstellung in Anlehnung an Nüchter 2003, S. 861).

Der ROI kann als relativierender Gewinn verstanden werden, der mithilfe eines bestimmten Kapiteleinsatzes erzielt wird. In einem Unternehmen ist daher nicht die Maximierung der absoluten Größe Gewinn, sondern der relativen Größe ROI anzustreben. Durch die Erweiterung der ROI-Formel mit dem Umsatz in Zähler und Nenner ergeben sich die eigenständigen Kennzahlen Umsatzrentabilität und Kapitalumschlag, die dann weiter aufgegliedert werden. Jedoch birgt die Zielgröße ROI auch Nachteile. So ist nicht ohne weiteres zu erkennen, ob sich Zähler oder Nenner verändert haben. Die Fokussierung auf monetäre Ziele blendet nicht-monetäre Ziele mehr oder weniger aus, und es wird eine Kurzfristorientierung gefördert, die gegebenenfalls mit der Vernachlässigung langfristig gewinnbringender Maßnahmen einhergeht. Zudem sieht das DuPont-System keine bereichsbezogene Spaltung der Kennzahlen vor. Es eignet sich daher primär für die Ex-post-Reflexion von Entscheidungen, weniger für deren Ex-ante-Reflexion oder die strategische Planung (vgl. Horváth/Gleich/Seiter 2015, S. 292–293).

Das **ZVEI-Kennzahlensystem** wurde 1970 in Deutschland vom Zentralverband der Elektrotechnik- und Elektronikindustrie (ZVEI) vorgestellt und zuletzt 1989 an veränderte Rechnungslegungsbestimmungen angepasst (vgl. ZVEI 1989). Es geht wie das DuPont-System von der Eigenkapitalrentabilität als Spitzenkennzahl aus, die in ihre Elemente aufgespaltet wird, um Ursache-Wirkungs-Zusammenhänge aufzudecken. Oberstes Ziel ist die Ermittlung der Effizienz eines Unternehmens. Dazu werden zum einen Wachstumskomponenten in einer Wachstumsanalyse, zum anderen Strukturkomponenten in einer Strukturanalyse betrachtet. Bei der Wachstumsanalyse sollen Veränderungen im Vergleich zu der letzten Periode mithilfe bestimmter absoluter Zahlen (z. B. Auftragsbestand, Umsatzerlöse, Jahresabschluss, Personalbestand) festgestellt werden, während die Strukturanalyse unter Verwendung von Ertragskraft- und Risikokennzahlen der Ergebnisbeurteilung dient. Das ZVEI-Kennzahlensystem soll differenziertere Abweichungsanalysen als das DuPont-System erlauben. Allerdings wird ihm im Hinblick auf die Informationsbedürfnisse von Führungskräften häufig Informationsredundanz und eine gewisse Schwerfälligkeit vorgeworfen. Das System beinhaltet ca. 200 Kennzahlen und ist damit wesentlich komplexer als das DuPont-System. Jedoch dienen etwa die Hälfte der Kennzahlen ausschließlich dem Zweck, die mathematische Verknüpfung des gesamten Systems sicherzustellen (vgl. Horváth/Gleich/Seiter 2015, S. 293–295). Ansonsten gelten grundsätzlich die gleichen Einschränkungen wie für das DuPont-System.

Während die beiden Kennzahlensysteme eine Spitzenkennzahl, die das Unternehmensziel repräsentieren soll, in den Mittelpunkt stellen, werden in der Praxis mehrere Unternehmensziele gleichzeitig verfolgt. Daher wurde von Reichmann/Lachnit (vgl. 1976) ein Kennzahlensystem entwickelt, das zwei gleichrangige Ziele, nämliche Rentabilität und Liquidität, beinhaltet. Das **Rentabilitäts-Liquiditätskennzahlensystem** (RL-System) stellt den Erfolg und die Liquidität als gleichrangige Ziele nebeneinander und verzichtet auf die rechnerische Verknüpfung der beiden Zielgrößen. Indem die Wechselseitigkeit beider Größen herausgestellt wird, ohne diese jedoch durch eine mathematische Verknüpfung formal darzustellen, kann eine weitgehend unabhängige Reflexion beider Größen erfolgen. Der für die laufende Steuerung benötigte Erfolg setzt sich aus dem ordentlichen Betriebsergebnis, dem ordentlichen Finanzergebnis und dem außerordentlichen Teil des Jahresabschlusses zusammen. Insbesondere der Sonderteil verleiht dem RL-System eine gewisse Flexibilität bei der Analyse von Abweichungen und erlaubt, zusätzliche Informationen zu berücksichtigen und nichtmonetäre, sachzielbezogene Kennzahlen mit einzubeziehen. Die Liquidität wird zwar nicht als originäres Ziel verstanden, stellt jedoch eine unerlässliche Voraussetzung für den Bestand des Unternehmens dar. Das RL-System vermittelt einen gesamtbetrieblichen Überblick über quantifizierbare Informationen und lässt zugleich Wirkungszusammenhänge zwischen verschiedenen Erfolgs- und Finanzgrößen erkennen, so dass die Konsequenzen von Entscheidungen gut überblickt werden können. Die Reflexion von Entscheidungen erfolgt auf Basis regelmäßiger, d. h. auch unterjährig möglicher Soll-Ist-Vergleiche (vgl. Reichmann/ Kißler/Baumöl 2017, S. 56). Werden hierbei signifikante Abweichungen festgestellt, ist eine Analyse der Ursachen in Gang zu setzen. Da die Kennzahlen jedoch überwiegend finanzieller Art sind, fällt es wie das DuPont- und das ZVEI-System in die Kategorie der traditionellen, finanzorientierten Kennzahlensysteme.

Folgt ein Unternehmen dem Shareholder-Value-Ansatz, sind wertorientierte Kennzahlensysteme zu berücksichtigen, die den Shareholder Value als Spitzenkennzahl konzipieren. Da für die Berechnung des Shareholder Values verschiedene Verfahren existieren (vgl. Kapitel 5.4), richtet sich die Ausgestaltung des Kennzahlensystems nach dem gewählten Verfahren (vgl. Horváth/Gleich/Seiter 2015, S. 210–211).

Die vorgestellten Rechensysteme orientieren sich an finanziellen Größen und vernachlässigen sonstige quantitative wie auch qualitative Faktoren. Aus diesem Grund sind Kennzahlensysteme entwickelt worden, die weitere, über die finanziellen Aspekte hinausgehende Perspektiven betrachten; ein bekanntes Beispiel ist die Balanced Scorecard (vgl. Kapitel 8.2.2).

9.3.4 Die Gap-Analyse

Die Gap- oder Lückenanalyse, die u. a. auf Ansoff zurückgeht (vgl. 1965, S. 25–26), kann den quantitativen Prognoseinstrumenten zugerechnet werden und eignet sich insbesondere für die Ex-ante-Reflexion. Ihr **Ziel** ist es, problematische Entwicklungen auf Basis zweier Zukunftsprojektionen frühzeitig zu antizipieren, indem entstehende Diskrepanzen zwischen dem Soll- und Ist-Zustand einer relevanten Größe fortlaufend geprüft werden. Dazu wird die gewünschte Entwicklung einer Zielgröße (Plan) ihrer bei unveränderten Unternehmensaktivitäten tatsächlich zu erwartenden Entwicklung (Prognose) gegenübergestellt, wobei Letztere aus der Extrapolation von Vergangenheitswerten resultiert. Die **Ziellücke** (Gap) ergibt sich dann aus der Differenz zwischen der geplanten Zielgröße und der Prognose der Zielerreichung. Die Gap-Analyse soll Anlass einer Schwachstellenanalyse sein und zu notwendigen Anpassungen führen. Die Lücke wird verringert, je besser es gelingt, die sich bietenden Chancen der Umwelt vor dem Hintergrund der unternehmerischen Potenziale wahrzunehmen (vgl. Horváth/Gleich/Seiter 2015, S. 199; Macharzina/Wolf 2018, S. 325–326). Identifizierte Lücken können auf unterschiedlichen Zielkriterien basieren. Typisch sind Gewinn, Kosten, Leistungs- und Absatzmengen, Rentabilität oder Kosten (vgl. Buchholz 2013, S. 212).

Wie andere extrapolative Prognoseinstrumente unterliegt die Gap-Analyse dem generellen **Vorwurf**, die Entwicklung in der Vergangenheit als Prämisse für die Zukunft zu setzen und der Möglichkeit dynamischer und diskontinuierlicher Umweltentwicklungen daher nicht Rechnung zu tragen. Es wird Konstanz in den Rahmenbedingungen unterstellt, die angesichts möglicher Strukturbrüche durch z. B. Gesetzesänderungen oder Technologiesprünge wirklichkeitsfern erscheint (vgl. Welge/Al-Laham/Eulerich 2017, S. 424). Außerdem werden qualitative bzw. schwer quantifizierbare Einflussgrößen ausgeblendet. Da die Gap-Analyse auf Geschäftsbereiche bzw. strategische Geschäftseinheiten ausgerichtet ist, kann man sie nur zur Reflexion strategischer Entscheidungen über existierende Geschäftsfelder nutzen (vgl. Kapitel 7.2). Teilweise wird sogar unterstellt, sie verführe Entscheider regelrecht dazu, strategische Entscheidungen nur innerhalb bestehender Geschäftsbereiche auf Kosten einer Gesamtbetrachtung, zu der die Berücksichtigung unternehmensexterner Potenziale gehört, zu reflektieren (vgl. Macharzina/Wolf 2018, S. 326).

Nicht zuletzt aus diesem Grund erfuhr die Gap-Analyse eine weiterführende **Differenzierung** der identifizierten Lücke in eine strategische und eine operative Lücke (vgl. Baum/Coenenberg/Günther 2013, S. 23–24; Kreikebaum/Gilbert/Behnam 2018, S. 218). Während die **operative Lücke** das bislang nicht erschlossene Potenzial des sogenannten unternehmerischen Basisgeschäfts abbildet und durch operative Maßnahmen (z. B. Kostensenkung, verbesserte Logistik) geschlossen werden kann, zeigt die **strategische Lücke** die Differenz zwischen dem potenziellen Basisgeschäft und der Entwicklungsgrenze des Unternehmens. Diese ist nur durch Erschließung der zukünftig verfügbaren Potenziale auszufüllen und repräsentiert insofern das Neugeschäftspotenzial des Unternehmens. Je weniger es gelingt, die bestehenden Erfolgspotenziale zu erschließen, umso höher fällt die strategische Lücke aus. Mit der Gap-Analyse geht die Empfehlung einher, eine Marktdurchdringungsstrategie zu der Schließung der operativen Lücke und eine Marktentwicklungs-, Produktentwicklungs- oder Diversifikationsstrategie zu der Überbrückung der strategischen Lücke zu verfolgen (vgl. Kapitel 7.3.1). Weichen diese Empfehlungen von den im Unternehmen getroffenen Entscheidungen ab, ist der bestehende Anpassungsbedarf zu ermitteln und es sind entsprechende Korrekturmaßnahmen einzuleiten. Um Abweichungen möglichst frühzeitig zu erkennen, wird eine permanente Durchführung der Gap-Analyse empfohlen. Auf diese Weise erfüllt sie eine Frühwarnfunktion (vgl. Buchholz 2013, S. 212), auch wenn ihre Empfehlungen wie alle Normstrategien differenziert gesehen bzw. reflektiert werden müssen.

9.3.5 Debiasing-Techniken

Wird eine Entscheidungssituation durch systematische fehlerhafte Neigungen bei der Wahrnehmung falsch beurteilt, liegt eine **kognitive Verzerrung** vor (vgl. Kapitel 4.1.4). Hierbei haben sich die gewohnten Wahrnehmungs- und Handlungsmuster auf eine Weise ausgeprägt, die die Perspektive auf eine Entscheidungssituation dauerhaft verfälscht. Kognitive Verzerrungen können somit Quelle von Fehlentscheidungen sein. Da sie sich von den Betroffenen nur sehr schwer durchschauen lassen, bedarf es zu deren Auflösung oder Verminderung spezifischer (Gruppen-)Techniken. Diese werden als **Debiasing(-Techniken)** bezeichnet und stellen ein Instrument der perspektivenorientierten Reflexion dar.

Grundlegende Voraussetzung der Eindämmung kognitiver Verzerrungen, die sich noch nicht als Technik bezeichnen lässt, ist die Vermeidung von allgemein leistungsmindernden Faktoren. Insbesondere Müdigkeit, Stress oder übermäßiges Multitasking können zu einer verstärkten Verzerrung der wahrgenommenen Entscheidungssituation führen (vgl. Soll/Milkman/Payne 2015, S. 37). Darüber hinaus sind verschiedene **Arten des Debiasing** zu unterscheiden, für die jeweils mehrere Techniken zur Verfügung stehen. Zu diesen Arten gehören (vgl. Schäffer/Weber 2016b, S. 10–11; Weber/Schäffer 2016, S. 287–288)

- die Entpersonalisierung der Diskussion,
- die Kultivierung kritischer Diskurse,
- das Verlassen der obligatorischen Erfolgsperspektive,
- die Formalisierung des Entscheidungsprozesses sowie
- das Aufbrechen eingefahrener Denkmuster.

Die **Entpersonalisierung der Diskussion** zielt darauf ab, den Einfluss von Hierarchie, Politik oder starken Persönlichkeiten auf die Wahrnehmung der Entscheidungssituation zu minimieren. Dies kann beispielsweise durch den Einsatz eines neutralen Moderators geschehen oder einer der Hierarchie gegenläufigen Reihenfolge der Meinungsäußerung. Verhindert das Gruppengefüge die freie Meinungsäußerung, kann diese auch anonymisiert erfolgen, indem z. B. bei Entscheidungen geheim abgestimmt wird.

Die **Kultivierung kritischer Diskurse** lässt sich durch die Organisation der Kritik fördern. Eine der bekanntesten Methoden stellt die Devil's-Advocacy-Technik dar, bei der ein möglichst neutrales Gruppenmitglied die Rolle des Advocatus Diaboli einnimmt, der die Vorschläge in einer Gruppe kritisiert und Schwächen zu identifizieren versucht, woraufhin die Gruppe wiederum Stellung beziehen muss. In eine ähnliche Richtung geht die sogenannte Bullet Session, bei der in kurzer Zeit möglichst viele Kritikpunkte auf eine Entscheidung „abgeschossen" werden, die man im Anschluss daran in Ruhe bespricht und erörtert. Mit Techniken wie der anonymen Mitarbeiterbefragung, dem Briefkasten für anonymes Feedback oder der anonymen Onlineplattform lässt sich die Kritik zudem entpersonalisieren.

Mit dem **Verlassen der obligatorischen Erfolgsperspektive** soll die Betrachtung der Entscheidungssituation aus der (in der Regel tabuisierten) Perspektive des Scheiterns angeregt werden. Dies kann etwa durch Feedback-Sitzungen im Anschluss an eine getroffene Entscheidung geschehen. Auf diese Weise haben alle Beteiligten die Möglichkeit, über positive und negative Aspekte der Entscheidung nachzudenken. Einen Schritt weiter gehen sogenannte Post-Mortem- und Prä-Mortem-Analysen. Mit der Post-Mortem-Analyse soll herausgefunden werden, warum sich bei einem gescheiterten Projekt ein Erfolg nicht eingestellt hat. Im Rahmen der Prä-Mortem-Analyse wird erörtert, weshalb sich in Zukunft ein Misserfolg einstellen könnte. Das simuliert ein Scheitern, um daraus Lerneffekte für zukünftige Entscheidungen zu erzielen.

Techniken zur **Formalisierung des Entscheidungsprozesses** sind etwa Checklisten, Meilensteine, Entscheidungsbäume oder Sensitivitätsanalysen. Durch sie soll auf formalem Wege die Rationalität sichergestellt werden. Tabelle 9.1. zeigt beispielhaft eine Checkliste, die das Hinterfragen der gewohnten Denk- und Wahrnehmungsmuster unterstützen kann.

Tab. 9.1: Beispiel einer Debiasing-Checkliste (eigene Darstellung in Anlehnung an Wunder 2016, S. 48).

12 Fragen zur Reduzierung kognitiver Verzerrungen bei kollektiven Entscheidungen
Existieren in der Gruppe irgendwelche Eigeninteressen?
Hat sich die Gruppe in einen bestimmten Vorschlag verliebt?
Gab es divergierende Meinungen in der Gruppe?
Wurden falsche bzw. nur bedingt zutreffende Analogien verwendet?
Wurden ernstzunehmende Alternativen berücksichtigt?
Wie würden wir in einem Jahr entscheiden?
Woher stammen die für die Entscheidung berücksichtigten Informationen?
Könnte es vielleicht einen Halo-Effekt geben?
Orientieren wir uns zu sehr an den Entscheidungen der Vergangenheit?
Wird die Ausgangslage zu optimistisch eingeschätzt?
Ist der angenommene Worst Case schlimm genug?
Ist die Gruppe zu vorsichtig?

Bei dem **Aufbrechen eingefahrener Denkmuster** geht es darum, sich von den eigenen Denkroutinen zu lösen und bekannte Sachverhalte aus einer unbekannten Perspektive zu betrachten. Hierzu kann etwa ein Brainstorming oder – schriftlich und anonym – ein Brainwriting durchgeführt werden. Mit der „Imagine the new boss!"-Technik wird die Frage erörtert, welche Dinge einem neuen Chef im Unternehmen wohl in seiner ersten Woche auffallen würden. Mit mehr Aufwand verbunden ist der sogenannte Zero-based Approach, bei dem eine Gruppe den Status quo so gut es geht ignoriert und sich die Frage stellt, wie man handeln würde, wenn man noch einmal von vorne anfangen müsste oder dürfte. Das Aufbrechen fördern darüber hinaus Kreativitätstechniken, die zwar nicht primär auf eine Reduktion kognitiver Verzerrungen ausgerichtet sind, aber im Kern einen Perspektivenwechsel anregen sollen.

Die hier vorgestellten Debiasing-Techniken stellen jeweils spezifische Herangehensweisen dar, um durch eine Erweiterung oder Veränderung der Perspektive kognitive Verzerrungen zu identifizieren. Da es jedoch keinen „Blick von nirgendwo" gibt und es immer eine Perspektive braucht, Entscheidungssituationen überhaupt erkennen zu können (vgl. Kapitel 4.1.1), bieten sie keine Garantie, diese tatsächlich zu vermindern. Es ist immer möglich und oft wahrscheinlich, dass statt oder neben den identifizieren Verzerrungen weitere existieren, die auf die Wahrnehmung der Entscheidungssituation wirken. Eine zu einseitige Nutzung einzelner Instrumente kann die blinden Flecken daher sogar verstärken.

9.3.6 Intuitive Kreativitätstechniken

Mit Debiasing-Techniken soll eine Entzerrung der Perspektive erreicht, nicht eine neue Perspektive auf eine Entscheidungssituation angeregt werden. Hierzu eignen sich kreativ-intuitive Kreativitätstechniken, die die Offenheit des Entscheidungsträgers erhöhen, indem sie die gewohnten Wahrnehmungs- und Handlungsmuster gezielt aufbrechen und sowohl die Improvisation (produktive Intuition) als auch die Imagination (Vorstellungsfähigkeit) der problemlösenden Entscheider fördern (vgl. Becker/Ebert/Pastoors 2018, S. 90). Zu diesen gehören etwa die klassische und die modifizierte Six-Thinking-Hats-Methode und das Rad der Kreativität. Demgegenüber existieren Kreativitätstechniken, die durch systematisch-analytische Denkprozesse eine Lösung suchen. Zu diesen gehört der auf Zwicky (1966) zurückgehende Morphologische Kasten, mit dessen Hilfe ein (Entscheidungs-)Problem über eine mehrdimensionale Matrix möglichst vollständig erfasst werden soll, während der Lösungsraum durch die gewählten Dimensionen der Matrix gleichzeitig beschränkt ist (vgl. Macharzina/Wolf 2018, S. 868–869). Da diese systematisch-analytischen Kreativitätstechniken keinen Perspektivenwechsel fördern, werden sie hier jedoch ausgeklammert. Design Thinking wird eher als ganzheitlicher Innovationsansatz verstanden, der ebenfalls das Einnehmen neuer Perspektiven in den Vordergrund stellt und in seinen Phasen durch Kreativitätstechniken unterstützt werden kann.

Die **klassische Six-Thinking-Hats-Methode** (vgl. 1985) zielt darauf ab, die Teilnehmer beim Ablegen ihrer gewohnten Denkmuster zu unterstützen und die Gedanken in andere Bahnen zu lenken. Dieser Prozess wird durch das Aufsetzen verschiedenfarbiger Hüte unterstützt, wobei jede Farbe mit einem bestimmten Leitthema verknüpft ist, das jeweils für eine spezifische Art des Denkens und damit für eine bestimmte Perspektive steht. Insgesamt gibt es sechs Farben. Weiß steht für Objektivität und Neutralität, Rot für Emotionen, Schwarz für negatives bzw. kritisches

Denken, Gelb umgekehrt für positives Denken, Grün für Kreativität und neue Ideen und Blau für Ordnung und Struktur aus einer übergeordneten Perspektive. Damit alle Gruppenteilnehmer in dieselbe Richtung denken, tragen sie in einem Durchgang jeweils einen Hut der selben Farbe. Dies bezeichnet de Bono als paralleles Denken und soll dazu führen, eine bestimmte Perspektive gemeinschaftlich und damit möglichst ganzheitlich einzunehmen. Der Hut signalisiert den Teilnehmern, eine bestimmte Rolle einzunehmen. Dies soll es erleichtern, andere Perspektiven einzunehmen und sich gleichzeitig von der gewohnten Perspektive zu lösen. Das Spielen einer Rolle soll die Teilnehmer von dem (kreativitätshemmenden) Rechtfertigungsdruck lösen, da sie als Person explizit zurücktreten (vgl. Julmi/Lindner/Scherm 2013, S. 22–23). De Bono spricht bei diesem Zurücktreten auch von „ego holiday" (1985, S. 20).

Die von Julmi/Lindner/Scherm **modifizierte Six-Thinking-Hats-Methode** stellt eine Erweiterung dar und wurde speziell zu dem Zweck einer perspektivenorientierten Reflexion im Controlling entwickelt (vgl. 2013). Hierbei signalisieren die verschiedenen Hüte keine spezifische Art des Denkens, sondern stehen für unterschiedliche Anspruchsgruppen (z. B. Aktionäre, Unternehmensleitung, Mitarbeiter, Kunden, Lieferanten, Abnehmer, die Gesellschaft). Ein strategisches Entscheidungsproblem wird so aus der Perspektive verschiedener Stakeholder betrachtet; die Kundenperspektive führt beispielsweise zur Diskussion der Bedürfnisse hinsichtlich Qualität, Kosten, Service, Lieferung etc., die bei einer rein wertorientierten Sicht gegebenenfalls nicht genügend Berücksichtigung finden. Die klassische und die modifizierte Form lassen sich kombinieren, indem z. B. für jede Anspruchsgruppe die Denkhüte nach de Bono durchlaufen werden und am Ende jeweils mit dem blauen Hut ein Fazit je Anspruchsgruppe gezogen wird (vgl. Julmi/Lindner/Scherm 2013, S. 23; Lindner 2018, S. 236).

Das auf Sommerhoff/Rappe (vgl. Sommerhoff o. J.) zurückgehende **Rad der Kreativität** stellt ebenfalls das Aufbrechen gewohnter Wahrnehmungs- und Handlungsmuster in den Vordergrund. Im Gegensatz zu den meisten Kreativitätstechniken geht es aber von der Prämisse aus, dass sich zwischen geistiger und körperlicher Aktivität Wechselwirkungen ergeben und ungewohnte körperliche Bewegungen das Denken in ungewohnten Bahnen erleichtern. Die als Gruppentechnik konzipierte Methode folgt zunächst dem klassischen Phasenschema kreativer Prozesse. Im ersten Schritt legt man das Thema fest (z. B. eine bestimmte Entscheidungssituation), das im zweiten Schritt variiert und analytisch in seinen Facetten durchdrungen wird. Der dritte Schritt bildet mit der Improvisation den Kern der Methode. Hierbei werden mit Methoden aus der Theaterarbeit alltägliche Bewegungsformen verlassen, um auch das Denken aufzubrechen, eine gelöste, inspirierende Gruppenatmosphäre herzustellen und den Spieltrieb der Beteiligten zu aktivieren. In der vierten Phase, der Inspiration, wird in Bezug auf das festgelegte Thema ein klassisches Brainstorming durchgeführt. Um die aufgelockerte Atmosphäre der Improvisation zu nutzen, sollten diese beiden Phasen unmittelbar aneinander anschließen. In der letzten Phase werden die gesammelten Ideen einer Evaluation unterzogen (vgl. Julmi/Scherm 2014a, S. 24; Julmi 2016, S. 50).

Design Thinking beschreibt einen ganzheitlichen, iterativen Innovationsansatz, der den Menschen in den Mittelpunkt stellt und als Management-Framework viele kreative und analytische Methoden vereint. Sein **Ziel** ist die Entwicklung neuer Ideen sowie deren Erprobung durch Prototypen. Um möglichst viele verschiedene Perspektiven auf das Problem zu ermöglichen, wird in interdisziplinären Gruppen gearbeitet. Das Design Thinking wurde aus der täglichen Arbeitsweise in den klassischen Disziplinen der Gestaltung und des Ingenieurwesens abgeleitet, die grundlegend auf der Entwicklung von Prototypen basiert und erstmals von Simon auf das Management übertragen wurde (vgl. 1969).

Der Design-Thinking-Prozess umfasst grundsätzlich mehrere **Phasen**, wobei sich in Literatur und Praxis teilweise unterschiedliche Auffassungen über Anzahl und Inhalte der Phasen finden. Verbreitet ist eine Einteilung in sechs Phasen, von denen sich die ersten drei dem Sammeln von Informationen und die letzten drei der Lösungsfindung widmen (Freudenthaler-Mayrhofer/Sposato 2017, S. 204–211; Sattler/Sattler 2017, S. 694–696):

- Verstehen,
- Beobachten,
- Synthese,
- Ideengenerierung,
- Prototyping und
- Testing.

In der Phase des **Verstehens** wird zunächst der Status Quo abgebildet, um ein Verständnis für die zu lösende Problemlage zu erarbeiten. Es geht vor allem darum, nicht dokumentierte und informelle Informationen zu sammeln, so dass die Gruppe ein Gefühl für das aktuelle Wesen der Problemlage bekommt.

Durch die Phase des **Beobachtens** gilt es, die Mitarbeiter zu ihren Aktivitäten zu befragen und dabei zu beobachten, um die weichen Faktoren des Organisationsgefüges aufzudecken. Es soll Empathie geschaffen werden und dazu gehört, dass der Beobachter in den Kontext der Veränderung eintaucht, um ein Gefühl für Motivationen und Einstellungen der Mitarbeiter und Entscheidungsträger zu gewinnen (Empathize-Phase).

Die dritte Phase bildet die **Synthese** der bisher gewonnenen Erkenntnisse. Die gesammelten Informationen, Annahmen, Aussagen und Beobachtungen werden in ihrer Gesamtheit und ihren Zusammenhängen visualisiert. Es wird geprüft, inwiefern die einzelnen Elemente zusammenpassen, sich bedingen oder widersprechen. Dadurch sollen sich die Bedürfnisse und Motivationen der Mitarbeiter auf abstrakte Weise herauskristallisieren. Die Ergebnisse werden bereits mit möglichen Priorisierungen versehen, ohne jedoch die folgende Ideengenerierung zu sehr einzuschränken. Erst in den folgenden Phasen sind aktiv Lösungen für die identifizierten Probleme zu entwickeln.

Die Phase der **Ideengenerierung** ist durch die vorangegangene Phase der Synthese bereits in ihrer Richtung bestimmt, so dass es nun der Formgebung bedarf. Was bisher vage und abstrakt war, soll greifbar und konkret gemacht werden. Dabei kann eine Reihe von Kreativitätstechniken zum Einsatz kommen.

In der Phase des **Prototyping** geht es um eine erste, sehr grobe Umsetzung der Ideen, beispielsweise in Rollenspielen, Präsentationen, Zeichnungen oder rudimentär gebastelten Ideen. Es sollen sehr früh Fehler gemacht werden können, um aus diesen zu lernen. Daher ist diese Phase durch eine ausgeprägte Fehlerkultur gekennzeichnet. Ziel ist es, die Idee nicht nur zu verstehen, sondern durch die reichhaltige Umsetzung ganzheitlich zu erleben.

In der abschließenden Phase des **Testing** sollen die erdachten Lösungen auch hinsichtlich ihrer Wirkung auf die zukünftig Betroffenen erprobt werden. Dadurch lassen sich die Ideen weiter verfeinern und perfektionieren. Nach dem Testen wird nochmals Bezug auf die vorangehenden Phasen genommen, damit die gewonnenen Erkenntnisse zu Modifikationen der ursprünglichen Lösungsidee führen können.

Der Einsatz von Kreativitätstechniken zur Förderung eines Perspektivenwechsels setzt im Allgemeinen die Bereitschaft der Beteiligten voraus, sich auf unvertrautes Terrain zu bewegen. Im unternehmerischen Alltag zeigen sich Beharrungstendenzen unter anderem an Killerphrasen wie „Das haben wir immer schon so gemacht", „Niemand sonst tut das" oder „Sie meinen also, wir hätten bisher versagt?". Derartige Beharrungstendenzen sind jedoch zu überwinden, da sie das Einnehmen neuer (d. h. ungewohnter) Perspektiven bereits im Keim ersticken. Grundsätzlich gilt, je häufiger die vorgestellten Kreativitätstechniken durchgeführt werden, desto leichter gelingt den Teilnehmern der Perspektivenwechsel (vgl. Julmi/Lindner/Scherm 2013, S. 23–25). Da die Fähigkeit, für bis dato unberücksichtigte oder nicht hinreichend befriedigte Bedürfnisse neue Lösungen bzw. Angebote entwickeln zu können, im Rahmen der strategischen Planung eine zentrale Rolle spielt, sollten die dargelegten Kreativitätstechniken im Zuge des Controllings zum Einsatz kommen.

9.4 Institutionalisierung des reflexionsorientierten Controllings

Besteht Klarheit über die Aufgaben, die im Rahmen einer Management(unterstützungs)funktion zu erfüllen sind, stellt sich, wie bei jeder anderen Managementfunktion auch, die Frage nach der **institutionellen Gestaltung**, d. h. den relativ stabilen Regelungen für die Umsetzung des Controllings (vgl. Kapitel 1.2.2). Dazu werden im Folgenden grundlegende Überlegungen für das Controlling angestellt, die sich in analoger Form auf die Planungs-, Organisations- oder Personalfunktion übertragen lassen.

Die Institutionalisierung des Controllings charakterisieren zwei Grundfragen, auf die in Unternehmen Antworten gegeben werden müssen (vgl. Pietsch/Scherm 2002, S. 201–202; Pietsch 2003, S. 30–31; Scherm/Lindner 2016, S. 29):
- Wer nimmt in welchem Umfang Controllingaufgaben wahr?
- Wie wird eine gegebenenfalls zu bildende Controllingabteilung gestaltet?

Die erste Frage gilt der **Verteilung der Controllingaufgaben** auf Manager und Controller. Hierbei ist zwischen Selbst- und Fremdcontrolling zu unterscheiden: Wird die Controllingfunktion von Managern übernommen, spricht man von Selbstcontrolling, während Fremdcontrolling von Controllern geleistet wird. Die zweite Frage zielt auf die **Organisation der Controllerstellen** bzw. Controllingabteilungen. Die beiden Grundfragen sind dabei nicht unabhängig voneinander, da insbesondere die zweite die Beantwortung der ersten voraussetzt. So stellt sich das Problem einer Ausgestaltung der Stellen bzw. Abteilungen erst dann, wenn entschieden ist, dass ein (erheblicher) Teil der Controllingaufgaben nicht von Managern im Sinne eines Selbstcontrollings erfüllt wird. Beide Grundfragen lassen sich nicht allgemeingültig beantworten, vielmehr hängt die Art der Institutionalisierung stark von den jeweils verfolgten Zielen und situativen Einflüssen ab.

9.4.1 Manager und Controller

Die Verteilung der Controllingaufgaben auf Manager und/oder Controller stellt ein **Delegationsproblem** dar. Es muss geklärt werden, inwiefern die Controllingfunktion, die zunächst grundsätzlich Manager zu erbringen haben, auf spezialisierte Organisationseinheiten (Controller, Controllingabteilungen) übertragen werden kann. Dabei ist zu beachten, dass das Controlling auch auf die grundlegenden Unternehmensziele Bezug nimmt, um seine Reflexionsaufgabe zu erfüllen. Die Effekte von Entscheidungen in den verschiedenen Managementfunktionen sind im Hinblick auf die Erreichung dieser Ziele zu evaluieren und anschließend Abweichungs- bzw. Zielkorrekturen anzuregen. Bei der Erfüllung der Reflexionsaufgabe stößt ein **Fremdcontrolling** auf drei grundlegende **Probleme** (vgl. Pietsch/Scherm 2000, S. 408–409):
- die fehlende Systematik der Zielsysteme,
- die eingeschränkte Eignung von Indikatoren sowie
- generelle Zurechnungsprobleme.

Zielsysteme sind in Unternehmen häufig nicht systematisch aufgebaut. Aufgrund mehrdeutiger Wechsel- und Wirkungsbeziehungen bestehen meist unüberwindbare Hindernisse bei der Festlegung hierarchischer Zielsysteme, die bis zu den Ebenen des unteren Managements stringent durchstrukturiert sind. Rangniedrige Ziele lassen sich in der Folge nicht schlüssig aus hochrangigen Zielen ableiten. Gerade Controller sind jedoch bei der Reflexion von Entscheidungen auf stringent strukturierte und zuverlässige Zielsysteme angewiesen, weil es ihnen als Außenstehende an der nicht selten intuitiven Geschäfts- und Situationskenntnis mangelt.

Zudem muss auf (quantitative oder qualitative) **Indikatoren** zur Evaluation der Zielerreichung zurückgegriffen werden. Diese geben das Ausmaß der Zielerreichung häufig nur sehr eingeschränkt wieder und lassen Interpretationsspielräume, die sich ohne die entsprechenden Kenntnisse nur schwer adäquat ausschöpfen lassen. Für die Interpretation dieser Indikatoren ist die auf Methoden ausgerichtete Kompetenz der Controller weniger geeignet. Die Reflexion der Managemententscheidungen verliert damit den stringenten Bezug zu den letztlich maßgeblichen höherrangingen Unternehmenszielen.

Darüber hinaus bestehen erhebliche **Zurechnungsprobleme** bei der Evaluation von Managemententscheidungen und -handlungen. Einerseits wirken diese meist auf mehrere Ziele gleichzeitig, andererseits wirken mehrere Entscheidungen bzw. Handlungen auf ein Ziel.

Diese drei Probleme des Controllings lassen sich nur begrenzen, aber nicht vollständig lösen, und das hat Folgen für die Controllingorganisation in Unternehmen. Ein auf der Methodenkompetenz von Controllern basierendes Fremdcontrolling wird durch die aufgeführten Probleme erheblich erschwert, häufig sogar unmöglich gemacht. Controller können allenfalls in engen Bereichen der Reflexionsaufgabe tätig werden. Die umfassende Reflexion lässt sich daher in erster Linie durch ein **Selbstcontrolling der Entscheidungsträger** vor Ort realisieren, da sie die notwendige Geschäfts- und Situationskenntnis besitzen. Gerade diese Vertrautheit mit den Einflüssen und Rahmenbedingungen der Entscheidung behindert in der Regel jedoch eine bereichsübergreifende Perspektive. Außerdem erschweren die Grenzen der Informationsverarbeitung und der Selbstreflexion den Entscheidern, Distanz zu einer Entscheidung zu gewinnen. Hier weisen Controller, die nicht in die Entscheidung involviert sind und die Kenntnis der Methoden zur Reflexion haben, eindeutige Vorteile auf. Auch wenn es grundsätzlich das Ziel sein sollte, die reflexionsbezogene Kompetenz der Manager zu erhöhen, besteht ein Nachteil gegenüber spezialisierten Stellen.

Controlling soll aber auch die notwendige informatorische Gesamtsicht zur Erfüllung der Reflexionsaufgabe liefern und diese Informationsbasis durch Berücksichtigung von Lerneffekten laufend aktualisieren. Die dafür notwendige Beschaffung, Verarbeitung und Aufbereitung von Informationen kann nur sehr begrenzt von den primär mit Steuerungsaufgaben betrauten Managern geleistet werden, denen in der Regel zudem die entsprechende Methodenkenntnis fehlt. Durch die Bildung von Controllerstellen lassen sich **Spezialisierungsvorteile** erzielen. Beispielsweise wird bezüglich des Einsatzes von Business Analytics der Einsatz von Data Scientists oder Data Artists im Controlling diskutiert: Während der Data Scientist seine Methodenkenntnisse dazu nutzt, durch die Verarbeitung von Informationen neue Erkenntnisse zu generieren, ist es Aufgabe des Data Artist, diese Erkenntnisse so aufzubereiten, dass die Entscheider die Zusammenhänge schnell erfassen können (vgl. Furkel/Gneiting 2013, S. 11; Steiner/Welker 2016). Es darf jedoch nicht übersehen werden, dass die Beschaffung von Informationen durch Controller mitunter erschwert ist, da sich zum einen die potenziellen Informanten bei Weitem nicht immer aller relevanten Informationen bewusst sind, zum anderen die Bereitschaft zur unverfälschten Weitergabe an den Controller nicht generell unterstellt werden kann.

Während somit die Reflexion von Entscheidungen primär die Aufgabe von Managern darstellt, handelt es sich bei der informatorischen Unterstützung der Reflexion eher um die Aufgabe spezialisierter Controller. Nicht nur das Selbstcontrolling stößt an Grenzen, auch das Fremdcontrolling wird nur einem Teil der Controllingaufgaben gerecht. Der konkrete Umfang der zu delegierenden Aufgaben hängt jedoch von den jeweiligen situativen Bedingungen ab.

Die **Zusammenarbeit zwischen Controller und Manager** ist daher unumgänglich. Es lassen sich dabei zwei typische Modelle unterscheiden (vgl. auch Pietsch 2003, S. 108–112):

– das Unterstützungsmodell sowie
– das Kooperationsmodell.

Im Rahmen des **Unterstützungsmodells** wird die Reflexionsaufgabe vor allem von dem Manager als Entscheidungsträger erfüllt, während dem Controller die Aufgabe zukommt, die Abstimmung der Reflexionsaktivitäten zu unterstützen. Die Controller koordinieren die Reflexion, indem sie die Manager mit den notwendigen Informationen versorgen. Manager werden also von dem Austausch koordinationsrelevanter Informationen im Unternehmen entlastet. Der Controller entscheidet zwar nicht, wer welche Informationen braucht, stellt aber sicher, dass fallweise oder regelmäßige Informationsbedarfe gedeckt und Lerneffekte möglich sind.

Findet über die Managementunterstützung hinaus eine Aufteilung der Reflexionsaufgabe zwischen Manager und Controller statt, liegt ein **Kooperationsmodell** vor. Der Controller übernimmt jedoch nur Entscheidungsbefugnisse und Verantwortung im Rahmen seiner Reflexionsaufgabe, da die Verantwortung für die (Management-) Entscheidung (und deren Umsetzung) nicht delegierbar ist. Der Umfang der übertragenen Aufgaben kann unterschiedlich sein. Das Aufgabenspektrum des Controllers reicht von dem Anstoß der perspektivenorientierten Reflexion durch ein gezieltes Informationsangebot oder dem Aufzeigen kritischer Prämissen bis hin zur selbstständigen Reflexion von Abweichungen, die außerhalb des unmittelbaren Entscheidungsbereichs des jeweiligen Managers auftreten. Der Controller fungiert als kritischer Counterpart, wenn es gilt Entscheidungsperspektiven zu hinterfragen, und stellt im Rahmen der abweichungsorientierten Reflexion sicher, dass bereichsübergreifende und strategische Aspekte ausreichend berücksichtigt werden. Letzteres erhält durch ein entsprechendes fachgebundenes Weisungsrecht ein besonderes Gewicht.

Im **Unterstützungsmodell** werden hohe Anforderungen an die jeweiligen Entscheidungsträger gestellt. Es eignet sich daher nur, wenn Führungskräfte erstens die erforderliche Fähigkeit und Bereitschaft zur Reflexion aufweisen bzw. vorhandene Defizite beseitigt werden können und zweitens die übrigen Aufgaben dem Entscheidungsträger noch Raum lassen für die Controllingaufgaben. Außerdem müssen die Umsetzung und Interdependenzen der Entscheidungen für den Entscheidungsträger überschaubar sein, d. h. tendenziell ein niedriger Grad der Entscheidungszentralisierung und der Spezialisierung vorliegen, und notwendige Informationen dezentral verfügbar sein.

Stellt sich die Situation in einem Unternehmen anders dar, kann das Controlling nur dem **Kooperationsmodell** folgen. Je geringer die Kompetenz und die Reflexionsmöglichkeit des Entscheidungsträgers sind und bzw. oder je höher sich die jeweilige Kapazitätsauslastung darstellt, desto mehr Reflexionsaufgaben müssen auf den Controller delegiert werden. In analoger Form gilt das für einen zunehmenden Grad an Entscheidungszentralisation und Spezialisierung im Unternehmen. Unumgänglich ist dieses Modell dann, wenn die technischen Voraussetzungen für den dezentralen Zugriff auf umfassende Informationen nicht gegeben sind oder wenn es aus welchen Gründen auch immer unternehmenspolitisch gewollt ist.

9.4.2 Controllerorganisation

Hat man sich für einen bestimmten **Grad der Delegation** von Controllingaufgaben und somit zumindest partiell für ein Fremdcontrolling entschieden, ist die zweite Institutionalisierungsfrage zu beantworten, d. h. das Problem der organisatorischen Einbindung der Controllerstellen zu lösen. Die Alternativen, die hier gewählt werden können, finden sich vielfältig in der Literatur und der Unternehmenspraxis. Konkrete Gestaltungsentscheidungen erfordern zwar die Kenntnis der jeweiligen Situation, grundsätzliche Überlegungen und Tendenzaussagen sind aber möglich.

Hinsichtlich der **Zuweisung von Entscheidungskompetenzen** wird darüber diskutiert, ob dem Controller eine Leitungs- oder eine Stabsstelle zuzuweisen ist. Während die Leitungsstelle über Entscheidungs- und Weisungsbefugnisse verfügt, unterstützen Stabsstellen die Instanzen durch ihre speziellen Kenntnisse und Fähigkeiten. Die Einrichtung einer Leitungs- oder Stabsstelle hängt erheblich von der genauen – im jeweiligen Einzelfall festzulegenden – Aufgabenzuweisung an den Controller ab. Je mehr er Aufgaben aus dem Bereich der Managementfunktion des Controllings übernimmt, desto stärker spricht das für die Einrichtung einer Leitungsstelle, da die Ausübung der Reflexionsaufgabe durch den Controller einen sehr starken Einfluss auf die Entscheidungen beinhaltet. Für den Controller sind hier (Mit-)Entscheidungsbefugnisse und die entsprechende Verantwortung wichtig, da er sich sonst zu Recht dem Vorwurf eines verborgenen Leitungsanspruchs ohne (Gewinn-)Verantwortung ausgesetzt sieht und daraus Akzeptanzprobleme resultieren. Steht allerdings die reine informatorische Unterstützung bei der Aufgabenzuordnung im Vordergrund, kann die Einrichtung einer Stabsstelle durchaus angezeigt sein.

Für die **hierarchische Einordnung** der Controllingabteilung gibt es unterschiedliche Empfehlungen. So wird z. B. angeführt, dass Autorität, Unabhängigkeit und Entscheidungsnähe durch eine hohe hierarchische Verortung gewährleistet werden können, wobei jedoch die Berufung des Leiters des Controllings in die Unternehmensleitung mit seiner Unabhängigkeit bzw. Neutralität nicht vereinbar ist. Durch die Anbindung des Controllings an den – häufig ressortlosen – Vorsitzenden der Geschäftsführung oder des Vorstands wird dann nicht nur Unabhängigkeit und Neutralität gesichert, sondern auch die langfristige Perspektive gefördert. Die Unternehmenspraxis siedelt das Controlling vor allem auf der zweiten oder dritten Hierarchieebene an.

Ein weiteres Problem stellt die **Struktur der Weisungsbeziehungen** innerhalb des institutionalisierten Controllings dar. Die interne Struktur wird bestimmt durch den Grad der Dezentralisierung der Controllinginstitution(en); es gibt Funktionsbereichs-, Sparten-, Beteiligungs-, Werks-, Regionen- und Projektcontroller – der Fantasie scheinen in der Praxis keine Grenzen gesetzt zu sein, wenn es um „Bindestrich-Kombinationen" geht. Das birgt die Gefahr der isolierten Problemsicht, die eine umfassende Reflexion von Entscheidungen nicht ermöglicht und die Informationsversorgung durch isolierte Daten und zusätzliche Schnittstellen erschwert. Bei der **Unterstellung dezentraler Controller** unter den zentralen Controller oder den Linienvorgesetzten lassen sich unter Berücksichtigung fachlicher und disziplinarischer Weisungsrechte vier Alternativen unterscheiden (vgl. Tabelle 9.2).

Tab. 9.2: Varianten der Unterstellung dezentraler Controller (eigene Darstellung).

	Disziplinarvorgesetzter	
Fachvorgesetzter	Zentralcontroller	Linienvorgesetzter
Zentralcontroller	I	II
Linienvorgesetzter	III	IV

Die fachliche und disziplinarische Unterstellung des dezentralen Controllers unter den Zentralcontroller (Fall I) oder die Linieninstanz (Fall IV) birgt Vor- und Nachteile. Die Trennung der Weisungsrechte (Fall II und III) führt in Organigrammen häufig zu einer Darstellung der fachlichen Weisungsbeziehung in Form unterbrochener Linien (Dotted-line-Prinzip). Bei diesen Doppelunterstellungen erscheint insbesondere Fall II (fachliches Weisungsrecht des Zentralcontrollers, disziplinarisches Weisungsrecht des Linienvorgesetzten) von Bedeutung, da der Spezialisierung des Controllers Rechnung getragen wird. Die Literatur nennt für diese Alternativen jeweils Vor- und Nachteile, die in Tabelle 9.3 zusammengefasst sind.

Tab. 9.3: Vor- und Nachteile alternativer Unterstellungsmöglichkeiten dezentraler Controller (eigene Darstellung in Anlehung an Küpper u. a. 2013, S. 693).

	Unterstellung Zentralcontroller (Fall I)	Unterstellung Linieninstanz (Fall IV)	Dotted-line-Prinzip (Fälle II und III)
positiv	einheitliche Durchführung des Controllings	Zusammenarbeit mit der Linieninstanz	Kompromiss zwischen zwei Extremen
	bei Beteiligung an Entscheidungen Gegengewicht zur Linieninstanz	schnelle Information der Zentrale	Möglichkeit der Verbindung von Bereichskenntnissen und Controllingnotwendigkeiten
	starke Betonung des Koordinationsaspekts	Zugang zu formellen und informellen Quellen	
	schnelle Durchsetzung neuer Systeme und Methoden	Möglichkeit der Entscheidungsunterstützung	flexible Einflussnahme auf Controller
	Unabhängigkeit gegenüber Linieninstanzen	starkes Eingehen auf Bereichsbedürfnisse	
	schnelle Information der Zentrale		
negativ	geringe Akzeptanz	Gesamtperspektive wird vernachlässigt	Konfliktpotenzial der Doppelunterstellung
	Informationsblockade der Linie	Verstärkung des Partikularismus	Gefahr geringer Akzeptanz im Controlling und im Bereich
	Spezialcontroller wird isoliert		
	Entscheidungsunterstützung wird nicht genutzt	Berichterstattung an Zentralcontroller wird vernachlässigt	
	bereichsspezifische Besonderheiten wenig beachtet	mangelnde Distanz zu Linienaktivitäten	

9.5 Die Reflexion des Controllings

Das wesentliche Ziel des Controllings ist es, durch die Reflexion von Entscheidungen deren Richtigkeit, Effektivität und Effizienz sicherzustellen. Es wäre jedoch aus institutioneller Sicht verkürzt, das Controlling als übergeordnete Instanz der Reflexion von Entscheidungen zu verstehen. Bei Managern und Controllern lässt sich nicht ausschließen, dass sie **persönliche Ziele** verfolgen und vor diesem Hintergrund spezifische Reflexionsergebnisse gegenüber anderen präferieren. So können Manager z. B. fehlerhafte Selektionen aus Angst vor einem Gesichtsverlust vertuschen oder aus Machtstreben anderen zuschieben, während Controller z. B. die Reflexion in eine vom Manager gewünschte oder ungewünschte Richtung lenken, um ihre Akzeptanz zu erhöhen oder Macht auszuüben. Neben diesen bewussten Verzerrungen oder Beschränkungen beeinflussen die individuelle Leistungsbereitschaft und Leistungsfähigkeit die Qualität der Entscheidungsreflexion. **Wollensdefizite** und **Könnensdefizite** bleiben nicht aus und beeinträchtigen die Reflexion (vgl. Weber/Schäffer 2016, S. 525–528). Einige Instrumente des reflexionsorientierten Controllings erfordern beispielsweise eine hohe Methodenkompetenz; fehlt diese, ist die adäquate Erfüllung der Reflexionsfunktion nicht garantiert.

Darüber hinaus ist das Controlling in einen gesellschaftlichen Kontext eingebettet. Es sind daher auch Einflüsse von Legitimationserfordernissen und Rationalitätsmythen oder grundlegenden sozialen Sinnstrukturen auf das Controlling zu berücksichtigen. Die Controllerorganisation dient nicht ausschließlich der Sicherung der Richtigkeit, Effektivität und Effizienz, sondern auch der Legitimation von Entscheidungen. Vor diesem Hintergrund ist nicht auszuschließen, dass die Controllingpraxis auf legitimierende **Rationalitätsmythen** zurückgreift, um Zugang zu bestimmten Ressourcen zu erhalten (vgl. Kapitel 4.4). Der Einsatz ausgefeilter Business-Analytics-Tools im Rahmen des Controllings kann beispielsweise dazu dienen, Entscheidungen gegenüber internen und externen Stakeholdern zu legitimieren, selbst wenn diese aufgrund überwiegend mehrdeutiger Entscheidungssituationen nur begrenzten Nutzen stiften. Unabhängig davon kann dann bei Fehlentscheidungen darauf verwiesen werden, man habe alles in seiner Macht stehende versucht (vgl. Walgenbach/Goldenstein 2017, S. 20).

Es ist daher festzuhalten, dass die Reflexionsergebnisse des Controllings keine unantastbaren Wahrheiten sind. Letztlich beruht auch die Reflexion von Entscheidungen auf bewussten und unbewussten Selektionen, die es vor dem Hintergrund der verfolgten Ziele zu reflektieren gilt. Das Controlling ist damit selbst einer Reflexion zu unterziehen und in Bezug auf seinen Beitrag zur Sicherstellung der Richtigkeit, Effektivität und Effizienz von Entscheidungen zu hinterfragen. Diese **Reflexion der Reflexion** (oder Reflexion zweiter Ordnung) bedarf einer unabhängigen Organisationseinheit, da ansonsten die Gefahr besteht, dass fehlerhafte Selektionen bewusst oder unbewusst aufrechterhalten werden. Man könnte dabei grundsätzlich an die Interne Revision denken, deren Aufgabe es ist, als unabhängiges Überwachungsorgan objektive Prüfungs- und Beratungsleistungen zur Verbesserung und Kontrolle der Unternehmensführung zu erbringen. In Aktiengesellschaften ist die Einrichtung der Internen Revision gesetzlich vorgeschrieben; meist ist sie als Stabsstelle direkt dem Vorsitzenden der Geschäftsführung oder des Vorstands unterstellt (vgl. Horváth/Gleich/Seiter 2015, S. 460–464). Dabei muss die institutionelle Trennung von Controlling und Interner Revision in jedem Fall sichergestellt sein, um die Unabhängigkeit der Reflexion des Controllings zu gewährleisten. Außerdem stellt eine solche Erweiterung der Revisionsaufgaben neue, teils grundlegend andere Anforderungen an diese Mitarbeiter, die sich nicht zuletzt in methodischer Hinsicht ergeben und einer entsprechenden Qualifikation bzw. Qualifizierung bedürfen.

10 Abschließendes

Sieht man Management als das Treffen, Umsetzen und Reflektieren von Entscheidungen an, die letztlich für alle ausführenden Tätigkeiten in Unternehmen bestimmend sind, verfolgt das Buch den Zweck, einen Beitrag zum Verstehen von (strategischen) Entscheidungssituationen und zur Wahl einer Alternative in einer solchen Situation zu leisten – ganz im Sinne der anwendungsorientierten Betriebswirtschaftslehre. Wir nehmen im Wesentlichen die funktionale Perspektive auf Management ein und blicken in erster Linie auf die Aufgaben, die im Rahmen der Steuerung von Unternehmen zu erfüllen sind. Wer diese Aufgaben übernimmt und was dabei tatsächlich gemacht wird, bleibt nicht völlig unberücksichtigt, rückt aber in den Hintergrund.

Jahrzehnte der Beschäftigung mit strategischem Management haben nicht dazu geführt, dass man heute genau weiß, was in Unternehmen zu tun ist, um sie zum Erfolg zu führen. Mintzberg verdeutlichte die Komplexität eines solchen Unterfangens schon vor über vierzig Jahren mit seiner Unterscheidung von zehn Denkschulen und den fünf Perspektiven auf Strategie. Ganz generell lässt sich aber sagen, dass ein Mehr an strategischer Planung bzw. Strategieentwicklung ebenso wenig zu größerem Erfolg führt wie der völlige Verzicht darauf. Die Wahrheit bzw. das jeweils richtige Maß hängen letztlich von den konkreten Bedingungen des Einzelfalls ab, jedoch sollte das (strategische) Denken und Handeln keinesfalls getrennt werden.

Strategisches Management zielt auf den Aufbau, die Ausschöpfung und die Sicherung von Erfolgspotenzialen, die als Vorsteuergrößen gelten und unterschiedlichen, internen und externen Quellen entspringen. Die theoretische Auseinandersetzung damit lässt sich grob in den Market-based View und den Resource-based View unterscheiden, auch wenn es weitere weniger beachtete, aber nicht weniger interessante Ansätze gibt. Eine komplementäre Sicht der Erkenntnisse ist durchaus hilfreich, obwohl die Forschung sich noch immer mehr gegenseitig ignoriert als miteinander kooperiert.

Der Faktor Mensch, in der Betriebswirtschaftslehre ebenso wie im (strategischen) Management nicht selten ausgeblendet, spielt bei strategischen Entscheidungen in mehrfacher Hinsicht eine gewichtige Rolle. Im Umgang mit den durch Mehrdeutigkeit gekennzeichneten strategischen Entscheidungen kommen seine Begrenzungen, aber auch seine Intuition und nicht zuletzt kognitive und emotionale Einflüsse zum Tragen. Er ist zudem in der Interaktion mit anderen gruppenspezifischen, affektiven und politischen Einflüssen ausgesetzt. Nicht zuletzt prägen institutionelle Erwartungen und unternehmenskulturelle Werthaltungen sein Entscheiden und Handeln. Auf diese normative Beeinflussung zielt auch der Handlungsrahmen, der in Unternehmen bewusst geschaffen wird. Er umfasst neben der Unternehmensverfassung, Vision und Mission grundlegende Werte, die sich z. B. im Leitbild niederschlagen, sowie

https://doi.org/10.1515/9783110540482-010

die Gewichtung der Eigentümerinteressen gegenüber denen anderer Interessengruppen. Seit längerer Zeit geht es darin auch um Antworten auf (unternehmens-)ethische Fragen.

Strategieentscheidungen erfordern Informationen, um die Entscheidungsfindung zu unterstützen, oder auch nur, um die Entscheidung im Nachhinein zu begründen und so zu legitimieren. Daraus resultiert eine Analyse der Umwelt aus verschiedenen Betrachtungsperspektiven, wobei die Konzentration auf bestimmte Bereiche zwar nötig ist, damit jedoch die Gefahr des Ausblendens und nicht rechtzeitigen Erkennens relevanter Entwicklungen einhergeht. Verschwimmende Branchengrenzen, dekonstruierte Wertschöpfungsstrukturen und die hohe Dynamik erschweren die Analyse, bei der es weniger um die aktuelle Situation als die zukünftige Entwicklung der relevanten Einflussfaktoren geht. Bei der Analyse des Unternehmens erweisen sich dessen Ressourcen und Kompetenzen ebenfalls schwer zugänglich, und ihre Bewertung fällt angesichts sich schnell ändernder Umwelterfordernisse zunehmend schwerer. Zusammengeführt ergeben die Informationen aus Umwelt und Unternehmen im Idealfall die Grundlage für die Einschätzung der Erfolgspotenziale des Unternehmens und damit die Voraussetzung für die mehr oder weniger analytische Entwicklung von Strategieoptionen. Entwickelt sich „lediglich" ein Gefühl für die Erfolgspotenziale und in der Folge ein eher durch Intuition geleitetes strategisches Handeln, muss das keinesfalls das schlechtere Ergebnis bzw. weniger erfolgsträchtige Vorgehen sein.

Erfolgspotenziale aufzubauen, Vorteile gegenüber Konkurrenten zu erlangen und langfristig Erfolg zu erzielen, erfordert eine Vielzahl von Entscheidungen, die aufgrund unterschiedlicher Betrachtungsperspektiven eher definitorisch in Strategien und Geschäftsmodelle differenziert werden. Bei strategischen Entscheidungen über existierende Geschäftsfelder kommen typischerweise unterschiedliche markt- oder wertorientierte Portfoliokonzepte zum Einsatz. Diese vereinfachen die Entscheidungssituation stark, können aber die Identifizierung und Bewertung von Handlungsalternativen erleichtern. Entscheidungen über eine, wie auch immer geartete Diversifikation führen zu neuen Geschäftsfeldern. Werden die Ressourcen und Kompetenzen zum Gegenstand der Entscheidung gemacht, kommen ebenfalls Portfoliokonzepte zum Einsatz, die einen erheblichen Analyse- und Bewertungsaufwand verursachen, um letztlich die gewonnenen Erkenntnisse auch auf eine (zu) einfache und (schein-)genaue Entscheidungsgrundlage mit zwei Erfolgsfaktoren zu reduzieren. Rücken (potenzielle) Verflechtungen infolge der übrigen Strategieentscheidungen in den Fokus, bildet die Nutzung daraus resultierender Synergieeffekte den Gegenstand der Entscheidung. Die Grenzen eines Unternehmens sind in erster Linie bei Entscheidungen über das Outsourcing (bzw. umgekehrt das Insourcing) oder eine Kooperation berührt. Innerhalb der Geschäftsfelder geht es um Antworten auf die Frage, wie Wettbewerbsvorteile erzielt werden. Dabei gelten die Antwortalternativen heute nicht mehr so unvereinbar, wie es zu Beginn der Betrachtung von Wettbewerbsstrategien noch schien; nicht zuletzt sind sie inzwischen von der hohen Dynamik der Märkte und einer erweiterten (Wettbewerbs-)Perspektive geprägt. Entscheidungen mit Bezug zu Funktionsbereichen bringen zum Ausdruck, dass es sich eher um eine andere Entscheidungsperspektive als eine andere bzw. niedrigere hierarchische Entscheidungsebene handelt. Die aufgezeigten Entscheidungsfelder stellen außerdem keine Alternativen dar, vielmehr erfordern alle diese Felder regelmäßig Entscheidungen, die vielfältige Interdependenzen aufweisen und nur Erfolg versprechen, wenn sie eine gewisse Stimmigkeit aufweisen.

Strategieentscheidungen bedürfen, um zu einem realen Handeln zu führen, der Implementierung, die sich nicht nur auf die Operationalisierung der Strategie im Sinne der operativen Planung und Budgetierung beschränkt, sondern Hand in Hand mit (strategischen) Organisations-, Personal- und Führungsentscheidungen geht. Die in diesem Zusammenhang noch immer geläufige Prozessbetrachtung, bei der die Implementierung der Strategie ihrer Formulierung folgt, verstellt den Blick darauf, dass beide Phasen zusammen einen organisatorischen Wandel bilden, dem von Anfang an die organisationale Trägheit gegenübersteht, die Ursachen auf verschiedenen Ebenen und außerhalb des Unternehmens hat. Ohne die Grenzen der Gestaltung des Wandels zu verkennen, trägt ein Change Management sicherlich zur Verringerung der Kluft zwischen (strategischem) Denken und Handeln bei. Da die hohe Dynamik in Umwelt und Unternehmen nicht nur episodisch, sondern laufend (strategische) Entscheidungen erfordert, kann keinesfalls von jeweils abgeschlossenen Strategieprozessen oder Strategieprojekten ausgegangen werden. Der Umgang mit Widerständen, die strategie- oder wandelbezogene Kommunikation und die Handhabung unterschiedlichster Konflikte sind daher eher als permanente und nicht als einzelfallbezogene Managementaufgaben bzw. Herausforderungen für Manager zu sehen.

Da Entscheidungen im Rahmen der Managementfunktionen regelmäßig eine Auswahl aus einer Vielzahl von Alternativen darstellen, sind sie aus vielfältigen Gründen mit hoher Unsicherheit behaftet und bedürfen von Anfang an der Reflexion. Dabei geht es um unterschiedliche Abweichungen im Zuge der Entscheidungsfindung und Entscheidungsrealisation, aber auch um alternative Perspektiven auf Entscheidungen. Die Reflexion erfordert eine informatorische Unterstützung, die auch auf die Förderung des organisationalen Lernens zielt. Nur ein so umfassend verstandenes Controlling, das die Managementfunktion und die Unterstützungsfunktion beinhaltet, wird der Komplexität des Managements im Sinne der Steuerung eines Unternehmens gerecht. Instrumente, die bei einem solchen Controlling zum Einsatz kommen, zeichnen sich entweder durch einen kritischen Vergleich aus oder erleichtern den Wechsel der Perspektive. Besonderes Augenmerk muss auf die Institutionalisierung der Management- und der Unterstützungsfunktion gelegt werden; das Selbstcontrolling und das Fremdcontrolling unterliegen jeweils unterschiedlichen Beschränkungen und daher ist eine situationsgerechte Zusammenarbeit von Manager und Controller anzustreben. Da Controller wie Manager und damit das Controlling verhaltensbezogenen Einflüssen unterliegen, kommt man nicht umhin, auch dieses zu reflektieren.

Am Ende müssen Manager für ihre Entscheidungen die Verantwortung übernehmen und gegebenenfalls für sie gerade stehen. Einfache Handlungsanweisungen und
generelle Empfehlungen erscheinen uns daher weniger angemessen als der Versuch,
dem Leser die Komplexität des Managements, d. h. die Mehrdeutigkeit und Unsicherheit der Entscheidungssituationen und die situative Bedingtheit seiner Entscheidungen vor Augen zu führen. Insofern liefert das Lehrbuch keine Managementrezepte,
allenfalls hat es eine (entscheidungs-)unterstützende Funktion. Diese ist aus unserer
Sicht dann erfüllt, wenn es nach der aufmerksamen Lektüre des Buches gelingt, besser einzuschätzen, in welcher Entscheidungssituation man sich befindet und welche
Mittel einem grundsätzlich für ihre erfolgreiche Bewältigung zur Verfügung stehen.
Entscheiden muss der Einzelne dann selbst.

Literatur

Aaker, David A.: Strategisches Marktmanagement, Wiesbaden 1989.

Ade, Benjamin/Moormann, Jürgen: Dekonstruktion der Kreditwertschöpfungskette, in: Achenbach, Wieland/Moormann, J./Schober, H. (Hrsg.): Sourcing in der Bankwirtschaft, Frankfurt 2004, S. 153–174.

Agarwal, Ravi/Grassl, Wolfgang/Pahl, Joy: Meta-SWOT: Introducing a new strategic planning tool, in: Journal of Business Strategy 33 (2/2012), S. 12–21.

Albach, Horst: Strategische Unternehmensplanung bei erhöhter Unsicherheit, in: Zeitschrift für Betriebswirtschaft 48 (8/1978), S. 702–715.

Albach, Horst: Betriebswirtschaftslehre ohne Unternehmensethik, in: Zeitschrift für Betriebswirtschaft 75 (9/2005), S. 809–831.

Albeck, Wolfgang: Geschäftsmodellinnovationen für das mittlere Marktsegment, Wiesbaden 2016.

Al-Laham, Andreas: Strategieprozesse in deutschen Unternehmungen, Wiesbaden 1997.

Amit, Raphael/Zott, Christoph: Value Creation in E-Business, in: Strategic Management Journal 22 (6-7/2001), S. 493–520.

Andrews, Kenneth R.: The concept of corporate strategy, Homewood 1971.

Ansoff, H. Igor: Strategies for Diversification, in: Harvard Business Review 35 (5/1957), S. 113–124.

Ansoff, H. Igor: Corporate strategy, Englewood Cliffs 1965.

Ansoff, H. Igor: Managing surprise and discontinuity. Strategic response to weak signals, in: Zeitschrift für betriebswirtschaftliche Forschung 28 (3/1976), S. 129–152.

Ashforth, Blake E./Rogers, Kristie M./Pratt, Michael G./Pradies, Camille: Ambivalence in organizations. A multilevel approach, in: Organization Science 25 (5/2014), S. 1453–1478.

Avolio, Bruce J./Bass, Bernard. M.: The full range leadership development programs: based and advanced manuals. Binghamton, New York 2011.

Bach, Norbert/Brehm, Carsten/Buchholz, Wolfgang/Petry, Thorsten: Organisation, 2. Aufl., Wiesbaden 2017.

Bain, Joe S.: Price and production policies, in: Ellis, Howard S. (Hrsg.): A survey of contemporary economics, Philadelphia 1948, S. 129–173.

Bain, Joe S.: Industrial organization, 2. Aufl., New York 1968.

Bamberger, Ingolf/Wrona, Thomas: Strategische Unternehmensführung, 2. Aufl., München 2012.

Barney, Jay B.: Firm Resources and Sustained Competitive Advantage, in: Journal of Management 17 (1/1991), S. 99–120.

Barney, Jay B.: Gaining and Sustaining Competitive Advantage, 2. Aufl., Reading/Mass. u. a. 2002.

Barney, Jay: Gaining and sustaining competitive advantage, 4. Aufl., Harlow 2014.

Baum, Heinz-Georg/Coenenberg, Adolf G./Günther, Thomas: Strategisches Controlling, 5. Aufl., Stuttgart 2013.

Bea, Franz X./Haas, Jürgen: Strategisches Management, 9. Aufl., Konstanz, München 2017.

Becker, Fred G.: Grundlagen betrieblicher Leistungsbeurteilungen, 5. Aufl., Stuttgart 2009.

Becker, Fred G.: Strategische Unternehmungsführung. Eine Einführung, 4. Aufl., Berlin 2011.

Becker, Joachim H./Ebert, Helmut/Pastoors, Sven: Praxishandbuch berufliche Schlüsselkompetenzen, Berlin, Heidelberg 2018.

Becker, Jörg/Bernhold, Torben/Knackstedt, Ralf/Matzner, Martin (Hrsg.): Planung koordinierter Wertschöpfungspartnerschaften, Berlin 2017.

Bell, Geoffrey G./Rochford, Linda: Rediscovering SWOT's integrative nature: A new understanding of an old framework, in: The International Journal of Management Education 14 (3/2016), S. 310–326.

https://doi.org/10.1515/9783110540482-011

Berens, Wolfgang/Knauer, Thorsten/Sommer, Friedrich/Wöhrmann, Arndt: Gemeinsamkeiten deutscher Controlling-Ansätze – Konzeption und empirische Analyse von Stellenanzeigen, in: Controlling 25 (4-5/2013), S. 223–229.

Bester, Helmut: Theorie der Industrieökonomik, 7. Aufl., Berlin, Heidelberg 2017.

Beutelsbacher, Stefan: Marktforschung für Erwachsene, in: Welt am Sonntag Nr. 32, 7. August 2016, S. 4.

Bleicher, Knut/Abegglen, Christian: Das Konzept Integriertes Management. Visionen – Missionen – Programme, 9. Aufl., Frankfurt, New York 2017.

Bono, Edward D.: Six thinking hats, Boston 1985.

Boos, Frank/Jarmai, Heinz: Kernkompetenzen – gesucht und gefunden, in: Harvard Business Manager 16 (4/1994), S. 19–26.

Bouncken, Ricarda B.: Dem Kern des Erfolges auf der Spur? State of the Art zur Identifikation von Kernkompetenzen, in: Zeitschrift für Betriebswirtschaft 70 (7/8/2000), S. 865–885.

Bouncken, Ricarda B./Gast, Johanna/Kraus, Sascha/Bogers, Marcel: Coopetition: a systematic review, synthesis, and future research directions, in: Review of Managerial Science 9 (3/2015), S. 577–601.

Bramlage, Jack K./Julmi, Christian: Der richtige Ton. Wie Konflikte auf emotionaler Ebene gelöst werden, in: OrganisationsEntwicklung 37 (3/2018), S. 47–51.

Brandenburger, Adam/Nalebuff, Barry: Coopetition – kooperativ konkurrieren, 2. Aufl., Frankfurt a. M., New York 2008.

Bresser, Rudi K. F.: Strategische Managementtheorie, 2. Aufl., Stuttgart 2010.

Bröder, Arndt/Hilbig, Benjamin E.: Urteilen und Entscheiden, in: Müsseler, Jochen/Rieger, Martina (Hrsg.): Allgemeine Psychologie, 3. Aufl., Berlin, Heidelberg 2017, S. 619–659.

Bromiley, Philip/Rau, Devaki: Towards a practice-based view of strategy, in: Strategic Management Journal 35 (8/2014), S. 1.249–1.256.

Bruton, James: Unternehmensstrategie und Verantwortung, Berlin 2011.

Buchholz, Liane: Strategisches Controlling. Grundlagen – Instrumente – Konzepte, 2. Aufl., Wiesbaden 2013.

Burke, Lisa A./Miller, Monica K.: Taking the mystery out of intuitive decision making, in: Academy of Management Executive 13 (4/1999), S. 91–99.

Burr, Wolfgang/Stephan, Michael/Werkmeister, Clemens: Unternehmensführung, 2. Aufl., München 2011.

Buschmann, Ansgar: Geschäftsmodelle im Wandel. Evolution und strategischer Wandel, in: Zeitschrift Führung + Organisation 85 (3/2016), S. 152–157.

Büter, Clemens: Internationale Unternehmensführung. Entscheidungsorientierte Einführung, München 2010.

Camerer, Colin F.: Does strategy research need game theory? In: Strategic Management Journal 12 (Special Issue/1991), S. 137–152.

Chamberlin, Edward H.: The theory of monopolistic competition, Cambridge 1933.

Christensen, Clayton M.: The Ongoing Process of Building a Theory of Disruption, in: Journal of Product Innovation Management 23 (1/2005), S. 39–55.

Christensen, Clayton M./Matzler, Kurt/von den Eichen, Stephan Friedrich: The Innovator's Dilemma, 1. Nachdruck, München 2013.

Christensen, Clayton M./Raynor, Michael/DcDonald, Rory: Was ist disruptive Innovation? In: Harvard Business Manager 27 (1/2016), S. 64–75.

Ciompi, Luc: Die emotionalen Grundlagen des Denkens. Entwurf einer fraktalen Affektlogik, Göttingen 1997.

Claus, Thorsten/Herrmann, Frank/Manitz, Michael (Hrsg.): Produktionsplanung und -steuerung, Berlin, Heidelberg 2015.

Clausewitz, Carl v.: Vom Kriege, 19. Aufl., Bonn 1991.

Coenenberg, Adolf G./Fischer, Thomas M./Günther, Thomas: Kostenrechnung und Kostenanalyse, 9. Aufl., Stuttgart 2016.

Coenenberg, Adolf G./Salfeld, Rainer/Schultze, Wolfgang: Wertorientierte Unternehmensführung. Vom Strategieentwurf zur Implementierung, 3. Aufl., Stuttgart 2015.

Continental: Konzernstrategie, https://www.continental-corporation.com/de/unternehmen/ ueberblick, 2018 (letzter Aufruf: 26.02.2018).

Csaszar, Felipe A./Levinthal, Daniel A.: Mental representation and the discovery of new strategies, in: Strategic Management Journal 37 (10/2016), S. 2031–2049.

Csik, Michaela/Gassmann, Oliver: Innovative Geschäftsmodelle als Wettbewerbsfaktor, in: Wirtschaftswissenschaftliches Studium 44 (6/2015), S. 302–308.

D'Aveni, Richard A.: Hyperwettbewerb. Strategien für die neue Dynamik der Märkte, Frankfurt a. M. 1995.

D'Aveni, Richard A./Dagnino, Giovanni Battista/Smith, Ken G.: The Age of Temporary Advantage, in: Strategic Management Journal 31 (13/2010), S. 1371–1385.

De Backer, Koen/Menon, Carlo/Desnoyers-James, Isabelle/Moussiegt, Laurent: Reshoring: Myth or Reality? OECD Science, Technology and Industry Policy Papers No. 27, OECD Publishing, Paris 2016, http://dx.doi.org/10.1787/5jm56frbm38s-en (letzter Aufruf: 09.10.2018).

Deutinger, Gerhild: Kommunikation im Change, 2. Aufl., Berlin 2017.

Dierkes, Stefan/Schäfer, Ulrich: DCF-Verfahren und wertorientierte Kennzahlen, in: Controlling 27 (1/2015), S. 19–25.

Dietz, Bernhard/Neumaier, Christopher/Rödder, Andreas (Hrsg.): Gab es den Wertewandel? München 2014.

Dietzfelbinger, Daniel: Praxisleitfaden Unternehmensethik. Kennzahlen, Instrumente, Handlungsempfehlungen, 2. Aufl., Wiesbaden 2015.

Dillerup, Ralf/Stoi, Roman: Unternehmensführung. Management & Leadership: Strategien – Werkzeuge – Praxis, 5. Aufl., München 2016.

DiMaggio, Paul J./Powell, Walter W.: The iron cage revisited: Institutional isomorphism and collective rationality in organizational fields, in: American Sociological Review 48 (2/1983), S. 147–160.

Dobbs, Richard/Huyett, Bill/Koller, Tim: Are you still the best owner of your assets? In: McKinsey Quarterly 46 (1/2010), S. 107–111.

Doppler, Klaus/Lauterburg, Christoph: Change Management, 13. Aufl., Frankfurt a. M. 2014.

Dresch, Kai-Michel: Wettbewerbsstrategien für Dienstleistungsunternehmen, Clausthal-Zellerfeld 2009.

Dressler, Sören: Shared Services, Business Process Outsourcing und Offshoring, Wiesbaden 2007.

Drews, Hanno/Friedrichsen, Morten: Rationalitätssicherung bei betrieblichen Entscheidungen: Bias erkennen und vermindern, in: Wirtschaftswissenschaftliches Studium 41 (7/2012), S. 350–354.

Dreyfus, Hubert L.: What computers still can't do. A critique of artificial reason, 6. Aufl., Cambridge 1999.

Drucker, Peter F.: The Practice of Management, New York 1954.

Düerkop, Henrike: Market Driven und Market Driving aus Mitarbeiter- und Konsumentensicht, Wiesbaden 2015.

Ealey, Lance A./Troyano-Bermudez, Luis: Are automobiles the next commodity? In: The McKinsey Quarterly 33 (4/1996), S. 62–75.

Ealey, Lance A./Troyano-Berrnudez, Luis: The Automotive Industry: A 30,000-mile checkup, in: The McKinsey Quarterly, 37 (1/2000), S. 72–79.

Ebers, Mark/Gotsch, Wilfried: Institutionenökonomische Theorien der Organisation, in: Kieser, Alfred/Ebers, Mark (Hrsg.): Organisationstheorien, 7. Aufl., Stuttgart 2014, S. 195–255.

Ebner Stolz Management Consultants GmbH (Hrsg.): Strategische Allianzen, Forecast Studie 08 2015, Köln 2015.

Eckert, Roland: Business Model Prototyping, Wiesbaden 2014.

Eckert, Roland: Herausforderung Hyperwettbewerb in der Branche, Wiesbaden 2016.

Edge, Gordon/Klein, Jeremy A./Hiscocks, Peter G./Plasonig, Gerhard: Technologiekompetenz und Skill-basierter Wettbewerb, in: Zahn, Erich (Hrsg.): Handbuch Technologiemanagement, Stuttgart 1995, S. 185–217.

Eisenhardt, Kathleen M./Martin, Jeffrey A.: Dynamic capabilities: What are they? In: Strategic Management Journal 21 (10-11/2000), S. 1105–1121.

Eisenhardt, Kathleen M./Sull, Donald: Strategy as simple rules, in: Harvard Business Review 79 (1/2001), S. 106–119.

Everett, Robert F.: A Crack in the Foundation: Why SWOT Might Be Less Than Effective in Market Sensing Analysis, in: Journal of Marketing and Management 1 (Special Issue 1/2014), S. 58–78.

Faix, Axel/Kupp, Martin: Kriterien und Indikatoren zur Operationalisierung von Kernkompetenzen, in: Bellmann, Klaus/Freiling, Jörg/Hammann, Peter/Mildenberger, Udo (Hrsg.): Aktionsfelder des Kompetenz-Managements, Wiesbaden 2002, S. 59–83.

Fantapié Altobelli, Claudia/Bouncken, Ricarda B.: Wertkettenanalyse bei Dienstleistungen in: Meyer, Anton (Hrsg.): Handbuch Dienstleistungsmanagement, Band I, Stuttgart 1998, S. 282–297.

Figge, Frank/Schaltegger, Stefan: Was ist „stakeholder value"? Vom Schlagwort zur Messung, Lüneburg 2000.

Firk, Sebastian/Schmidt, Torben/Wolff, Michael: Wertorientierte Unternehmenssteuerung in der Praxis, in: Becker, Wolfgang/Ulrich, Patrick (Hrsg.): Handbuch Controlling, Wiesbaden 2016, S. 365–384.

Fischer, Jörg/Pfeffel, Florian: Systematische Problemlösung in Unternehmen. Ein Ansatz zur strukturierten Analyse und Lösungsentwicklung, 2. Aufl., Wiesbaden 2014.

Fleck, Andree: Hybride Wettbewerbsstrategien. Zur Synthese von Kosten- und Differenzierungsvorteilen, Wiesbaden 1995.

Fleck, Ludwik: Entstehung und Entwicklung einer wissenschaftlichen Tatsache, Basel 1935.

Fließ, Sabine: Dienstleistungsmanagement, Wiesbaden 2009.

Freeman, Edward R.: Strategic Management. A Stakeholder Approach, Boston u. a. 1984.

Freeman, R. Edward/Harrison, Jeffrey S./Wicks, Andrew C./Parmar, Bidhan L./de Colle, Simone: Stakeholder Theory. The State of the Art, New York 2010.

French, John R. P./Raven, Bertram H.: The bases of social power, in: Cartwright, Dorwin (Hrsg.): Studies in social power, Ann Arbor 1959, S. 150–165.

Freudenthaler-Mayrhofer, Daniela/Sposato, Teresa: Corporate Design Thinking. Wie Unternehmen ihre Innovationen erfolgreich gestalten, Wiesbaden 2017.

Frooman, Jeff: Stakeholder Influence Strategies, in: Academy of Management Review 24 (2/1999), S. 191–205.

Furkel, Daniela/Gneiting, Stefan: Keine Angst vor der Datenwelle, in: personalmagazin (3/2013), S. 10–13.

Gadiesh, Orit/Gilbert, James L.: Profit Pools: A Fresh Look at Strategy, in: Harvard Business Review 76 (3/1998a), S. 139–147.

Gadiesh, Orit/Gilbert, James L.: How to Map Your Industry's Profit Pool, in: Harvard Business Review 76 (3/1998b), S. 149–162.

Gälweiler, Aloys: Unternehmensplanung. Grundlagen und Praxis, Frankfurt a. M. 1974.

Gälweiler, Aloys: Strategische Unternehmensführung, 3. Aufl., Frankfurt a. M. 2005.

Gary, Michael S./Wood, Robert E.: Mental models, decision rules, and performance heterogeneity, in: Strategic Management Journal 32 (6/2011), S. 569–594.

Gassmann, Oliver/Frankenberger, Karolin/Csik, Michaela: Geschäftsmodelle entwickeln, München 2013.

Ghazinoory, Sepehr/Abdi, Manoureh/Azadegan-Mehr, Mandana: Swot Methodology: A State-of-the-Art Review for the Past, A Framework for the Future, in: Journal of Business Economics and Management 12 (1/2011), S. 24–48.

Gehrmann, Katherina: Diversifikationsmanagement in Dienstleistungsnetzwerken, Wiesbaden 2013.

Gerybadze, Alexander: Strategisches Management in vertikalen Kooperationen und Leistungsverbünden, in: Zentes, Joachim/Swoboda, Bernhard/Morschett, Dirk (Hrsg.): Kooperationen, Allianzen und Netzwerke, 2. Aufl., Wiesbaden 2005, S. 457–474.

Geschka, Horst: Szenariotechnik als Instrument der Frühaufklärung, in: Gassmann, Oliver/Kobe, Carmen (Hrsg.): Management von Innovation und Risiko. Quantensprünge in der Entwicklung erfolgreich managen, 2. Aufl., Berlin, Heidelberg, New York 2006, S. 357–372.

Gigerenzer, Gerd/Goldstein, Daniel G.: The recognition heuristic: A decade of research, in: Judgment and Decision Making 6 (1/2011), S. 100–121.

Gilbert, Xavier/Strebel, Paul: Strategies to outpace the competition, in: Journal of Business Strategies 8 (1/1987), S. 28–36.

Gladen, Werner: Performance Measurement, 6. Aufl., Wiesbaden 2014.

Gluck, Frederick W.: Strategic Choice and resource allocation, in: The McKinsey Quarterly 16 (4/1980), S. 22–33.

Gluck, Frederick W.: Strategic Planning in a new key, in: The McKinsey Quarterly 22 (1/1986), S. 18–41.

Götze, Uwe: Investitionsrechnung, 7. Aufl., Berlin, Heidelberg 2014.

Goold, Michael/Campbell, Andrew/Alexander, Marcus: Corporate-Level Strategy, New York u. a. 1994.

Govindarajan, Vijay: Führen auf Sicht, in: Harvard Business Manager 27 (8/2016), S. 22–29.

Grant, Robert M.: Moderne strategische Unternehmensführung, Weinheim 2014.

Gregory, Lawrence: Starbucks coffee's vision statement & mission statement, http://panmore.com/starbucks-coffee-vision-statement-mission-statement, 2017 (letzter Aufruf: 26.02.2018).

Greune, Malte: Der Erfolg externer Diversifikation im Handel, Heidelberg 1997.

Guarana, Cristiano L./Hernandez, Morela: Identified ambivalence. When cognitive conflicts can help individuals overcome cognitive traps, in: The Journal of Applied Psychology 101 (7/2016), S. 1013–1029.

Günther, Thomas: Unternehmenswertorientiertes Controlling, München 1997.

Güttel, Wolfgang H.: Methoden der Identifikation organisationaler Kompetenzen: Mapping vs. Interpretation, in: Burmann, Christoph/Freiling, Jörg/Hülsmann, Michael (Hrsg.): Neue Perspektiven des Strategischen Kompetenz-Managements, Wiesbaden 2006, S. 412–435.

Güttel, Wolfgang H.: Was wir wollen sollen. Anspruchsniveau, Entscheidungsheuristiken und Regelregime, in: Güttel, Wolfgang H. (Hrsg.): Erfolgreich in turbulenten Zeiten. Impulse für Leadership, Change Management & Ambidexterity, Augsburg, München 2017, S. 49–64.

Gutenberg, Erich: Grundlagen der Betriebswirtschaftslehre. Band I – Die Produktion, 24. Aufl., Berlin u. a. 1983.

Hahn, Dietger: Zweck und Entwicklung der Portfolio-Konzepte in der strategischen Unternehmungsplanung, in: Hahn, Dietger/Taylor, Bernard (Hrsg.): Strategische Unternehmungsplanung – Strategische Unternehmungsführung, 9. Aufl., Berlin, Heidelberg 2006, S. 215–248.

Hansen, Gary S./Wernerfelt, Birger: Determinants of firm performance. The relative import of economic and organizational factors, in: Strategic Management Journal 10 (10/1989), S. 399–411.

Hauschildt, Jürgen/Chakrabarti, Alok K.: Arbeitsteilung im Innovations-management, in: Zeitschrift Führung + Organisation 57 (6/1988), S. 378–388.

Hax, Arnoldo C./Majluf, Nicolas S.: Strategisches Management, Frankfurt, New York 1991.

Hax, Arnoldo C./Wilde, Dean L.: The Delta Project, New York 2001.

Hayek, Friedrich A. v.: Freiburger Studien, Tübingen 1969.

Healey, Mark P./Hodgkinson, Gerard P.: Making strategy hot, in: California Management Review 59 (3/2017), S. 109–134.

Hecking, Mirjam: Wie Deutschlands größter Elektronikhändler Amazon und Alibaba Paroli bieten will, in: Manager Magazin, 16. Mai 2018, http://www.manager-magazin.de/unternehmen/handel/media-saturn-und-fnac-darty-machen-gemeinsame-sache-a-1208040.html (letzter Aufruf: 23.07.2018).

Hecking, Mirjam: Diese mächtige Allianz könnte Daimler und Carsten Maschmeyer noch wehtun, in: Manager Magazin, 17. Juli 2018, http://www.manager-magazin.de/digitales/it/booking-steigt-bei-uber-konkurrent-didi-chuxing-ein-a-1218893.html (letzter Aufruf: 23.07.2018).

Hedley, Barry: Strategy and the "Business Portfolio", in: Long Range Planning 10 (1/1977), S. 9–15.

Heinen, Edmund: Grundlagen betriebswirtschaftlicher Entscheidungen. Das Zielsystem der Unternehmung, 3. Aufl., Wiesbaden 1976.

Heinen, Edmund: Grundtatbestände betrieblicher Entscheidungen, in: Jacob, Herbert/Adam, Dietrich (Hrsg.): Industriebetriebslehre. Handbuch für Studium und Prüfung, 4. Aufl., Wiesbaden 1990, S. 323–380.

Herz, Carsten: Allianz macht Konzernumbau zur Vorstandssache, in: Wirtschaftswoche, https://www.wiwo.de/chief-business-transformation-officer-konzernumbau-wird-bei-allianz-vorstands-sache/21051084.html (letzter Aufruf: 08.03.2018).

Heuskel, Dieter: Wettbewerb jenseits von Industriegrenzen, Frankfurt a. M., New York 1999.

Hielscher, Hendryk/Kamp, Matthias/Macho, Andreas/Reimann, Annina/Welp, Cornelius: Hat der Mischkonzern ausgedient? In: Wirtschaftswoche vom 17.01.2018, https://www.wiwo.de/unternehmen/industrie/general-electric-hat-der-mischkonzern-ausgedient/20855646-all.html (letzter Aufruf: 09.10.2018).

Hinterhuber, Hans H.: Strategische Unternehmensführung. Das Gesamtmodell für nachhaltige Wertsteigerung, 9. Aufl., Berlin 2015.

Hodgkinson, Gerard P.: The behavioural strategy perspective, in: Jenkins, Mark/Ambrosini, Véronique (Hrsg.): Advanced strategic management. A multi-perspective approach, 3. Aufl., London 2016, S. 201–228.

Hofer, Charles W./Schendel, Dan: Strategy Formulation: Analytical Concepts, St. Paul 1978.

Holan, Pablo M. de/Phillips, Nelson: Organizational forgetting, in: Easterby-Smith, Mark/Lyles, Marjorie A. (Hrsg.): Handbook of organizational learning and knowledge management, 2. Aufl., Chichester 2011, S. 433–451.

Holzbaur, Ulrich: Mathematik für Manager. Erfolg durch mathematisches Denken, Wiesbaden 2018.

Homburg, Christian: Marketingmanagement, 6. Aufl., Wiesbaden 2017.

Homburg, Christian/Sütterlin, Stefan: Strategische Gruppen: Ein Survey, in: Zeitschrift für Betriebswirtschaft 62 (6/1992), S. 635–662.

Horváth, Péter: Controlling, 12. Aufl., München 2011.

Horváth, Péter/Gleich, Ronald/Seiter, Mischa: Controlling, 13. Aufl., München 2015.

Hubik, Frank: Aufspalten, neu ordnen – Daimler will mit Radikal-Strategie den Gewinn steigern, in: Handelsblatt vom 27.07.2018, https://www.handelsblatt.com/unternehmen/industrie/nach-schwacher-quartalsbilanz-aufspalten-neu-ordnen-daimler-will-mit-radikal-strategie-den-gewinn-steigern/22846068.html (letzter Aufruf: 09.10.2018).

Hungenberg, Harald: Strategisches Management in Unternehmen, 8. Aufl., Wiesbaden 2014.

Hungenberg, Harald/Wulf, Torsten: Grundlagen der Unternehmensführung, 5. Aufl., Berlin, Heidelberg 2015.

Jahns, Christopher: Präskriptives und deskriptives strategisches Management. Meinungen, Paradigmen, Kritik, in: Wirtschaftswissenschaftliches Studium 30 (11/2001), S. 593–598.

Janis, Irving L.: Groupthink. Psychological studies of policy decisions and fiascoes, 2. Aufl., Boston 1982.

Janis, Irving L./Mann, Leon: Decision making. A psychological analysis of conflict, choice, and commitment, New York 1979.

Jarzabkowski, Paula/Balogun, Julia/Seidl, David: Strategizing. The challenges of a practice perspective, in: Human Relations 60 (1/2007), S. 5–27.

Jarzabkowski, Paula/Kaplan, Sarah/Seidl, David/Whittington, Richard: On the risk of studying practices in isolation. Linking what, who, and how in strategy research, in: Strategic Organization 14 (3/2016), S. 248–259.

Jenner, Annabel: Lernen von Mitarbeitenden und Organisationen als Wechselverhältnis. Eine Studie zu kooperativen Bildungsarrangements im Feld der Weiterbildung, Wiesbaden 2018.

Jenner, Thomas: Determinanten des Unternehmenserfolges, Stuttgart 1999.

Jenner, Thomas: Hybride Wettbewerbsstrategien in der deutschen Industrie – Bedeutung, Determinanten und Konsequenzen für die Marktbearbeitung, in: Die Betriebswirtschaft 60 (1/2000), S. 7–22.

Johnson, Gerry/Whittington, Richard/Scholes, Kevan/Angwin, Duncan/Regnér, Patrick: Strategisches Management, 10. Aufl., Hallbergmoos 2016.

Julmi, Christian: Atmosphären in Organisationen. Wie Gefühle das Zusammenleben in Organisationen beherrschen, Bochum, Freiburg 2015.

Julmi, Christian: Improvisationsfähigkeit als dynamische Kompetenz. Improvisation und Erfahrung sind keine Gegensätze, in: OrganisationsEntwicklung 35 (4/2016), S. 46–50.

Julmi, Christian: Das Verhältnis von Theorie und Praxis in der Betriebswirtschaftslehre, in: Wirtschaftswissenschaftliches Studium 46 (11/2017a), S. 9–14.

Julmi, Christian: Organisational atmospheres: the missing link between organisational culture and climate, in: International Journal of Work Organisation and Emotion 8 (2/2017b), S. 131–147.

Julmi, Christian: Strategy as Practice, in: Das Wirtschaftsstudium 46 (7/2017c), S. 779–781.

Julmi, Christian: Entscheidungen bei entgrenzter Rationalität, in: Controlling & Management Review 62 (1/2018a), S. 52–57.

Julmi, Christian: Management jenseits der Rationalität. Intuitive Entscheidungen und deren Reflexion mit der FIRSt-Matrix, in: Controlling – Zeitschrift für erfolgsorientierte Unternehmenssteuerung 30 (3/2018b), S. 39–46.

Julmi, Christian/Jackenkroll, Benedict: Dynamic Capabilities, in: Das Wirtschaftsstudium 45 (2/2016), S. 163–165.

Julmi, Christian/Lindner, Florian/Scherm, Ewald: Risiken des Shareholder-Value – Vermeidung von Unternehmenskrisen durch reflexionsorientiertes Controlling, in: Business + Innovation 4 (1/2013), S. 16–26.

Julmi, Christian/Lindner, Florian/Scherm, Ewald: Das richtige Wissen für die richtige Entscheidung, in: Wissensmanagement 18 (1/2016), S. 28–30.

Julmi, Christian/Lindner, Florian/Scherm, Ewald: Die FIRSt-Matrix als Unterstützung bei Entscheidungen unter Unsicherheit und unter Mehrdeutigkeit, in: SEM Radar. Zeitschrift für Systemdenken und Entscheidungsfindung im Management 15 (2/2016), S. 35–55.

Julmi, Christian/Rappe, Guido: Atmosphärische Führung. Stimmungen wahrnehmen und gezielt beeinflussen, München 2018.

Julmi, Christian/Scherm, Ewald: Intuitives Management. Notwendigkeit, Voraussetzungen und Einflussfaktoren, in: Wirtschaftswissenschaftliches Studium 42 (8/2013), S. 422–427.

Julmi, Christian/Scherm, Ewald: Das Rad der Kreativität. Wie Körper und Geist Denkblockaden lösen, in: IM+io. Das Magazin für Innovation, Organisation und Management 29 (1/2014a), S. 22–26.

Julmi, Christian/Scherm, Ewald: Intuitive Fähigkeiten richtig einsetzen, in: Laske, Stephan/Orthey, Astrid/Schmid, Michael J. (Hrsg.): PersonalEntwickeln. Das aktuelle Nachschlagewerk für Praktiker, Köln 2014b, S. 1–20.

Julmi, Christian/Zuraw, Stefan: Die dysfunktionalen Wirkungen von Managementinstrumenten, in: Wirtschaftswissenschaftliches Studium 48 (1/2019), S. 17–24.

Kahneman, Daniel/Lovallo, Dan/Sibony, Olivier: Before you make that big decision, in: Harvard Business Review 89 (6/2011), S. 51–60.

Kals, Elisabeth/Gallenmüller-Roschmann, Jutta: Arbeits- und Organisationspychologie – kompakt, 3. Aufl., Weinheim 2017.

Kaluza, Bernd/Winkler, Herwig: Umsetzung multilokaler-hybrider Wettbewerbsstrategien mit Internationalen Wertschöpfungsnetzwerken, in: Himpel, Frank/Kaluza, Bernd/Wittmann, Jochen (Hrsg.): Spektrum des Produktions- und Innovationsmanagements, Wiesbaden 2008, S. 33–53.

Kanning, Uwe Peter: Personalmarketing, Employer Branding und Mitarbeiterbindung, Berlin, Heidelberg 2017.

Kaplan, Robert S./Norton, David P. Balanced Scorecard. Strategien erfolgreich umsetzen, Stuttgart 1997.

Kauffeld, Simone/Ebner, Katharina: Organisationsentwicklung, in: Schuler, Heinz/Moser, Klaus (Hrsg.): Lehrbuch Organisationspsychologie, 5. Aufl., Bern 2014, S. 457–506.

Kauffeld, Simone/Handke, Lisa/Straube, Julia: Verteilt und doch verbunden. Virtuelle Teamarbeit, in: Gruppe. Interaktion. Organisation. Zeitschrift für Angewandte Organisationspsychologie 47 (1/2016), S. 43–51.

Keeley, Robert H./Roure, Juan B.: Management, strategy, and industry structure as influence on the success of new firms. A structural model, in: Management Science 36 (10/1990), S. 1256–1267.

Kellermanns, Franz W./Walter, Jorge/Floyd, Steven W./Lechner, Christoph/Shaw, John C.: To agree or not to agree? A meta-analytical review of strategic consensus and organizational performance, in: Journal of Business Research 64 (2/2011), S. 126–133.

Kettler, Benedikt von (Hrsg.): Strategische Personalplanung, Stuttgart 2017.

Keuper, Frank/Oecking, Christian (Hrsg.): Corporate Shared Services, 2. Aufl., Wiesbaden 2008.

Kieser, Alfred/Hegele, Cornelia: Kommunikation im organisatorischen Wandel, Stuttgart 1998.

Kieser, Alfred/Walgenbach, Peter: Organisation, 6. Aufl., Stuttgart 2010.

Kim, W. Chan/Mauborgne, Renée: Value innovation: the strategic logic of high growth, in: Harvard Business Review 75 (1/1997), S. 102–112.

Kim, W. Chan/Mauborgne, Renée: Der Blaue Ozean als Strategie, 2. Aufl., München 2016.

Kirsch, Werner: Kommunikatives Handeln, Autopoiese, Rationalität. Kritische Aneignungen im Hinblick auf eine evolutionäre Organisationstheorie, 2. Aufl., Herrsching 1997.

Kirsch, Werner/Seidl, David/van Aaken, Dominik: Betriebswirtschaftliche Forschung. Wissenschaftstheoretische Grundlagen und Anwendungsorientierung, Stuttgart 2007.

Kleinaltenkamp, Michael: Die Dynamisierung strategischer Marketing-Konzepte, in: Zeitschrift für betriebswirtschaftliche Forschung 39 (1/1987), S. 31–52.

Knight, Don/Pearce, Craig L./Smith, Ken G./Olian, Judy D./Sims, Henry P./Smith, Ken A./Flood, Patrick: Top management team diversity, group process, and strategic consensus, in: Strategic Management Journal 20 (5/1999), S. 445–465.

Knyphausen-Aufseß, Dodo zu: Theorie der strategischen Unternehmensführung. State of the Art und neue Perspektiven, Wiesbaden 1995.

Knyphausen-Aufseß, Dudo zu/Meinhardt, Yves: Revisiting Strategy: Ein Ansatz zur Systematisierung von Geschäftsmodellen, in: Bieger, Thomas/Bickhoff, Nils/Caspers, Rolf/Knyphausen-Aufseß, Dudo zu/Reding, Kurt (Hrsg.): Zukünftige Geschäftsmodelle, Berlin, Heidelberg 2002, S. 63–89.

Kolf, Florian: Ende der Eiszeit – Aldi Süd und Aldi Nord rücken enger zusammen, in: handelsblatt vom 15.02.2018, http://www.handelsblatt.com/my/unternehmen/handel-konsumgueter/ende-der-eiszeit-aldi-sued-und-aldi-nord-ruecken-enger-zusammen/20966206.html?ticket=ST-4225180-ebL7rGzNSYdxTiwNL1ox-ap3 (letzter Aufruf: 09.10.2018).

Koontz, Harold/O'Donnell, Cyril: Principles of management. An analysis of managerial functions, 5. Aufl., New York 1972.

Kraaijenbrink, Jeroen/Spender, J.-C./Groen, Aard J.: The resource-based view. A review and assessment of its critiques, in: Journal of Management 36 (1/2010), S. 349–372.

Kraus, Roland: Strategisches Wertschöpfungsdesign, Wiesbaden 2005.

Kreikebaum, Hartmut/Gilbert, Dirk U./Behnam, Michael: Strategisches Management, 8. Aufl., Stuttgart 2018.

Krüger, Wilfried: Strategische Erneuerung: Probleme und Prozesse, in: Krüger, Wilfried/Bach, Norbert (Hrsg.): Excellence in Change, 5. Aufl., Wiesbaden 2014, S. 33–61.

Krüger, Wilfried/Homp, Christian: Kernkompetenz-Management – Steigerung von Flexibilität und Schlagkraft im Wettbewerb, Wiesbaden 1997.

Kühmayer, Franz: Führung zwischen Datenflut und Bauchgefühl. Ergebnisoffene Prozesse gestalten statt Macherqualitäten zeigen, in: Personalführung 49 (6/2016), S. 38–43.

Küpper, Hans-Ulrich: Betriebswirtschaftliche Theorien im Dienste der Unternehmensethik? In: Ahn, Heinz/Clermont, Marcel/Souren, Rainer (Hrsg.): Nachhaltiges Entscheiden, Wiesbaden 2016, S. 13–34.

Küpper, Hans-Ulrich/Friedl, Gunther/Hofmann, Christian/Hofmann, Yvette/Pedell, Burkhard: Controlling. Konzeption, Aufgaben, Instrumente, 6. Aufl., Stuttgart 2013.

Lange, Oliver: Integratives Kostencontrolling. Zur Zusammenführung kontrollorientierter Koordinationsinstrumente, Wiesbaden 2002.

Leary, Timothy: Interpersonal diagnosis of personality. A functional theory and methodology for personality evaluation, New York 1957.

Leinwand, Paul/Mainardi, Cesare: Strategy that works, Boston/Mass. 2016.

Lehner, Sabine: Change Leadership, Wiesbaden 2015.

Leonard-Barton, Dororthy: Core capabilities and core rigidities: A paradox in managing new product development, in: Strategic Management Journal 13 (Special Issue 1/1992), S. 111–125.

Lewin, Kurt: Frontiers in Group Dynamics, in: Human Relations 1 (1/1947), S. 5–41.

Lidl: Verhaltensgrundsätze im Umgang mit Mitarbeitern, https://www.lidl.de/de/verhaltensgrundsaetze-im-umgang-mit-mitarbeitern/s4602, 2018 (letzter Aufruf: 26.02.2018).

Lindblom, Charles E.: The science of „muddling through", in: Public Administration Review 19 (2/1959), S. 79–88.

Lindblom, Charles E.: The intelligence of democracy. Decision making through mutual adjustment, New York 1965.

Lindner, Florian: Entwicklung einer tragfähigen Organisationscontrollingkonzeption. Reflexion organisatorischer Entscheidungen als Kern des Organisationscontrollings, Diss., Hagen 2018.

Lindner, Florian/Scherm, Ewald: Die (vermeintlichen) Stärken der wertorientierten Unternehmenssteuerung, in: Controlling 26 (11/2014), S. 648–653.

Lipczynski, John/Wilson, John O. S./Goddard, John A.: Industrial organization. Competition, strategy and policy, 5. Aufl., Harlow, New York 2017.

Lippold, Dirk: Aspekte und Dimensionen der Personalfreisetzung, Wiesbaden 2017.

Lombriser, Roman/Abplanalp, Peter A.: Strategisches Management. Visionen entwickeln, Erfolgspotenziale aufbauen, Strategien umsetzen, 7. Aufl., Zürich 2018.

Lüdeke, Holger: Strategische Konzepte zur Unternehmensführung, Wiesbaden 2005.

Luhmann, Niklas: Zweckbegriff und Systemrationalität. Über die Funktion von Zwecken in sozialen Systemen, 5. Aufl., Frankfurt a. M. 1991.

Lütge, Christoph/Uhl, Matthias: Wirtschaftsethik, München 2018.

Macharzina, Klaus/Wolf, Joachim: Unternehmensführung. Das internationale Managementwissen. Konzepte – Methoden – Praxis, 10. Aufl., Wiesbaden 2018.

Magin, Vera/Heil, Oliver/Fürst, Ronny: Kooperation und Coopetition: Erklärungsperspektive der Spieltheorie, in: Zentes, Joachim/Swoboda, Bernhard/Morschett, Dirk (Hrsg.): Kooperationen, Allianzen und Netzwerke, 2. Aufl., Wiesbaden 2005, S. 121–140.

Maier, Angela: Der letzte Kapitän, in: Manager Magazin 48 (7/2018), S. 14–15.

March, James G./Simon, Herbert A.: Organizations, New York, London 1958.

Markides, Constantinos: Strategic Innovation, in: MIT Sloan Management Review 38 (3/1997), S. 9–23.

Markides, Constantinos: Disruptive Innovation: In Need of Better Theory, in: Journal of Product Innovation Management 23 (1/2006), S. 19–25.

Marquard, Odo: Apologie des Zufälligen. Philosophische Studien, Stuttgart 1986.

Martin, Roger L.: Vorsicht vor Vereinfachern! In: Harvard Business Manager 28 (Spezial/2017), S. 110–111.

Martín Pérez, Nuria: Service Center Organisation, Wiesbaden 2008.

Mason, Edward: Price and production policies of large scale enterprises, in: American Economic Review 29 (1 Supplement/1939), S. 61–74.

Matiaske, Wenzel/Mellewigt, Thomas: Motive, Erfolge und Risiken des Outsourcings – Befunde und Defizite der empirischen Outsourcing-Forschung, in: Zeitschrift für Betriebswirtschaft 72 (6/2002), S. 641–659.

Matlachowsky, Philip: Implementierungsstand der Balanced Scorecard, Wiesbaden 2008.

Matthiessen, Nils: Demarketing und Desinvestition als strategische Option für Unternehmen, Hamburg 2013.

Matzler, Kurt/Uzelac, Borislav/Bauer, Florian: Intuition. The missing ingredient for good managerial decision-making, in: Journal of Business Strategy 35 (6/2014), S. 31–40.

McCaskey, Michael B.: The executive challenge. Managing change and ambiguity, Boston 1982.

Menn, Andreas/Steinkirchner, Peter: Unikate vom Fließband, in: Wirtschaftswoche Nr. 36 vom 02.09.2016, S. 16–21.

Mertins, Kai/Kohl, Holger (Hrsg.): Benchmarking, 2. Aufl., Düsseldorf 2009.

Meyer, Claus: Betriebswirtschaftliche Kennzahlen und Kennzahlen-Systeme, 6. Aufl., Sternenfels 2011.

Meyer, John W./Rowan, Brian: Institutionalized organizations: Formal structures as myth and ceremony, in: The American Journal of Sociology 83 (2/1977), S. 340–363.

Michaeli, Rainer: Competitive Intelligence, Berlin, Heidelberg, New York 2006.

Michl, Theresa/Welpe, Isabell M./Spörrle, Matthias/Picot, Arnold: Der Einfluss affektiver Zustände auf den strategischen Entscheidungsfindungsprozess, in: Schreyögg, Georg/Conrad, Peter (Hrsg.): Organisation und Strategie. Managementforschung 20, Wiesbaden 2010, S. 79–111.

Mikus, Barbara/Götze, Uwe: Zur Bewertung der strategischen Bedeutung von Unternehmensressourcen – Instrumentenüberblick und Vorgehensmodell, in: Zeitschrift für Planung 15 (3/2004), S. 325–352.

Miles, Raymond E./Snow, Charles C.: Organizational strategy, structure, and process, New York 1978.

Miles, Raymond E./Snow, Charles C.: Organizational Strategy, Structure, and Process, 2. Aufl., New York 2003.

Millonig, Klemens: Wettbewerbsvorteile durch das Management des institutionalen Kontextes. Eine integrative Betrachtung von Institutionalismus und strategischem Management, Berlin 2002.

Minderlein, Martin: Industrieökonomik und Strategieforschung, in: Staehle, Wolfgang H./Sydow, Jörg (Hrsg.): Managementforschung 3, Berlin 1993, S. 157–201.

Mintzberg, Henry: The nature of managerial work, New York 1973.

Mintzberg, Henry: The manager's job: folklore and fact, in: Harvard Business Review 53 (4/1975), S. 49–61.

Mintzberg, Henry: Planning on the left side and managing on the right, in: Harvard Business Review 54 (4/1976), S. 49–58.

Mintzberg, Henry: Patterns in strategy formation, in: Management Science 24 (9/1978), S. 934–948.

Mintzberg, Henry: The design school: Reconsidering the basic premises of strategic management, in: Strategic Management Journal 11 (3/1990), S. 171–195.

Mintzberg, Henry/Ahlstrand, Bruce W./Lampel, Joseph: Strategy Safari. Der Wegweiser durch den Dschungel des strategischen Managements, 2. Aufl., München 2012.

Mitchell, Ronald K./Agle, Bradley R./Wood, Donny J.: Toward a theory of stakeholder identifikation and salience: defining the principle of who and what really counts, in: Academy of Management Review 22 (4/1997), S. 853–886.

Morschett, Dirk: Formen von Kooperationen, Allianzen und Netzwerken, in: Zentes, Joachim/Swoboda, Bernhard/Morschett, Dirk (Hrsg.): Kooperationen, Allianzen und Netzwerke, 2. Aufl., Wiesbaden 2005, S. 377–403.

Moser, Michaela: Hierarchielos führen. Anforderungen an eine moderne Unternehmens- und Mitarbeiterführung, Wiesbaden 2017.

Müller-Christ, Georg: Nachhaltiges Management. Einführung in Ressourcenorientierung und widersprüchliche Managementrationalitäten, 2. Aufl., Baden-Baden, Stuttgart 2014.

Müller-Stewens, Günter: Strategische Suchfeldanalyse, 2. Aufl., Wiesbaden 1990.

Müller-Stewens, Günter/Lechner, Christoph: Strategisches Management. Wie strategische Initiativen zum Wandel führen, 5. Aufl., Stuttgart 2016.

Mumby, Dennis K./Putnam, Linda L.: The politics of emotion: A feminist reading of bounded rationality, in: Academy of Management Review 17 (3/1992), S. 465–486.

Nagel, Claudia: Behavioral Strategy. Denken und Fühlen im Entscheidungsprozess, Bonn 2013.

Nerdinger, Friedemann W.: Interaktion und Kommunikation, in: Nerdinger, Friedemann W./Blickle, Gerhard/Schaper, Niclas (Hrsg.): Arbeits- und Organisationspsychologie, 3. Aufl., Berlin, Heidelberg 2014, S. 55–70.

Nicolai, Alexander T.: Versteckte Kreisgänge in der Managementliteratur. Worauf man bei Managementratschlägen achten sollte, in: Zeitschrift Führung + Organisation 72 (5/2003), S. 272–278.

Nicolai, Christiana: Informale Organisation, in: Das Wirtschaftsstudium 45 (6/2016), S. 698–705.

Nicolai, Christiana: Betriebliche Organisation, 2. Aufl., Konstanz, München 2018.

Nietsch-Hach, Cornelia: Ethisches Verhalten in der modernen Wirtschaftswelt, 2. Aufl., Berlin 2016.

Nüchter, Norbert P.: Aufgaben, Verfahren und Instrumente des Finanz- und Investitions-Controlling, in: Steinle, Claus (Hrsg.): Controlling. Kompendium für Ausbildung und Praxis, 3. Aufl., Stuttgart 2003, S. 854–880.

Oelsnitz, Dietrich von der/Lorenz, Marcus/Menken, Tobia: Möglichkeiten und Grenzen der Mass Customization, in Wirtschaftswissenschaftliches Studium 41 (2/2012), S. 101–106.

Opaschowski, Horst W.: Deutschland 2030, Gütersloh 2008.

Opaschowski, Horst W.: Mode, Hype, Megatrend? Vom Nutzen wissenschaftlicher Zukunftsforschung, in: Aus Politik und Zeitgeschichte, 65 (31-32/2015), S. 40–45.

Ortner, Gerhard: Projektmanagement-Outsourcing, Wiesbaden 2015.

Osterwalder, Alexander/Pigneur, Yves: Business Model Generation, Frankfurt 2011.

Ostrowski, Olivia: Erfolg durch Desinvestitionen, Wiesbaden 2007.

Ottaway, Richard N.: The Change Agent: A Taxonomy in Relation to the Change Process, in: Human Relations 36 (4/1983), S. 361–392.

Parikh, Jagdish: Intuition. The new frontier of management, Oxford, Cambridge 1994.

Penrose, Edith T.: The theory of the growth of the firm, Oxford 1959.

Peteraf, Margaret/Di Stefano, Giada/Verona, Gianmario: The elephant in the room of dynamic capabilities. Bringing two diverging conversations together, in: Strategic Management Journal 34 (12/2013), S. 1389–1410.

Pfeiffer, Werner/Dögl, R.: Das Technologie-Portfolio-Konzept zur Beherrschung der Schnittstelle Technik und Unternehmensstrategie, in: Hahn, Dietger/Taylor, Bernard (Hrsg.): Strategische Unternehmungsplanung – Strategische Unternehmungsführung, 8. Aufl., Heidelberg 1999, S. 440–468.

Pfeiffer, Werner/Metze, Gerhard/Schneider, Walter/Amler, Robert: Technologie-Portfolio zum Management strategischer Zukunftsgeschäftsfelder, 5. Aufl., Göttingen 1989.

Philips, Almarin: A critique of empirical studies of relations between market structure and profitability, in: Journal of Industrial Economics 24 (10/1976), S. 241–249.

Pieper, Annemarie: Einführung in die Ethik, 7. Aufl., Tübingen 2017.

Pietsch, Gotthard: Reflexionsorientiertes Controlling: Konzeption und Gestaltung, Wiesbaden 2003.

Pietsch, Gotthard/Scherm, Ewald: Die Präzisierung des Controlling als Führungs- und Führungsunterstützungsfunktion, in: Die Unternehmung 54 (5/2000), S. 395–412.

Pietsch, Gotthard/Scherm, Ewald: Neue Controlling-Konzeptionen, in: Das Wirtschaftsstudium 30 (2/2001), S. 207–213.

Pietsch, Gotthard/Scherm, Ewald: Gemeinsamkeiten und Forschungsperspektiven in der konzeptionell orientierten Controllingforschung, in: Weber, Jürgen/Hirsch, Bernhard (Hrsg.): Controlling als akademische Disziplin. Eine Bestandsaufnahme, Wiesbaden 2002, S. 191–204.

Pietsch, Gotthard/Scherm, Ewald: Reflexionsorientiertes Controlling, in: Scherm, Ewald/Pietsch, Gotthard (Hrsg.): Controlling. Theorien und Konzeptionen, München 2004, S. 529–553.

Piller, Frank Thomas: Mass Customization. Ein wettbewerbsstrategisches Konzept im Informationszeitalter, 4. Aufl., Wiesbaden 2006.

Pine, B. Joseph: Maßgescheiderte Massenfertigung: neue Dimensionen im Wettbewerb, Wien 1994.

Pinkley, Robin L.: Dimensions of conflict: Disputant interpretations of conflict. Journal of Applied Psychology, 75 (2/1990), S. 117–126.

Player, Steve/Fraser, Robin/Hope, Jeremy: Moving beyond budgeting. Integrating continuous planning and adaptive control, in: Lalli, William R. (Hrsg.): Handbook of budgeting, 6. Aufl., Hoboken 2012, S. 145–159.

Pöck, Thomas: Organisatorische Voraussetzungen erfolgreicher Wertschöpfungspartnerschaften, Wiesbaden 2002.

Poeschl, Hanno: Strategische Unternehmensführung zwischen Shareholder-Value und Stakeholder-Value, Wiesbaden 2013.

Porter, Michael E.: The contributions of industrial organization to strategic management, in: Academy of Management Review 6 (4/1981), S. 609–620.

Porter, Michael E.: Towards a dynamic theory of strategy, in: Strategic Management Journal 12 (Special Issue/1991), S. 95–117.

Porter, Michael E.: Wettbewerbsstrategie, 12. Aufl., Frankfurt 2013.

Porter, Michael E.: Wettbewerbsvorteile. Spitzenleistungen erreichen und behaupten, 8. Aufl., Frankfurt a. M., New York 2014.

Porter, Michael E./Kramer, Mark R.: Die Neuerfindung des Kapitalismus, in: Harvard Business Manager 22 (2/2011), S. 58–75.

Powell, Thomas C.: Organizational alignment as competitive advantage, in: Strategic Management Journal 13 (10/1992), S. 119–134.

Powell, Thomas C./Lovallo, Dan/Fox, Craig R.: Behavioral strategy, in: Strategic Management Journal 32 (13/2011), S. 1369–1386.

Prahalad, Coimbatore K./Hamel, Gary: The core competence of the corporation, in: Harvard Business Review 68 (5-6/1990), S. 79–91.

Prahalad, Coimbatore K./Hamel, Gary: Nur Kernkompetenzen sichern das Überleben, in: Harvard Manager 48 (2/1991), S. 66–78.

Rafii, Farshad/Kampas, Paul J.: How to Identify Your Enemies Before They Destroy You, in: Harvard Business Review 80 (11/2002), S. 115–123.

Rappaport, Alfred: Shareholder value. Ein Handbuch für Manager und Investoren, 2. Aufl., Stuttgart 1999.

Raps, Andreas: Erfolgsfaktoren der Strategieimplementierung, 4. Aufl., Wiesbaden 2017.

Rasche, Christoph: Vorwort, in: Schmidt, Andreas: Überlegene Geschäftsmodelle, Wiesbaden 2015, S. V–VI.

Reichmann, Thomas/Kißler, Martin/Baumöl, Ulrike: Controlling mit Kennzahlen. Die systemgestützte Controlling-Konzeption, 9. Aufl., München 2017.

Reichmann, Thomas/Lachnit, Laurenz: Planung, Steuerung und Kontrolle mit Hilfe von Kennzahlen, in: Zeitschrift für betriebswirtschaftliche Forschung 28 (5/1976), S. 705–723.

Reichwald, Ralf/Piller, Frank: Interaktive Wertschöpfung. Open Innovation, Individualisierung und neue Formen der Arbeitsteilung, 2. Aufl., Wiesbaden 2009.

Reimann, Andreas/Wolf, Michael: Shared Service Center im Mittelstand, Ergebnis einer empirischen Untersuchung zu Umsetzungsstatus und -herausforderungen, Düsseldorf, Göttingen 2014.

Rest, Jonas: Streetfighter, in: Manager Magazin 48 (6/2018), S. 84–88.

Rumelt, Richard P.: Strategy, Structure, and Economic Performance, Boston 1986.

Rumelt, Richard P.: How much does industry matter? In: Strategic Management Journal 12 (Special Issue/1991), S. 167–181.

Rusch, Gebhard: Was sind eigentlich Theorien? In: Hug, Theo (Hrsg.): Einführung in die Wissenschaftstheorie und Wissenschaftsforschung, Hohengehren 2001, S. 93–116.

Russell, James A.: A circumplex model of affect, in: Journal of Personality and Social Psychology 39 (6/1980), S. 1161–1178.

Russell, James A./Pratt, Geraldine: A description of the affective quality attributed to environments, in: Journal of Personality and Social Psychology 38 (2/1980), S. 311–322.

Sattler, Wolfgang/Sattler, Alexander: Design thinking, in: Das Wirtschaftsstudium 46 (6/2017), S. 693–697.

Schaeffler: Geschäftsbericht 2016, https://www.schaeffler.com/remotemedien/media/_shared_media_rwd/08_investor_relations/reports/2016_ar/2016_schaeffler_annual_report_de.pdf, 2017 (letzter Aufruf: 26.02.2018).

Schäffer, Utz/Weber, Jürgen: Die Digitalisierung wird das Controlling radikal verändern, in: Controlling & Management Review 60 (6/2016a), S. 8–17.

Schäffer, Utz/Weber, Jürgen: Wirklich rationale Entscheidungen. Die nächste Herausforderung für das Controlling, in: CONTROLLER Magazin 41 (2/2016b), S. 8–13.

Schallmo, Daniel: Geschäftsmodell-Innovation, Wiesbaden 2013.

Schein, Edgar H.: Coming to a new awareness of organizational culture, in: MIT Sloan Management Review 25 (2/1984), S. 3–16.

Schein, Edgar H./Schein, Peter: Organizational culture and leadership, 5. Aufl., Hoboken, New Jersey 2017.

Scheller, Torsten: Auf dem Weg zur agilen Organisation, 2017.

Scherm, Ewald: Personalwirtschaftliche Kennzahlen. Eine Sackgasse des Personalcontrollings? In: Personal 44 (11/1992), S. 522–525.

Scherm, Ewald: Outsourcing – Ein komplexes, mehrstufiges Entscheidungsproblem, in: Zeitschrift für Planung 7 (1/1996), S. 45–60.

Scherm, Ewald/Julmi, Christian: Einfluss der Atmosphäre … und wie diese auf die Entwicklung der Organisationskultur wirkt, in: OrganisationsEntwicklung 31 (2/2012), S. 69–76.

Scherm, Ewald/Julmi, Christian/Lindner, Florian: Intuitive versus analytische Entscheidungen – Überlegungen zur situativen Stimmigkeit, in: Ahn, Heinz/Clermont, Marcel/Souren, Rainer (Hrsg.): Nachhaltiges Entscheiden, Wiesbaden 2016, S. 299–318.

Scherm, Ewald/Lindner, Florian: Controllingkonzeptionen in der Unternehmenspraxis, in: Becker, Wolfgang/Ulrich, Patrick (Hrsg.): Praxishandbuch Controlling, Wiesbaden 2016, S. 25–44.

Scherm, Ewald/Pietsch, Gotthard: Organisation, München, Wien 2007.

Scherm, Ewald/Pietsch, Gotthard: Internationales Management aus der Perspektive des internationalen Controllings, in: Oesterle, Michael-Jörg/Schmid, Stefan (Hrsg.): Internationales Management. Forschung, Lehre, Praxis, Stuttgart 2009, S. 699–728.

Scherm, Ewald/Süß, Stefan: Internationales Management, München 2001.

Scherm, Ewald/Süß, Stefan: Personalmanagement, 2. Aufl., München 2010.

Scherm, Ewald/Süß, Stefan: Personalmanagement, 3. Aufl. München 2016.

Schewe, Gerhard: Unternehmensverfassung. Corporate Governance im Spannungsfeld von Leitung, Kontrolle und Interessenvertretung, 3. Aufl., Berlin, Heidelberg 2015.

Schienle, Werner/Steinborn, Andreas: Psychologisches Konfliktmanagement, Wiesbaden 2016.

Schiffelholz, Andreas: Stabilität und Wechsel bei Miles-und-Snow-Strategietypen, München, Mering 2014.

Schildbach, Thomas/Homburg, Carsten: Kosten- und Leistungsrechnung, 10. Aufl., Stuttgart 2009.

Schmalenbach, Eugen: Die Privatwirtschaftslehre als Kunstlehre, in: Zeitschrift für handelswissenschaftliche Forschung 6 (3/1911), S. 304–316.

Schmalensee, Richard: Do markets differ much? In: American Economic Review 75 (3/1985), S. 341–351.

Schmidt, Andreas: Überlegene Geschäftsmodelle, Wiesbaden 2015.

Schmidtchen, Dieter: Wettbewerb und Kooperation (Co-opetition), in: Zentes, Joachim/Swoboda, Bernhard/Morschett, Dirk (Hrsg.): Kooperationen, Allianzen und Netzwerke, 2. Aufl., Wiesbaden 2005, S. 65–93.

Schneider, Andreas/Schmidpeter, René (Hrsg.): Corporate Social Responsibility, 2. Aufl., Berlin, Heidelberg 2015.

Schneider, Wolfgang/Grieser, Franziska: Früherkennung und Intuition, in: Controlling – Zeitschrift für erfolgsorientierte Unternehmenssteuerung 28 (3/2016), S. 181–188.

Schöttl, Lisa/Ranisch, Robert: Compliance- und Integrity-Ansätze in der Unternehmensethik. Normenorientierung ohne Werte oder Werteorientierung ohne Normen? In: Zeitschrift für Wirtschafts- und Unternehmensethik 17 (2/2016), S. 311–326.

Schreyögg, Georg: Unternehmensstrategie. Grundfragen einer Theorie strategischer Unternehmensführung, Berlin 1984.

Schreyögg, Georg: Zu den problematischen Konsequenzen starker Unternehmenskulturen, in: Zeitschrift für betriebswirtschaftliche Forschung 41 (2/1989), S. 94–113.

Schreyögg, Georg/Eberl, Martina: Organisationale Kompetenzen. Grundlagen – Modelle – Fallbeispiele, Stuttgart 2015.

Schreyögg, Georg/Geiger, Daniel: Organisation. Grundlagen moderner Organisationsgestaltung, 6. Aufl., Wiesbaden 2016.

Schulte-Zurhausen, Manfred: Organisation, 6. Aufl., München 2014.

Schwarz, Gerhard: Konfliktmanagement, 9. Aufl., Wiesbaden 2014.

Schwering, Anja: Ehrlichkeit in der Budgetierung, Wiesbaden 2016.

Sievers, Gerd: Desinvestition von Unternehmensbeteiligungen in Krisensituationen, Wiesbaden 2006.

Simon, Herbert A.: Administrative behaviour: A study of decision-making processes in administrative organization, New York 1947.

Simon, Herbert A.: Sciences of the artificial, Cambridge 1969.

Simon, Herbert A.: The new science of management decision, 3. Aufl., Englewood Cliffs 1977.

Slywotzky, Adrian J.: Strategisches Business Design (Value Migration). Zukunftsorientierte Konzepte zur Steigerung des Unternehmenswertes, Frankfurt, New York 1997.

Solga, Marc: Konflikte in Organisationen, in: Nerdinger, Friedemann W./Blickle, Gerhard/Schaper, Niclas (Hrsg.): Arbeits- und Organisationspsychologie, 3. Aufl., Berlin, Heidelberg 2014, S. 119–132.

Soll, Jack B./Milkman, Katherine L./Payne, John W.: Vorsicht, verzerrte Wahrnehmung! In: Harvard Business Manager 26 (8/2015), S. 36–45.

Sommerhoff, Martin: Die Ideenfinder. Wer wir sind, http://www.martinsommerhoff.de/ideenfinder/werwirsind.htm, o. J., zuletzt geprüft am 7.11.2018.

Stabell, Charles B./Fjeldstad, Øystein D.: Configuring Value for Competitive Advantage: On Chains, Shops, And Networks, in: Strategic Management Journal 19 (5/1998), S. 413–437.

Staufen AG (Hrsg.): Industrie 4.0: Deutscher Industrie 4.0 Index 2017, Köngen 2017, https://www.staufen.ag/fileadmin/HQ/02-Company/05-Media/2-Studies/STAUFEN.-studie-deutscher-industrie-4.0-index-2017-de_DE.pdf (letzter Aufruf: 23.07.2018).

Steidl, Bernhard: Synergiemanagement im Konzern, Wiesbaden 1999.

Steiner, Heinz/Welker, Peter: Wird der Controller zum Data Scientist? In: Controlling & Management Review 60 (Sonderheft 1/2016), S. 68–73.

Steinmann, Horst/Schreyögg, Georg/Koch, Jochen: Management. Grundlagen der Unternehmensführung. Konzepte – Funktionen – Fallstudien, 7. Aufl., Wiesbaden 2013.

Stolper, Markus: Market Driving-Konzept, Wiesbaden 2007.

Streich, Richard K.: Veränderungsprozessmanagement, in: Reiß, Michael/Rosenstiel, Lutz von/Lanz, Anette (Hrsg.): Change Management, Stuttgart 1997, S. 31–90.

Stricker, Klaus/Matthies, Gregor/Tsang, Raymond: Vom Automobilbauer zum Mobilitätsdienstleister, Bain & Company Inc., München u. a. 2011.

Sturm, Alexandra/Opterbeck, Ilga/Gurt, Jochen: Organisationspsychologie, Wiesbaden 2011.

Sull, Donald/Eisenhardt, Kathleen M.: Simple Rules. Einfache Regeln für komplexe Situationen, Berlin 2015.

Sunstein, Cass R./Hastie, Reid: Making dumb groups smarter, in: Harvard Business Review 92 (12/2014), S. 90–98.

Süß, Stefan: Die Institutionalisierung von Managementkonzepten. Diversity-Management in Deutschland, Mering 2009.

Tarakci, Murat/Greer, Lindred L./Groenen, Patrick J. F.: When does power disparity help or hurt group performance? In: The Journal of Applied Psychology 101 (3/2016), S. 415–429.

Taylor, Frederick W.: Die Grundsätze wissenschaftlicher Betriebsführung, München, Berlin 1913.

Teece, David J./Pisano, Gary/Shuen, Amy: Dynamic capabilities and strategic management, in: Strategic Management Journal 18 (7/1997), S. 509–533.

Thielemann, Ulrich/Weibler, Jürgen: Betriebswirtschaftslehre ohne Unternehmensethik? Vom Scheitern einer Ethik ohne Moral, in: Zeitschrift für Betriebswirtschaft 77 (2/2007), S. 179–194.

Thommen, Jean-Paul: Glaubwürdigkeit im Stakeholder-Management, 3. Aufl., Zürich 2015.

Thompson, Andrew: Google's vision statement & mission statement, http://panmore.com/google-vision-statement-mission-statement, 2017 (letzter Aufruf: 26.02.2018).

Tomczak, Torsten/Kuß, Alfred/Reinecke, Sven: Marketingplanung, 7. Aufl., 2014.

Truijens, Thorsten/Neumann-Giesen, Axel/Weber, Jürgen: Organisationsform Shared-Service-Center, Weinheim 2012.

Tuschke, Anja: Führungskräftevergütung, in: Stock-Homburg, Ruth (Hrsg.): Handbuch Strategisches Personalmanagement, 2. Aufl., Wiesbaden 2013, S. 299–313.

Umbeck, Tobias: Musterbrüche in Geschäftsmodellen, Wiesbaden 2009.

Ungericht, Bernhard: Strategiebewusstes Management. Konzepte und Instrumente für nachhaltiges Handeln, München 2012.

Vahs, Dietmar: Organisation, 9. Aufl., Stuttgart 2015.

Vahs, Dietmar/Schäfer-Kunz, Jan: Einführung in die Betriebswirtschaftslehre, 7. Aufl., Stuttgart 2015.

Vecchi, Alessandra (Hrsg.): Reshoring of Manufacturing, Cham 2017.

Voeth, Markus/Rabe, Christina: Joint Ventures – Grundsatzentscheidungen, Ausgestaltung und Erfolgsfaktoren, in: Zentes, Joachim/Swoboda, Bernhard/Morschett, Dirk (Hrsg.): Kooperationen, Allianzen und Netzwerke, 2. Aufl., Wiesbaden 2005, S. 647–672.

Walgenbach, Peter: Neoinstitutionalistische Ansätze in der Organisationstheorie, in: Kieser, Alfred/Ebers, Mark (Hrsg.): Organisationstheorien, 7. Aufl., Stuttgart 2014, S. 295–345.

Walgenbach, Peter/Goldenstein, Jan: Alles ist gut! Wenn Controlling in die Irre führt, in: Controlling & Management Review 61 (Sonderheft 3/2017), S. 16–21.

Watzka, Klaus: Zielvereinbarungen in Unternehmen, 2. Aufl., Wiesbaden 2017.

Weber, Jürgen/Schäffer, Utz: Einführung in das Controlling, 15. Aufl., Stuttgart 2016.

Weibler, Jürgen: Personalführung, 3. Aufl., München 2016.

Welge, Martin K./Al-Laham, Andreas/Eulerich, Marc: Strategisches Management, 7. Aufl., Wiesbaden 2017.

Wernerfelt, Birger: A resource-based view of the firm, in: Strategic Management Journal 5 (2/1984), S. 171–180.

Westerhoff, Thomas: Corporate Shared Services – Das Geschäftsmodell aus strategischer Unternehmenssicht, in: Keuper, Frank/Oecking, Christian (Hrsg.): Corporate Shared Services, 2. Aufl., Wiesbaden 2008, S. 56–74.

Whittington, Richard: Completing the practice turn in strategy research, in: Organization Studies 27 (5/2006), S. 613–634.

Wiggins, Jerry S.: Circumplex models of interpersonal behavior in clinical psychology, in: Kendall, Philip C./Butcher, James N. (Hrsg.): Handbook of research methods in clinical psychology, New York 1982, S. 183–221.

Wilde, Klaus D.: Bewertung von Produkt-Markt-Strategien, Berlin 1989.

Winkler, Herwig/Slamanig, Michael: Generische und hybride Wettbewerbsstrategien im Überblick, in: Wirtschaftswissenschaftliches Studium 38 (11/2009), S. 546–552.

Wöhe, Günter/Döring, Ulrich/Brösel, Gerrit: Einführung in die allgemeine Betriebswirtschaftslehre, 26. Aufl., München 2016.

Wolf, Joachim: Organisation, Management, Unternehmensführung. Theorien, Praxisbeispiele und Kritik, 5. Aufl., Wiesbaden 2013.

Wolf, Tim: Praktiken der Geschäftsmodellgestaltung im strategischen Management. Eine Activity-Theory-basierte Fallstudienuntersuchung, Sternenfels 2015.

Wrona, Thomas/Schell, Heiko: Globalisierungsbetroffenheit von Unternehmen und die Potenziale der Kooperation, in: Zentes, Joachim/Swoboda, Bernhard/Morschett, Dirk (Hrsg.): Kooperationen, Allianzen und Netzwerke, 2. Aufl., Wiesbaden 2005, S. 323–347.

Wulf, Torsten: Diversifikationserfolg, Wiesbaden 2007.

Wunder, Thomas: Fundamentals of strategic management. Effective formulation and execution of strategy, Stuttgart 2016.

Wunderer, Rolf: Führung und Zusammenarbeit, 9. Aufl., Köln 2011.

Yang, Bai-Chuan/Wu, Bing-Eng/Shu, Pei-Gi/Yang, Ming-Hsien: On establishing the core competency identifying model, in: Industrial Management & Data Systems 106 (1/2006), S. 60–80.

Zangemeister, Christof: Nutzwertanalyse in der Systemtechnik, 5. Aufl., Norderstedt 2014.

Zentes, Joachim/Swoboda, Bernhard/Morschett, Dirk: Kooperationen, Allianzen und Netzwerke – Entwicklung der Forschung und Kurzabriss, in: Zentes, Joachim/Swoboda, Bernhard/Morschett, Dirk (Hrsg.): Kooperationen, Allianzen und Netzwerke, 2. Aufl., Wiesbaden 2005, S. 3–32.

Zschäpitz, Holger: Auf die harte Tour, in: Welt am Sonntag, Nr. 27, 8. Juli 2018, S. 42.

ZVEI – Zentralverband Elektrotechnik- und Elektronikindustrie (Hrsg.): ZVEI-Kennzahlensystem. Ein Instrument zur Unternehmenssteuerung, 4. Aufl., Frankfurt a. M. 1989.

Zwicky, Fritz: Entdecken, Erfinden, Forschen im morphologischen Weltbild, München, Zürich 1966.

Stichwortverzeichnis

https://doi.org/10.1515/9783110540482-012

www.ingramcontent.com/pod-product-compliance
Lightning Source LLC
Chambersburg PA
CBHW061802210326
41599CB00034B/6855